U0946462

学校隆重举行庆祝建党100周年系列活动

6月30日，学校召开“两优一先”表彰大会

6月23日，学校举行“光荣在党50年”纪念章颁发仪式

6月9日，学校举行“永远跟党走”师生文艺汇演

600余名师生完成庆祝中国共产党成立100周年广场献词合唱、鸟巢文艺演出、庆祝大会志愿服务等专项任务

学校扎实开展党史学习教育

3 月 18 日，学校召开党史学习教育动员大会

6 月 29 日，北京交通大学党史百年主题展览开展

5 月 27 日，学校举办“校史中的党史故事”教师校史讲述比赛

学校举行建校 125 周年系列活动

9 月 11 日，召开建校 125 周年创新发展大会

9 月 25 日，举办中国交通高层论坛

9 月 11 日，曾鲲化先生铜像揭幕

9 月 11 日，应尚才教授铜像揭幕

9 月 20 日，王梦恕院士纪念园揭牌

学校选拔、培训 600 余名冬奥会志愿者

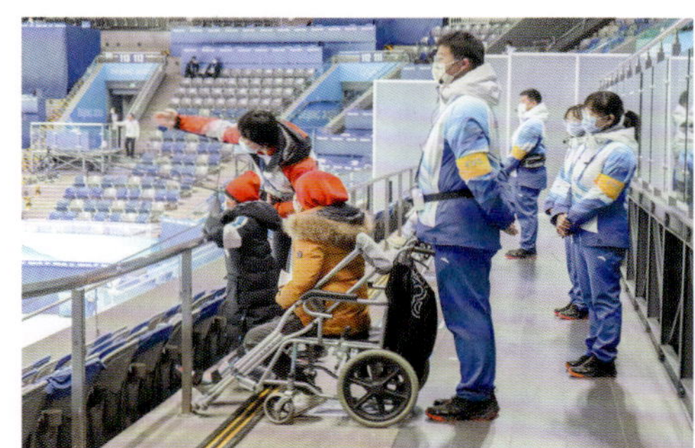

9 月 3 日，北京交通大学本科生院、科学技术研究院揭牌

11 月 18 日，张宏科教授当选为中国工程院院士

3 月 23 日，学校与丰台区人民政府签署共建“轨道交通创新基地”合作协议

9 月 14 日，北京交通大学唐山研究院科创园区正式启用

北京交通大学年鉴

2021

《北京交通大学年鉴》编委会　编

北京交通大学出版社

·北京·

图书在版编目（CIP）数据

北京交通大学年鉴. 2021 /《北京交通大学年鉴》编委会编. —北京 ：北京交通大学出版社，2023. 6

ISBN 978-7-5121-4945-8

Ⅰ. ① 北…　Ⅱ. ① 北…　Ⅲ. ① 北京交通大学-2021-年鉴　Ⅳ. ① G649. 281-54

中国国家版本馆 CIP 数据核字（2023）第 088756 号

北京交通大学年鉴 · 2021

BEIJING JIAOTONG DAXUE NIANJIAN · 2021

责任编辑：赵彩云

出版发行：北京交通大学出版社　　电话：010-51686414　　http：//www. bjtup. com. cn

地　　址：北京市海淀区高梁桥斜街 44 号　　邮编：100044

印 刷 者：艺堂印刷（天津）有限公司

经　　销：全国新华书店

开　　本：185 mm×260 mm　　印张：27. 25　　字数：710 千字　　彩插：4

版 印 次：2023 年 6 月第 1 版　　2023 年 6 月第 1 次印刷

定　　价：300. 00 元

本书如有质量问题，请向北京交通大学出版社质监组反映。对您的意见和批评，我们表示欢迎和感谢。

投诉电话：010-51686043，51686008；传真：010-62225406；E-mail：press@bjtu. edu. cn。

《北京交通大学年鉴》编委会

主　任： 王稼琼

副主任： 孙守光　蓝晓霞

委　员：（以姓氏笔画为序）

王　琰　王雪松　王德瑜　史贞军　朱晓宁　刘　燕

房海蓉　荆　涛　赵冠远　姚念龙　夏明超

主　编： 孙守光　蓝晓霞

副主编： 王　琰　宫　宇　高　杰

编　辑：（以姓氏笔画为序）

任　平　李志军　张先睿

《北京交通大学年鉴·2021》

主要撰稿人名单

（以姓氏笔画为序）

丁鹏彦　于　进　王一然　王佳羽　王铁江　邓小凤　邓少亭
邓昌黎　艾琪瑶　申屠利条　　　　邢朝晖　曲立忠　朱　宁
朱　珊　刘　洵　刘　楠　刘　静　刘冬薇　刘语佳　孙　强
李　萌　李　蓉　李丽丽　李铸灿　张　兰　张　琪　张宇航
陈　伶　陈　丽　陈健文　范金辉　岳成龙　周　婉　周轶峰
郑　凯　宛如锦　赵　冉　赵汉青　胡　滢　郝建芳　段蕾阳
贾长忠　徐　梁　徐文强　栾国翠　高　杰　高雅静　黄　微
常扬帆　韩小娜　董　瑞　董丽敏　温俊英　蔡　雪　熊青杨

编辑说明

《北京交通大学年鉴》起编于1998—1999卷，2006卷开始公开出版发行，是综合性资料工具书，是系统记录学校年度改革发展情况的史料文献。

《北京交通大学年鉴·2021》以条目和文章为基本载体，以条目为主。结合学校年度工作特色和部分机构调整的新情况，对栏目编排和篇目设置进行了适当调整。卷首设彩色插图、学校概况、特载、学校大事记、组织机构；其后采取分类编纂的方法，设栏目–篇目–条目三级结构层次，分12个栏目反映2021年度学校各项事业发展情况；卷末有附录和索引。

《北京交通大学年鉴·2021》选题范围为2021年1月1日至2021年12月31日间的学校重大事件、重要活动及各领域改革发展成果与创新性工作，部分内容依实际情况向前略有回溯。

本年鉴收录的文章、条目、表格均由学校各单位主要撰稿人组织编写和提供，并经本单位主管领导审核确认。统计数据由学校相关部门审定提供。彩色图片由党委宣传部等提供。

《北京交通大学年鉴·2021》由北京交通大学年鉴编纂委员会主持编纂，学校档案馆承担年鉴的策划、组稿、编校、统稿等具体工作。

年鉴的编纂工作得到学校各级领导的支持以及全校各单位的大力协助，在此编辑部表示诚挚的感谢。年鉴内容涉及面广、工作量大，如有疏漏，敬请读者批评指正。

目　录

学校概况

特　载

学校大事记

组织机构

党建与思想政治工作

人才培养

科学研究与社会服务

发展规划与学科建设

教职工队伍建设与管理

交流与合作

校 务 管 理

办学条件保障

学 院 工 作

威 海 校 区

唐山研究院

北京高校思想政治工作研究中心

附 录

索　引

学 校 概 况

学校简介

北京交通大学是教育部直属，教育部、交通运输部、北京市人民政府和中国国家铁路集团有限公司共建的全国重点大学，是国家“211 工程”“985 工程优势学科创新平台”“双一流”建设高校。

北京交通大学作为交通大学的三个源头之一，历史渊源可追溯到 1896 年，前身是清政府创办的铁路管理传习所，是中国第一所专门培养管理人才的高等学校，是中国近代铁路管理、电信教育的发祥地。1917 年改组为铁路管理学校和邮电学校，1921 年与上海工业专门学校、唐山工业专门学校合并组建交通大学。1923 年交通大学改组后，学校更名为北京交通大学。1950 年学校定名北方交通大学，毛泽东主席题写校名，著名桥梁专家茅以升任校长。1952 年，北方交通大学撤销，学校改称北京铁道学院。1970 年恢复“北方交通大学”校名。2000 年与北京电力高等专科学校合并，由铁道部划转教育部直属管理。2003 年恢复使用“北京交通大学”校名。学校曾培养出中国第一个无线广播电台创建人刘瀚、中国第一本铁路运输专著作者金士宣、中国铁路运输经济学科的开创者许靖、中国最早的四大会计师之一杨汝梅，以及中国现代作家、文学评论家、文学史家郑振铎等一大批蜚声中外的杰出人才。中国第一台大马力蒸汽机设计者应尚才，“东京审判”中国检察官向哲浚，中国著名经济学家、人口学家马寅初等都曾在学校任教。

学校在被称为“学府胜地”的北京市海淀区建有东西两个校区，总面积近 1 000 亩，建筑面积 100 余万平方米；在山东省威海市建有威海校区，占地面积 1 000 余亩；各校区均具有完善的教学、科研设施，校园环境优美。在河北省黄骅市建有北京交通大学海滨轨道交通综合研发实验基地；在北京市丰台区打造国际一流的丰台轨道交通“产学研用”一体化创新基地；在河北省唐山市成立唐山研究院，着力打造技术研发、成果转化及国际教育培训的示范区。

历经双甲子发展，学校形成了以信息、管理等学科为优势，以交通科学与技术为特色，工、管、经、理、文、法、哲等多学科协调发展的完备的学科培养体系。学校设有电子信息工程学院、计算机与信息技术学院、经济管理学院、交通运输学院、土木建筑工程学院、机械与电子控制工程学院、电气工程学院、理学院、语言与传播学院、软件学院、马克思主义学院、建筑与艺术学院、法学院、国家保密学院、詹天佑学院、威海国际学院等 16 个学院。

学校学科实力雄厚。高质量完成“双一流”首轮建设任务——“智慧交通”一流学科领域建设。学校在国内外知名的大学、学科排行榜中稳步提升，继续保持软科世界大学排名 500 强。15 个学科入围软科世界一流学科排名，14 个学科入围 U.S.News 世界大学学科排名，9 个学科进入 QS 世界顶尖学科排名，5 个学科入围 THE 世界大学学科排名，26 个学科入围 2021 软科中国最好学科排名，交通运输工程、系统科学学科继续蝉联全国第一。工程学学科保持 ESI 前 1‰，6 个学科进入 ESI 前 1%。系统科学学科在全国学科评估中连续四次蝉联全国第一；5 个学科进入全国第四轮学科评估前 10%（A 类）；7 个学科进入全国第四轮学科

评估前 20%（B+类）。建有博士后科研流动站 17 个，工作站 1 个；有一级学科博士点 21 个，博士专业学位授权类别 3 个；一级学科硕士点 32 个、二级学科硕士点 2 个、硕士专业学位授权类别 19 个。

学校把建设高素质的教师队伍作为提高办学实力的关键，大力实施人才强校战略。全校在职教职工 3 151 人，其中专任教师 2 049 人（具有副高级及以上专业技术职称的 1 504 人，具有硕士及以上学历的 1 959 人）。学校有中国科学院院士 4 人，中国工程院院士 10 人，中国工程院外籍院士 1 人，各类国家重大人才工程入选教师 53 人，中宣部“四个一批”人才 2 人。

学校始终坚持立德树人根本任务，教育教学改革与建设成绩斐然，为国家与行业发展培养了大量人才。学校有在校本科生 16 888 人，博士研究生 2 763 人，硕士研究生 9 933 人，成人学生 3 389 人，外国留学生全年累计 1 142 人。近三届本科教学成果奖评选中，获得国家级一等奖 3 项、二等奖 8 项。近三届中国学位与研究生教育学会研究生教育成果奖评选中，获得一等奖 1 项、二等奖 2 项。学校有 34 个国家级一流本科专业建设点、11 个国家级特色专业、7 个国家级综合改革试点专业、8 个国家级卓越工程师教育培养计划专业，12 个专业通过国家工程教育专业认证，3 个专业通过国家土建类专业评估。学校建有国家级实验教学示范中心 6 个、国家级虚拟仿真实验教学中心 3 个、国家级虚拟仿真实验教学项目 3 个、国家级大学生校外实践基地 3 个、国家级工程实践教育中心 7 个；建有国家级教师教学发展示范中心。3 个研究生联合培养基地获评“全国工程专业学位研究生联合培养示范基地”。学校获评国家级一流本科课程 32 门、国家级精品资源共享课 19 门、国家级精品视频公开课 6 门；获评首届全国优质教材主编 4 本、参编 1 本，获评全国教材建设先进个人 1 人。计算机科学基地获批国家级基础学科拔尖学生培养基地，软件学院获批国家级特色化示范性软件学院。学校深入实施本研贯通、学科融通、产学相通、国际互通的“四通”教育教学模式；实施“高原计划”和“高峰计划”，成立詹天佑学院，探索“3+5”本研贯通人才培养模式，打造基础学科拔尖学生培养基地。本科生就业率稳定在 95%，深造率超过 56%，研究生就业率稳定在 98%，学校获评全国毕业生就业典型经验高校、教育部全国首批创新创业典型经验高校、全国高校实践育人创新创业基地和北京市创新创业教育改革示范高校。学校学生艺术团排演的大学生版《长征组歌》和原创话剧《茅以升》已成为学校进行爱国主义教育的有效载体。学校体育运动蓬勃发展，高水平运动队和普通学生代表队成绩斐然，2021 年获全国冠军 2 项、亚军 1 项、季军 4 项，北京市冠军 15 项、亚军 23 项、季军 18 项。

学校始终瞄准科技发展前沿和国家重大战略需求，全面参与了铁路大提速、青藏铁路建设、大秦铁路重载运输、磁悬浮列车、高速铁路建设和城市轨道交通核心技术自主研发等中国轨道交通发展的重大历史事件，取得了一系列具有完全自主知识产权、处于国际先进水平的原创性重大成果，为服务交通、物流、信息、新能源等行业以及北京经济社会发展作出了积极贡献，成为支撑和引领国家、行业和区域科技创新发展的重要力量。学校共有省部级以上科研平台 70 余个，其中包括轨道交通控制与安全国家重点实验室、国家轨道交通安全评估研究中心、智慧高铁系统前沿科学中心、轨道交通安全协同创新中心，已纳入国家新序列管理的轨道交通运行控制系统、移动专用网络 2 个国家工程研究中心，国家国际科技合作基地 2 个、教育部重点实验室/工程研究中心 8 个、交通运输行业重点实验室 2 个、国家能源研发中心 1 个、铁路行业重点实验室 3 个、北京实验室 2 个、北京市重点实验室/工程技术研究中心 17 个、学科创新引智基地 8 个。学校是交通运输部交通强国建设试点单位，建有首批首都高端智库 1 个，交通运输部交通运输新型智库 1 个，北京市习近平新时代中国特色社会主义思想研究中心北京交通大学研究基地 1 个，北京市哲学社会科学研究基地 4 个，教育部国别与区域研究中心 1 个。定期举办“中国交通高层论坛”“首都高端智库北京交通发展论坛”“交大大讲堂”。学校全面实现千兆网络到桌面、有线和无线网络全覆盖，高性能计算、大数据、人工智能、5G 等新一代信息技术的深入应用，有力地支撑和推动了学校事业的发展与改革创新；现有教学、科研仪器设备资产 14 亿元；图书馆纸本藏书、电子图书、网络资源等总量约 1 555 万册，建有交通运输特色数据库，设有教育部科技查新工作站和高校国家知识产权信息服务中心。

学校把加强合作交流作为提高办学水平的重要途径，积极响应国家“一带一路”倡议，与美、英、德、法等 51 个国家的 242 所大学及著名跨国企业建立了合作关系。积极传播中国文化，在比利时鲁汶、美国休斯敦、巴西坎皮纳斯和波兰华沙共办有 4 所孔子学院。加入国际铁路联盟（UIC）、铁路合作组织（OSJD）和中国 – 中东欧高校联合会，成为“中国 – 东盟轨道交通教育培训联盟”、UIC 高速铁路高校联盟牵头单位，不断提升国际铁路领域影响力和话语权。加强国际科研合作，牵头成立中美、中俄、中英和中印尼高铁研究中心。充分发挥校友会、基金会、董事会的作用，在海内外成立校友组织 55 个，吸纳董事单位 88 家，与交通、物流、信息、能源等行业企业及地方政府等单位建立战略合作关系，在人才培养、科研合作等领域开展长期、广泛合作。教育基金会成为民政部认定 4A 级慈善组织。

“饮水思源，爱国荣校”。北京交通大学秉承“知行”校训，肩负新的使命，正以更加开拓进取的精神向着特色鲜明世界一流大学的目标迈进。

（学校办供稿）

2021

特　　载

以史为鉴凝聚力量　奋发有为勇开新局

——黄泰岩书记在学校党史学习教育总结会上的讲话

（2022年1月11日）

在全党开展党史学习教育，是党中央立足百年党史新起点、着眼开创事业发展新局面作出的一项重大战略决策。学校党委认真落实党中央、教育部党组和北京市委要求部署，将党史学习教育作为贯穿全年的重大政治任务，精心组织实施，有力有序推进，高标准高质量抓实抓细党史学习教育各项任务，引导师生学史明理、学史增信、学史崇德、学史力行，较好实现了学党史、悟思想、办实事、开新局的预期目标。

一、党史学习教育开展情况

（一）坚持“统”字贯穿，强化组织领导

一是统筹抓好动员部署。学校党委高度重视，第一时间召开党史学习教育动员大会，党委常委会研究印发全校党史学习教育实施方案，明确3个阶段5大方面重点任务，成立学校党史学习教育领导小组，统筹推进各项工作。校领导班子成员各司其职、带头示范，谋划推动学习教育深入开展。

二是统筹加强组织指导。建立领导小组办公室定期例会制度，综合协调、文秘联络、宣传简报、实践活动等专项工作组明确分工，协同配合，共召开工作会议26次，推进落实阶段性重点任务。及时编印工作简报40期，双周报、月报16期，做好情况沟通与报告。组建7个校内指导组，学校党委统一培训、规范流程、配备手册，指导组深入全校二级单位，推动学习教育落向基层、深入师生。

三是统筹推进落细落实。学校党委指导印发不同群体学习教育方案等系列文件18个，清单化分解二级党组织重点任务，分群体、分阶段、分重点深化工作部署，制度化、系统化抓好各项工作落实。各二级党组织抓实抓细，立足学院学科特色，发挥优势，创新形式，形成了很多亮点工作。基层党支部积极响应，认真做好各项任务的“最后一公里”落实，通过一级抓一级、层层压实责任，有力保证了教育实效。

（二）坚持“学”字为先，夯实思想之基

一是分群体领学导学。坚持分层分类分群体做好党史学习，以“关键少数”带动“绝大多数”，用好四本指定学习书目和其他参考材料，扎实完成3个阶段学习任务。校院两级中心组带头示范，围绕四个阶段党的历史、习近平总书记“七一”重要讲话、党的十九届六中全会精神等，进行9次集体学习，以深入研讨提升学习质量。组织广大党员既“线上线下”

自觉学，做好每日积累；又“多点开花”全员学，利用“三会一课”、支部活动等集体学习。针对本科生、研究生、教职工、统战人士、离退休人员等不同群体制定专项方案，分类指导、因人施策。面向领导干部、党支部书记、师生党员等，分别组织党史专题必修培训，师生收获充实。

二是多层次以讲促学。构建了领导干部带头讲、专家学者深入讲、师生校友广泛讲的“大宣讲”格局。领导干部讲党课落实落地，校党委领导班子围绕习近平总书记“七一”重要讲话、十九届六中全会精神、青年使命担当等主题带头讲党课、思政课 80 余次。组建学校党史学习教育宣讲团，组织校内外专家学者深度开讲，百余场宣讲实现二级单位全覆盖。组织师生运用党课、思政课、课程思政、学习研讨等多种形式，结合校史讲党史，结合学科讲党史，结合典型人物讲党史。组织离退休老同志为青年学生讲党史，受益学生近 14 000 人。组织“传习所”等研究生宣讲团进学院、进班级、进支部、进社区，自我教育、引领朋辈。联合成立“四所交通大学青年宣讲团”，传递交大青年时代之声。

三是广覆盖实地研学。先后组织 2 000 余人参观中国共产党历史展览馆，重温党的百年光辉历程。数百支师生实践团队利用暑期走遍全国 20 多个省份，围绕红色铸魂、“四史”宣讲、乡村振兴、美丽中国、交通强国等主题开展实践调研，服务首都发展，研修国情社情。各类实践展示亮点频出，覆盖群体数千人。

（三）坚持“深”字为要，力求入脑入心

一是着力深化“大思政课”建设。紧抓课堂教学主渠道，同步推进思政课程与课程思政建设，引导传承红色基因。开设“习近平新时代中国特色社会主义思想概论”必修课，百年交通腾飞史、先进人物和团队案例有机融入思政课教学。“交通强国 思政领航”教学研讨会吸引全国 70 余所高校教师广泛参与。“城市轨道交通运营管理”“信号与系统”获评国家级课程思政示范课程。坚持用好用活重要契机，开学典礼、毕业典礼、五四青年节“五个一”系列活动、服务保障庆祝中国共产党成立 100 周年大会、投身冬奥会志愿服务等，都被打造成一堂堂立体生动的“思政大课”。

二是持续深化浓郁学习氛围。坚持多媒体平台齐发力，开设党史学习教育专题网站，校园新闻网上线 100 部视频作品，以“影像交大 · 红色记忆”献礼建党百年，《茅以升入党》等短片视频化、故事化提升红色文化传播力、感染力，《桥梁 · 栋梁 · 脊梁》《旗帜 · 中国青年说——中国高铁》等作品登上新华网等主流媒体平台，视频点击量累计千万余次。“七一”前夕，各类丰富活动将学习氛围推向高潮：学校隆重召开“两优一先”表彰大会，颁发“光荣在党 50 年”纪念章致敬党员前辈；举办“永远跟党走”师生文艺汇演，“唱起来”激发师生爱党情怀；推出学校党史百年主题展览，深刻鼓舞师生凝心聚力接续奋斗。

三是不断深化理论研究阐释。依托北京市习近平新时代中国特色社会主义思想研究中心北京交通大学研究基地，组织专家做好党的创新理论研究宣传阐释，2021 年在“三报一刊”发表署名文章 10 余篇。组织教师参加中宣部、中组部等七部委庆祝建党百年理论研讨会征文，3 篇推荐文章入围、1 篇获选，数量、质量位居教育部直属高校前列。开展学校基本科研业务费“建党百年”“十九届六中全会精神”等专题研究，鼓励师生多出成果、出好成果。

（四）坚持“实”字为重，实现学做结合

扎实开展“我为师生办实事”活动，建立学校、院系、党员三级办实事机制，校院两级领导带头深入基层一线，广泛走访调研，了解师生需求，形成近200项实事清单。在推进过程中，注重细化举措，划定完成时限，明确主体责任，召开重点工作部署会、工作交流会统筹协调，动态销账，狠抓落实。目前，全校办实事事项均已办结，师生员工获得感幸福感持续加强。

一是谋大事助推事业发展。学校积极谋划空间拓展，雄安新校区筹备取得实质性进展，“轨道交通创新基地”落户丰台并投入使用。发布实施“十四五”规划，分解主要指标和规划任务，健全完善规划体系。成立本科生院统筹本科人才培养，持续深化“四通”教育教学模式改革，实施加快新时代研究生教育改革发展行动计划。结合新兴交叉学科建设，推进基层学术组织改革。成立科学技术研究院优化创新资源布局，改革完善科技成果转化体系，设立培育基金有效促进成果转化。学校获批主持国家科技计划重大项目6项，创历史新高，青年科学家项目、科技创新2030重大项目各1项，实现零的突破。

二是办实事回应师生关切。面向学生群体，试点多功能文化食堂，拓展生活学习空间；“一对一”帮扶学业困难学生，取得“拉一把、赶得上”的良好效果；“送岗上门”精准指导，为毕业生就业保驾护航；启动临时困难补助申报，帮助河南受洪灾影响师生共渡难关。面向教师群体，重点关注职业规划与身心健康，实施“能力提升计划”等提高教师科研教学能力。面向老同志，加强人文关怀，家属区加装电梯解决出行困难；健步走、祝寿会、健康检查、节日慰问等活动传承敬老爱老优良传统。面向校园环境氛围，人事信息、财务报销、无纸化办公等智慧办公载体让“数据多跑路、师生少跑腿”；“变废为宝”自制校园共享单车，满足师生应急代步需求；建设家属区立体车库，扩容地面车位近200个，校内停车更加规范安全；相继建成校友共享空间、曾鲲化和应尚才先生铜像、王梦恕院士纪念园等新的文化景观，浓郁校园文化氛围。

（五）坚持“严”的基调，固化工作成效

一是与党建工作、巡视整改深度融合。学校将党史学习教育与北京市党建和思想政治工作先进校申报、持续深化巡视整改等专项工作融合推进，一方面系统梳理总结近年来党建工作经验成果；另一方面着力解决巡视整改难点重点问题，以党史学习教育成效助推党建和思想政治工作制度化规范化建设，更好地以高质量党建引领学校各项事业高质量发展。学校获评首批北京高校党建和思想政治工作特色项目，2个学院、7个师生党支部通过北京市选拔，报教育部参评第三批全国党建工作标杆学院系和样板支部。

二是以高质量组织生活会、民主生活会检验成效。全校所有党支部在“七一”前后严格按要求召开专题组织生活会，校院两级领导班子成员以普通党员身份参加，围绕习近平总书记“七一”重要讲话精神等分享体会，汇报党员办实事进度，推动问题不足即知即改、立行立改，为第二、三阶段党史学习教育明确了重点与方向。2021年底，校院两级召开领导班子专题民主生活会，紧扣主题主线，充分做好意见征集、谈心谈话，深刻剖析、检视不足，认真检验理论学习成果及办实事成效，严肃开展批评和自我批评，针对查摆问题清单细化整改措施，务求专题民主生活会开出成效。同时，从严从实完成好党支部专题组织生活会。

二、特色做法及主要成效

学校在扎实完成党史学习教育“必选动作”外，还立足自身优势，积极主动作为，形成了一些特色和创新做法。

一是创新形式，提升教育效果。积极探索党史学习教育形式创新，校党委理论中心组先行先试，打造了领导导学+专家辅学+交流述学的“三学模式”。“七一”前夕学校党史百年主题展览开展之际，把学习会场搬到展览现场，党史专家展厅开讲，中心组成员现场聆听，重温入党誓词，集体参观展览，沉浸式场景化打造了生动立体的党史学习课、校史教育课。出台《校领导巡听旁听二级中心组学习实施方案》，校领导班子深入二级单位巡听旁听 26 次，助力提升学习质量。开展“永远跟党走”教育活动，在“学唱讲做”中激发师生参与热情，活动成果丰富，斩获北京高校百万师生网络歌咏比赛人气 Top 10，“我听亲人讲 •‘四史’”征文特等奖、最佳组织奖。

二是结合校史，深化学讲特色。学校将党史学习与校史教育相融合，持续挖掘红色校史资源，举办“初心百年恰风华——北京交通大学党史百年主题展览”，四个篇章共展出近 300 张珍贵图片，很多珍贵史料系首次展出，成为党史学习教育的重要载体和生动教材。开展校史事件挖掘整理，推出“交大党建简史”“交大红色发展概述”等一批研究成果。广泛开展“党史故事汇”“强国之路”主题宣讲、“我与交大”征文等活动，联合人民网、共产党员网举办“党史学习教育在高校”首场宣讲，承办中国高教学会高校红色教育影像巡礼活动，建党百年视野下的“交大故事”广获媒体报道、社会关注。举办“校史中的党史故事”教师校史讲述比赛，10 个单位、近 30 名教师深度参与，呈现了 一份既厚重又鲜活的历史“大餐”，引领更多师生知史爱校、知史爱国。排演短剧《茅以升入党》。生动再现老校长 91 岁高龄的入党故事。新年伊始与央视合作，组织 300 余名师生拍摄中宣部组织的年度主旋律歌曲《领航》MV，唱响真挚的爱党爱国之情。

三是聚焦发展，凝聚奋进动力。学校党委坚持在攻坚克难上见真章，在担当作为中求实效。发挥优势特色，获批交通强国建设试点单位，新增“智慧高铁系统前沿科学中心”国家级基础研究平台，张宏科教授当选中国工程院院士。召开全校人才工作会议，出台实施“2+6”系列文件，全面落实人才强校战略。围绕行业痛点和“卡脖子”问题，不断深化有组织科研，2 个国家工程研究中心纳入新序列，居高校前列。承担多项重大科研任务，在国铁集团“揭榜挂帅”项目中取得突出成绩，为国家重大战略工程川藏铁路、重载铁路技术攻坚等提供科技支撑。风洞技术研究助力精彩冬奥，深耕关键技术支撑“智能京张”建设，持续为经济社会发展贡献交大智慧和力量。举办建校 125 周年创新发展大会，出台“八大举措”，深度谋划未来发展，深入展示办学成就，显著提升师生校友干事创业精气神，汇聚起建设特色鲜明世界一流大学的强大合力。

一年来，学校上下夯基垒台、勠力同心，推动党史学习教育扎实开展，干部师生普遍受到了全面深刻的历史自信、理论自觉、政治意识、性质宗旨、革命精神和时代责任教育，受到了全面深刻的政治教育、思想淬炼、精神洗礼，完成了既定任务，实现了预期目标，收获了实实在在的成效。第一，师生思想认识有了新提升，进一步坚定了理想信念，深化了政治领悟，传承了红色基因，凝聚了奋进力量。第二，学校党的建设得到新加强，政治能力不断提高，全面从严治党持续深化，各级党组织创造力、凝聚力、战斗力得到提升，广大党员先锋模范作用更加彰显。第三，为师生办实事取得新成效，服务师生的实践自觉更为强化，学校发展成果更多惠及师生员工，师生工作学习生活的获得感幸福感更为提升。第四，学校高质量发展呈现新气象，全校上下担当作为更加主动履职尽责热情被进一步激发，深化改革的步伐不断加快，推动教学科研、学科建设、社会服务等各项事业成绩显著。

学校党史学习教育相关工作受到了教育部指导组的充分肯定，得到了师生的普遍认同，一些特色做法也得到了社会的广泛关注，党史学习教育官网、《教育部简报》等报道12次，《人民日报》、《光明日报》、新华社、央视《新闻联播》等国家重点媒体报道60余篇次。

三、下一步工作重点

学好党史、用好党史，不是一阵子的事，而是一辈子的事。要把党史学习教育作为一项长期任务，认真落实好习近平总书记关于党史学习教育的重要指示精神、中央和教育部党史学习教育总结会议精神，重点在以下三个方面下功夫。

一要持之以恒深化党史学习。我们依靠学习走到今天，也必然要依靠学习走向未来。百年党史蕴含着我们党走向辉煌的成功密码，积蓄着党历史自信的根本底气，有太多经验、思想、做法值得反复探索、常学常新。要把学好用好党史作为永恒课题和终身任务，以学习贯彻十九届六中全会精神为重点深化巩固，通过中心组学习、研究阐释、党课宣讲、课堂教育等引向深入，在感悟思想伟力上继续用力，持续从百年党史中汲取经验智慧。

二要持之以恒强化政治引领。全校干部师生要将知识学习淬炼为思想洗礼，不断提高政治判断力、政治领悟力、政治执行力，切实增强坚持"两个确立"、做到"两个维护"的思想自觉、政治自觉、行动自觉。要牢牢把握为党育人、为国育才的政治责任，全面贯彻党的教育方针，为党抓好后继有人这个根本大计贡献力量。要更加自觉弘扬伟大建党精神，砥砺自我革命政治品格，推进学校各项决策部署落实落地，把忠实履职尽责贯穿干事创业始终。

三要持之以恒健全长效机制。党史学习教育是一项长期任务，要探索建立常态化长效化机制，把党史学习教育的有益经验打造成"素材库"，把有效做法固化为"工作法"，把党史学习教育进一步融入日常、抓在经常。要始终对准师生群众"急难愁盼"，把为师生办实事长期坚持下去，把学习成果转化为投身新时代学校事业发展的强大动力，以实际行动和优异成绩迎接党的二十大胜利召开。

（本文由宣传部供稿，刊载于《北京教育（德育）》2022年第1期）

思源致远　启航未来

——王稼琼校长在建校125周年创新发展大会上的讲话

（2021年9月11日）

各位来宾，各位校友，老师们、同学们：

大家上午好！

今天，我们共同庆祝北京交通大学125周岁华诞，回顾跨越三个世纪的光荣传统，开启奋进新时代的崭新篇章。首先请允许我代表北京交通大学，向现场和线上出席今天大会的各位来宾表示热烈的欢迎，向全校师生员工及全体交大校友致以节日的问候！

饮水思源，不忘初心。我们的母校发源于民族危亡之际，兴起于“铁路救国”的浪潮中，在跨越三个世纪的办学历程里，薪火相传、文脉不绝、精神永志，锻造出特有的风骨，也在历史的长卷里留下了一代代交大人奋斗的诗篇。

我们以育人为本，始终肩负传道授业的使命。北京交大以“造就铁路管理人才”为创校宗旨，府右街旁的老校园，开创了中国铁路管理与电信教育的先河，留下了曾鲲化、马寅初、向哲浚等名师大家登台授课、倾心育人的事迹。抗战烽火中，学校四迁校址，艰苦卓绝，老师们勉力支撑，却从未放松对教学的严格要求。新中国成立以来，从工、管并举培养新一代铁路人才，到调整恢复走入改革开放的春天，再到扎根中国大地办特色鲜明世界一流大学，我们始终把教书育人作为最重要的职责，一次又一次国家教学奖的斩获，一位又一位教学名师的涌现，一堂又一堂精品课程的诞生，正是这份坚守的写照。历史记录下动荡岁月中的感人故事，记录下耄耋院士甘做人梯、教师伉俪倾囊助学的杏坛佳话，更记录下交大教师这个群体每一句真诚的教诲、每一份真情的付出。

我们以家国为怀，接续传承爱国奋斗的基因。北京交大以“立学储才、救国兴邦”为初心己任，交大人的红色基因与生俱来。在革命年代，交大人是英勇抗争的先锋，郑振铎先生奔走在“五四”运动的前列，朱我农校长举起“五卅”运动副总指挥的号旗，“民先”队员在平越小城不断发出抗日救亡的呼喊，茅以升校长做出了“炸桥挥泪断通途”的壮举。在和平时期，交大人是祖国建设的栋梁，无论是新中国初期建设国家铁路干线，还是改革开放后服务“四个现代化”，无论是在全面建成小康社会的征途上，还是在抗击疫情的重大考验前，交大人勇挑重担、苦干实干，留下一段段可歌可泣的感人事迹。今天，我们追思革命先烈、崇敬时代楷模，更感念每一个交大人对爱国奋斗精神的传承与坚守，这是学校最鲜亮的底色，是我们信仰的基石、力量的源泉。

我们以交通为名，始终矗立行业发展的潮头。在一个多世纪的办学中，北京交大始终与中国的轨道交通事业同频共振、同向同行。这里汇聚了中国第一个无线广播电台的创始人、中国第一本铁路运输专著的撰写者、第一台大马力蒸汽机车的设计者、铁道信号事业的奠基人等行业巨擘；这里诞生了中国第一根可用于航天导航技术的“保偏单模光纤”、第一台 IPv6 路由器、第一套完全自主知识产权的 CBTC 列控系统和世界首套城轨交通兆瓦级混合储能装置等重大创新成果。从铁路大提速到青藏铁路、重载铁路、高速铁路建设，再到复兴号的诞生，在中国轨道交通发展的每一个重大历史节点，交大从未缺席；从基础研究、人才培养到规划建设、调度指挥、运营维护，在中国轨道交通每一项重要工作中，交大人从未缺席！

回首过去，交大 125 年的办学历程，是全体交大人共同写就的一部波澜壮阔的奋斗史、一部感人至深的爱国史，一部气象万千的行业发展史。而在岁月长河中积淀形成的以“饮水思源、爱国荣校”为核心、以“严谨治学、知行合一”为精髓、以“团结勤奋、求实创新”为品格的交大精神，早已成为我们最弥足珍贵的财富，它引领我们走过光辉的历史，走向更加光明的未来。

砥砺奋进，正当其时。经过一代又一代交大人的努力，学校办学实力与社会影响力与日俱增。特别是刚刚过去的“十三五”，全校师生员工团结一心、攻坚克难，取得了一系列可喜成绩，也为今后一个时期的发展锚定了新的方位。

我们立德树人的根本任务得到高质量落实。顺利通过本科教学审核评估，在国家教学成果奖和研究生教育成果奖评选中斩获一等奖 1 项、二等奖 4 项，成功获批多个国家级和北京市级“金专”建设点和多门国家级“金课”。通过推进“四通”模式改革、实施“高原”“高峰”计划、成立詹天佑学院、深化新时代研究生教育改革等方式，逐步构建与人才培养 2.0 版相适应的教育教学体系。尊师重教的氛围进一步浓郁，涌现出了“全国高校首批黄大年式教师团队”等潜心育人的先进典型。开放办学走向深化，北京交通大学兰卡斯特大学学院、中俄交通学院等中外合作办学机构建设成果显著，轨道交通涉外培训成为学校又一块“金字招牌”。

我们扎根中国大地办大学的成效不断彰显。党的领导与党的建设全面加强，党委领导下的校长负责制进一步完善，第十一次党代会成功召开，五年来获得党建和思想政治工作省部级以上奖励 30 余项。立足行业特色服务国家重大战略需求，获批智慧高铁系统前沿科学中心，瞄准高铁领域世界前沿技术全力攻关，获批交通强国建设试点，成立实体化的川藏研究院，与行业企业的协同创新屡结硕果。找准学校改革发展与首都建设的结合点，重大创新成果为北京地铁、京张高铁等建设提供了有力支撑，首都高端智库的多项成果在城市交通治理、疫情防控等工作中得到应用。

我们的核心竞争力显著增强。师资队伍水平稳步提高，“卓越百人”“青年英才”等人才工程显现成效，五年新增高层次人才计划入选者 32 人次。学科建设成绩显著，顺利通过“双一流”建设周期总结评估。学校在国家第四轮学科评估中表现亮眼，一批优势特色学科在全球知名排行榜上已名列前茅乃至荣登榜首。科研创新能力跃上新台阶，实现了国家自然科学基金创新群体和重大项目、双主持国家科技进步一等奖等方面的重大突破，年科研经费超过 10 亿元，成为首批国家知识产权示范高校，五年实现知识产权转化合同总额超过 9 000 万元，科技成果转化企业——交控科技、交大思诺成功上市。

我们的办学条件持续改善。实现了教育部、交通运输部对学校的共建，与国家铁路集团等行业龙头企业构建全面战略合作关系，努力争取政策、资源等方面的实质性支持。唐山研究院和海滨轨道交通综合研发实验基地先后建成、丰台轨道交通创新基地顺利启用等工作进展，使困扰多年的办学空间瓶颈问题正在有效缓解。

可以说，经过“十三五”时期的快速发展，学校各项事业呈现可喜局面，我们顺利完成了特色鲜明世界一流大学建设“第一步”的战略目标，即将迈入新的历史阶段。这一成绩的取得，凝聚着全体交大人的智慧和心血。在此，我代表北京交通大学，向投身学校建设发展的全体师生员工、离退休老同志致以崇高的敬意！向关心、支持学校发展的各级领导、各界朋友和海内外全体交大校友表示衷心的感谢！

思源致远，启航未来。今年是建党 100 周年，是我们向第二个百年奋斗目标进军的关键之年，是国家和学校“十四五”规划的开局之年，也是新一轮“双一流”建设的启动之年。在这个特殊的历史节点迎来 125 周年校庆，既是荣耀，也是使命，我们需要进一步解放思想、进行面向未来的战略思考，谋划交大新时代发展的宏伟蓝图，也需要以时不我待、只争朝夕的精神面貌，以更加务实的作风，抢抓机遇、攻坚克难，促进学校创新发展。基于这样的认识，学校党委集思广益，深入研讨，决定推出 8 项重大举措，开启“双一流”建设新征程。

（一）全面深化“四通”人才培养模式改革，构建适应交通强国等国家战略需求的人才培养新体系

落实立德树人根本任务，全面深化有交大特色的“本研贯通、学科融通、产学相通、国际互通”的四通人才培养模式改革，通过布局和建设詹天佑学院（智慧交通未来技术学院）、特色化示范性软件学院、其他特色学院和现代产业学院，构建学科专业适应交通强国等国家战略需求、体现个性化、多样化的高质量的人才培养新体系。

（二）以前沿科学中心建设和国家重点实验室重组为战略平台，全面提升服务国家重大战略的能力

切实按国家要求建好智慧高铁系统前沿科学中心，运行好重组后的轨道交通安全与控制国家重点实验室，进一步优化整合国家工程研究中心和国家工程实验室，充分发挥川藏研究院和其他实体化平台作用，以这些高水平创新平台为基础，打造国家战略科技力量。同时，持续深化体制机制创新，通过有组织的科研，在行业基础性、战略性、前沿性、颠覆性技术领域承担一系列国家重大科研项目，产生一批原创性成果，全面提升以科研创新服务国家重大战略的能力。

（三）以丰台轨道交通创新基地建设为切入点，深度融入北京国际科技创新中心建设

丰台轨道交通创新基地的正式启用，不仅体现了我校通过政产学研用深度融合进行集群创新的改革举措，也为我们更好融入北京国际科技创新中心建设提供了很好的切入点。我们将充分用好丰台创新基地的地缘优势和资源优势，以智慧轨道交通高精尖创新中心的建设为抓手，打造轨道交通领域创新技术成果的产出和转化基地，为首都经济社会发展提供更加有力的支撑。

（四）实施面向 2035 的新兴学科布局计划，为实现“再造交大”的战略目标奠定前沿学科基础

成立实体化的交通能源与环境研究院（学院）和开放的基础设施减碳技术研究中心，布

局和建设有交大特色的“双碳”学科平台，以此为新起点，我们将正式实施面向2035的新兴学科布局计划，以新时代“再造交大”为战略目标，围绕新兴交叉学科和基础学科，打好基础、集聚力量、凝练特色，培育更多前沿学科和具备冲击世界一流实力的优势学科。

（五）优化完善人才成长的制度体系和文化氛围，切实加大力度引育高水平人才

全面深化“人才强校”战略，构建教师、管理和服务保障三支队伍协调发展的职业通道，完善教师分类评价体系，建立健全校院两级尊重人才、强化服务的运行机制，形成有利于高水平队伍建设的开放、稳定、成熟的制度体系和优秀人才脱颖而出的文化氛围。学校将设立“亿元讲席教授基金”，用于引进和培养战略科学家和高水平学科领军人才。

（六）实施国际化水平提升工程，不断提升学校国际合作交流整体水平和国际影响力

优化国际合作交流布局，加强与高水平大学的深度合作。创新国际化人才培养模式，探索本–硕–博国际化人才培养体系。完善教师国际能力与国际影响力提升机制，大力支持教师牵头或参与国际和区域性重大科学计划、科学工程，支持教师在国际学术组织中发挥更大作用。打造交大特色品牌，服务好国家对外开放和“一带一路”建设。

（七）拓展办学空间，筹划面向未来的交大新校区

抢抓国家京津冀协同发展的难得历史机遇，积极谋划学校创新发展的战略布局，在保持现有校区的基础上，高标准高质量筹建新校区，拓展办学空间，从根本上破解制约学校发展的最大瓶颈，为实现新百年新腾飞奠定坚实的空间基础。

（八）持续加强党建和思想政治工作，为事业发展提供强有力的政治保障

全面贯彻党的教育方针，坚持党委领导下的校长负责制，强化政治建设统领地位，落实全面从严治党责任，大力实施党建与思想政治工作质量提升工程，进一步发挥基层党组织战斗堡垒作用，持续推进思政工作守正创新，团结凝聚广大师生员工，不断彰显以高质量党建引领推动高质量发展的工作成效。

历经125载初心未改，跨越三世纪再踏征程。今天，我们从光荣的历史中汲取力量，在新时代的征途上扬帆启航，我们是传承者，更是开拓者，让我们携手奋进，创新发展，不断开创特色鲜明世界一流大学建设的新局面，为实现中华民族伟大复兴的中国梦，作出新的更大的贡献！

（学校办供稿）

北京交通大学 2021 年工作要点

2021 年学校工作的总体要求是：坚持以习近平新时代中国特色社会主义思想为指导，深入贯彻党的十九大和十九届二中、三中、四中、五中全会精神，坚持社会主义办学方向，全面贯彻党的教育方针，以立德树人为根本，以高质量发展为主线，以改革创新为动力，以狠抓落实为保障，努力形成与新发展格局相适应的办学机制，确保“十四五”开好局、起好步，昂首迈入特色鲜明世界一流大学建设新阶段，以优异成绩向建党 100 周年献礼。

一、加强思想政治引领，牢牢把握社会主义办学方向

1. 深入学习宣传阐释习近平新时代中国特色社会主义思想。将习近平新时代中国特色社会主义思想和党的十九届五中全会精神作为党员干部理论学习、师生思想政治教育的重要内容，及时跟进学习习近平总书记最新重要论述，深化中心组学习研讨交流，健全巡听旁听制度，加强联学机制建设。推进“习近平新时代中国特色社会主义思想概论”全校必修课程建设。依托习近平新时代中国特色社会主义思想研究基地和相关学科，深化研究阐释，及时解答回应重大理论问题和师生现实关切。

2. 迎接和庆祝建党 100 周年。抓好党史学习教育，开展特色鲜明、形式多样的教育活动，推进“四史”学习教育融入思政课堂，引导干部师生学史明理、学史增信、学史崇德、学史力行。落实迎接建党 100 周年行动方案，深入推进“学习・诊断・建设”行动，全面提升党建工作质量。精心策划系列主题宣传和庆祝活动，全面展示党的光辉历程和学校党的工作优良传统，表彰一批先进典型，营造创先争优、积极向上的浓厚氛围。

3. 落实立德树人根本任务。建设“五育并举”的育人体系，将美育、体育和劳动教育纳入人才培养全过程，推进通识课程体系建设。深化“三全育人”改革，推动学校加快构建思政工作体系的任务台账落地落实。完善学生评价和荣誉体系，加强学生心理健康教育和心理危机干预，促进学生全面发展健康成长。持续加强思政课程和课程思政建设，实现课程思政全覆盖，选树一批课程思政示范典型。健全师德师风建设制度体系，强化研究生导师立德树人评价考核，实施辅导员能力提升与凝聚力建设工程。加强宣传引导，推出百名师生员工校友典型和百位专家学者宣传报道“双百计划”，弘扬榜样精神，发挥典型引路作用。

4. 抓好重大政治任务落实。严格落实上级疫情防控部署要求，精准有效做好常态化疫情防控，完善工作方案和应急预案，动态调整防控措施，做好健康监测、疫苗接种、环境消杀、食品检测、校园和家属区防控等工作，筑牢校园疫情防线，确保广大师生生命安全和身体健康。加强校内公共卫生体系建设，完善校园疾病预防控制体系。积极谋划脱贫攻坚与乡村振兴的有效衔接，持续拓展深化帮扶形式和内容。按照北京市统一部署，高质量完成建党 100 周年重大庆祝活动相关任务。认真做好北京冬奥会志愿服务、赛时实习生等保障工作。坚决守好意识形态阵地安全，落实意识形态工作责任制，强化敏感期维稳工作机制，确保重要保障期、敏感节点校园稳定。

二、聚力改革创新，促进改革和发展融合联动

5. 进一步明确发展方向与战略布局。集全校师生智慧，继续修改完善并发布实施“十四五”总体规划，将主要任务和指标分解到部门、学院、学科，完成各专项规划、学院和学科规划、专题规划的制定工作。进一步深化新时代教育评价改革，推进学校清单任务落实，将相关举措纳入学校“十四五”规划一体推进。围绕“十四五”规划目标，加快推进“双一流”建设和学科建设，研究制定新一期“双一流”建设方案，探索发挥一流学科群集聚效应和引领作用机制，大力推进学科群和交叉学科建设，培育新的一流学科增长点，着力夯实基础学科，扶持发展哲学社会科学学科。

6. 深化人才培养供给侧改革。深化“四通”模式改革，依托詹天佑学院建设，实施书院制、导师制、学分制教育改革，力争建立国家级基础学科拔尖学生培养基地和未来技术学院，探索推进国家级特色化示范性软件学院和智慧交通特色学院建设。构建联动育人长效机制，组建本科生院，统筹整合本科教育资源；优化专业结构布局，推进人工智能与传统专业改造升级有机融合，着力打造新工科、新文科专业；凝练教育教学成果和改革经验，建设一批国家级“金专”“金课”和规划教材，组织申报北京市教学成果奖。贯彻落实全国研究生教育会议精神，召开学校研究生工作会议，制定实施深化研究生教育改革系列举措，健全研究生教育质量监控与保障体系，打造产教结合、学科交叉的研究生人才培养模式。着力拓展就业市场，精准实施就业指导服务，保障 2021 届毕业生高质量就业。

7. 完善科技创新体系。加强科技创新顶层设计，组建科学技术研究院，着力推动重大科研平台实体化建设，统筹优化创新资源配置，更好服务国家重大战略和行业重大工程建设需求。深化科研评价制度改革，强化基础研究和应用基础研究，完善科研分类分级评价相关办法。加强科研平台战略性布局，大力推进“智慧高铁系统前沿科学中心”建设，继续做好新形势下协同创新中心建设工作，积极谋划申报北京市“高精尖创新中心”、发改委“双一流”平台专项、教育部顶尖学科计划等重大平台计划。完善智库建设管理体系，争取联合申报国家级智库。构建知识产权与技术转移一体化工作机制，拓展成果转化渠道，推进驻外研究院机制改革，提升服务地方创新发展能力。

8. 大力推进人才强校战略。召开学校人才工作会议，凝聚人才强校共识，着力营造尊重人才、崇尚学术的环境氛围。深化人事人才制度改革，围绕“破五唯”目标，进一步完善教师分类发展和分类评价机制，建立健全校院两级人才管理体制和人才工作考核激励机制，将人才引育成效作为学院党政领导班子和责任教授年度考核的重要内容。落实新修订的人才引育政策，加大“卓越百人”“青年英才”等人才计划的实施力度，继续办好“国际青年学者知行论坛”。积极探索多元化用人机制，加大专职科研队伍建设力度，完善管理人员职业发展通道，不断提升管理和实验技术队伍能力水平。

9. 构建新时代对外交流合作格局。适应形势变化，调整完善国际化办学布局，优化双向留学、涉外办学、师资国际化、学科国际评估、国际科研合作等工作体系，加强重点学科与世界高水平大学的实质性合作。推动学历学位互认联合培养项目建设，力争打造威海校区新的中外合作办学项目。启动师生国际组织实习任职专项工作。创新开展适应新形势的港澳台青年交流活动，进一步做好港澳台学生管理服务工作。加强来华留学品牌项目建设，试点来华留学生趋同管理。加强国际传播力研究，探索在更广范围内讲好交大故事、

传播交大声音。

三、深化全面从严治党，为高质量发展提供坚强保障

10. 全面加强党的领导与党的建设。坚持把党的政治建设摆在首位，高质量完成学校加强党的政治建设任务清单 160 项工作任务。认真落实党委领导下的校长负责制，贯彻民主集中制，强化议事决策制度执行。贯彻落实新修订的普通高等学校基层组织工作条例，构建高质量党建工作体系。对标教育部示范创建和质量创优工作及北京市"党建先进校"评选要求，以评促建，补齐基层党建短板弱项。进一步发挥二级党组织政治核心作用，完善党组织会议和党政联席会议制度，加强师德师风建设和重大问题的政治把关。完善党支部建设标准和考核体系，实施"样板支部"、"双带头人"工作室、主题党日等品牌创建工程。进一步加强统战、群团和离退休工作，广泛凝聚发展合力。

11. 深化干部人事制度改革。贯彻落实新时代组织路线，构建素质培养、知事识人、选拔任用、从严管理、正向激励五大体系。修订干部选拔任用实施办法，突出选人用人政治标准，构建干部能上能下体制机制。加强对干部日常监督管理，完善干部监督联席会机制，出台"双肩挑"干部管理办法。严管与厚爱相结合，探索建立容错纠错体制机制，进一步激励广大干部新时代新担当新作为。统筹抓好处级干部换届调整，加大年轻干部培育工作力度。

12. 持之以恒正风肃纪。严格落实全面从严治党责任清单，推动"两个责任"贯通协同、逐级延伸。进一步健全纪检工作机制，做深做实做细纪委监督职责，制定政治监督实施办法。坚持挺纪在前，完善监督执纪制度，规范工作流程，提高纪律审查工作质量。开展分层分类廉洁教育工作，营造校园廉洁文化氛围。强化校内巡察整改和成果综合运用，提升政治巡察效能。对标上级巡视、督查、审计等工作最新要求，持续深化各项整改任务落实。持之以恒落实中央八项规定精神，坚决破除形式主义、官僚主义。

四、完善管理保障，不断提升治理能力与治理水平

13. 增强资源统筹能力。内部挖潜与外部拓展相结合，探索利用政策杠杆加强校内资源的统筹和高效利用，进一步优化办学空间和条件。主动融入北京国际科技创新中心建设，在丰台区建设轨道交通创新基地。抢抓京津冀协同发展有利契机，积极主动在雄安新区谋划新的办学空间。举办 125 周年校庆，进一步凝聚力量、振奋精神。推进校院两级协同化筹资格局建设，努力拓展筹资渠道，吸引更多校友资源和社会力量参与学校建设发展。强化"过紧日子"常态化理念，全面开展成本核算和预算绩效管理，加强内部经费全过程监管。

14. 做好管理服务与民生保障工作。完善以章程为统领的内部制度体系，提高运用法治思维和法治方式抓治理的能力。完善校院两级管理体制，优化学术组织模式，激发学院创新发展活力。加强保密工作的规范管理和制度体系建设。加强"智慧校园"信息化建设，推动业务系统数据共享，提高高性能计算中心服务水平。进一步完善国有资产管理体制，加强对外房屋出租管理。稳妥完成校属企业体制改革。推进平安校园建设，开展交通安全、消防安全等专项整治，健全实验室安全管理体制机制。在国家和北京市相关政策条件下，结合学校实际，有序适度提高教职工工资收入水平。加强校园环境综合治理，推进家属区物业改革、多层住宅电梯加装、立体车库建设等工作。

15. 狠抓工作落实。进一步健全抓落实工作机制，完善责任分解机制、协同联动机制、

督查考核机制，形成抓落实合力。把工作落实成效作为干部和单位考核的重要指标，梳理干部不作为负面清单并开展针对性整治。加强对中央重大决策部署、重大政治任务和学校重要决策事项推进落实情况的监督检查，完善督查问责机制。深入落实“一线规则”，加强调查研究，注重把一线问题转化为对策建议，汇聚群众智慧推动学校事业发展。

（学校办供稿）

北京交通大学“十四五”发展规划

《北京交通大学“十四五”发展规划》（以下简称《规划》）编制工作自2019年12月启动，历经调研预研、文本撰写、征求意见建议、修改完善、审定发布等阶段。其间检索分析80余所部署高校发展动态和10余所境外高校战略规划，通过书面、访谈形式向董事会、学术委员会委员、校友代表、用人单位代表、校外专家、学生代表等广泛征求意见建议。经学校党委常委会审议后，学校第十一届党委第八次全体会议审定发布，并于2021年9月报送教育部备案、向社会公开。

《规划》根据《中华人民共和国国民经济和社会发展第十四个五年规划和2035年远景目标纲要》《中国教育现代化2035》《统筹推进世界一流大学和一流学科建设总体方案》《深化新时代教育评价改革总体方案》等文件编制，是引领学校“十四五”事业发展和实现2035年目标的纲领性文件。《规划》坚持党的全面领导，坚持立德树人，坚持改革创新，坚持服务国家战略，坚持系统观念，展望了2035年学校事业发展远景目标，提出了“十四五”期间的主要目标、量化指标，部署了一系列具有创新性、突破性的重大发展和改革举措，同时聚焦补短板、强弱项，明确了务实、可操作的重点工程。

《规划》明确了学校2035年目标和“十四五”时期的总体目标、具体目标。到2025年，“智慧交通”学科领域位居世界一流水平，在交通、信息等领域的若干方向上引领国际前沿，学校综合实力显著增强，大学治理体系更加完善，社会声誉和国际影响力明显提升，持续深化研究型大学建设，实现高质量发展，为服务交通强国等国家重大战略做出重要贡献，成为支撑和引领行业人才培养与科技创新的重要基地，特色鲜明世界一流大学建设迈上新台阶。到2035年，优势特色学科稳居世界一流前列，一批学科进入世界一流行列，治理体系和治理能力基本实现现代化，为服务国家重大战略需求作出突出贡献，成为推动国家、区域经济社会发展和行业进步的重要力量，学校整体实力位居国内前列，形成建设特色鲜明世界一流大学的新格局。提出了“十四五”期间学校事业发展“两个新突破、四个新提升、两个新成效”的“242”具体目标。“两个新突破”即“双一流”建设获得新突破，办学条件获得新突破。“四个新提升”即人才培养能力、师资队伍建设水平、科技创新能力、社会服务能力实现新提升。“两个新成效”即治理体系和治理能力现代化取得新成效，党建和思想政治工作取得新成效。

《规划》锚定建设特色鲜明世界一流大学的远景目标，结合学校实际，主要部署了十项主要发展与改革任务，包括“深入落实立德树人根本任务，着力培养拔尖创新人才”“推进学科建设内涵式发展，着力提升学科建设整体水平”“推进人事制度改革，着力建设高水平人才队伍”“服务国家重大战略需求，着力提升科技创新能力”“构建多元化社会服务体系，着力提高社会服务能力”“优化国际化办学布局，着力推进国际合作与交流”“加强文化传承与创新，着力提升文化建设水平”“优化拓展办学资源，着力改善办学条件”“深化体制机制改革，着力推进治理体系和治理能力现代化”“加强党建和思想政治工作，着力夯实思想政

治组织保障”。

每项发展与改革任务都设置了相应的重要指标和重点工程，包括“拔尖创新人才培养体系改革与质量提升工程”“一流学科群建设工程”“人才队伍评价机制改革与高层次人才队伍建设工程”“科技创新与重大平台建设工程”“社会服务能力提升工程”“国际声誉提升工程”“文化建设水平提升工程”“办学条件优化提升及智慧校园建设工程”“内部治理结构改革与治理能力提升工程”“党建与思想政治工作质量提升工程”。

《规划》明确了五方面实施保障举措，从加强组织领导、健全实施机制、优化资源配置、强化考核监测、推进规划评估等五大环节保证规划落实落地。

（规划与学科处供稿）

成立本科生院

2021 年 3 月 29 日，中共北京交通大学第十一届委员会常务委员会第九十五次会议研究决定将原教务处、教学质量监评中心、招生就业处中的招生办公室合并进行功能优化，成立本科生院，系统整合本科教育教学资源，全面推进本科人才培养建设与改革工作。

本科生院的建设目标是构建本科招生培养、师资队伍、综合改革、内涵建设、质量监控“五位一体”的育人长效机制；深化本科招生培养一体化、培养模式多样化、改革建设统筹化、管理服务信息化、治理能力现代化“五化联动”的运行管理模式；打造德智体美劳全面发展的“五育并举”的人才培养体系，培养符合新时代发展要求的一流本科人才。

本科生院院长由分管校领导兼任，设常务副院长 1 名（正处级），副院长 6 名（副处级）。共设 6 个业务办公室、1 个综合办公室和 1 个直管学院（詹天佑学院），教师发展中心、教材建设管理中心、创新创业教育中心、课程思政教学研究中心、通识教育中心等 5 个中心挂靠本科生院管理，统筹推进学校本科（含专职）招生、培养，教学内涵建设，教学改革研究，教师教学能力提升和名师团队建设，教学质量监控与认证评估等工作。

本科生院的成立是学校积极响应新时代人才培养新要求，全面落实立德树人根本任务、深化教育教学综合改革的重要举措，推动学校进一步深化“四通”人才培养模式改革，全面加强教学内涵建设，提升现代化教学治理能力，构建高质量一流人才培养体系，标志着学校本科人才培养进入新的里程碑。

（本科生院供稿）

成立科学技术研究院

2021 年 5 月 10 日，中共北京交通大学第十一届委员会常务委员会第九十九次会议研究决定组建科学技术研究院。科学技术研究院（以下简称科研院）的设立，是学校科研体制机制改革的重要举措，有利于科研管理规划工作着眼学校全局，围绕国家和行业重大战略和重大工程需求，实现科研布局优化和增强有组织科研能力，是我校科研体制机制改革新的里程碑。

科研院的主要职责是负责各类科研项目、平台、人才、团队、奖励、学术交流、知识产权、成果转化、国防科研以及学术期刊等政策制定、筹划组织和管理服务等工作。

不再保留科学技术处（以下简称科技处），原相关职能划归科研院。重大项目管理办公室和川藏研究院的服务科研行政职能划归科研院。原挂靠科技处的知识产权与技术转移中心划转挂靠科研院；原挂靠科技处的军民融合处更名为先进技术处，划转挂靠科研院。原挂靠科技处管理的虚体研究机构划转挂靠科研院管理。

科研院设置院长 1 名，由分管副校长兼任；常务副院长（正处级）1 名，由原科技处处长担任；副院长 5 名，其中 1 名由重大项目管理办公室主任兼任，另外 4 名分别为：科学技术研究院副院长兼纵向项目办公室主任，科学技术研究院副院长兼实验室与基地办公室主任，科学技术研究院副院长兼成果交流与奖励办公室主任，科学技术研究院副院长兼行业专项办公室主任、川藏铁路研究院副院长；设置其他副处级干部 3 名，分别为：知识产权与技术转移中心副主任、先进技术处副处长、重大项目管理办公室副主任兼科学技术研究院重大科研平台办公室主任。

（科研院供稿）

张宏科教授当选中国工程院院士

11 月 18 日，中国工程院公布 2021 年院士增选结果，张宏科教授当选为中国工程院信息与电子工程学部院士。

张宏科教授是北京交通大学下一代互联网互联设备国家工程实验室主任，IEEE Fellow，曾两次担任国家 973 项目首席科学家，长期从事新型专用网络理论与工程技术研究，是标识网络体系与技术的开拓者之一，建立了标识网络功能结构及解析映射机制，攻克了复杂场景下网络高移动支持和高可靠传输难题，为解决国家和行业专网工程急需做出了重要贡献。

（来源于校园新闻网）

学校大事记

2021年学校大事记

1月

● 1月1日，6项成果获评北京市第十六届哲学社会科学优秀成果奖二等奖。

● 1月8日，国家留学基金委公布2021年创新型人才国际合作培养项目资助项目，“北京交通大学与代尔夫特理工大学研究生联合培养项目”获得资助，开展联合培养博士研究生工作，项目执行期为三年（2021—2023年）。

2月

● 2月10日，教育部公布2020年度国家级和省级一流本科专业建设点名单，北京交通大学17个专业入选国家级一流本科专业建设点、5个专业入选北京市一流本科专业建设点。

● 2月24日、7月28日、12月24日，经管学院分别通过EQUIS（欧洲质量改进体系）认证、AACSB（国际商学院协会）认证、AMBA（英国工商管理硕士协会）和BGA（商学院毕业生协会）联合认证，成为全球第116所、中国大陆第13所、北京第3所通过AACSB、EQUIS和AMBA三大国际认证的商学院，也成为国内首个在一年之内通过三大国际认证的商学院。

3月

● 3月4日，国际高等教育分析机构QS发布2021年世界大学学科排名。北京交通大学9个学科入围，分别是：电子电气工程、计算机科学与信息系统、机械工程、材料科学、数学、物理学与天文学、商务与管理、统计与运筹学、化学。

● 3月18日，全校党史学习教育动员大会召开。党史学习教育贯穿全年，研究出台8个方案，开展故事讲述、学习教育、主题展览、视频献礼、实地研学等特色活动，构建学习宣讲全覆盖格局，持续推动学习教育入脑入心。近200项“我为师生办实事”台账落实落地。

● 3月18日，学校召开2021年全面从严治党工作会议。

● 3月23日，北京交通大学与丰台区人民政府签署共建“轨道交通创新基地”合作协议。基地将围绕轨道交通智能控制、智能装备、智能制造、易行服务、使能技术等前沿核心技术开展基础研究、科研攻关、技术转化、产业服务等职能，打造国际一流的轨道交通“产学研用”一体化创新基地。年内62个国家级、省部级重点平台、高端人才团队正式入驻。成立技术转移服务机构，积极服务属地企业，吸引轨道交通相关企业落户丰台。

4月

● 4月22日，学校携手20家发动机产业链核心单位成立碳中和创新联盟。

5月

● 5月26日，软科发布2021软科世界一流学科排名。北京交通大学15个学科入围，交通运输工程、通信工程、土木工程、仪器科学4个学科进入前50，电子电力工程学科进入世界前100。

● 5月28日，教育部公布课程思政示范项目名单，学校本科课程“城市轨道交通运营

管理”“信号与系统”、研究生课程“数字通信理论”获评国家级课程思政示范课程，课程团队获评国家级课程思政教学团队。

6 月

● 6 月 3 日，学校召开落实全国研究生教育会议精神工作推进会暨 2021 年学校人才培养工作会，发布“加快新时代研究生教育改革发展的行动计划”。

● 6 月 15 日，交通运输部发布《关于北京交通大学开展智能轨道交通平台建设与技术研发等交通强国建设试点工作的意见》，标志着北京交通大学交通强国建设试点实施方案正式获批，学校将在智能轨道交通平台建设与技术研发、综合交通网络协调运营与服务研究平台建设、轨道交通安全保障平台建设与技术研发、国际交通人才培养等方面开展交通强国建设试点工作。

● 6 月 25 日，学校举办 2021 国际青年学者“知行论坛”主论坛，各学院举办学科分论坛。主论坛分为亚太及北美专场和欧洲专场，近 500 名海内外青年学者线上参加，吸引 40 余位优秀青年学者达成初步引进意向。国际青年学者“知行论坛”已连续成功举办 3 届，成为我校引才品牌活动。

7 月

● 7 月 1 日，北京交通大学组织 636 名师生完成庆祝中国共产党成立 100 周年庆祝大会天安门献词合唱、《伟大征程》鸟巢文艺演出、庆祝大会志愿服务专项服务保障任务。

● 7 月 5 日，国家体育总局举行冰雪项目 2020—2021 赛季表彰大会暨中国冰雪科学顾问等证书颁发仪式，学校获评“中国冰雪科技联合攻关单位”，土建学院李波教授被授予“中国冰雪科学家”荣誉称号。

● 7 月 15 日，为贯彻落实《深化新时代教育评价改革总体方案》要求，深入推进新时代教师职称评价制度改革，学校印发《北京交通大学专业技术职务评聘实施办法》并开始实施。

● 7 月 17 日，学校出台体育、美育、劳育专项行动实施方案，全面推进体美劳教育改革，深化“五育并举”培养体系。

● 学校举办庆祝建党 100 周年系列活动，举行“两优一先”表彰大会，“光荣在党 50 年”纪念章颁发仪式、“永远跟党走”师生文艺汇演。

8 月

● 8 月 11 日，教育部办公厅发布《教育部办公厅关于开展第二批全国高校“百个研究生样板党支部”和“百名研究生党员标兵”创建工作的通知》，计算机学院 2018 级博士生党支部入选全国高校“百个研究生样板党支部”，土建学院 2017 级博士生谢行思入选全国高校“百名研究生党员标兵”。

9 月

● 9 月 3 日，北京交通大学本科生院、科学技术研究院揭牌。

● 9 月 3 日，2021 年度北京市高等学校教学名师奖揭晓，黄辉教授和冯华教授获第十七届北京市高等学校教学名师奖，向宏军教授和吕兴教授获第五届北京市高等学校青年教学名师奖。

● 9 月 14 日，北京交通大学唐山研究院举行科创园区启用、实验室揭牌暨产学研合作签约仪式。校地双方主要领导为首批入驻唐山研究院科创园区的 8 个重点实验室代表揭牌，为唐山研究院与6家产学研合作单位证签。

● 9月17日，北京交通大学“强化课程思政建设，深化‘三全育人’”项目获批第一批北京高校党建和思想政治工作特色项目。

● 9月24日，学校获得国家机关事务管理局、国家发展和改革委员会、水利部联合颁发的“公共机构水效领跑者（2021—2023）”标牌证书。

● 9月25日，2020年度北京市科学技术奖揭晓，袁大军教授牵头主持成果“高水压越江海大直径盾构隧道开挖面稳定控制关键技术研究及应用”获技术发明奖一等奖；陈峰教授牵头主持成果“基于大客流的城市轨道交通运营安全保障与效能提升关键技术及应用”和李伟力教授牵头主持成果“高性能高压自起动和高功率密度的永磁电动机热控制关键技术及应用”获科学技术进步奖二等奖。此外，学校作为参加单位参与成果1项获科学技术进步奖一等奖、1项获科学技术进步奖二等奖。

● 9月26日，国家教材委员会发布首届全国优秀教材名单，《集装箱运输与多式联运》（第三版）获评全国优秀教材一等奖，《电力系统继电保护原理》（第五版），《电力系统继电保护原理》（第五版），《大学计算机》（第六版），《轨道工程》（第二版）4种教材获评首届全国优秀教材二等奖。

● 9月30日，《北京交通大学“十四五”发展规划（2021—2025年）》正式报送教育部备案并向社会公开。

● 9月，召开建校125周年创新发展大会，推出创新发展八项重大举措。举办传承弘扬科学家精神系列讲座和纪念活动，举行中国交通高层论坛等系列学术论坛，成立减碳技术研究中心。召开第十一届董事会，成立校友企业家联盟，设立校友知行奖、校友企业家创新基金和首批“院士基金”。

● 9月，北京市教育委员会公布2021年度“优质本科课程”和“优质本科教材课件”遴选结果，北京交通大学“刑法总论”“运输组织学”“测控系统设计”“计算机体系结构”4门课程获评北京市优质本科课程，《算法设计与问题求解——计算思维培养》（第二版）《机电一体化技术》《土力学原理》《电磁场与电磁波MOOC》4部教材获评优质本科教材。

10月

● 10月9日，获批科技部、教育部首批“高校专业化国家技术转移机构”试点建设单位。

● 10月25日，软科发布2021中国最好学科排名，北京交通大学26 个学科上榜，交通运输工程、系统科学获评中国顶尖学科，其中，交通运输工程学科连续4年蝉联全国第一；系统科学学科自2019年首次排名以来，连续3年位居榜首。

● 10月26日，北京交通大学14个学科入围U.S.News全球大学排名，土木工程、电气与电子工程、机械工程3个学科进入U.S.News世界大学学科排名前50，工程学学科进入世界前100。

● 10月28日，教育部公布首批国家级新文科研究与改革实践项目立项名单，学校“行业特色高校经管专业新文科建设的探索和实践”“基于智能信息技术的外语教学改革与实践”“交通强国背景下新闻传播复合型人才培养的创新与实践”“艺术科技融合的设计类专业新文科建设实践”“一带一路”国际治理下涉外建设工程法律人才培养创新与实践研究”5 个项目获批立项。

11 月

● 11 月 3 日，2020 年度国家科学技术奖励大会召开，吴昊教授参与成果“物联网系统数据安全关键技术及应用”获国家技术发明奖二等奖；谭忠盛教授参与成果“高压富水长大铁路隧道修建关键技术及工程应用”、李涛教授参与成果“深部复合地层隧（巷）道 TBM 安全高效掘进控制关键技术”和高亮教授团队参与成果“高速铁路Ⅲ型板式无砟轨道系统技术及应用”获国家科学技术进步奖二等奖。

● 11 月 5 日，THE 世界大学学科排名发布，北京交通大学工程与技术、计算机科学、商科与经济学、物理科学、社会科学 5 个学科进入 THE 世界大学学科排名。

● 11 月 12 日，ESI 学科排名发布，北京交通大学工程学（保持 ESI 前 1‰）、计算机科学、材料科学、社会科学、化学、环境/生态学 6 个学科进入 ESI 前 1%。

● 11 月 18 日，中国工程院公布 2021 年院士增选结果，张宏科教授当选为中国工程院信息与电子工程学部院士。

● 11 月 29 日，教育部公布第三批基础学科拔尖学生培养计划 2.0 基地名单基础学科拔尖学生培养计划 2.0 基地（2021 年度）名单，学校计算机科学拔尖学生培养基地入选。

12 月

● 12 月 2 日，北京交通大学召开人才工作会议，推出《北京交通大学关于进一步加强人才队伍建设的若干意见》及 6 个配套文件，提出“十四五”期间人才工作重要改革举措。

● 12 月 6 日，张文松主持的“平台企业治理研究”获批 2021 年度国家社会科学基金重点项目。

● 12 月 9 日，学校“职点工作室”首批入选北京高校就业指导名师工作室。

● 12 月 20 日，国家发展改革委公布纳入新序列管理的国家工程研究中心名单，学校作为牵头单位的轨道交通运行控制系统、移动专用网络 2 个研究中心纳入国家工程研究中心新序列。

● 12 月 24 日，学校自主设置二级交叉学科“交通能源与环境工程”在教育部备案。

● 12 月 30 日，教育部、工信部公布首批 33 个特色化示范性软件学院名单，北京交通大学软件学院入选。

● 2021 年，学校选拔、培训 600 余名冬奥会志愿者，全力服务冬奥会。

组织机构

学校部分委员会和领导小组

一、2021年1月1日至12月31日学校成立的委员会和领导小组

北京交通大学党建和思想政治工作先进校申报工作领导小组

（2021年2月8日成立）

组　长：黄泰岩、王稼琼

副组长：孙守光、郭海、文海涛、许安国、高艳

成　员：蓝晓霞、姚念龙、史贞军、孙蓝烽、王宏军、连会仁、王德瑜、刘燕、丁鹏玉、赵冠远、王雪松、秦思阳、赵庆先

领导小组办公室设在党委组织部。

主　任：文海涛

副主任：蓝晓霞、姚念龙、史贞军

成　员：党群各部门有关人员

北京交通大学处级干部换届工作领导小组

（2021年3月30日成立）

组　长：党委书记、校长

组　员：其他党委常委

成　员：史贞军、赵冠远、王瑽、孙蓝烽、房海蓉、朱晓宁

处级干部换届工作领导小组设工作组，由党委组织部、人事处、纪委办公室、监察处等学校党政有关部门负责人及相关工作人员组成，办公室设在党委组织部。

北京交通大学全面从严治党工作领导小组

（2021年4月13日成立）

组　长：黄泰岩

副组长：王稼琼、孙守光、郭海、文海涛、许安国、高艳

成　员：关忠良、余祖俊、赵鹏、闫学东、蓝晓霞、吴强、郑广天

领导小组办公室设在学校办，成员单位包括学校办、组织部、宣传部、统战部、纪委办、监察处、巡察办、离退休部（处）、学工部（处）、研工部、保卫部（处）、教师工作部、人事处、财务处、审计处、团委、工会和直属机关党委。

北京交通大学干部人事档案专项审核工作领导小组

（2021 年 4 月 26 日成立）

组　长：黄泰岩、王稼琼

副组长：文海涛、孙守光、郭海

成　员：史贞军、赵冠远、王瑽、孙蓝烽、房海蓉、朱晓宁

领导小组下设工作专班，由组织部、人事处、档案馆、纪委办公室、监察处、本科生院、研究生院等单位有关负责同志组成，工作专班可根据审核具体事项和工作需要组建若干专项工作小组，工作专班、工作小组成员由政治素质高、具有相关工作经验的同志组成。

北京交通大学 125 周年校庆筹备工作委员会

（2021 年 6 月 2 日成立）

主　　任：黄泰岩、王稼琼

常务副主任：高艳

副 主 任：孙守光、郭海、文海涛、许安国、关忠良、余祖俊、赵鹏、闫学东、蓝晓霞、吴强、郑广天

设置校庆办负责校庆筹备委员会日常工作。

主　　任：吴强

执行副主任：姚念龙、郭雪萌、荆涛、何永淼、袁芳、曲斌

主要成员单位：学校办、外联处、宣传部、学生处、保卫处、研工部、团委、工会、离退休处、本科生院、科研院、社科处、研究生院、发展规划与学科建设处、国际处、国际教育学院、新校区建设办、基建处、图书馆、档案馆、出版社、后勤集团、网信办、各二级学院。

同时设置综合协调工作组，督察工作组，文秘工作组，接待工作组，学生活动工作组，宣传文化工作组，学术、科技和人才培养活动工作组，国际交流和留学生活动工作组，筹资及校友工作组，安保工作组，环境保障工作组，威海校区工作组等 12 个校庆专项工作领导小组。

北京交通大学语言文字工作委员会

（2021 年 10 月 25 日成立）

主任：主管教学工作副校长

成员：学校办公室、宣传部、学生工作处（部）、人事处（教师工作部）、本科生院、研究生院、团委、语言与传播学院、马克思主义学院主要负责同志。

语言文字工作委员会办公室设立在本科生院，负责日常工作。

北京交通大学统计工作领导小组

（2021 年 11 月 24 日成立）

组　　长：校长

副 组 长：分管统计工作的校领导

成员单位：学校办、本科生院、研究生院、人事处、国资处、财务处、规划与学科处、国际教育学院、远程学院、图书馆、基建处、新校区建设办、信息中心等。

北京交通大学审计委员会

（2021年11月25日成立）

主　任：党委书记、校长

副主任：协管审计工作校领导、纪委书记

成　员：学校办、组织部、纪委办、监察处、巡察办、人事处、国资处、财务处、审计处等单位主要负责人。

审计委员会办公室设在审计处，办公室主任由审计处处长担任。

二、2021年1月1日至12月31日学校调整的委员会和领导小组

北京交通大学定点帮扶工作领导小组

（2021年4月28日调整）

组　　长：黄泰岩、王稼琼

执行组长：高艳

副 组 长：孙守光、郭海、文海涛、许安国、关忠良、余祖俊、赵鹏、闫学东、蓝晓霞、吴强、郑广天

成员单位：学校办、组织部、宣传部、纪委办（监察处）、学工部（处）、团委、工会、本科生院、科技处、社科处、研工部、人事处、国资处、财务处、审计处、外联处、后勤集团、资产公司、远程学院、经管学院、理学院、建艺学院。

调整定点扶贫工作领导小组为定点帮扶工作领导小组，全面领导统筹各项工作。调整定点扶贫工作领导小组办公室为定点帮扶工作领导小组办公室，简称定点帮扶办，仍挂靠在学校办公室。

学校党委管理机构及负责人

表 1　2021 年学校机关部处负责人

单位	职务	姓名
学校办公室（党委办公室、校长办公室）、政策研究室、保密办公室	学校办公室（党委办公室、校长办公室）主任兼政策研究室主任、保密办公室主任	姚念龙
	学校办公室（党委办公室、校长办公室）副主任	信　心（–5.26） 王　刚（5.26–）
	学校办公室（党委办公室、校长办公室）副主任	何永淼
	学校办公室（党委办公室、校长办公室）副主任	吴轶婷（女，–8.23） 王舒驰（8.23–）
	政策研究室副主任兼学校办公室（党委办公室、校长办公室）副主任	张立学
	保密办公室副主任兼学校办公室（党委办公室、校长办公室）副主任	刘自尊（女）
党委组织部（党校）	党委组织部部长	文海涛（女，兼，–11.22） 史贞军（11.22–）
	党委组织部常务副部长（正处级）	史贞军（–11.22）
	党委组织部副部长	赵艳娥（女）
	党委组织部副部长	薛　刚
	党委组织部副处级组织员	陈　尘
党委宣传部	党委宣传部部长	蓝晓霞（女）
	党委宣传部副部长	袁　芳（女）
	党委宣传部副部长	孙文博（–5.26） 张安梅（女，8.23–）
党委统战部	党委统战部部长	孙守光（兼，–11.22） 史贞军（兼，11.22–）
	党委统战部副部长	赵庆先（–5.26） 林　芳（女，5.26–）
纪委办公室、监察处	纪委副书记、纪委办公室主任、监察处处长	孙蓝烽（女）
	监察处副处长、纪委监督检查室主任	翁良殊（女）
	纪委办公室副主任、监察处副处长	鲍　炯（1.4–）
	副处级纪检员	杨　玲（女）
巡察工作办公室	纪委副书记、巡察工作办公室主任	王宏军
	巡察工作办公室副主任	周轶峰（女）
	正处级组织员	解　郁（女）

续表

单位	职务	姓名
直属单位与机关党委	直属单位与机关党委书记	康　俊（女）
	直属单位与机关党委副书记	徐　民（－8.23） 沈　岩（8.23－）
学生工作部（处） 武装部	学生工作部（处）部（处）长、武装部部长	王德瑜
	学生工作部（处）副部（处）长、武装部副部长	王　烜（女，－5.26） 高永峰（女，5.26－）
	学生工作部（处）副部（处）长、武装部副部长	王　皓（－1.4） 魏　炜（1.4－8.23） 郭　锴（8.23－）
	学生工作部（处）副部（处）长	魏　炜（兼，5.26－）
	学生工作部（心理中心）副处级辅导员	耿梅芳（女，5.26－）
学生资助管理中心	学生资助管理中心主任	王德瑜（兼） 刘　燕（女，兼）
	学生资助管理中心副主任	林　芳（女，－5.26） 于　洁（女，5.26－）
团委	团委书记	秦思阳（女，－5.26） 魏　炜（5.26－）
	团委副书记（副处级）	曲　斌
	团委副书记（正科级）	任一豪
	团委副书记（正科级）	安　薇（女）
	团委副书记（兼，无行政级别）	李洪萌
工会	工会主席	孙守光（兼）
	工会常务副主席（正处级）	王雪松（女）
	工会副主席	徐晓玉（女）
	工会副主席	周俞波
	工会副主席（兼，无行政级别）	裴　丽（女）
离退休工作部（处） 离退休党委	离退休工作部（处）部（处）长兼离退休党委副书记	连会仁
	离退休党委书记兼离退休工作部（处）副部（处）长	陈志新（女，－5.26） 赵庆先（5.26－）
	离退休工作部（处）副部（处）长兼离退休党委副书记	张岳强
	离退休工作部（处）副部（处）长兼离退休党委副书记	孙慧环（女）
保卫部（处）	保卫部（处）部（处）长	丁鹏玉
	保卫部（处）副部（处）长	刘英武
	保卫部（处）副部（处）长	方宇鹏（－8.23） 吴　斌（8.23－）

续表

单位	职务	姓名
教务处	教务处处长	房海蓉（女，–4.15）
	教务处副处长	路　勇（女，–5.26）
	教务处副处长	景　云（–5.26）
	教务处副处长	王佳琦（–5.26）
教学质量监控与评估中心、教师发展中心	教学质量监控与评估中心副主任	宋　瑞（女，–5.26）
	教师发展中心副主任兼教学质量监控与评估中心副主任	董　俊（–5.26）
本科生院	本科生院院长	闫学东（兼，3.29–）
	本科生院常务副院长（正处级）	房海蓉（女，4.15–）
	本科生院副院长兼教师发展中心副主任	宋　瑞（女，5.26–）
	本科生院副院长	景　云（5.26–）
	本科生院副院长	王　皓（5.26–）
	本科生院副院长	王佳琦（5.26–）
	本科生院副院长	张　华（女，8.23–）
	本科生院副院长	邓　涛（8.23–）
科学技术处	科学技术处处长	荆　涛（–5.10）
	科学技术处副处长	王冬梅（女，–5.26）
	科学技术处副处长	宋国华（–5.26）
科学技术研究院	科学技术研究院院长	余祖俊（兼，5.10–）
	科学技术研究院常务副院长（正处级）	荆　涛（5.10–）
	科学技术研究院副院长兼成果交流与奖励办公室主任	王冬梅（女，5.26–）
	科学技术研究院副院长兼实验室与基地办公室主任	宋国华（5.26–）
	科学技术研究院副院长兼行业专项办公室主任、川藏铁路研究院副院长	王洪伟（5.26–）
	科学技术研究院副院长兼纵向项目办公室主任	牛利勇（8.23–）
	科学技术研究院副院长	冯海燕（女，兼，5.10–）
	科学技术研究院知识产权与技术转移中心副主任	王　欣（女）
	科学技术研究院先进技术处副处长	郭玉宝（8.23–）
	科学技术研究院重大科研平台办公室主任	王　浩（兼，5.26–）
重大项目管理办公室	重大项目管理办公室主任	冯海燕（女）
	重大项目管理办公室副主任	王　浩
人文社会科学处	人文社会科学处处长	毕　颖（女，–4.15） 施先亮（4.15–）
	人文社会科学处副处长	叶　龙（–8.23） 吴　静（女，8.23–）

续表

单位	职务	姓名
研究生院	研究生院常务副院长（正处级）	朱晓宁
	研究生院副院长	绳丽惠（女）
	研究生院副院长	刘世峰
	研究生院副院长	刘吉强（－5.26） 江　辉（8.23－）
	研究生院副院长	刘　燕（女，兼）
研究生工作部	研究生工作部部长	刘　燕（女）
	研究生工作部副部长	郭祎华（女）
人事处	人事处处长兼教师工作部部长	赵冠远
	人事处副处长	程晓冬
	人事处副处长	许　寅
	人事处副处长	于　洁（女，－8.23） 张　艺（女，8.23－）
教师工作部	教师工作部部长	赵冠远（兼）
	教师工作部副部长	陈劲松（女）
	教师工作部副部长	杨昭军（8.23－）
国有资产管理处	国有资产管理处处长	郝志强（5.26－）
	国有资产管理处副处长	郝志强（－5.26） 方宇鹏（5.26－）
	国有资产管理处副处长	侯　冰
	国有资产管理处副处长	孙天骄（女）
计划财务处	计划财务处处长	张真继（－5.26） 崔永梅（女，5.26－）
	计划财务处副处长	刘晓薇（女）
	计划财务处副处长	曹宝忠
	计划财务处副处长	晏　曦（女）
实验室安全管理处	实验室安全管理处处长	王　巍
	实验室安全管理处副处长	原思成
	实验室安全管理处副处长	曲永政
审计处	审计处处长	徐劲松（女）
	审计处副处长	陶　宏（女，－8.23）
	审计处副处长	赵　樱（女）
发展规划与学科建设处	发展规划与学科建设处处长	李国岫
	发展规划与学科建设处副处长	沙　迪
	发展规划与学科建设处副处长	宋　飞

续表

单位	职务	姓名
国际合作交流处、港澳台办公室	国际合作交流处处长	夏明超
	国际合作交流处副处长兼港澳台办公室副主任	吕　超
	国际合作交流处副处长兼港澳台办公室副主任	毕　斐（女，1.4－）
招生与就业工作处	招生与就业工作处处长	刘东平（－5.26）
	招生与就业工作处副处长	梁　英（女，－5.26）
	招生与就业工作处副处长	王　皓（－5.26）
就业与创业指导中心	就业与创业指导中心主任	张　博（5.26－）
	就业与创业指导中心副主任	梁　英（女，5.26－）
基建与规划处	基建与规划处处长	杨培飞
	基建与规划处副处长	宋晓宇
	基建与规划处副处长	祝虹煜
新校区筹建办公室	新校区筹建办公室主任	刘江涛
	新校区筹建办公室副主任	任　杰
对外联络合作处	对外联络合作处处长	郭雪萌（女）
	对外联络合作处副处长	张　博（－5.26） 张　雷（5.26－）
	对外联络合作处副处长	陈　磊
信息化办公室（信息中心）	信息化办公室（信息中心）主任	卢　苇（－5.26）
	信息化办公室（信息中心）副主任	王　芳（女，－5.26）
	信息化办公室（信息中心）副主任	安志强（－5.26）
网络安全和信息化办公室、网络信息技术中心	网络安全和信息化办公室主任兼网络信息技术中心主任	林友芳（5.26－）
	网络安全和信息化办公室副主任兼网络信息技术中心副主任	王　芳（女，5.26－）
	网络安全和信息化办公室副主任兼网络信息技术中心副主任	安志强（5.26－）

表 2　2021 年学院党政负责人

单位	职务	姓名
电子信息工程学院	电子信息工程学院党委书记	杨晓晖（女，－4.15） 赵　岚（女，4.15－）
	电子信息工程学院院长	唐　涛（－4.15）
	电子信息工程学院党委副书记	韩柏涛
	电子信息工程学院党委副书记、副院长	艾　渤
	电子信息工程学院副院长	陶　丹（女）
	电子信息工程学院副院长	王　剑
	电子信息工程学院副院长	周华春

续表

单位	职务	姓名
计算机与信息技术学院	计算机与信息技术学院党委书记	贾卓生
	计算机与信息技术学院院长	蔡伯根
	计算机与信息技术学院党委副书记	段春荣
	计算机与信息技术学院党委副书记、副院长	董敬祝（–5.26） 韦世奎（8.23–）
	计算机与信息技术学院院长	熊　轲
	计算机与信息技术学院院长	李浥东
	计算机与信息技术学院院长	林友芳（–8.23） 景丽萍（女，8.23–）
国家保密学院	国家保密学院院长	闫学东（兼，11.8–）
	国家保密学院常务副院长（正处级）	韩　臻（–5.26） 杜　晔（5.26–）
	国家保密学院副院长	杜　晔（–5.26） 李　静（女，8.23–）
经济管理学院	经济管理学院党委书记	张　力（–4.15） 李　彤（女，4.15–）
	经济管理学院院长	张秋生（–4.15） 张　力（4.15–）
	经济管理学院党委副书记	文映春（女，–8.23） 张欣颖（女，8.23–）
	经济管理学院党委副书记、副院长	裘晓东（–8.23）
	经济管理学院副院长	周耀东
	经济管理学院副院长	崔永梅（女，–5.26） 裘晓东（5.26–）
	经济管理学院副院长	华国伟
交通运输学院	交通运输学院党委书记	姚恩建
	交通运输学院院长	聂　磊（女）
	交通运输学院党委副书记	李　涛（女）
	交通运输学院党委副书记、副院长	孟令云
	交通运输学院副院长	陈军华
	交通运输学院副院长	何世伟
	交通运输学院副院长	柏　赟
土木建筑工程学院	土木建筑工程学院党委书记	马　强（–4.15） 刘东平（4.15–）
	土木建筑工程学院院长	高　亮
	土木建筑工程学院党委副书记	陈　博（女）
	土木建筑工程学院党委副书记、副院长	白　雁（女）
	土木建筑工程学院副院长	杨　娜（女）
	土木建筑工程学院副院长	蔡国庆
	土木建筑工程学院副院长	向宏军

续表

单位	职务	姓名
机械与电子控制工程学院	机械与电子控制工程学院党委书记	魏旺强（1.4－）
	机械与电子控制工程学院院长	李建勇（－5.26） 郭　盛（5.26－）
	机械与电子控制工程学院党委副书记	潘显钟
	机械与电子控制工程学院党委副书记、副院长	郭　盛（－5.26） 蒋增强（8.23－）
	机械与电子控制工程学院副院长	史红梅（女）
	机械与电子控制工程学院副院长	王文静（女）
	机械与电子控制工程学院副院长	邱　成（－8.23） 刘月明（8.23－）
电气工程学院	电气工程学院党委书记	和敬涵（女）
	电气工程学院院长	吴命利
	电气工程学院党委副书记	丁金凤（女，－8.23） 胡祥萍（女，8.23－）
	电气工程学院党委副书记、副院长	王小君
	电气工程学院副院长	王喜莲（女）
	电气工程学院副院长	王健强
	电气工程学院副院长	王琛琛
理学院	理学院党委书记	赵　岚（女，－5.26） 王　烜（女，5.26－）
	理学院院长	于永光
	理学院党委副书记	刘　颖（女）
	理学院党委副书记、副院长	唐爱伟
	理学院副院长	刘玉婷（女）
	理学院副院长	丁克俭
	理学院副院长	彭继迎
马克思主义学院	马克思主义学院党委书记	孙冬梅（女）
	马克思主义学院院长	高正礼
	马克思主义学院党委副书记、副院长	李效东（－5.26） 田永静（女，5.26－）
	马克思主义学院副院长	郑士鹏（8.19－）
	马克思主义学院副院长	闫长丽（女，8.23－）
语言与传播学院	语言与传播学院党委书记	王虹英（女）
	语言与传播学院院长	耿纪永
	语言与传播学院党委副书记	高永峰（女，－5.26）
	语言与传播学院党委副书记、副院长	郝运慧（－5.26） 文映春（女，5.26－）

续表

单位	职务	姓名
语言与传播学院	语言与传播学院副院长	杨若东（－1.4） 刘　凯（1.4－）
	语言与传播学院副院长	郝运慧（5.26－）
	语言与传播学院副处级辅导员	耿梅芳（女，－5.26）
软件学院	软件学院党委书记	黄晓慧（女）
	软件学院院长	卢　苇（－5.26） 刘吉强（5.26－）
	软件学院党委副书记、副院长	王浩业
	软件学院副院长	张振江（－8.23）
	软件学院副院长	魏小涛（－8.23） 车啸平（8.23－）
建筑与艺术学院	建筑与艺术学院党委书记	李　彤（女，－4.15） 秦思阳（女，4.15－）
	建筑与艺术学院院长	韩　冰
	建筑与艺术学院党委副书记、副院长	刘　萍（女）
	建筑与艺术学院副院长	张　野
	建筑与艺术学院副院长	佘高红
法学院	法学院党委书记	于亚光（女）
	法学院院长	施先亮（－5.26） 李巍涛（5.26－）
	法学院党委副书记、副院长	王　莹（女）
	法学院副院长	李巍涛（－5.26） 朱本欣（女，8.23－）
	法学院副院长	郭　烁（－9.22） 郑　飞（10.11－）
詹天佑学院	詹天佑学院常务副院长、党支部书记（正处级）	闻映红（女）
	詹天佑学院党支部副书记、副院长	马　泰
	詹天佑学院副院长	李清勇
威海校区 威海国际学院	威海校区管委会主任	关忠良（兼）
	威海校区管委会常务副主任	李宏林（兼，－5.26） 刘　颖（女，兼，－5.26）
	威海国际学院院长	刘　颖（女）
	威海校区党委书记	李宏林（－5.26） 孙文博（兼威海校区管委会副主任，5.26－）
	威海校区党委副书记、威海国际学院副院长兼威海校区管委会副主任	李香山
	威海校区党委副书记兼威海校区管委会副主任	林万梁（兼纪委书记，11.20－）
	威海国际学院副院长兼威海校区管委会副主任	肖贵平（女）
	威海国际学院副院长兼威海校区管委会副主任	白延雷

表 3　2021 年学校直属单位负责人

单位	职务	姓名
远程与继续教育学院	远程与继续教育学院院长	司银涛（-4.15） 吴　萱（女，4.15-）
	远程与继续教育学院党总支书记	吴　萱（女，-4.15） 陈志新（女，4.15-）
	远程与继续教育学院副院长	董　俊
	远程与继续教育学院副院长	李绍斌
国际教育学院	国际教育学院院长	刘彦青（女）
	国际教育学院副院长	谭　洁（女）
	国际教育学院副院长	王　刚（-8.23） 刘晓芳（女，8.23-）
图书馆	图书馆馆长	衣立新（女）
	图书馆直属党支部书记（副处级）	裴劲松（正处级，-5.26） 徐　民（5.26-）
	图书馆副馆长	郑　兰（女，-8.23） 崔　雁（女，8.23-）
档案馆	档案馆馆长	王　琁
	档案馆副馆长	宫　宇（女）
	档案馆副馆长	于　洁（女，兼，-8.23） 张　艺（女，兼，8.23-）
后勤服务产业集团	后勤服务产业集团总经理	翟　儒（-5.26） 信　心（5.26-）
	后勤服务产业集团党委书记	孙长索（-4.15） 马　强（4.15-）
	后勤服务产业集团党委副书记、纪委书记	薛成海
	后勤服务产业集团党委副书记、副总经理	郝志如（女）
	后勤服务产业集团副总经理	杨金泉
	后勤服务产业集团副总经理	李燕华
	后勤服务产业集团副总经理	赵　兴
	后勤服务产业集团副总经理	李凌宇（女，8.23-）
校医院	校医院院长、直属党支部书记	孔令伟（女）
	校医院直属党支部副书记	丁金凤（女）
	校医院副院长（无行政级别）	孙亚慧（女）
	校医院副院长（无行政级别）	卢云涛（女）
	校医院副院长（无行政级别）	刘红军（女）
体育部	体育部主任	崔迎春（女，5.26-）
	体育部直属党支部书记（副处级）兼体育部副主任	崔迎春（女，-8.23） 梁凤波（8.23-）
	体育部副主任	赵　旸

续表

单位	职务	姓名
北京高校思想政治工作研究中心办公室	北京高校思想政治工作研究中心办公室常务副主任（正处级）	屈晓婷（女）
	北京高校思想政治工作研究中心办公室副主任	吴铁婷（女，5.26－）
资产经营有限公司	资产经营有限公司党总支书记、总经理	沈永清（－4.15） 孙长索（4.15－）
	资产经营有限公司副总经理	何　青（女）
	资产经营有限公司副总经理、科技园有限公司总经理	廖涌泉（－5.26）
	资产经营有限公司党总支正处级组织员	沈永清
出版社	出版社社长	陈　颖（女）
	出版社副社长（无行政级别）	段连平
	出版社副社长（无行政级别）	孙秀翠（女）
	出版社副社长（无行政级别）	高振宇
国家轨道交通安全评估研究中心	国家轨道交通安全评估研究中心副主任	郑　伟
	国家轨道交通安全评估研究中心副主任	冯海燕（女，兼）
轨道交通控制与安全国家重点实验室	轨道交通控制与安全国家重点实验室党总支书记（副处级）、副主任	熊　磊
唐山研究院	唐山研究院院长	王大勇
	唐山研究院副院长	董敬祝（5.26－）
	唐山研究院副院长	白明洲（－8.23） 姚　凯（8.23－）
海滨轨道交通综合研发实验基地	海滨轨道交通综合研发实验基地副主任	任虹宇
智慧高铁系统前沿科学中心	智慧高铁系统前沿科学中心副主任	宿　帅
川藏铁路研究院	川藏铁路研究院院长	张顶立（无行政级别）
孔子学院	孔子学院中方院长（巴西）	高沁翔
	孔子学院中方院长（比利时）	邓新华（女）
	孔子学院中方院长（波兰）	赵海燕（女，8.1－）
长三角研究院	长三角研究院院长	蔡红建（4.15－）

注：2021年5月10日川藏铁路研究院院长不再保留行政级别。

附：2021年机构变动情况

1. 2021年3月29日，党委常委会研究决定组建本科生院。招生与就业工作处更名为就业与创业指导中心。

2. 2021年5月10日，党委常委会研究决定组建科学技术研究院。

3. 2021年6月21日，党委常委会研究决定成立北京交通大学交通能源与环境研究院。

4. 2021年7月8日，校长办公会议研究决定北京交通大学国家经济安全研究院相对实体化运行。成立北京交通大学交通发展研究院，相对实体化运行。

5. 2021年11月22日，党委常委会研究决定将学校保密办公室调整为独立运行职能部门。

（组织部　人事处供稿）

学术委员会

【概况】

2021年，校学术委员会继续落实《北京交通大学学术委员会章程（试行）》要求，不断完善各级、各类学术委员会制度建设，履行相关职责，持续加强学术诚信建设。

【校学术委员会】

根据《北京交通大学学术委员会章程（试行）》规定，规范专门委员会和各学院（国家重点实验室）学术委员会制度建设，完善校学术委员会各专门委员会和各学院（国家重点实验室）学术委员会章程。7月9日，校学术委员会通过各专门委员会章程及各学院（国家重点实验室）学术委员会章程。各专门委员会章程11月11日正式发布，各学院（国家重点实验室）学术委员会章程7月至11月通过院发文形式发布。

校学术委员会通过函评方式审议“北京交通大学2024年本科招生专业选考科目”“北京交通大学第十五届学位评定委员会委员候选人名单”等议题，充分发挥在学术事务决策、咨询等方面的作用。

【学术道德委员会】

发布《北京交通大学学术道德委员会章程（试行）》，为校学术道德委员会开展工作提供根本遵循。根据《北京交通大学处理学术不端行为办法》，开展学术不端事件认定等工作。根据《北京交通大学学术道德委员会办公室关于出具学术道德意见的工作办法》，向组织部、人事处、科研院、团委等部门出具学术道德意见21份，涉及百余人次。

【科技工作委员会评审】

2021年，科技工作委员会制定出台《北京交通大学科技工作委员会章程（试行）》。召开4次全体会议，包括1次现场评审会议和3次通信评审会议，对科技人才计划、科研荣誉、科研平台主任推荐人选和科技创新大赛推荐项目进行审议。

表4　2021年科技工作委员会评审工作统计表

序号	时间	形式	内容
1	2021.5.25	会议	推荐交通运输部某人才计划、霍英东教育基金会2021年高等院校青年科学奖和“最美铁道科技工作者”候选人
2	2021.7.19	网评	推荐北京市科技新星计划候选人、青年托举候选人；审议省部级科研平台主任申报材料
3	2021.8.12	网评	推荐全国颠覆性技术创新大赛参赛候选项目
4	2021.9.28	网评	推荐第二十四届茅以升科学技术奖—北京青年科技奖候选人

（宋　飞　武文斌　刘　畅）

党建与思想政治工作

综 合 工 作

【概况】

2021 年学校办公室（党委办公室、校长办公室）围绕学校中心工作，立足部门职能，统筹协调做好疫情防控常态化、定点帮扶、海淀区第十七届人大代表换届选举等专项工作，切实改进和转变作风，抓牢抓实文稿和信息服务，着力推进依法治校，完善现代大学制度，积极发挥参谋助手作用，不断提高服务能力和水平。

【疫情防控工作】

全面部署新型冠状病毒感染的肺炎疫情防控工作，层层压实疫情防控主体责任，多措并举、联防严控，坚决打赢疫情防控阻击战。纳入疫情防控范围的师生员工 32 306 人（本科生 14 078 人、研究生 12 473 人、留学生 142 人、教职工 5 613 人），师生疫苗接种率 96.74%，应接人员加强针接种率 97.47%。

【依法治校】

学校专题研究法治工作，制定发布《北京交通大学关于进一步加强法治工作的意见》，逐步建立章程制度建设、法治宣传教育、师生权益保护、法律风险防控、法治工作保障等五大体系，重点实施大学章程修订、完善规章制度体系建设、合同管理系统上线、校名商标注册等工作，把法治工作融入学校工作全过程和各环节，进一步提高学校治理体系和治理能力现代化水平。10 月启动北京交通大学章程修订工作。

【议事决策服务】

完成《北京交通大学贯彻落实“三重一大”决策制度实施办法》修订，进一步完善学校党政议事决策制度体系。全年服务保障党委全委会会议 2 次，党委常委会会议 24 次、议题 138 项，校长办公会议 14 次、议题 54 项，形成决议、纪要等约 4 万字。通过制定议题计划、推进议题统筹优化等方式，强化会议安排计划性、规范性、科学性。

【综合协调工作】

深入落实学校关于加强会议活动管理的文件精神及校领导有关批示精神，做好校级会议活动管理工作，严格执行校领导公务活动申报制度，以编发学校每周《工作日志》和《校领导外出公务活动安排》为抓手，强化会议活动的协调管理，尤其是加强会前协调工作，切实增强工作的计划性和系统性。组织召开校领导班子碰头会 18 次，下发《校领导班子碰头会纪要》17 期；做好校级工作会议和重点活动的协调服务保障工作；做好第八次北京市党建和思想政治工作先进校考察、125 周年校庆服务保障工作。全年服务接待上级部门领导和地方政府、企业等各类来访 20 余次。

开展学校信用体系建设及诚信教育活动有关工作，组建学校信用建设工作小组，组织开展学校诚信教育活动。

全力做好支持建设交大附中、交大附小有关工作。在上级政策调整的背景下，着力解决教职工子女入学等师生重大关切问题。2021 年，教职工子女入学交大附中、交大附小的需求全部得到满足。

【公文管理】

全年运转各类线上公文 2221 件，其中上级单位和其他单位来文 1 351 件，校内发文 576 件，校内各单位请示、报告类文件 294 件。运转线下公文 1 346 件，收到涉密文件 550 件、991 份。印发《北京交通大学电子公文处理办法》，开展校内公文电子化运转推广与培训。

【信息与统计】

凝练学校特色工作，向教育部报送信息 73 篇，2 篇被教育部简报专篇报道，其中，教育部简报第 16 期以《北京交通大学坚持德法并举 分级分类统筹推进师德专题教育》为题，专篇报道学校师德师风建设相关工作经验；《北京交通大学打造人才培养“四通”模式 深入推进教育教学综合改革》《北京交通大学聚焦立德树人 深入推进课程思政改革》《北京交通大学强化研究生导师立德树人职责 着力构建和谐导学关系》等 3 篇信息被教育部办公厅一线采风栏目采用；专家建议《网络视频存在问题及对策建议》获部本级单篇采用。

制定印发《北京交通大学统计管理办法》，规范学校统计工作，科学有效地组织完成学校各项统计任务。2021 年教育事业统计和学校（机构）代码工作进行全面改革，学校按校区完成教育事业统计数据网上填报、汇总、校验和上报工作，2 个校区、1 个高职学院、3 个研究院、1 个基地列入校区填报范围。

【督查督办】

开发使用新的督查督办系统，实现与公文系统数据互通，提升督查督办效率。定期开展对党委常委会、校长办公会议决事项、折子工程和主要校领导批示事项的督促检查工作，形成督办情况报告 2 期。

【信息公开】

出台《北京交通大学信息公开保密管理办法》，进一步加强信息公开的保密管理；细化信息公开事项清单三级指标条目，明确信息公开责任清单；发挥监督机构作用，明确信息公开监督责任；增设检索功能，推进信息公开精准化、智能化、便民化。全年学校通过信息公开专题网站向社会公开《学校信息公开事项清单》信息总计 591 件，涉及 10 大类 50 项内容。

【信访工作】

全年处理日常接访 34 件，协调部处按照时间期限予以答复，妥善处理信访案件，化解矛盾纠纷。加强疫情防控状态下电话及意见箱等来访件的处理效率。加强总值班室工作，深化工作机制，及时妥善处理重要紧急情况。

【乡村振兴工作】

学校助力科左后旗实现巩固拓展脱贫攻坚成果同乡村振兴有效衔接，调整设立学校定点帮扶工作领导小组和相关机构，印发《2021 年定点帮扶工作计划》。全年累计召开定点帮扶工作会议 25 次，其中党委常委会 2 次，校领导班子专题会 7 次。赴科左后旗开展定点帮扶调研 63 人次，其中校领导 5 人次。完成挂职干部轮换。圆满完成“6 个 200”的帮扶任务，累计投入定点帮扶资金 218.5 万元，引进帮扶资金 308.9 万元，直接购买脱贫地区农产品 262 万元，帮助销售 206 万元，培训干部 207 人次，培训技术人员 1 404 人次，培训乡村振兴带头人 244 人次。

帮扶甘旗卡二中和科左后旗民族幼儿园荣获 2020 年科左后旗教科体系统脱贫攻坚先进集体称号。

组织专家团队帮助制定农旅融合发展规划和试点建设，设计大米品牌形象系统，在科左后旗已有旅游业和水稻种植业基础上发展水稻农业旅游，实现农村一二三产业融合发展。

《探索畜禽粪污资源产业化路径，发展养种结合循环现代化农业》项目获评教育部首批直属高校服务乡村振兴创新试验培育项目。《科技助力培育循环农业，产销结合带动农民增收》获评教育部第一届高校消费帮扶优秀典型案例和全国消费帮扶助力乡村振兴优秀典型案例。

组织 37 支暑期社会实践团 350 余名大学生参与乡村振兴专项活动。语言学院《把新时代的小英雄扶上马——阻断贫困的代际传递从学前教育开始》研究团队，获评“见证优秀共产党员榜样”首都大学生集体采访行动优秀团队。

学校组织师生党支部向科左后旗捐赠《中国共产党简史》图书 800 套，以及电脑、打印机、衣物、体育运动器材等物资，部分党支部开展结对捐资助学工作。学校还开展组团帮扶、就业帮扶等工作。

【单位考核】

根据《北京交通大学 2021 年度二级单位考核办法》，学校授予 2 个学院“思源杯”，4 个学院“特色奖”；授予 6 个机关部处和直属单位“优秀奖”，8 个机关部处和直属单位“单项奖”。

【建校 125 周年庆祝活动】

9 月 11 日，学校举行“知行合一 启航未来”北京交通大学建校 125 周年创新发展大会。党委书记黄泰岩主持大会并讲话，校长王稼琼作主题演讲。黄泰岩和王稼琼共同为杜彦良、黄晓波、钱瑞、郜春海、梁建英、赵佃龙、李征、牛俊坡、张晋芳、扎西顿珠等 10 位校友颁发北京交通大学校友知行奖。

9 月 11 日，举办曾鲲化铜像、应尚才教授铜像揭幕仪式。启动北京交通大学建校 125 周年“亿基金”暨“校友企业家创新基金”捐赠。9 月 12 日，举办北京交通大学基础设施减碳技术研究中心成立大会暨首届高端学术论坛。举行徐寿波院士九十寿辰庆祝活动暨徐寿波院士基金成立仪式。9 月 25 日，北京交通大学、交通运输新型智库联盟共同主办“第十一届中国交通高层论坛”。

（李丽丽　刘　寞　宋　阳　袁　芳　蔡瑞龙　王　章　黄时萌）

组 织 工 作

【概况】

2021年学校党委深入学习贯彻习近平新时代中国特色社会主义思想、党的十九届五中、六中全会精神，贯彻落实习近平总书记“七一”重要讲话和在党史学习教育动员大会上的重要讲话精神，认真学习贯彻习近平总书记关于教育的重要论述、关于视察高校时的重要讲话精神和重要回信指示批示精神，不断提升基层党建工作质量，为学校“双一流”建设提供坚强的政治保证和组织保证。

截至2021年底，学校共有院级党委17个、党总支3个、党支部499个（含3个直属党支部），共有党员11 215名，较上年增加1 406名。

【党的政治建设】

学习贯彻新修订的《中国共产党普通高等学校基层组织工作条例》及《北京普通高等学校党建和思想政治工作基本标准》，纳入学校各级各类培训内容。制定实施《北京交通大学落实第二十七次全国高校党建会精神具体措施》。牵头推进学校党的政治建设任务清单落实，完成152项。开展政治建设专项督查并形成专项报告。

申报第八次北京市党的建设和思想政治工作先进普通高等学校，获评北京市党建和思想政治工作特色项目，全方位提升党建和思想政治工作制度化、科学化、规范化水平。

【干部队伍建设】

制定《北京交通大学党政处级干部换届工作实施办法》，修订《北京交通大学党政领导干部选拔任用工作实施办法（试行）》《北京交通大学处级领导干部竞争上岗工作规程（试行）》等文件，严格落实《党政领导干部选拔任用工作条例》，顺利完成处级干部换届工作，进一步优化学校干部队伍结构。全年共任免干部111人次，其中轮岗交流或进一步使用41人次、提任正处级干部14人次、提任副处级干部34人次、因年龄等原因转岗22人次。换届后处级干部年龄结构明显改善，平均年龄为45.7岁，“80后”干部61人、占比26.52%，“85后”干部18人、占比7.83%。处级干部高级职称占比70.6%，具有博士学位的占比47.4%，“双肩挑”干部占比39.2%，女干部占比38.7%，党外干部占比2.6%。

选派17名青年干部教师校内挂职，其中有5名在换届中提任副处级干部。推荐6名“88后”正科级优秀年轻干部到北京市街道、乡镇担任副处级职务。

制定《北京交通大学2021年干部教育培训计划》，组织全体新一届处级干部赴中央党校（国家行政学院）开展新时代处级干部素质能力提升专题培训，并依托中国干部网络学院开展干部在线学习工作。加强党史学习教育，将“党史百年”纳入干部学习必修课。全年共选派处级及以上干部参加上级选调培训近20人次。

【干部考核监督管理】

制定《关于进一步激励广大干部新时代新担当新作为的实施意见》《北京交通大学中层干部年度考核办法（试行）》《北京交通大学党政领导干部政治把关和政治素质考察实施办法

（试行）》等文件。

制定《北京交通大学领导干部个人有关事项报告及查核处理工作规程》《关于贯彻落实中共中央组织部〈关于领导干部及时报告个人有关事项的通知〉精神及有关要求的通知》等文件，规范工作程序，加强辅导培训，高质量做好领导干部个人有关事项报告工作。

印发《关于进一步严格干部兼职管理工作的通知》，组织领导干部认真学习干部兼职管理有关规定，督促领导干部按要求履行兼职审批手续，避免违规兼职，逐步规范审批、复函工作程序。

制定《北京交通大学领导干部配偶、子女及其配偶经商办企业禁业范围》，开展领导干部配偶、子女及其配偶经商办企业行为规范工作。

【基层党组织建设】

制定《中共北京交通大学委员会庆祝中国共产党成立 100 周年活动工作方案》。召开表彰大会，表彰优秀共产党员标兵 10 名、优秀共产党员 100 名、先进基层党组织 20 个、优秀党务工作者 20 名。土建学院建工系教师党支部获评北京市先进基层党组织、电信学院张宏科获评北京市优秀共产党员。

组织开展“对标争先”党建品牌创建和“双带头人”教师党支部书记工作室验收工作，1 个标杆学院、9 个样板支部、2 个“双带头人”工作室创建工作通过验收。机电学院机械系教师党支部、法学院本科生第一党支部入选第三批新时代全国党建工作样板支部。形成《北京交通大学党支部工作法汇编》，其中 9 个工作法入选北京高校 100 个优秀党支部工作法案例。

制定《北京交通大学二级党组织换届工作实施办法》，印发《换届选举工作参考手册》和 40 个工作模板。14 个二级党组织平稳完成换届。

23 个二级党组织制定党组织会议和党政联席会议议事规则，党委常委会专题审议。开展党组织会议和党政联席会议议事规则专项检查并形成自查报告。

印发《关于基层党建检查和基标自查存在问题的反馈意见》，系统梳理基层党组织建设方面的问题，组织二级党组织开展党支部标准化规范化建设突出问题集中整改。完成后进党支部验收工作。

【党员队伍建设】

制定《北京交通大学 2021 年党员教育培训计划》，有计划分层次高质量做好党员教育培训工作。

组织开展第七期教职工党支部书记集中轮训、“学习贯彻党的教育方针，落实立德树人根本任务”大学习大讨论主题党日等活动。组织开展“追溯建党初心，共话百年辉煌”党史学习专题培训班（第一期党员轮训专题培训班）、“学党史·筑信仰”预备党员专题培训班，全校三分之一师生党员参加专题培训。

选派 2 名优秀教师党支部书记、1 名专职组织员参加教育部调训。加强“北京交通大学党建”微信公众平台建设，推送原创文章 30 余篇。

对近五年校院两级党费收缴使用管理情况组织开展自查，扎实推进问题整改工作。

【党内激励关怀帮扶】

扩大走访慰问覆盖面，加大走访慰问力度，在元旦、春节、“七一”等重大节日走访慰问老战士老党员 277 人次，慰问困难党员 40 人次，发放慰问金 40 余万元。

【党校工作】

连续开展四期党课入党积极分子和发展对象培训班，完成 8 569 人次的党课培训工作，结业考试通过率 83.92%。

【党建研究】

组织开展北京高校党建研究会课题申报工作，入选党建研究会课题 1 项。

【发展党员】

制定《北京交通大学 2021 年发展党员工作措施》，建立动态追踪表和周报告制度，高质量发展党员 2 563 人，超额完成指标。印发《关于做好校领导联系教师党支部、校领导联系优秀青年教师和高层次人才发展党员工作的通知》，确定教师入党积极分子 29 名，发展 8 名青年教师入党。组织开展 2021 年度发展党员工作专项检查，开展发展党员工作专题研讨。

（陈　尘）

宣传思想工作

【概况】

2021年学校宣传思想工作围绕中心、服务大局，扎实推进党史学习教育，全面宣传展示重大活动重大成果，不断强化理论武装，织牢织密意识形态工作责任网，浓郁校园文化氛围，围绕校庆做好宣传报道，扩大主流舆论，为学校事业发展提供坚强思想保证和强大精神力量。

【党史学习教育】

学校党史学习教育扎实开展、成效显著，干部师生普遍受到了全面深刻的历史自信、理论自觉、政治意识、性质宗旨、革命精神和时代责任教育，受到了全面深刻的政治教育、思想淬炼、精神洗礼。师生思想认识有了新提升，学校党的建设得到新加强，为师生办实事取得新成效，学校高质量发展呈现新气象。

学校制定党史学习教育实施方案等18个文件，组建5个工作组、7个校内指导组，召开领导小组办公室相关会议26次。

开展多种形式学习研讨，围绕习近平总书记“七一”重要讲话、党的十九届六中全会精神等重点专题学习9次。组建学校党史学习教育宣讲团，联合四所交大成立“交通大学青年宣讲团”，构建领导干部带头讲、专家学者深入讲、师生校友广泛讲的“大宣讲”格局，近100场宣讲活动实现二级单位全覆盖，受益师生数万人。着力将红色校史转化为生动教材，相关部门联合举办“初心百年恰芳华——北京交通大学党史百年主题展览”，撰写“交大党建简史”等党史研究文章与书籍。

深入开展“我为师生办实事”实践活动，近200项任务清单100%落实落地，解决师生急难愁盼，助力学校事业发展。各级党组织召开专题组织生活会和民主生活会，认真检验党史学习成果和办实事成效。

联合人民网、中国共产党新闻网举办“党史学习教育在高校”首场活动暨“强国之路”主题宣讲，承办中国高等教育学会“建党百年•高校寻根”高校红色教育影像巡礼活动，受到教育部党史学习教育高校第一巡回指导组好评。教育部党史故事百所高校接力讲述，推出“听北京交通大学讲郑振铎的故事”。制作《旗帜•中国青年说——建党百年百集红色经典系列》之《中国高铁》，入选中宣部2021年主题出版重点出版物。

上线100部视频作品，以“影像交大•红色记忆”献礼建党百年。学校党史学习教育专题网站、各媒体开设专栏发布相关新闻400余篇次，完成党史学习教育简报40期，双周报、月报16期。党史学习教育官网、教育部简报等报道12次，2次登上央视新闻联播，人民日报、光明日报、新华社等国家重点媒体报道60余篇次。

【理论学习和思想政治工作】

组织校党委中心组围绕习近平总书记“七一”重要讲话精神、党的十九届六中全会、学校“十四五”规划等集体学习12次，专题研讨7次。创新学习形式，打造“领导导学+专家辅学+交流述学”三学模式；“请进来”和“走出去”相结合，邀请中国法学会党组成员、学术委员会主任张文显，原铁道部新闻发言人王勇平等来校开展培训；赴中国共产党历史展览馆实地研学；将学习场所搬到学校党史百年主题展览现场。加强对二级中心组指导督促，健全落实《校领导巡听旁听二级中心组学习实施方案》，推动二级中心组提升学习质量。

开展“永远跟党走”主题教育活动，围绕“学、唱、讲、做”，浓厚学习氛围，广泛开展书信、绘画、视频征集活动、歌咏比赛等。《弹起我心爱的土琵琶》MV 在百万师生网络歌咏比赛中，入围点赞人气前 10 名。8 个师生项目获北京高校师生服务首都建设“双百行动计划”立项。完成学校首批 10 个思政工作室结题验收。制作学校党建和思政工作专题展览，迎接党建先进校评审。

【意识形态工作】

修订学校意识形态工作责任制实施细则、风险评估督查考核实施方案、阵地管理办法和报告会研讨会讲座论坛管理办法等 4 个文件，进一步明确校院两级党委责任和各二级单位任务分工，强化各类阵地管理，建立健全工作机制，细化工作指引，压紧压实责任链条。召开宣传思想工作会，对全年宣传思想和意识形态工作进行通报、研判和部署。指导二级单位开展风险评估，全年组织开展 3 次专项检查，向教育部和北京市报送专项报告。报告会、研讨会、讲座、论坛落实“一会一报”，主办主管单位和宣传部分级审批，强化会议场地和活动管理，共审批备案 120 余次。

【校庆宣传】

以服务 125 周年校庆、全面展示办学成就成果为契机，建立校内外媒体联动、校内各单位联动机制，加大对学校重大成果、重要经验、主题活动及师生典型的宣传力度，相关数据均创历史新高。制作学校形象宣传片《在路上》。创新发展大会获得 10 个直播平台百万+关注。人民日报、光明日报、中国教育报、中国交通报等国家重点媒体重点报道近百篇，整版报道 32 篇次，头版头条、头版、头条报道 95 篇次，深度报道 246 篇次。校庆周官方微信排名全国高校第 1，视频号排名全国高校第 4。校庆日前后官微连续 3 天推文 10 万+，单篇最高阅读 51 万+，总阅读量 132 万+，在看量与点赞量 5.6 万+，成为现象级推送。微博校庆话题阅读量达 1 500 万。

【媒体宣传】

深入基层挖掘典型，广泛宣传优秀师生校友代表，对外宣传 50 余篇次，校内各媒体平台 300 余篇次。组织开展新闻宣传业务系列培训 4 期。

新媒体和传统媒体互为补充，融媒矩阵新增官方视频号、强国号、光明号。官方微信入选“首批高校思政类公众号重点建设名单”，入选“中国大学官微 50 强”，平台粉丝数突破 15 万。推文获评“十佳校园新闻专题作品”“最佳融合新闻奖”“北京高校 2019—2020 年好新闻作品奖二等奖”等，官方微博发布 4 100 条，平台粉丝数 46 万。北京号获“最具成长力奖”。新闻网发布校园新闻 1 725 条，总浏览量 200 余万人次。编辑出版校报 20 期。广播站录制播出节目 97 期。摄制电视新闻 28 期，剪辑制作各类专题片 31 部，图片拍摄日常新闻及重大活动 280 余场次，典型团队和人物肖像拍摄 28 人次。

【校园文化建设】

制定实施学校“十四五”文化建设专项规划，总结“十三五”以来文化建设成果，明确未来五年 4 类建设任务与 12 项重点工程。完成向阳办公区及楼宇命名。文化课题新立项重

点课题 6 项，一般课题 10 项。制作学校新版宣传画册。统筹完成曾鲲化先生铜像、应尚才先生铜像、王梦恕院士纪念园和校友共享空间等建设。围绕重要活动节点制作横幅、展板等各类宣传品，浓郁校园文化氛围。

【高教学会宣传分会工作】

围绕“两论”创新，提升宣传分会品牌影响。线上线下相结合召开理事年会暨第五届高校宣传工作创新发展论坛、“建党百年视野下高校宣传工作守正创新之路”座谈会、教育思享汇主题沙龙。组织开展第四届高校宣传工作创新案例征集推广展示，收录 27 项案例。分会新立项研究课题 15 项。组织编写《新时代高校宣传思想工作大家谈》，为理事单位学理论、用理论、讲理论、强本领搭建平台。

（岳成龙）

统 战 工 作

【概况】

2021 年学校统一战线工作贯彻落实党中央和北京市委关于统战工作的各项决策部署，以学习宣传贯彻习近平总书记关于加强和改进统一战线工作的重要思想为主线，以学习宣传贯彻《中国共产党统一战线工作条例》为重点，以进一步发挥新时代统一战线法宝作用为目标，服务学校事业和经济社会高质量发展。

【组织领导】

履行党委抓统战工作的主体责任，切实把统战工作纳入党委重要议事日程，党委常委会每学期研究一次统战工作，及时制定督促落实有关工作的实施意见和具体举措。

10 月，党委书记黄泰岩主持召开学校统一战线工作领导小组会，集体学习习近平总书记在第五次中央民族工作会议上的重要讲话，听取统战部关于参加教育部“高校民族教育政策专题培训班”相关情况以及《中共北京交通大学委员会关于支持民主党派基层组织加强自身建设的实施意见》起草情况的汇报。

学校党委理论学习中心组扩大会集中统一学习《中国共产党统一战线工作条例》（以下简称《条例》）。召开统战工作专题会议，组织有关部处和二级党组织负责人学习《条例》并部署专项工作。

加强二级党组织统战工作，把统战工作纳入学校职能部门和学院党政领导班子以及领导干部工作考核的重要内容。加强对二级单位督促检查，提升基层统战工作水平。

加强统战工作宣传，为全校中层以上领导干部、统战人士发放《条例》单行本。在校园新闻网、统战部网页及“统战之声”微信宣传平台发布推送 30 多条有关统战知识和新闻。在新任处级干部培训、新入职教职工培训、新任党支部书记和委员培训中，开展民族宗教等统一战线工作的教育培训。

经党委常委会研究，学校确定 1 名党委常委担任组织部部长兼统战部部长，原分管统战工作的副书记、副校长不再兼任统战部部长。进一步加强专职统战工作力量，统战部增加 1 名部员。

改善统战部及党派团体办公条件，扩大办公面积，并为党派团体办公室配备办公设施。

【党外知识分子工作】

4 月，学校召开党外人士学习全国“两会”精神与统战工作条例专题会，邀请全国政协委员、轨道交通控制与安全国家重点实验室教授钟章队作辅导报告。统战部负责人重点围绕统战工作原则与工作范围、民主党派和无党派人士工作，党外知识分子工作，侨务工作以及党外代表人士发现、培养、使用、管理等党外代表人士队伍建设等方面，领学《条例》有关主要条文。

9 月，组织各民主党派、侨联、知联会等党外人士前往中国共产党历史展览馆，参观“不忘初心、牢记使命”主题党史展览。

【党外代表人士工作】

全年共推荐 11 名党外人士参加市教工委举办的北京高校党外人士网络理论培训班，并于 11 月组织相关学员召开以“学党史、聚共识，积极助力新发展”为主题的学习交流座谈会。

学校九三支社主委夏海山教授、民盟支部主委白冰教授和无党派人士景丽萍教授被选举为海淀区第十七届党外人大代表，夏海山当选海淀区人大第十七届委员会常务委员。

学校无党派人士贾顺平教授成为海淀区政协第十一届委员会委员，并当选海淀区政协第十一届委员会常务委员。

【民主党派工作】

支持和帮助民主党派基层组织加强自身建设，研究制定《中共北京交通大学委员会关于支持民主党派基层组织加强自身建设的意见》，提出具体支持举措，明确各级党组织政治领导与统筹协调的任务要求。

及时传达中央有关统战工作的文件精神，组织学习和座谈，了解民主党派成员关心的热点问题。支持民主党派负责人参加民主党派中央或市委组织的各种报告会、培训班、考察与调研，支持民主党派自身开展的各种公益活动和教育活动。主动与民主党派上级组织加强联系与沟通。

进一步加强与各基层党委的联系与沟通，协助民主党派开展考察发展工作。根据各民主党派章程有关规定及有关文件精神，经充分协商，结合学校实际制定《北京交通大学各民主党派基层组织发展新成员工作规程》，明确民主党派组织发展新成员的总体要求、基本条件和基本程序，协助各民主党派严格按照党派组织发展原则，做好发展对象的物色和选拔工作，2 人加入民主党派。

协助学校致公党支部完成届中调整，增补井国庆为学校致公党支部副主委。协助学校九三支社完成届中调整，支委委员调整 1 人。

校九三支社副主委、国际合作处处长夏明超被九三学社北京市委评为优秀社务干部，校九三支社支委委员、语言学院副教授、波兰华沙理工大学孔子学院中方院长赵海燕被评为参政议政工作优秀个人。

12 月，在纪念北京市民盟组织成立 75 周年暨基层组织建设表彰活动中，校民盟支部被授予优秀支部荣誉称号。

【民族宗教工作】

校党委重视在师生中进行马克思主义民族观、宗教观的学习和宣传教育活动，贯彻党的民族宗教政策，传达学习全国民族、宗教工作会议精神，提高师生对宗教工作重要性、复杂性、长期性的认识，增强做好新时期宗教工作的责任感和使命感。

3 月，配合落实北京市民族宗教工作相关要求，召开民族宗教工作领导小组扩大会议。统战部制定专项工作方案，各成员单位对照要求开展自查自改。建立日常工作联动部署机制，及时向二级党组织传达上级工作部署和民族宗教工作最新要求。

根据校园安全专项整顿工作实施方案的相关要求和具体任务，完善民族宗教工作信息台账报送等 3 个制度，并形成专门文件，向各二级党组织及国际教育学院布置相关工作。

4 月，组织召开少数民族学生座谈会，进一步推进落实少数民族学生教育管理服务。

【港澳台侨工作】

关心港澳台生学习生活，增强国家观念和民族意识。密切联系港澳台地区学生和交换生，通过座谈、调研等方式了解学生的思想动态。组织开展多种形式的文化交流活动，开展“一国两制”方针政策的宣传教育。

加强与北京市侨联和海淀区侨联的沟通和联系，多篇高质量建言信息被上级侨联采用。积极支持侨联工作，协助开展涉侨法律法规和侨务政策的学习宣传活动。9 月，校侨联常务副主席邵小桃、副主席田卫平、侨联委员余旸作为代表参加北京市海淀区第八次归侨侨眷代表大会，邵小桃、余旸当选海淀区侨联委员。

校侨联荣获 2021 年北京市侨联系统信息工作先进集体二等奖。北京市侨联特聘专家委员会委员、国家社科基金重大项目首席专家张润彤教授被评为北京市侨联信息工作先进个人。由校侨联主席闫学东主持、马路、韩宝明、夏海山、张纯、张琦、王云等专家参与的《公交导向型都市圈高质量发展模式研究》被评为 2021 年度北京市侨联课题研究优秀成果（建言献策类）三等奖。由闫学东主持、马路、井国庆、韩松等北京交通大学侨联、北京综合交通发展研究院多位专家合作的《关于加强融雪剂科学撒布与精细化管理的建议》被评为北京市侨联优秀信息奖。

（王铁江）

纪检监察工作

【概况】

2021 年，学校纪检监察工作深入贯彻十九届中央纪委五次全会、市纪委六次全会和教育系统全面从严治党工作视频会议有关精神，以党的政治建设为统领，一体推进不敢腐、不能腐、不想腐，深入推进学校纪检工作高质量发展，为学校“十四五”开好局、起好步提供坚强的纪律保障。

【协助党委推进全面从严治党】

召开学校全面从严治党工作会议，传达上级有关会议精神，分析研判工作形势，部署安排全年重点任务。

协助党委压紧压实责任链条，扎紧织密制度笼子，系统修订《中共北京交通大学委员会关于落实党风廉政建设党委主体责任的实施办法》和《中共北京交通大学委员会关于落实党风廉政建设纪委监督责任的实施办法》，进一步健全完善学校主体责任和监督责任体系，推动责任落实。全面修订《中共北京交通大学委员会贯彻落实〈关于高等学校践行监督执纪四种形态的指导意见的实施办法〉》，突出纪律审查重点。

【纪检体制改革】

全面推进二级纪检干部队伍建设，目前已在后勤集团和威海校区设立了二级纪委，其余 21 个二级党组织均按规定配备纪检委员，同时明确了分管纪检工作副书记，进一步推动监督执纪工作向基层延伸。

持续做好专兼职纪检干部培训，9—12 月以二级纪检干部为重点，开展“廉洁知识大讲堂”系列活动，加强对二级纪检工作的指导，切实提高校院两级纪检干部的业务素质和履职能力。

【执纪审查】

扎实开展查信办案工作，2021 年共收到信访举报 32 件次，其中业务范围内信访举报件 5 件次，形成问题线索 5 个，给予 3 名党员党纪处分；业务范围外信访举报件 27 件次，均按规定转相关部门妥善处置。深化运用监督执纪“四种形态”，发现苗头性、倾向性问题，适时开展谈话提醒、约谈函询、批评教育，使用“第一种形态”处理 3 人次。

加强信息化建设，推进纪委机关综合业务管理信息系统上线使用，助力学校纪检工作提质增效。

【专责监督】

以政治建设为统领强化政治监督。持续强化常态化疫情防控责任落实情况的督导督查，开展新冠疫苗集中接种工作专项检查。对全国硕士研究生招生考试、北京市中小学教师资格考试的疫情防控情况和安全保障工作进行现场督查。开展党史学习教育专项监督，跟踪学习教育进展，实地检查二级党组织党史学习教育情况。深入马克思主义学院和思政课堂，对中央关于加强思政课建设等政策的贯彻落实、巡视巡察反馈问题整改等情况进行监督检查。会同教师工作部对师德师风开展专题调研。

围绕重点领域做好日常监督。聚焦干部换届强化选任监督，嵌入式开展过程监督，对拟调整提任、交流任职、选派挂职的干部和推荐代表、评优评先教师出具廉政意见，与 54 名新提任干部开展一对一廉政谈话，对 230 余名新一届处级干部进行集体廉政谈话，完善干部廉政档案。紧盯重要时间节点开展廉政提醒，加强提醒教育。严肃整治餐饮浪费等隐形变异的“四风”问题，会同后勤集团二级纪委开展节约粮食专项检查。

开展深化巡视整改自查自纠的专项监督。对学校举办非学历教育情况开展专题调研。联合财务处、审计处等部门开展“小金库”专项检查，进一步巩固“小金库”治理整改工作取得的成效。

【廉洁教育宣传】

落实学校关于进一步加强法治工作的意见，以“遵纪守法”为主题开展廉洁教育宣传月活动。坚持分层施教、分类指导原则，对 250 余名领导干部、纪检干部和重点领域、关键岗位党员代表开展警示教育，编印遵规守纪指南向全校教职工发放，进一步提高师生员工学法、懂法、守法的自觉性。召开全校警示教育大会，集体观看警示教育片，传达上级警示教育大会精神，点名道姓通报学校查处案件和存在的突出问题，发挥以案为鉴、以案促改的警示教育作用。

（王佳羽）

巡 察 工 作

【概况】

2021 年，北京交通大学党委坚持以新时代中国特色社会主义思想为指导，认真贯彻落实中央、教育部党组、北京市委巡视巡察工作部署和总体目标要求，坚持政治巡察职能定位，紧紧围绕建党 100 周年和党史教育活动，自觉把聚焦点、着力点放到增强“四个意识”、坚定“四个自信”、做到“两个维护”的实际行动和具体工作中，扎实稳妥推进巡察工作，为学校事业高质量发展提供坚强政治保障。

【巡察制度建设】

为提高巡察质量，扎实开展巡察专题调研，分别对前几轮被巡察二级党组织、参加过巡视巡察干部开展走访调研，一对一、一对多征求对巡察工作、巡察干部的意见建议，全面系统梳理巡察工作流程，细化各个环节，不断建立和完善巡察工作相关制度和工作规程。完善巡察内容体系和观测点，起草《巡察工作选调干部管理办法》《巡察发现问题线索分类处理和移交办法》等文件，进一步增强巡察工作的规范化水平。

【常规巡察】

按照学校党委一届任期内巡察全覆盖的总体要求，2021 年巡察工作紧紧围绕“四个落实”要求，在做好疫情防控常态化工作基础上，有条不紊推进巡察工作。5 月，制定《中共北京交通大学委员会关于开展第六轮巡察工作的实施方案》，成立 2 个巡察组分别对经济管理学院党委、语言与传播学院党委 2 个二级党组织开展常规巡察。10 月，制定《中共北京交通大学委员会关于开展第七轮巡察工作的实施方案》，成立 4 个巡察组分别对土木建筑工程学院党委、建筑与艺术学院党委、后勤服务产业集团党委、体育部直属党支部 4 个二级党组织开展常规巡察。巡察中开展个别谈话人 423 人次，形成专题报告 12 份，全面摸清 6 个二级党组织在“四个落实”方面存在的问题 76 个，针对性提出意见建议 25 条。

组织对第五轮、第六轮 6 个被巡察党组织进行巡察反馈。巡察反馈整改动员会分两个层次进行，面向领导班子和党组织委员的反馈内容更加深入，并将个别谈话中涉及本人内容反馈给每一名班子成员，增强班子成员责任意识；面向师生代表大会反馈，增强群众配合意识，做好监督。

巡察工作领导小组和党委会听取了第三轮、第四轮被巡察单位整改情况汇报，督促落实整改，扎实推动责任落到实处。加强巡察整改的日常监督，巡察办和纪委办公室、组织部负责巡察整改的日常监督工作，加强经常性督促检查，提高巡察报告的运用效果。

【巡察队伍建设】

选优配强校内巡察干部队伍，坚持从严准入标准，抽调政治素质好、业务能力强、敢于坚持原则，敢于动真碰硬的巡察干部。进一步优化巡察干部队伍，补充和完善巡察组组长库和人才骨干库，巡察组根据工作要求“一次一授权”。学校党委明确将巡察工作作为年轻后备干部培养锻炼的重要平台，已有 9 名参加过巡察工作的干部被提拔重用。

10 月召开全校巡察工作会，通过专题辅导报告、交流座谈等形式，从理论上、制度上、业务上等方面对巡察干部人才库近 100 人进行综合培训，进一步提高巡察人员的能力素质和业务水平。

选派 6 名同志参加教育部巡视工作，1 名同志借调中央巡视办，选派 3 人参加教育部举办的巡视巡察骨干培训班，充分发挥巡视巡察“熔炉”作用，加强巡视巡察工作实践锻炼。

（周轶峰）

保 密 工 作

【概况】

2021 年，学校保密工作坚持以保密管理体制机制建设为主线，遵循“紧扣标准、重构制度、深查问题、夯实基础”的工作思路，着力完善学校保密管理制度建设，进一步推进归口管理，强化宣传教育，切实深入检查，开展精细管理，做好保密服务保障，进一步提升保密管理水平，顺利完成上级单位各项工作任务。

【保密责任落实】

学校党委常委会 4 月审议确定 2021 年保密工作要点；11 月专题研究保密工作，听取学校保密工作开展情况汇报，研究保密工作重难点问题，同意根据事业发展需要，保密办调整为独立运行职能部门。

学校保密委员会 4 月总结 2020 年保密工作情况，研究 2021 年保密工作要点，首次开展保密委员会成员在保密委会议上现场履职报告工作。学校首次与各保密委员会成员单位签订保密工作责任书。

保密办牵头召开保密工作联席会 8 次，推动上级部署、文件精神及专项工作等的落实。召开保密工作专题研讨会 13 次，推动涉密项目管理、涉密人员管理、涉密信息设备管理等归口管理任务的落实。

【保密体系建设】

学校全面启动新一轮保密管理规章制度的修订工作。坚持对标上级要求、结合实际、简化流程、便利使用，保密办与各归口部门协同，按照分步修订原则，共完成三轮 21 项制度及表格的修订。

【保密宣传教育】

制定保密宣传教育培训方案，强化保密教育培训长效机制。聚焦重点，对涉密人员加大培训，形成“岗前培训学习，复审学习测试、在岗集中培训，实训平台轮训”相结合的常态培训模式；本年度组织岗前教育培训考试 34 次；集中组织保密教育培训 3 次，包括校外专家保密形势教育培训、学校制度解读培训、警示教育等；组织涉密人员 60 余人参加实训平台保密轮训。本年度开始每季度为各保密委成员单位提供培训素材，为各单位自行开展培训提供指导和帮助。学校保密委副主任、党委副书记在“新生第一课”中融入保密教育内容，强化新生保密教育意识。开通公众号，定期推送保密法规、常识信息，加强保密教育提醒和安全保密氛围营造。

以庆祝中国共产党成立 100 周年为主题组织保密系列活动。依托工会、保密学院，组织教职工参与建党百年保密宣传教育作品征集活动，收到征集作品 17 件；组织师生参与保密知识竞赛活动，校内参与答题师生千余人。

围绕新出台的《北京市保守国家秘密条例》组织开展保密教育培训活动。学校党委理论中心组集中学习新修订的《北京市保守国家秘密条例》，学校保密委副主任、党委副书记进行专项解读，进一步强化保密工作领导责任；开展《北京市保守国家秘密条例》保密法治专题宣传，组织涉密人员观看北京市宣传片和警示片，发放条例相关宣传材料，强化学校师生国家安全保密意识；协同组织学生保密协会在全校学生范围内开展保密知识竞赛活动，增强学生保密法治意识；运用新媒体新技术开展条例解读宣传，增加保密宣传教育的吸引力和感染力。

【保密监督检查】

学校形成自查与检查相结合、校内检查与校外专家检查相结合的监督检查机制。每半年对保密工作进行一次全面检查，4 月下旬对承担涉密科研项目学院进行上半年保密检查，9 月至 11 月对学校保密委成员单位保密档案和技术设备进行下半年保密检查。邀请军工单位专家对学校保密档案、信息设备管理等进行专题指导。

针对学校保密管理具体工作进行专项检查，4 月和 5 月对重大专项活动进行两次专项检查，11 月对通信设备使用、电子文档管理等开展三次专项检查。

结合上级要求和专项检查定期更新自查信息，督促涉密单位每季度开展保密自查。

针对检查发现的共性问题，召开两次联席会研究整改措施，形成整改意见，逐项梳理并发出整改通知单，督促单位做好整改。

按照上级要求，完成学校保密自查自评工作，完成北京地区武器装备科研生产保密资格单位保密自检，完成武器装备科研生产许可证持证单位年度自查等工作。

【保密日常管理】

坚持夯实基础，精细化做好保密管理相关工作。本年度重新梳理了学校涉密岗位设置情况，严格规范定密责任人管理，针对人员变动，统一组织定密责任人培训，进一步明确出国境保密审查程序，严格规范涉密载体管理，组织涉密载体销毁 2 次，开展集中解密审核工作。

本年度学校保密工作联席单位与三个学院新任党委书记逐一进行保密工作交流，开展创新性指导和服务。年度内对北京地区三个高校进行了工作调研。

完成年度评优评先工作，授予 5 个集体为保密优秀集体、11 人为保密优秀工作者。

（徐　梁）

教师思想政治和师德师风建设

【概况】

2021 年学校坚持以习近平新时代中国特色社会主义思想为指导，健全师德师风建设制度体系和长效机制，着力提升教师思想政治素质和师德素养。开展贯穿全年的师德专题教育，形成有效的经验和做法。

【体制机制建设】

加强党的领导，科学谋划教师思想政治和师德师风建设工作，印发《北京交通大学 2021 年教师思想政治和师德师风建设工作要点》和《师德专题教育实施方案》，落实教育部高校教师思想政治工作强化年和师德专题教育工作部署。研究制定《北京交通大学教师师德考核办法》，确立师德考核组织机构，明确考核内容依据，细化考核方式流程。修订《北京交通大学教师师德失范行为处理办法（试行）》，加强师德失范处理的科学性、规范性，完善教师师德失范处理程序。

【教师思想政治工作】

坚持一体贯通系统学习，健全“学校、院系、党支部、教师个体”四级理论学习制度，构建以党的创新理论、道德涵养、准则规矩为主要内容的理论学习体系。突出重点分类培训，开展 2021 年系（所、室）干部示范培训，融合推动教师思想政治工作和业务能力提升。将“四史”学习作为广大教师思想政治“必修课”，结合建党百年系列庆祝活动，组织海外归国教师国情研修，引导教师亲身体验改革开放成就；开展“校史中的党史故事”教师校史讲述比赛，引导教师赓续红色基因，知史爱党、知史爱校。

【师德师风建设】

强化准则意识，推动宣传学习全覆盖。将习近平总书记关于师德师风的重要论述、师德规范最新要求编制成师德师风“口袋书”并印发全体教师，“十项准则”系列宣传海报进楼宇、进教室、进食堂。强化全程把关，将思想政治和师德师风作为教师招聘引进、职称评审、评奖评优等各个环节的首要要求，为教师出具师德师风意见函 700 人次，严把教师“思政关”和“师德关”。

组织开展“讲述我的育人故事”榜样宣讲，选树教书育人先进典型，挖掘师德师风感人事迹，通过媒体宣传优秀教师先进事迹，激励广大教师见贤思齐。召开庆祝 2021 年教师节暨表彰大会，举办退休教师荣休仪式和新入职教师宣誓仪式，增强教师职业神圣感和仪式感。

加强警示教育，建立师德违规通报制度，以教育部网站公开曝光的违反教师职业行为十项准则典型案例及学校师德失范案例为反面教材，警示教师知红线、明底线。建立教师师德违规曝光平台，在教师工作部网站及时曝光教育部通报典型案例。做实日常监督，构建学校、教师、学生等多方参与的师德师风监督机制。

树立品牌意识，在教师节之际开展“师德建设月”系列活动，营造尊师重教氛围，弘扬师道文化。充分发挥传统文化提升教师修养、涵养高尚师德的重要作用，举办 2021 年中华优秀传统文化读书班。教师志愿者服务团开展校史讲解和文化研究、招生宣传、冬奥服务、街区建设服务站等志愿项目，在服务学生、服务学校和服务社会中彰显大学教师的使命。

教育部简报第 16 期发表《北京交通大学坚持德法并举 分级分类统筹推进师德专题教育》，介绍学校师德专题教育相关经验做法。

（贠小琴　章　燕）

学生工作

【概况】

2021 年，学校学生工作坚持以习近平新时代中国特色社会主义思想为指导，全面贯彻落实上级各项工作部署，围绕立德树人根本任务和学校人才培养中心工作，把政治建设摆在首位，以党史学习教育为抓手，以建党 100 周年庆祝活动、北京冬奥会服务保障和校园疫情防控工作为重点，持续推进具有学校特色的学生思想政治工作体系，推动学生思想政治工作改革创新。

【学生工作队伍建设】

深入优化校院两级学生工作体制机制创新，进一步规范和完善学校学生工作委员会议事规则和决策程序，继续完善学院学生工作联席会制度和实施方案，推动本研辅导员队伍一体化建设。加强辅导员队伍选聘工作，把好入口关，规范化选聘 25 名 2022 届“2+2”辅导员。提升辅导员队伍活力，组织全体辅导员开展“学党史爱国防”辅导员军事素养提升实践教育活动。努力提升辅导员业务能力，组织全体本科生辅导员同上“阳光心理大讲堂”。组织北京高校辅导员“深度辅导”专题培训班，来自 28 所高校的 97 名辅导员参加培训。组织北京高校新上岗辅导员培训班，来自 8 所高校的 88 名新上岗辅导员参加培训。积极参加教育部、北京市优秀辅导员典型选树及各类评比，其中电气学院黄津、电信学院冯麟淞、语言学院卢强、威海校区马晓、少数民族专职辅导员图尔贡·麦提萨比尔等 5 位同志获评北京高校优秀辅导员。顺利完成 2021 年学院学生工作办公室主任、团委书记岗位调整工作。组织全体辅导员参加教育部、北京市和学校各类培训交流活动。推进研究设立研究型思政工作项目立项，共有 19 个工作项目通过立项获得资助，并组建 19 个辅导员专题研究团队。

【思想政治教育】

以建党 100 周年为契机，开展“同上‘四史’思政大课”“知史爱党 知史爱国”北京市学生“四史”学习知识竞赛等活动，实现“四史”教育全覆盖；创新“开学第一课”和新生入学教育方案，加强新生理想信念和爱国荣校教育；开展毕业生最后一堂课、主题升旗仪式、毕业典礼等毕业生专题教育，坚定毕业生理想信念，树立奉献精神。开展爱国主义教育、中华优秀传统文化教育、理想信念教育、法制教育、诚信教育、禁毒防艾教育等，将社会主义核心价值观教育融入全过程、全方位的日常思想政治教育工作中。科学规划德育内容，系统开展主题教育活动，出台《北京交通大学贯彻落实北京市大中小幼一体化德育体系建设指导纲要工作方案》，在全校范围建设以社会主义核心价值观为引领的一体化德育体系，不断增强立德树人实效。

深入加强学生国防教育和网络思政教育。完成两届学生同时空军事训练，统筹开展各项训练和党史学习等教育工作；51 名学生入伍，40 名退出现役大学生士兵返校复学。加强以微信公众号为主的网络思想政治教育平台建设，平台关注人数达 8.9 万人，全年推送图文 460 余篇，阅读总量近 83.5 万人次，转发总量约 5 万次；充分结合新技术监测舆情并研判学生思想动态，全年形成日报 505 份、周报 32 份、专报 6 份、评报 75 份，提交教育部相关网络平台 1 651 篇报告。

【学生党员教育管理】

全层次开展党员学习教育，针对全体党员、毕业生党员、预备党员和党员骨干等层次，以师生共讲党课、体验式学习、主题读书和集中培训等形式系统开展教育。全平台引导党员实践锻炼，依托校内实践平台，持续推进学生党员先锋工程，通过党员责任区、助学零距离、志愿服务活动持续发挥党员先锋模范作用；依托校外实践平台，开展“永远跟党走”为主题的红色“1+1”活动，全校 49 个本科生党支部全部参与，与社区、街道、企业等党支部对接。全机制加强党员管理工作，开展述职评议，以“一会一评一督导”的工作机制，提升述职评议工作实效，全年学生党员违纪情况零发生；选树先进榜样，配合组织部开展“两优一先”评选工作，选树一批优秀学生党员、党支部，发挥榜样引领作用。

【学风建设与学业辅导】

向全校学生发出“诚信考试”倡议，严肃考风考纪，以考风促学风；选树先进典型，举办“榜样的故事”系列活动，全年共计举办宣讲和分享会活动 28 场次；搭建辅导平台，依托网络新媒体录制基础课“V 课”17 次，举办考研讲座线下及网络直播 6 期，开展各类学业辅导及朋辈帮扶，覆盖人次超 10 万。

【综合素质培养与荣誉体系】

发布《关于加强“核心价值观与公民素养教育”“学生综合素质实践”课程及本科生综合素质培养第二课堂建设的意见》，完善师资评聘、培养管理等制度，成果获学校教学成果奖特等奖、北京市教学成果奖一等奖。“德育与全面发展培养认证”系统全面投入使用，为各培养环节进一步落细落实提供保障。2021 年 44 个班本科生集体获评学校先进班集体，72 个班集体获学校优良学风班，24 个班集体获评学校学习进步班集体，41 个班集体获评学校心理素质教育班集体，207 个学生宿舍获评宿舍文明奖学金，10 个学生社团获评学校十佳学生社团，本科生 10 人获评学校三好学生标兵，25 人获评北京市三好学生，10 人获评北京市优秀学生干部，1 142 人获评学校三好学生，434 人获评学校优秀学生干部。951 人次获评专项奖学金，其中知行奖学金（本科生）10 人，知行奖学金（本科生单项）10 人，知行奖学金（本科生单项）提名奖 10 人；本科生 137 人获评国家奖学金，468 人获评国家励志奖学金。6 534 人次获评单项奖学金，1 461 人次获得本科生学科竞赛奖项，511 人次获评文体类竞赛奖项。

【德育与心理健康教育】

构建“3+X”心理健康教育工作新格局。推出心理教育系列宣传，以心理电台等形式改善心理健康教育服务供给；增加初始访谈、一次单元咨询，规范心理咨询过程管理并加强督导，提升心理咨询服务水平；强化心理危机预防与干预工作，扎实推进“力量下沉”，做到心理危机排查无死角；开展“院系定制”培训课程，强化校内人员培训；加强院系对接，扎实开展“一对一”心理个案研讨，做到重点个案分级管理，一生一策、一人一组，心理普查和筛查全覆盖。

【学生资助与少数民族学生教育管理】

响应助学贷款提额新政策要求，全年完成家庭经济困难学生认定 3 321 人，累计为 2 981 人办理国家助学贷款，实现“应贷尽贷”；第一时间启动应急响应，面对河南与山西洪灾，

为 119 名受灾学生发放临时困难补助；出台勤工助学实践平台育人工作指导意见，稳步推进助学金评审与发放，认真落实服兵役国家教育资助，基层就业补偿代偿；开展家庭经济困难学生第一期游学行动，在全校范围内立项开展资助主题社会实践，强化资助育人成效。深化少数民族学生思想政治教育，启动《北京交通大学少数民族学生骨干培养计划》，招募第一期学员 25 人，组织主题社会实践、“四史”学习分享会、经验交流会、学习沙龙等活动，搭建多样化平台帮助少数民族学生全面提升素养。2021 年 1 名骨干计划学员（维吾尔族）保送研究生（保留学籍任辅导员）。发挥专、兼职辅导员和内派教师作用，实施网格化管理模式。

【学生日常管理与新冠疫情防控】

通过座谈交流会、个别访谈、撰写心得等形式，广泛收集学生思想热点问题，精准把握学生思想动态，解决学生反映集中的问题。全年完成覆盖 13 个学院、14 458 人的本科生发展情况调研。推进五星文明宿舍创建工作，评选出 218 间五星级文明宿舍。开展爱国卫生运动，将每月第二周周四设为固定的宿舍卫生大扫除活动日，搭建劳动育人实践阵地。推动宿舍垃圾下楼和垃圾分类工作，做好主题宣传教育引导。

持续做好校园学生常态化疫情防控工作，科学制定本科生春季、秋季学期开学返校方案。坚持做好常态化疫情防控下的数据报送、本科生健康宝异常信息核查、学生健康异常情况监测等工作；全力配合疫苗接种工作，3 月组织本科生和研究生共计 19 000 余名学生接种，11 月组织近万名本科生接种疫苗加强针。

（常扬帆）

共青团工作

【概况】

2021年学校共青团突出把握庆祝中国共产党成立100周年等主题，高标准高质量完成各项重大政治任务，围绕学校“十四五”开局，落实学校共青团第二十次代表大会精神，持续推进共青团改革，全面提升交大青年综合素质，团结带领广大团员青年为推动学校特色鲜明、世界一流大学建设作出更大贡献。

【组织建设】

依托“北京共青团”线上系统，常态化开展基础团务管理。丰富团日活动等支部活动内涵，全年围绕建党百年、冰雪冬奥等主题在本、研团支部中开展“学党史、强信念、跟党走”“奋斗百年路，启航新征程”“做圆梦‘亿’中人”“燃动青春 青力冬奥”主题团日活动。落实《深化新时代教育评价改革总体方案》要求，改革团员教育评议，研究出台学校《优秀团员、优秀团干部评选办法》。完善基层团支部考核评比制度，针对本、研支部不同特点制定支部考评体系，修订《团支部等级评估实施办法》。凸显思想政治引领导向，修订《北京交通大学五四奖章评选办法》等。2021年校团委获评全国铁路“五四红旗团委”，1个中心获评全国铁路安全生产示范岗，2人获评全国铁路青年岗位能手，1人获评全国铁路“向上向善好青年”。13个班级获评“北京市先进班集体”，40人获评“北京市三好学生”，13人获评“北京市优秀学生干部”。

【网络思想引领】

根据“00后”的性格特点和网络行为特质进行分析研判，探索构建微信公众平台、抖音、B站为一体的“新媒体神经网络”，加快交大团属新媒体矩阵建设，提高原创水平，生产和传播更多贴近同学生活、贴近时事热点的文化作品，营造积极正向的校园网络文化环境。

【主题教育】

围绕庆祝中国共产党成立100周年，在全校范围内开展以爱党爱国为主题的系列教育实践活动：举办“青春心向党，筑梦新征程”“请党放心，强国有我”等主题升旗仪式，引导团员青年坚定理想信念，厚植爱国情怀。五四青年节，组织举办“青春献歌共产党”主题教育活动，邀请校党委书记黄泰岩为青年学生代表讲授《百廿交大，百年初心》主题微党课，组织制作并发布《青春献歌共产党》MV，活动登上CCTV新闻联播头条《与祖国同行 放飞青春梦想》，展现了交大青年的爱党情怀、强国志向与青春力量。举办庆祝中国共产党成立100周年师生文艺汇演。举办“青年大学习”网络主题团课，全面开展党史学习教育，在青年中掀起党史学习教育热潮。将4—5月作为学生社团思想教育月，将“四史”和党史学习教育融入社团活动中。制作青年师生共同献歌党的生日MV，以茅以升老校长晚年立志入党的感人故事创排的短剧《架设人生之桥》和微电影《夙愿》，举办“红潮澎湃”先锋论坛、党史知识竞赛，开展主题团日、宣讲报告、座谈交流、社会实践等，发扬光荣传统、赓续红色血脉。

【青年群体特点调研】

组织开展 2021 年度学校青年调研项目申报工作，收到来自 10 个学院的 11 个项目，起草完成《北京交通大学青年调研项目管理办法（试行）》。继续推动“青年群像”刻画工程，指导青年研究中心紧跟时事热点与校园热点：探寻 2021 年脱贫攻坚战取得的伟大胜利、建党百年背景下的青年思想、红船精神的深远影响，结合学校建校 125 周年进行校史、学校共青团史进行主题调研，形成调研报告 10 余篇，共计 17 000 余字。以微信公众号“红果园青年研究”为载体，周期性推出青年研究成果、发布青年研究问卷，推动青年研究常态化开展。

【社会实践】

以社会实践为抓手，把劳动教育深刻融入青年服务社会、奉献国家的过程中。组织开展“百年・追寻”暑期社会实践，组织 2 400 余名学生围绕红色铸魂、四史宣讲、乡村振兴、美丽中国、交通强国等组建 240 支实践团队，赴全国 26 个省、市、自治区开展实践活动。学校获评“青年服务国家 2021 年首都大中专学生暑期社会实践先进单位”，6 支团队获评北京市优秀团队，6 人获评北京市先进工作者，6 人获评北京市先进个人等荣誉称号。承办“青年服务国家 青春绽放冬奥”2021 年首都大学生社会实践总结大会，参与成立首都高校社会实践发展研究指导中心。

【志愿服务】

全年开展校园捐衣捐物、校园无偿献血、公园场站秩序引导、社区治理服务等志愿服务活动 40 余项。3 月 20 日—4 月 10 日、11 月 7 日—11 月 14 日共派出 268 名志愿者完成“相约北京”系列冬季体育赛事冰球比赛赛事保障志愿服务工作。完成庆祝建党 100 周年广场献词合唱、鸟巢文艺演出、城市志愿者三大专项工作，共计 618 名师生共同参与。

【科技创新创业】

以学业发展为导向，校院两级开展近百场“红果园论坛”，举办第 31 届“慧光杯”研究生学术文化节。以“挑战杯”为大学生课外科技作品竞赛为抓手，依托校内科技竞赛、百科知识竞赛等校内赛事和企业行、科普行、创客行等品牌项目，开展学生创新创业意识能力培养，提升学生科研创新能力。主办“百年伟业，智能引航”四所交大博士生论坛，发出“弘扬科学精神 勇攀科研高峰”倡议。联动本科生院、研究生院选拔培育项目团队参加全国和首都“挑战杯”大学生课外科技作品竞赛，在首都赛中主赛道荣获特等奖 3 项、一等奖 4 项、二等奖 5 项、三等奖 3 项，6 支团队入围国赛角逐。

【文化艺术教育活动】

贯彻教育部《全面加强和改进新时代学校美育工作的意见》，坚持以美育人、以美化人、以美培元，完善课程体系建设。将美育教育作为立德树人重要载体，开展话剧《茅以升》国内汇演和迎新演出，弘扬老校长茅以升爱党爱国的精神。全年开设中国古典舞欣赏与实践、民族器乐欣赏、高清人文电影鉴赏与研究等艺术教育类通识课程 60 门次，选课学生 4 000 人次。加强课程思政建设，发挥美育教育对学生综合素质提升的独特优势，切实发挥美育教育第一课堂作用，服务学生全面成长成才。

重视艺术的思想教育价值，推动“以美为媒”的美育与德育相结合的育人实践，学生艺术团在 2021 年北京大学生艺术节中获评 4 项金奖、5 项银奖、2 项铜奖，舞蹈金奖作品《我的课堂，我的始发站》获评优秀创作奖及最佳人气奖。交响乐团在全国第六届大学生艺术展演中获器乐组金奖。通过开展《春日游园会》《高山流水》《重逢》《在灿烂的阳光下》等多场专场演出，在丰富校园文化生活的同时让艺术中的真善美对学生的价值观起到正向引领作用。

【学生会组织】

推进学生会、研究生会改革，全面落实工作人员数、部门设置数、人员学习成绩等指标性改革要求。大幅提高权益类、学业类工作的比例，牢固树立抓服务、抓权益、抓学业的新导向。加强两会一体化建设，探索建立两会与学院、与社团的协同机制，形成校院相互支持、本研相互贯通、学社相互辐射的新格局。召开第二十五次学生代表大会、第十一次研究生代表大会，修订《北京交通大学学生会章程》《北京交通大学研究生会章程》，探索建立学生代表提案常态化机制。

坚持思想引领，深化中国特色社会主义和爱国主义宣传教育，围绕庆祝中国共产党成立100周年、“一二·九”运动86周年、五四运动102周年等开展系列活动。深入实施“青年马克思主义者培养工程”，培养学生骨干。丰富校园文化氛围，开展第七届“我是辩手”新生辩论赛和第二十一届“交大论坛”辩论赛、学习资源共享平台、“红果园论坛”系列活动、第八届“天之交女”风采展示大赛等活动。

凸显自身枢纽作用，保障维护同学权益，搭建线上线下维权平台，畅通信息反馈渠道，通过学生质量监督委员会，建立日常调研机制，听取、收集同学在身心健康、社会融入、权益维护等方面的普遍需求和现实困难，形成权益维护“直通车”，解决学生食、住、行等方面的关键小事。关注学生提案反映的“急难愁盼”，推动学校扩充电动车充电设施建设，推动学校多样化、精准化满足学生对纸质书籍、电子资源、正版软件等的迫切需求。完善学生选书委员会建设，加强图书馆与学生的密切联系，让学生有机会直接参与到图书馆文献资源的建设工作中。着力推进“校领导与学生代表面对面座谈会”制度常态化，完善学生代表与学校党政领导、职能部门面对面沟通机制，合理参与学校教育教学、后勤管理、学生奖惩等学生关切事务的决策、管理和评价工作。

【学生社团管理】

深化落实学生社团机制改革，制订《北京交通大学学生社团特需经费使用管理办法》《北京交通大学学生社团违规处理办法》《北京交通大学学生社团媒体平台使用管理办法》。严格落实《北京交通大学学生社团建设管理办法》的相关条例，对学生社团注册、年审、活动审批和骨干遴选工作进行严格管控，加强线上活动、远程活动等新型活动形式的管控；落实经费保障政策，发挥好专项经费对社团发展的支持作用；切实发挥学生社团临时团支部的政治核心作用，强化学生社团的思想教育功能，加强学生社团精品化建设，保障学生社团发展，为学生社团提供健康、积极的发展环境。

学校团委结合2020—2021学年学生社团工作开展情况，从组织建设、活动建设等6个方面对学校学生社团进行考评，评选出明星社团10家、新秀社团2家、潜力之星社团2家。开展“百团大战”活动，共有77家社团参与，涵盖文化体育、学术科技、志愿公益等不同类别。持续助力学生社团打造校园精品活动，挖掘社团文化内涵，为社团搭擂台、建平台，引导各个社团形成鲜明的品牌。助力校园文化提升，引导社团参与校友嘉年华、交大宣传视频《领航》录制等工作。社团全年获团体奖项258项，个人奖项100余项，飞翎舞社在第十三届首都高校体育舞蹈比赛中获六金七银，棋牌协会获得十省高校棋类联赛五子棋类老生组冠军，钢鬼橄榄球社团获“交大碗”首都高校腰旗橄榄球邀请赛冠军，书画协会获北京市大学生书法比赛一等奖。

（安　薇　赵积斌　李铸灿）

工 会 工 作

【概况】

2021 年学校工会围绕学校主业凝心聚力，不断拓展工作思路，努力营造和谐向上的校园文化氛围，助力建设一流大学。

【教代会工作】

第八届教代会第三次全体会议于 3 月 17 日召开，会议议程涵盖了学校工作报告、学校财务专项工作报告、学校“十四五”发展规划编制工作专题报告等。校工会汇总整理各代表团讨论的意见建议，转呈主管校领导和相关职能部门，助推学校各项工作向好发展。

2021 年共征集到教代会提案草案 54 项，经提案工作委员会研究确定立案 24 项，涉及家属区燃气安全、交通安全、电动车充电、二胎政策、信息化等方面内容，全部提案已得到各承办部门的积极响应。电信学院马庆龙获评“优秀提案奖”，后勤集团获评“提案承办先进单位奖”。

【师德建设和“三育人”工作】

机电学院刘志明教授获 2021 年首都劳动奖章。校工会王雪松获评 2021 年北京市总工会优秀工会工作者称号。李兴华、袁芳、翁良殊获北京高校系统管理岗位青年教职工职业能力竞赛一等奖。土建、建艺 2 个学院二级工会获评北京市教育工会先进职工小家，马克思主义学院工会获评北京市总工会暖心驿站。

2021 年评选出校“三育人”教书育人先进个人 20 名，管理服务育人先进个人 15 名，先进集体 5 个。

【文化体育活动】

面向全校发布《关于征集教职工业余文体活动需求的通知》，回收有效问卷逾千份，根据调查结果，挖掘校内资源，聘请校外师资。2021 年度，共组织开办各类教职工兴趣班 60 班次，近 2 000 人次参加。设立京剧、书法、国画、水彩等课程，突出传统文化传承；大幅增加台球、羽毛球、网球、气排球、男士瑜伽等健身类课程，吸引更多男教工参与。

举办第 37 届教职工运动会。举办教职工羽毛球、乒乓球、网球比赛。组织群众性跳绳、踢毽子、平板撑、趣味投篮比赛，近千人次参与。采取公园打卡自由行的方式，开展“动物园+植物园+奥森公园秋游健步走”活动，吸引 2 200 多人参与。组织教职工 90 余人赴密云不老屯镇义务植树。

围绕建党 100 周年和 125 周年校庆组织“永远跟党走”师生文艺汇演，参演人员近 800 人，现场及网络观众超过 2 000 人。开展“我与交大”征文活动，共收到作品近百篇，44 篇优秀作品汇编成册；配合校园银杏季，组织教工合唱团在校园拍摄 MTV《我和我的祖国》。国庆前夕举办教职工书画摄影作品征集与展览活动，征集到 300 余幅书画摄影作品。

【暖心工程】

召开教代会青年工作委员会年度工作会议，了解广大青年教师在家庭生活和工作发展等

方面的现状和需求。会后开展40岁以下青年教工“您答卷、我送书”活动，购置并赠送《万古江河》《苏东坡传》等五种图书400余册，问卷结果整理后供学校党委决策参考。与企业联合举办单身联谊1次。

春秋季分两次投入经费280余万元为全校教职工体检。10月完成劳模体检。

为全体工会会员办理《在职女职工特殊疾病互助保障计划》和《在职职工重大疾病互助保障计划》续保工作，合计保费近25万元，完成该两险理赔13人次、13.5万元。

为教职工提供免费一对一心理咨询服务72人次，组织团体咨询培训活动2次，邀请校内专家为二级工会心理委员举行专题讲座3次。

完成北京市爱心基金资助申请2人、合计4万元；完成学校爱心基金资助申请10人、18.5万元；完成学校帮扶慰问金201人次、33万余元；慰问2位在职去世职工家属；为教职工办理京卡395人次，并邀请开户银行到校办理开户手续；京卡赠送医疗二次报销568人，共计17.74万元。

为21位教职工提供免费法律咨询服务，邀请学校法律专家为教职工进行面对面法律咨询服务活动1次，举办民法典释义讲座1次。

组织学校节日慰问品购买招标，中农本色（北京）健康管理有限公司、北京事必达科贸有限公司入选。在此基础上，以校工会生活福利委员会委员为主，组织“十一”“元旦”两次节日慰问品竞价采购会。全年组织发放节日慰问品9 000余份（300元标准），合计金额超过270万元；共计为4 510名职工发放生日蛋糕兑换券（300元标准），合计135.3万元；慰问57名新婚职工（200元标准）、78名生子职工（200元标准），103名生病住院职工（500元标准）、5名献血职工（500元标准），合计7.3万元。

为2021年80位新退休老师送去慰问品，并提供纪念照服务。组织护士节、医师节慰问活动。暑期，赴校医院、保卫处、后勤集团食堂、热力工地、水电修缮工地、校园科、家属区物业管理中心、招办等慰问一线岗位教职工。

【青年教师与女教职工工作】

校工会联合教师发展中心，共同组织完成北京市第十二届青年教师教学基本功比赛的培训和参赛工作，学校获得二等奖4名、三等奖2名。

召开女教授协会第五届一次理事会。组织推荐北下关街道第三次妇女代表大会候选人工作。举办庆祝“三八”国际劳动妇女节向女教职工推荐电子好书及免费赠送书画作品活动，组织女教职工代表参观宋庆龄故居，开展全校女教职工公园健步走打卡活动，组织参加首都职工发展中心关于女职工心理方面的线上活动。举办两期“花语丽人”校园摄影活动，为女教职工免费拍摄。举办女教师板书大赛活动。举办儿童口腔健康知识讲座，联合图书馆举办为教职工子女推荐优秀电子书籍活动。举办“夏日美食烘焙技巧培训”讲座与实操体验活动、“家庭教育经验交流”系列讲座活动。举办古琴雅集文化交流活动。组织女工干部举办野鸭湖赏秋健步走户外活动。参加北京市教育工会“美好生活兴趣汇”视频讲座及知识竞赛活动。

【工会组织建设】

2021年工会经费大幅增加，工会经费统一归口至校工会管理，工会经费收支、工会财务管理、会计业务核算更加规范。出台《北京交通大学二级工会经费管理办法》，修订《北京交通大学工会货物、服务采购管理办法》。继续实施二级工会量化考核机制，引导二级工会营造好和谐奋进的氛围。年内接受校审计处对现任工会常务副主席的经济责任审计和北京市总工会的年度工会经费审计。按要求完成工会经费上缴工作。

修订《考核与评先评优工作办法》，设置了知心关爱教职工心理工作专项奖。

【专项工作】

处理历史遗留问题，完成教职工消费合作社退股，其中在职职工 721 人、退休职工 1 499 人。

（张　兰）

老干部与离退休工作

【概况】

2021 年学校离退休工作贯彻落实上级加强离退休工作有关精神，加强离退休工作领导责任制建设，全面强化政治建设、思想建设和组织建设，组织开展庆祝建党 100 周年系列活动，加强信息化、精准化、规范化建设，提升服务质量和工作水平，组织引导离退休教职工发挥独特优势和作用，为学校事业发展贡献力量。

截至 2021 年年底，学校有离退休教职工 1 968 人，其中离休干部 45 人，退休教职工 1 923 人，离退休党员 919 名，分布于 16 个党支部。全年新退休教职工 75 人，去世 40 人，净增 35 人。

【党建工作】

加强离退休教职工思想引领。围绕建党 100 周年、十九届六中全会等，线上线下相结合组织老同志开展学习，引导老同志在思想上政治上行动上同以习近平同志为核心的党中央保持一致；扎实开展党史学习教育，在微信公众号设“党史学习教育”专栏，分 6 个专题组织推送图文与音视频资料 177 条；联合关工委、各学院开展“学党史、忆校史、守初心”活动，邀请老同志为大学生讲述自己的入党初心和历程及为党奋斗的感人事迹，活动受益学生人数达 13 354 人。

强化离退休党组织建设。结合疫情防控工作实际，组织离退休党员代表参加北京市离退休干部线上理论学习；开展所辖支部换届选举，优化离退休党支部设置，加强党支部建设；加强党支部规范化标准化建设，要求各支部严格遵守政治纪律，坚守政治底线；召开中国共产党北京交通大学离退休第五次代表大会，听取和审查中共北京交通大学离退休第四届委员会工作报告，选举产生中共北京交通大学离退休第五届委员会。

组织主题党日系列活动。举行“光荣在党 50 年”纪念章颁发仪式，校领导为 268 名老党员颁发纪念章及每人 1 000 元慰问金；组织开展“唱支歌儿给党听”主题快闪活动，600 余名离退休老党员和千余名师生为庆祝中国共产党成立 100 周年献上最真挚的祝福；围绕爱党爱校主题，先后组织 137 位老同志参与“百年铸辉煌 永远跟党走”以及“我与交大”校庆 125 周年摄影、手工作品、书画作品展。

【落实两项待遇】

落实政治待遇。结合中央重大决策部署、国内外形势和老同志普遍关心的家属楼加装电梯、停发防暑降温费、家属区物业管理等热点问题及时开展政策宣讲。组织校情通报会，学校党委书记黄泰岩向老同志通报校内重点工作推进情况，以及离退休工作实效，激励老同志建言献策，为学校发展作出新贡献。

落实生活待遇。制定走访慰问、帮扶基金管理等文件，全年慰问老同志 400 余人次，资助 90 名困难老同志 34.5 万元；做好专项体检，组织 500 多名 60 岁以上老同志注射流感疫苗；“敬老月”发放蛋糕卡，举办老寿星祝寿会，王稼琼等校领导为 35 位 80 岁、90 岁老寿

星代表送上慰问祝福；完成 20 名离退休教职工三代子女入园工作；积极联系养老机构提供咨询服务，引入“田园之家”免费取送药服务，协助办理“京惠保”；结合防疫要求错时组织健步走和运动会等户外活动、“我与交大”征文、“我看建党百年新成就”调研等活动；积极推进家属区适老化改造。

【关工委工作】

认真学习贯彻《中共教育部党组关于加强新时代全国教育系统关心下一代工作委员会工作的意见》精神，研究制定《关于进一步加强关心下一代工作委员会工作的实施意见》，加强校院两级关工委组织队伍建设。

深入开展“读懂中国”活动，16 位老领导、老党员、老教授与 15 个学院的大学生积极参与，学校获评 2021 年“读懂中国”活动优秀组织奖。组织老同志参与特邀党建组织员、“四史”教育、党史学习教育督导和指导、学生党建培训等工作。继续组织开展大学生军训服装捐赠活动，加强关心下一代工作的研讨和课题研究。

【老教授协会】

组织老教授参加建党百年学术研讨会集中征集论文活动，陈树文、路日亮 2 位教授的论文被中国老教授协会“庆祝中国共产党建党百年学术研讨会”收录，陈树文进行大会交流发言；谈振辉和张家栋作为代表参加中国老教授协会第九次全国会员代表大会，张家栋被选举为中国老教授协会第九届常务理事。

为年满 70 岁、80 岁和 90 岁的会员制作精美生日礼品，联系有关方面获赠口罩服务会员。鼓励和支持会员通过报告会、座谈会、讲授主题党课等形式参与关心下一代工作。

【老年大学】

结合疫情防控形势，为老有所教、老有所学搭建平台，积极探索开展教学模式创新，采用线上线下相结合的方式组织开展教学活动。开设书法隶书、手工编织等课程，吸引广大离退休老同志参加，丰富老同志的精神文化生活。

（宛如锦　赵庆先　连会仁　杜永平　张家栋　李永学）

人才培养

研究生教育

【概况】

2021年，学校研究生教育工作贯彻落实全国研究生教育会议精神，按照“立德树人、服务需求、提高质量、追求卓越”的工作主线，以供给侧改革为手段，坚定走内涵式发展道路，全面提升研究生教育治理体系和治理能力，制定“十四五”研究生教育专项规划，实施学校加快新时代研究生教育改革发展的“12345”行动计划，完善“1+6”研究生思想政治教育育人体系。

【招生工作】

2021年，学校全日制硕士研究生计划招收3 340人，实际招收3 340人，其中学术学位招收1 820人、专业学位招收1 520人；非全日制硕士研究生计划招收730人，实际招收722人；博士研究生计划招收614人，实际招收614人，其中学术学位招收530人、专业学位招收84人。2021年招收推荐免试研究生人数1 496人。

【培养工作】

2021年，学校毕业全日制研究生3 486名，其中博士生408名、硕士生3 078名；结业全日制研究生288名，其中博士生275名、硕士生13名。截至2021年年底全日制在校研究生11 057人，其中博士生2 763人、硕士生8 294人（学术学位5 155人、专业学位3 139人）。2021年春季，共开设全日制硕士生课程637门次、博士生课程75门次。2021年秋季，共开设全日制硕士生课程911门次、博士生课程112门次。

积极应对落实疫情防控常态化下的研究生课程教学组织管理工作，制定教学方案和应急预案，采取线上线下相结合的方式实行课程检查全覆盖，全年累计检查2 572个全日制研究生课堂。

配合学校工程类博士专业学位研究生管理模式调整，完成工程类专业学位人才培养方案的制订。同时依据国家相关文件要求，结合研究生的实际需求，对1 479名8个工程类别专业学位硕士研究生进行专业领域集中调整，其中57人调整为新一代电子信息技术专业；125人调整为通信工程专业；225人调整为计算机技术专业；467人调整为软件工程专业；113人调整为控制工程专业；4人调整为光电信息工程专业；74人调整为人工智能专业；93人调整为机械工程专业；10人调整为车辆工程专业；8人调整为智能制造技术专业；36人调整为环境工程专业；115人调整为电气工程专业；152人调整为土木工程专业。

课程思政建设成果取得新突破，“数字通信理论”获批国家级课程思政示范课，艾渤、何睿斯、章嘉懿、熊磊、林思雨入选课程思政教学名师和教学团队。深入推进课程思政建设工作，立项建设3门研究生思政课程，设立“研究生课程思政示范课程建设”和“课程思政”案例建设专项，首批立项50项“课程思政”案例建设项目，10项课程思政示范课程建设项目。完善“四通”培养模式，加强课程体系建设，引入学堂在线慕课平台综合素养类在线课程，立项建设55项“本研跨学科高级课程群”建设项目，与“学堂在线”平台签署研究生在线开放课程合作协议推进研究生在线课程建设，立项建设 50 门专业核心课、3 门研究生在线课程、5 项教材建设项目以及 13 项研究生教育教学研究项目。

对接国家铁路局高铁工程学研究工作，学校牵头、联合铁科院等研究机构和铁路一线企业共 20 余家单位，出版高速铁路工程创新丛书 10 本。学校教材出版基金资助 2 本研究生教材。对 280 余本研究生课程在用外国语言类教材及其他学科专业类境外教材、22 本新兴学科、应用学科、基础学科新编写研究生课程教材进行专项检查。

规范毕业、结业流程，做好结业后换发证书的政策支持。严格学籍管理按时完成研究生学期及学历电子注册工作，严格规范各类研究生学籍年限管理，本年度完成全部超过最长修业年限博士研究生分流，284 名博士研究生办理结业手续。

“北京交通大学与代尔夫特理工大学研究生联合培养项目”成功申报国家留学基金委创新型人才国际合作培养项目，2021 年录取 5 名联合培养博士研究生。完成国家留学基金委 2021 年国家建设高水平大学项目推荐工作，共 93 名研究生获得资助。组织 9 场国家公派合作奖学金项目线上宣讲会。完善疫情防控常态化下研究生派出管理办法。2021 年度实际派出 119 名研究生赴境外学术交流。

完善研究生教育教学激励机制，对研究生基本奖助学金实施细则进行修订。2021 年 10 名研究生获得“知行奖学金”，10 名研究生获得“知行奖学金”提名奖。研究生资助体系全覆盖，全年共发放奖助学金 18 310.34 万元（其中奖学金 9 472.4 万元、助学金 8 837.94 万元）。

2021 年“研究生创新研究基金项目”立项 210 项，资助总额 188 万元，完成结题检查 304 项，进展检查 211 项。评选校级研究生教育成果 87 项，其中特等奖 7 项、一等奖 30 项、二等奖 50 项。对 229 项 2020 年度研究生教育教学成果进行奖励，总奖励金额 170.7 万元。编辑出版 2019 年和 2020 年《北京交通大学研究生教育研究与改革论文集》。

推进研究生教育教学管理自动化，首批 10 台一体机投入使用，实现研究生报道注册、成绩单及各类证明文件打印自助化。

【专业学位培养】

推进完善非全日制专业学位研究生培养模式，严格执行单独制定的非全日制研究生培养方案，组织实施单独排课，确保非脱产学习形式。2021 年春季共开设非全日制专业学位研究生课程 156 门次，秋季共开设课程 230 门次。严格落实培养过程质量监控措施，全年学校层面实施非全日制研究生课堂教学秩序检查共计 2 048 门次。2021 年毕业非全日制专业学位研究生 446 名。截至年底非全日制在校专业学位研究生 1 639 人。

制定实施《北京交通大学专业学位硕士研究生专业实践管理办法》。首次在学校层面明确专业实践的重要作用、主要形式、基本要求、支持政策、日常管理与考核等，并组织学院根据管理办法和各专业学位类别或领域特点制定实施细则。

新增研究生联合培养基地 26 个，立项支持 1 个示范基地、13 个新建基地和 23 个在建基地，累计派出研究生 410 人次，参与的校内导师 212 人次，参与的基地导师 203 人。支持 12 个学院开展专业学位研究生培养专项建设，完善培养基地日常管理机制，20 名专业学位研究生获评“北京交通大学联合培养基地实习实践优秀成果奖”。

【学位工作】

2021 年，学校召开 3 次校学位评定委员会全体会议，共授予硕士学位 3 710 人、博士学位 402 人。其中，4 月 7 日第十四届校学位评定委员会第十五次全体会议审议通过 96 人授予硕士学位，78 人授予博士学位；6 月 16 日校学位评定委员会第十六次全体会议审议通过 3 525 人授予硕士学位，183 人授予博士学位；9 月 23 日校学位评定委员会第十七次全体会议审议通过 89 人授予硕士学位，141 人授予博士学位。

2020—2021 学年评选出校级优秀博士学位论文 15 篇，优秀硕士学位论文 100 篇。获得各类学会优秀博士学位论文 7 篇，优秀硕士学位论文 2 篇。

学校继续开展校博士、硕士学位论文质量后评估工作。抽检博士学位论文 59 篇；硕士学位论文 120 篇，其中学术学位论文 75 篇、专业学位论文 45 篇。

2021 年遴选新增博士生导师 41 人，其中兼职博导 16 人，具有正高级职称 24 人，占总遴选人数的 58.54%。遴选新增硕士生导师 75 人，其中具有博士学位 66 人，占通过教师人数的 88%，兼职硕导 1 人。博士生导师招生资格审核通过 645 人，其中兼职博导 66 人；其中具有博士学位 639 人，占 99.07%；正高级职称 503 人，占 77.98%；副高级职称 142 人，占 22.02%。通过工程类博士研究生招生资格审核的导师有 216 人。

依托“知行”导师学校，研究生院组织全校 31 位新增博士生导师参加新增博导培训，学院组织培训 42 场、参会导师 1 936 人次。

组织 45 个学位授权点开展学位授权点周期性合格评估相关工作，全校 8 个相关专业学位参加全国专业学位水平评估。开展学位授权点动态调整，撤销化学工程与技术一级学科硕士学位授权点，增设“交通能源与环境工程”自设交叉二级学科博士学位授权点。

【研究生思想政治教育与党建工作】

完善研究生思政工作体系，加强顶层设计。落实《北京交通大学关于加快新时代研究生教育改革发展的行动计划》，实施思政教育领航工程。系统梳理研究生思政工作体系，全面修订《研究生价值引领工程实施方案》《研究生心理健康与安全教育工程实施方案》《研究生学风建设与学术能力提升工程实施方案》《研究生党建领航工程实施方案》《研究生导学关系建设工程实施方案》《研究生未来领军人物培育工程实施方案》六大工程内容，增强研究生思想教育实效性。开展“一院一精品”建设工作，注重发挥学院能动性，形成合力，促进工作品牌化、精品化。

加强心理健康与安全教育工作，定期开展学期心理排查，建立特殊情况研究生台账，落实“一人一册”制度。组织新生签订安全承诺书。制定研究生心理委员培训计划，加强朋辈互助。举办第九届研究生“样板宿舍”评选活动，建立宿舍安全工作台账。开展安全专项整治，对意识形态管控、心理教育、网络安全、疫情防控、辅导员队伍建设等开展全面安全排查整顿工作，校院协同妥善应对突发事件。

优化研究生综合素养实践模块，完善五大核心模块和八大个性模块的项目内容，校院两级累计发布 171 项活动，覆盖 1.4 万余人次。

推进学习型、服务型、创新型研究生党组织建设。创新支部设置方式，探索在学术梯队、科研团队上建立党支部。调整后支部总数从 326 个精简到 291 个，以系所、科研团队为单位建设的纵向党支部由 49 个增加到 80 个。开展“献礼百年”系列活动，组织学生参加北京市委教育工委“写给革命先烈的一封信”“我听亲人讲‘四史’”征文活动，获三等奖 1 名、优秀奖 1 名。开展“学党史、悟思想”研究生优秀微党课征集活动，评选出 30 个党课视频，建立红色教育资料库。启动首届研究生优秀党支部组织生活案例评选展示，共评选出 10 个十佳组织生活案例、20 个优秀组织生活案例。试点启动“星级支部”评选工作，建构“七个有力”以及特色品牌八个方面的量化指标，将支部评定工作与评优评先、支部激励等挂钩，激活星级评定正反馈效能，共评选出 8 个五星支部、11 个四星支部、6 个三星支部。

加强网络思政教育阵地建设，依托“椒盐”网络思政工作室，以原创短视频为主要形式，创新开展网络思政教育。推出《百年京张》《赶考》《布达拉宫的心跳》等 12 期 vlog 视频，获全国大学生红色旅游创意策划大赛全国初赛一等奖。开展主题教育微宣传，优化研究生微信平台运营，推送 392 期图文消息，阅读次数逾 146 万次。在新生入学教育、研究生骨干培训、十佳组织生活案例展示、科学道德与学风建设月等品牌活动中，开展直播共计 24 场，覆盖万余人次。

制定 2021 年研究生辅导员能力提升和团队建设计划，共举办 2 次专题党课、4 次专题培训、4 次辅导员沙龙，编印《研究生辅导员工作案例汇编》，5 名辅导员参加教育部、北京市专题培训，提高辅导员专业水平和职业能力。出台《研究生辅导员深度辅导工作细则》，提升辅导员精细化工作水平和思政教育规范性、实效性，全年对各类特殊情况研究生深度辅导 4 478 人次。完善《研究生思想政治教育工作及专职辅导员考核办法》。

出台《关于完善研究生辅导员、导师、班主任协同育人工作的意见》，制定工作指南，推进三方协同育人。全年辅导员与导师沟通共 2 786 次，覆盖 901 名导师。开展导学关系建设活动 131 次。聘任 132 名 2021 级研究生班主任，评选 19 名优秀毕业班班主任。

加强研究生骨干队伍建设，选聘 153 名优秀青年教师和研究生担任研究生兼职辅导员。构建校院两级培训体系，举办学校研究生骨干培训班 10 次、累计参与人数超 5 000 人，院级培训累计 3 万余人次参与。

丰台轨道交通创新基地启用，入驻研究生 350 名，涉及 9 个学院、11 个单位。选派驻地专职辅导员 1 名。设立基地管理办公室助管岗，成立第一届基地研究生自治委员会，开展涉及公寓、食堂、文体活动、网络文化建设、心理健康教育、科研学习经验分享等系列主题活动。

【研究生学术创新与实践】

全新开展研究生“求实”论坛，提供“小规模、精品化、重讨论、全维度”的学术交流平台，开展 8 次交流活动。创新组织开展研究生科学道德与学风建设月，选聘首届研究生学风建设宣传员，举办首届“研讲”之星评选活动，开展榜样事迹宣传等系列活动。举办 5 场“院士校园行”、58 场“与大师面对面”名师讲坛。组织开展第 31 届“慧光杯”研究生学术文化节，评选出优秀论文 181 篇。各学院举办 254 场学术论坛和沙龙，校院两级开展科学道德与学风建设教育 338 学时。

获得中国研究生创新实践系列大赛全国总决赛优秀组织奖 5 个，一等奖 1 个、二等奖 29 个、三等奖 30 个，如表 5 所示，获得华北赛区一等奖 20 个、二等奖 6 个、三等奖 11 个。

以“实践淬炼青春　献礼百年伟业”为主题，组织开展研究生暑期社会实践，82 支科技服务团、近 800 名研究生开展科技服务、志愿服务，获首都大学生暑期社会实践优秀团队 2 个、先进个人 1 名、先进工作者 1 名。选派 3 名博士生参加蓝火博士生工作团，开展科技帮扶工作，服务企业技术创新，解决企业实际问题。

组织第八期创新创业工作坊，邀请创投人士、企业高管为研究生分享创新创业经验，以传统行业转型升级、创新思维、商业计划书撰写等为主题开展 4 讲专题分享，260 余人次参与。升级打造“艺+”研究生艺术工作坊，搭建美育教育实践平台，以非遗扎染、流体画制作、艺术插花设计等为主题累计开展9期活动，覆盖200余人次。

表5　2021年研究生创新实践系列竞赛获奖情况表

比赛名称	获奖情况
“光谷杯”第三届中国研究生机器人创新设计大赛	二等奖2项、三等奖3项、优秀组织奖1项
“飞鲨杯”第七届中国研究生未来飞行器创新大赛	二等奖1项、三等奖1项、优秀组织奖1项
“杰瑞杯”第八届中国研究生能源装备创新设计大赛	二等奖1项
第十六届中国研究生电子设计竞赛	二等奖4项、三等奖2项、优秀组织奖1项
“中信银行杯”第三届中国研究生人工智能创新大赛	二等奖1项、三等奖1项、优秀组织奖1项
“华为杯”第十八届中国研究生数学建模竞赛	一等奖1项、二等奖20项、三等奖22项、优秀组织奖1项
“华为杯”第四届中国研究生创“芯”大赛	三等奖1项

【研究生事务管理及专项任务】

修订《北京交通大学研究生奖励实施办法》，新增研究生道德之星奖学金、研究生文体优秀奖学金、研究生自强之星奖学金等3项单项奖学金，拓宽研究生社会服务奖学金评选范围，完善对学生的多维度、全方位评价体系。

2020—2021学年共评选出174名“北京市普通高等学校优秀毕业生”，322名“北京交通大学优秀毕业生”，108名“北京交通大学优秀毕业生干部”。1 952人次获得“校级三好研究生”等荣誉称号及专项奖助学金，如表6所示。其中首次评选出3名研究生道德之星奖学金、3名研究生自强之星奖学金、50名社会服务优秀奖学金（其他类）、69名文体优秀奖学金获得者。

表6　2021年度研究生获得荣誉人次汇总表

学院	北京市优秀毕业生	校级优秀毕业生	校级优秀毕业生干部	校级三好研究生等荣誉称号及专项奖助学金
电信学院	21	40	9	274
计算机学院	19	38	11	216
经管学院	34	49	20	290
运输学院	24	45	14	245
土建学院	20	40	15	218
机电学院	16	31	9	222
电气学院	12	25	8	158
理学院	10	20	7	108
马克思主义学院	1	3	1	55
语言学院	3	7	4	39
软件学院	6	10	3	38
建艺学院	5	10	3	43
法学院	3	4	4	46
合计	174	322	108	1 952

面向研究生骨干、新生、毕业生等群体开展学情分析调研，形成《2021 级研究生新生调查报告》《2021 届毕业研究生关于研究生教育的满意度调查报告》《2021 年研究生骨干队伍现状分析报告》。

做好 25 名冬奥会赛时实习生保障工作。

组织完成 13 000 余名研究生的海淀区人大代表选举工作，以及 2021 年人口抽样调查工作。

做实做细疫情防控日常和专项工作。全年对 13 000 名研究生开展 87 次相关排查，研究生共接种新冠病毒疫苗 27 967 剂次。做好假期、开学等重要节点疫情防控工作，关心假期留校研究生的学习生活安排和科研情况，掌握留校研究生动态。制定住宿生和走读生等不同类型研究生的返校、请假等方案。

（孙　强　彭　杉　肖　艳　林　葵　蓝　宏　李俊阳　劳群芳　胡　滢）

本、专科教育

【概况】

2021 年学校本、专科教育工作贯彻党和国家关于本科人才培养的新要求，完成防疫常态化下教学工作，深入推进教育教学综合改革，强化教学内涵建设，促进人才培养能力稳步提升。

【高考招生工作】

进一步加强招生宣传，创新招生宣传工作形式，继续充实“六位一体”的招生宣传队伍，丰富新媒体手段，利用校内外十余种平台开展招生宣传活动。全年线上线下参与高招咨询和中学走访的教师约 450 人次、学生超过 2 000 人次，联系中学 1 030 所，遍及全国 30 个省份，覆盖全国 200 多个地级市，开展大型直播活动 200 余场，累计观看人次近 300 万次。

学校录取本科新生 4 114 人，其中本部校区 3 514 人，威海校区 600 人；专科新生 200 人；录取新疆协作计划新生 31 人。本科新生中有港澳台侨学生 10 人（香港地区 3 人、澳门地区 3 人、台湾地区 3 人、华侨 1 人）。录取第二学士学位新生 550 人。如表 7 所示。

表 7　2021 年本科高考招生各类型计划及录取人数

类型	计划人数	录取人数
普通类	2 784	2 719
本部中外	180	180
威海中外	560	560
高水平运动队	42	30
高水平艺术团	15	4
国家专项	260	260
高校专项	80	83
南疆计划	3	3
民族班	55	55
国家民委专项	3	2
艺术类	80	80
艺术类威海中外	40	40
新疆班	32	32
西藏班	26	26
预科转入	30	30
港澳台	10	10
合计	4 200	4 114

2021 年学校总体招生政策保持基本稳定。高考综合改革省区增至 14 个省区，录取模式按“专业+院校”方式的省区增至 5 个，学校积极调整录取政策，吸引优质生源，提升专业志愿满足度，在湖南、广东试点增加招生单位，调整国家专项计划、高校专项计划、民族班等特殊类型招生专业结构，以土木类（智慧建造与智能工程）、机械类（智能制造与智能装备）、电气类专业为主。

生源质量保持基本稳定，冷门专业计划完成率大幅度提升，改革省区录取生源情况符合预期，本部中外专业稳中有升，威海校区提升明显。本部普通类专业有 67.75%的新生分数超过重点线 100 分以上。本部中外专业有 30.56%的新生分数超过重点线 100 分以上，超过重点线 80 分以上的新生占 66.11%。威海校区有 8%的新生分数超过重点线 100 分以上，超过重点线 80 分以上的新生占 23.39%。新生总体专业志愿满足率 97.77%，第一专业志愿率为 63.31%。学校建有生源基地中学 540 所，约有 42.99%的新生来自生源基地中学。

【人才培养综合改革】

学校成立本科生院，将教务处、教学质量监评中心、教师发展中心、招生就业处的招生办公室整合及功能优化，并确定本科生院机构改革目标、发展愿景与组织架构。本科生院致力于整合本科教育教学资源，构建本科招生培养、师资队伍、综合改革、内涵建设、质量监控“五位一体”育人长效机制；深化本科招生培养一体化、培养模式多样化、改革建设统筹化、管理服务信息化、治理能力现代化“五化联动”运行管理模式；打造德智体美劳全面发展“五育并举”人才培养体系，培养符合新时代需求的一流人才。

发布《北京交通大学“十四五”本科生教育规划》，全面分析“十四五”期间本科教育教学面临的新形势与新要求，明确“十四五”本科人才培养的建设目标，确定一流本科专业结构优化工程、内涵建设固基工程、培养模式深改工程、智慧教学提升工程、教学质量保障工程等五大重点工程及 18 项主要建设任务。

培育凝练教学成果，评选出校级本科教学成果 180 项，其中特等奖 15 项、一等奖 65 项、二等奖 100 项；组织申报北京市教学成果奖本科教学成果 56 项。

【培养模式】

深入实施“四通”人才培养模式改革。加强计算机科学、物理学、数学、经济学四大基础学科拔尖学生培养基地建设，计算机科学基地成功获批国家级基础学科拔尖学生培养基地。积极推进未来技术学院和特色学院建设，软件学院获批国家级特色化示范性软件学院；詹天佑学院开展未来技术学院建设方案制定工作，选拔第二届新生共 308 人。

【专业建设】

推进一流专业建设及专业结构优化布局，明确未来专业建设思路与主要任务，新获批一流本科专业建设点国家级 17 个、北京市级 5 个加强新兴专业建设，新增本科专业“智能运输工程”。

【课程建设】

强化课程思政建设，立项支持课程思政类教改项目 64 项；获批国家级课程思政示范课 2 门（见表 8）、教学名师与团队 2 个、北京市课程思政示范课 5 门（见表 9），《强化课程思政建设，深化“三全育人”》项目获批首批北京高校党建和思想政治工作特色项目，评选校级教书育人“最美课堂”10 个、课程思政示范课程 10 门（见表 10）；加强成果宣传和推广，教育部网站发布《北京交通大学聚焦立德树人，深入推进课程思政改革》，组织召开全国交通运输类专业课程思政教学研讨会并作大会主题报告。

表 8　获评 2021 年国家级课程思政示范课程

序号	学院	课程思政示范课程	课程思政教学名师和团队
1	运输学院	城市轨道交通运营管理	张星臣、毛保华、陈军华、杜鹏、王志美、许奇、徐彬、许红
2	电信学院	信号与系统	陈后金、彭亚辉、李艳凤、薛健、魏杰、侯亚丽、周涛

表 9　获评 2021 年北京市课程思政示范课程

序号	学院	课程思政示范课程	课程思政教学名师和团队
1	电信学院	电磁场与电磁波	邵小桃、郭勇、卫延、王鑫、王子潇、李海粟、高青鹤、崔勇
2	理学院	大学物理（A）Ⅰ、Ⅱ	郑凯、张兴华、吴柳、王波波、刘斌、滕枫、张丽梅、范玲
3	经管学院	会计学原理	郭雪萌、于国红、孙敏、姚立杰、李远慧、范铁燕、李玉菊、谢纪刚
4	机电学院	机械原理	张英、房海蓉、郭盛、方跃法、姚燕安、曲海波
5	土建学院	土力学	白冰、刘艳、陈曦、蔡国庆、李舰、李伟华、李旭、李涛

表 10　2021 年北京交通大学课程思政示范课程

序号	学院	课程名称	课程负责人	课程团队成员
1	电信学院	电磁场与电磁波	邵小桃	郭勇、卫延、王鑫、王子潇、李海粟、高青鹤、崔勇
2	机电学院	机械设计	兰惠清	常秋英、谢君、王青温、张乐乐、李锐明
3	土建学院	结构力学Ⅰ	曹艳梅	于桂兰、向宏军、石志飞、徐艳秋、贾影、陈安、文永奎
4	经管学院	会计学原理	郭雪萌	于国红、孙敏、姚立杰、李远慧、范铁燕、李玉菊、谢纪刚
5	运输学院	管理运筹学（A）	陈军华	张星臣、赵鹏、王志美、孙晚华、徐彬、王伶俐、辛格
6	法学院	合同法	吴文嫔	张长青、王世海、王俣璇
7	语言学院	融媒体理论与实务	张梓轩	纪晓楠
8	理学院	复变函数与积分变换	郑神州	刘迎东、曹鸿钧、黄晓鸣
9	体育部	羽毛球	林立文	陈星飚、杨杨、郭晓培、伍嶺、吴序
10	就业与创业指导中心	学业及职业生涯规划与设计	梁　英	梁妍娇、王平、李涛、孙文博、于震、张丹

持续加强慕课建设。加强中英文优质慕课建设培育，已在爱课程（MOOC）及爱课程国际平台上线 254 门，开课 215 门；在学堂在线上线 37 门，开课 37 门。学校应邀在第三届全国慕课教育创新大会暨高校在线开放课程联盟联席会上做在线教学建设专题报告，分享学校在线课程及智慧教学建设成果和经验，通过新浪教育等平台媒体同步直播，会议当天总计 130 万人次在线观看。

在 2020 版本科人才培养方案中开设“习近平新时代中国特色社会主义思想概论”全校必修课程，共 2 学分 32 学时，覆盖全校本科生。推进“四史”课程建设，在全校范围内开设“中国共产党党史”“中华人民共和国史”“改革开放史”“社会主义发展史”课程，其中詹天佑学院要求学生四选一必修“四史”课程。

获评北京市优质本科课程 4 门，如表 11 所示。

表 11　2021 年北京市优质本科课程

序号	名称	负责人	备注
1	刑法总论	高晓莹	重点项目
2	运输组织学	何世伟	
3	测控系统设计	余祖俊	
4	计算机体系结构	艾丽华	

【课程平台】

2021 年进一步优化智慧教学课程平台系统功能，保障线上课堂教学效果。购买雨课堂课程在线技术服务，对 3 171 门课程在智慧课程平台进行实时直播，录制 86 335 个课堂教学视频供学生课后观看学习使用。共 204 门课程使用雨课堂平台进行线上教学，在线观看达 20 719 人次。

【教材建设】

持续强化一流教材建设，在首届全国教材建设奖评选中取得优异成绩，获评全国优秀教材一等奖 1 本、二等奖 4 本（含参编 1 本），全国教材建设先进个人 1 人。获批北京市优质本科教材 4 本（见表 12）。召开本科教材专项建设研讨会，进一步推进“四新”教材、与行业发展同步系列教材、与信息技术深度融合新形态教材、“有历史传承”“有影响力”“有特色”现有教材等四类重点教材的建设工作，加快培育一批国家级规划教材和优秀教材。

表 12　2021 年北京高校优质本科教材

序号	名称	姓名	备注
1	算法设计与问题求解——计算思维培养（第 2 版）	李清勇	重点项目
2	机电一体化技术	李建勇	
3	土力学原理	赵成刚、白　冰	
4	电磁场与电磁波 MOOC	邵小桃	

进一步规范教材建设及选用，确定 6 本教材为 2021 年教材出版基金资助教材（见表 13）。

表 13　2021 年教材出版基金资助教材

序号	学院	教材名称	作者姓名	类别
1	土建学院	工程振动与稳定基础（第 5 版）	刘保东	本科生教材
2	运输学院	交通系统分析与应用	王江锋	本科生教材
3	机电学院	智能机电一体化系统设计	温伟刚	本科生教材
4	土建学院	高等土力学原理	赵成刚	研究生教材
5	计算机学院	交通大数据	林友芳	研究生教材
6	经管学院	中西部地区第二次人口红利及其生成机制研究	唐代盛	专著

【教学改革】

切实加强体美劳教育改革，发布《北京交通大学体育工作专项行动实施方案》《北京交通大学美育工作专项行动实施方案》《北京交通大学劳动教育工作专项行动实施方案》，将体育、美育和劳动教育纳入人才培养全过程，并专项支持体育、美育、劳动教育教改项目 24 项，其中体育 4 项、美育 15 项、劳动教育 5 项。

加强新工科、新文科建设，获批国家级新文科研究与改革实践项目 5 项，立项支持校级新文科研究与改革实践项目 13 项，已累计立项 17 项。持续加强新工科建设，完成 10 项国家级新工科研究与实践项目中期检查。

继续通过立项支持教师开展教学改革，2021 年学校教改立项 226 项，其中一流专业建设类 22 项、新文科研究与改革实践类 13 项、综合类 14 项、内涵建设与改革类 53 项、课程思政建设类 64 项、"四史"课程建设类 4 项、通识核心课程建设类 11 项、教材建设类 40 项、杏坛育人英才计划和科教融合育人领军计划项目 5 项。获批北京市本科教学改革创新项目重点项目 1 项、一般项目 3 项，如表 14 所示。

表 14　北京市本科教学改革创新项目

项目负责人	项目名称	项目类型
张星臣	新工科背景下交通运输人才产教研协同分类培养改革研究与实践	重点
王伟	本科生创新创业教育体系化建设探索与实践	一般
杨娜	聚焦新工科、面向新需求的土木工程专业升级改造探索与实践	一般
田永静	大思政格局下基于新媒体应用的高校思政课实践教学模式探索	一般

【实践教学】

持续加强教学实验室建设，制定发布《北京交通大学教学实验室建设与运行管理办法》，首次完成全校教学实验室列表和用房信息规范，核定全校教学实验室 79 个、用房 231 间，实验用房面积 2.5 万 m^2。教学实验室建设项目立项 12 项，投入实验室专项建设资金 1 549 万元。中央改善基本办学条件设备采购类项目立项 10 项，金额 2 339 万元。

继续强化虚拟仿真实验一流课程建设和开放应用，计算机学院《面向高铁轨道巡检的视觉感知和虚拟仿真实验》入选首批实验教学优质创新课程培育项目，电信学院《轨道交通列车运行控制仿真实验项目》、土建学院《隧道典型施工工法虚拟仿真》获批实验教学应用示范课程名单。使用虚拟仿真实验平台及虚拟仿真实训系统开设课程共计 40 门次。

产学合作育人工作持续推进，新申报产学合作协同育人项目获得教育部批复共 2 批 51 项，前期立项项目完成结题 16 项。组织实施 2021 年"3+1+2"产学联合人才培养项目，参加试点企业 8 家，选拔学生 4 人。

【创新创业实践】

加强创新创业教育改革，全面运行创新学分管理系统，完成 2017 级学生创新创业学分课程在线登记。校院共举办创新创业教育系列线上、线下讲座 200 余场，参加学生 21 216 人次。2020 年大学生创新创业训练计划项目结题 776 项，其中国家级 110 项、北京市级 215 项。2021 年大学生创新创业训练计划项目立项 1 221 项，其中国家级 120 项、北京市级 240 项，参与学生 3 287 人，指导教师 620 人。1 篇学术论文和 2 项实物作品入选第十四届大学生创新创业年会现场评审。

推进学科竞赛上水平建设，实行学科竞赛分级分类管理，修订发布《北京交通大学本科生学科竞赛建设与管理办法》，本科生竞赛在原国际、国家、省部、校级基础上，按照参赛难度水平和影响力，新增划分 SAB 三类，教师和学生的参赛奖励按照 SAB 类竞赛获奖成绩发放奖金。2021 年本科生学科竞赛获国家级奖项 136 项，其中一等奖 24 项、二等奖 51 项、三等奖 61 项；北京市级奖项 427 项，其中一等奖 80 项、二等奖 117 项、三等奖 230 项。荣获第十二届蓝桥杯全国软件和信息技术专业人才大赛一等奖 6 项、二等奖 7 项、三等奖 5 项；2021 年中国大学生计算机设计大赛一等奖 2 项、二等奖 3 项、三等奖 3 项；第十六届全国大学生交通科技大赛一等奖 2 项、二等奖 2 项、三等奖 1 项。新增认定本科生学科竞赛项目 17 项。

【毕业设计】

强化毕业设计管理，修订《北京交通大学本科毕业设计（论文）规范与质量抽检办法（试行）》，首次在论文实施过程中的评阅环节，新增校外送审评阅质量抽检，规定参加答辩的所有毕业设计（论文）进行相似性检测，增设毕设答辩末位公开答辩制度，保障毕业设计（论文）答辩质量和教育部实施质量抽检效果。

2021 届毕业设计（论文）的选题中，各类型题目占比分别为：工程设计 38.78%、理论研究 36.34%、软件开发 12.52%、其他占比 12.36%，如表 15 所示。经过答辩考核，最终成绩比例：A 为 15.84%、A－为 24.77%、B+为 24.74%、B 为 11.81%、B－为 7.13%、C+为 3.97%、C 为 6.59%、C－为 2.16%、D+为 1.24%、D 为 1.54%，F 为 0.21%，如表 16 所示。毕业设计（论文）指导教师职称占比分别为：正高级 23.34%、副高级 50.40%、中级 25.64%、其他 0.62%，如表 17 所示。

2021 年学校继续承担北京高等学校高水平人才交叉培养毕业设计（创业类）项目，完成 2020 年立项的 25 项毕业设计（创业类）项目，新立项毕业设计（创业类）项目 25 项。

表 15　2021 年毕业设计（论文）题目类型统计

理论研究		工程设计		软件开发		其他		总计	
数量	百分比/%	数量	百分比/%	数量	百分比/%	数量	百分比/%	数量	百分比/%
1 344	36.34	1 434	38.78	463	12.52	457	12.36	3 698	100

表 16　2021 年毕业设计（论文）成绩统计

项目	A	A－	B+	B	B－	C+	C	C－	D+	D	F	合计
人数	586	916	915	437	264	147	244	80	46	57	6	3 698
百分比/%	15.84	24.77	24.74	11.81	7.13	3.97	6.59	2.16	1.24	1.54	0.21	100

表 17　2021 年毕业设计（论文）指导教师统计

正高级		副高级		中级		其他		总计	
数量	百分比/%	数量	百分比/%	数量	百分比/%	数量	百分比/%	数量	百分比/%
863	23.34	1 864	50.40	948	25.64	23	0.62	3 698	100

【教务管理】

全面加强智慧教学建设，升级全校智慧教室硬件设备，优化智慧教学平台功能，全面实现线上、线下同步教学，顺利完成防疫常态化下全年 2 340 余门本科课程的课堂教学。推进本研教学一体化服务管理平台建设，构建实验室综合管理平台，新启用自助报到注册一体机。

继续开展辅修专业、双学位工作，全年完成 323 人报名选拔录取工作。经济管理学院、法学院、计算机学院 3 个学院共开设会计学、金融学、经济学、市场营销、法学、计算机与信息技术 6 个辅修学士学位专业，在读学生 630 人。全年 193 人获得双学位，29 人获得辅修证书。

完成 2021 届应届本科毕业生推荐免试研究生工作，874 名学生获得推荐免试研究生资格。

【质量监控】

持续开展专业认证评估，“城乡规划”首次通过住建部土建类专业评估。

完善教学质量监控系列管理办法，制定教学质量标准，积极落实《深化新时代教育评价改革总体方案》，探索更科学的学生评教方式，完善评教指标，升级评教系统，自春季学期起启用新版学生评教系统。

健全校院两级教学督导机制，建立包含校级督导 20 人、院级督导 240 余人的校院两级督导队伍，覆盖全校所有学院；加强督导培训和学习，提升督导业务水平和工作能力。召开“任课教师与督导教师面对面”座谈交流会，促进校级督导和任课教师交流。

全年校领导听课 120 次，校级督导听课 698 次，院级督导听课 2 892 次。校级督导全年抽查 123 个课堂的教学日历、电子课件，26 个课堂的教案，43 个课堂的考试试卷；院级督导抽查 381 个课堂的考试试卷。

【教学能力提升】

强化基层教学组织建设，继续推进 319 个基层教学组织建设工作，建设校级虚拟教研室 31 个。

全面开展教师教学能力培训，组织开展 6 期 ISW 培训班，2 期青年教师教学研修班，26 次教学讲座，全年累计活动 60 次，参与教师达 1 900 余人次；选派教学促进师、骨干教师 20 余人次参加校外教师教学发展培训班。立项支持 8 个教学促进师基金项目。继续实施名师公开课制度，开展名师公开课 150 次，发挥名师教学示范和辐射作用。为 20 位获得支教推免的学生开展基本教学能力培训。

持续加强名师培育，黄辉、冯华获第十七届北京市高等学校教学名师奖，向宏军、吕兴获第五届北京市高等学校青年教学名师奖。评选校级优秀主讲教师 27 人，优秀实验教学指导教师 1 人，到期重新认定优秀主讲教师 229 人、优秀实验教学指导教师 6 人。

积极组织教师参加各类高水平教学比赛，获首届北京市教师教学创新大赛正高组一等奖 1 项、正高组三等奖 1 项、讲师组三等奖 1 项，如表 18 所示；获北京市第十二届青年教师教学基本功比赛二等奖 4 项、三等奖 2 项，如表 19 所示。

表 18　首届北京市教师教学创新大赛获奖名单

获奖等级	获奖组别	姓名	学院
一等奖	正高组	杨　娜	土建学院
三等奖	正高组	陶　丹	电信学院
三等奖	讲师组	杨梦婉	建艺学院

表 19　北京市第十二届青年教师教学基本功比赛获奖名单

获奖等级	姓名	学院
二等奖	李雨键	电信学院
二等奖	李　凯	电气学院
二等奖	罗自炎	理学院
二等奖	王俣璇	法学院
三等奖	李　琦	机电学院
三等奖	刘玉洁	语言学院

2021 年共有 122 位青年教师通过试讲，获得北京交通大学本科课程主讲教师资格。

【高职教育】

高职清河学院 2021 年面向高中毕业生招收新生 183 人，在校生共计 545 人。高职清河学院现设有 3 个专业：交通运营管理、计算机应用技术、机电一体化技术（汽车方向）。

2021 届高职毕业结业生共有 165 名，就业率 96.36%。推荐 15%的优秀应届毕业生参加北京市和交大本校的专升本考试，录取学生 16 名，录取比例 9.7%，分别进入北京信息科技大学的工商管理、计算机科学与技术和车辆工程等专业。

（柴　莹　常　欢　陈　丽　董　雪　李鹏翔　李巍巍　刘亚蕾　秦彦平
王顺淞　王　伟　闫　立　岳　冶　张　瑜　赵　宏）

国际教育

【概况】

2021 年，学校国际教育工作贯彻习近平总书记关于来华留学的重要指示，主动适应国家发展大势，坚持改革创新，优化管理体制，扎实推进落实学校“十四五”来华留学规划任务，来华留学工作取得新进展。

【留学生教育与管理】

如表 20 所示，2021 年来华留学生总规模为 1 142 人，其中长期生 943 人、学历生 844 人。全年授予学位总数 180 人，其中来华留学学士学位 85 人，硕士学位 94 人，博士学位 1 人。录取新生 253 人，来自五大洲 68 个国家。学生总规模排名前五位的国家为肯尼亚（163 人）、蒙古（120 人）、孟加拉国（88 人）、俄罗斯（67 人）、越南（47 人），如表 21 所示。

表 20　2021 年来华留学生按洲别统计表

洲别	长期生								长期生小计	短期生	合计
	预科生	汉语进修生	普通进修生	高级进修生	专科生	本科生	硕士研究生	博士研究生			
亚洲	33	32	0	0	0	270	152	22	509	55	564
非洲	12	0	0	0	0	150	121	9	292	120	412
欧洲	12	4	1	0	0	20	47	6	90	0	90
北美洲	3	0	0	0	0	28	7	2	40	23	63
南美洲	2	0	0	0	0	1	5	0	8	1	9
大洋洲	0	0	0	0	0	4	0	0	4	0	4
合计	62	36	1	0	0	473	332	39	943	199	1 142

表 21　2021 年来华留学生国别及学生人数（排名前 20）统计表

序号	国籍	人数合计	所占比例（总人数比例）
1	肯尼亚	163	14.27%
2	蒙古	120	10.51%
3	孟加拉国	88	7.71%
4	俄罗斯	67	5.87%
5	越南	47	4.12%
6	埃及	43	3.77%
7	巴基斯坦	41	3.59%
8	乌兹别克斯坦	39	3.42%
9	土库曼斯坦	37	3.24%

续表

序号	国籍	人数合计	所占比例（总人数比例）
10	埃塞俄比亚	31	2.71%
11	巴哈马	22	1.93%
12	古巴	19	1.66%
13	老挝	17	1.49%
14	泰国	16	1.4%
15	毛里求斯	16	1.4%
16	朝鲜	15	1.31%
17	法国	15	1.31%
18	卢旺达	15	1.31%
19	哈萨克斯坦	14	1.23%
20	塔吉克斯坦	12	1.05%

调整来华留学工作指导委员会组成，修订《招收和培养国际学生的规定》，制定《承办国家援外学历学位教育项目管理实施办法》《承办国家援外培训非学历项目管理实施办法》，制定学校“十四五”来华留学专题规划，统筹协调办学资源，推进趋同化发展。

贯彻落实“提质增效”总要求，在经管、运输和土建 3 个专业学院实行以教育教学趋同为主、其他各方面协同推进的趋同化管理体制，组织中外学生共同参加校院文体与科技活动、假期社会实践和评优评先等环节，促进中外学生交流融合。

组织留学生团队拍摄制作十集系列短视频《大道之行》，举办“两会”精神解读会、“学习雷锋日”文化交流会、纪念袁隆平院士活动、“非洲来华留学生视野下的非洲与中国”主题交流活动等“讲好中国故事”系列活动，鼓励引导留学生感知中国社会、体悟中国价值、传播中国声音。

获批教育部中国政府奖学金高校自主招生项目 4 项、商务部援外学历学位教育项目 2 项。与马来西亚彭亨大学签订本科双学位项目，参与柬埔寨公共工程与交通运输部洪森学院合作办学，持续推进俄罗斯国立交通大学本科双学位项目、蒙古国乌兰巴托铁路局委培项目、北京信息职业技术学院埃及留学生专升本项目，为“一带一路”沿线国家提供人才支撑。

依托现有汉语教学资源，打造 “中短期语言强化”和“职场汉语研修”项目，获评 2021 年中国国际服务贸易交易会教育服务成果。

开展 60 门汉语及国情教育课程的教学评价，加强来华留学教学全过程监督，建立留学生培养质量监控体系。

留学生 1 人获第二届“中国与非洲”短视频大赛三等奖。1 人获“爱上北京的 100 个理由”主题短视频和征文大赛二等奖。3 人获第七届中国国际“互联网+”大学生创新创业大赛（北京赛区）三等奖。24 人次获评学校年度“优秀国际学生毕业生”“优秀国际学生”“优秀国际学生干部”“国际学生奉献奖”，2 支团队获得年度优秀国际学生团队。

留学生活动得到媒体广泛关注，20 余名留学生接受新华社、中国日报、中国青年报、北京头条、中国交通报等知名媒体报道 17 次，有效传播交大留学生的国际声音，提升学校的社会声誉。

建立校友联络机制，聘任 2021 届毕业生作为校友联络员。举办在华校友座谈会，为校友搭建互助互促平台，促进各国在华校友与母校在科技、教育等领域的合作与交流。

【涉外培训】

启动线上涉外培训，学校获批国家援外短期培训项目 17 项，已完成实施 5 项。总计培训人数 199 人次，学员来自 17 个国家和地区，助力蒙内铁路、亚吉铁路、达卡高速公路等"一带一路"重点项目的人才培训。

探索线上直播及录播课程模式，采用"云参观"等新手段，提升线上学员参与度与获得感。学校凭借组织 2019 年埃塞俄比亚铁路运营技术海外培训班的经验，入选 2021 年中非合作论坛第八届部长级会议《讲好中非故事，开启务实篇章》简报。

（熊青杨）

就业与创业工作

【概况】

2021年，学校就业与创业指导工作围绕党中央关于统筹推进疫情防控和“六稳”“六保”决策部署，科学谋划，精准施策，积极应对经济下行和疫情双重影响下的严峻就业形势，努力实现学校毕业生更加充分、更高质量就业。

【就业工作】

学校共有毕业生 7 533 名（研究生含委培、定向），其中博士毕业生 424 名、硕士毕业生 3 463 名、本科毕业生 3 646 名，如表 22 所示。截至 2021 年 8 月 31 日，2021 届毕业生毕业去向落实率为 94.27%，其中本科生 90.51%、硕士研究生 97.69%、博士研究生 98.58%，如表 23 所示。

表 22　2021 届毕业生毕业去向落实率统计

学历	人数	深造率/%	签约率/%	毕业去向落实率/%
本科	3 646	58.53	84.17	90.51
硕士	3 463	3.32	95.21	97.69
博士	424	5.42	97.41	98.58

表 23　2021 届毕业生分学院毕业去向落实率统计

学院	本研合计		本科毕业生		硕士毕业生		博士毕业生	
	人数	毕业去向落实率/%	人数	毕业去向落实率/%	人数	毕业去向落实率/%	人数	毕业去向落实率/%
电信学院	928	98.81	492	98.37	396	99.24	40	100
计算机学院	773	95.99	352	92.33	384	99.22	37	97.3
经管学院	1 396	91.55	361	77.29	899	96.33	136	97.79
运输学院	791	94.56	372	96.51	368	97.83	51	100
土建学院	698	94.56	272	90.07	366	97.54	60	96.67
机电学院	659	97.42	339	95.28	283	99.65	37	100
电气学院	539	93.69	283	88.34	238	99.58	18	100
理学院	490	90.82	296	86.49	165	96.97	29	100
马克思主义学院	46	89.13	—	—	30	83.33	16	100
语言学院	203	85.71	140	82.14	63	93.65	—	—
软件学院	273	99.27	168	98.81	105	100	—	—
建艺学院	229	94.32	133	93.98	96	94.79	—	—
法学院	189	73.54	119	60.50	70	95.71	—	—
威海国际学院	319	94.36	319	94.36	—	—	—	—
合计	7 533	94.27	3 646	90.51	3 463	97.69	424	98.58

2021 届本科毕业生深造率达到 58.53%，出国（境）深造学生中，进入世界前 100 强名校的人数占出国（境）深造人数的 66.87%。在 2021 届签约就业的毕业生中，到国有企业就业的本科毕业生比例为 52.41%，毕业研究生比例为 52.23%；到“一带一路”所涉及的省、自治区及直辖市就业的本科毕业生比例为 39.89%，毕业研究生比例为 18.57%；到中国 500 强企业就业的本科毕业生比例为 39.57%，毕业研究生比例为 47.48%。

本科毕业生及毕业研究生签约地区流向、签约单位性质流向、签约重点地区流向具体见表 24～表 29。

表 24　本科毕业生签约地区流向一览表

地区	北京市	上海市	广东省	东北三省	西部地区	其他沿海地区	其他	总计
人数	362	36	105	28	203	120	81	935
比例/%	38.72	3.86	11.23	2.99	21.71	12.83	8.66	100.00

表 25　本科毕业生签约单位性质流向一览表

单位性质	国有企业	民营企业	三资企业	教育单位	党政机关及事业单位	基层项目	科研单位	部队	总计
人数	490	308	49	34	31	9	7	7	935
比例//%	52.41	32.94	5.24	3.64	3.32	0.95	0.75	0.75	100.00

表 26　本科毕业生签约重点地区流向一览表

地区	京津冀地区	“一带一路”经济带	长江经济带	粤港澳大湾区
人数	380	373	237	104
占签约比例/%	40.64	39.89	25.35	11.12

表 27　毕业研究生签约地区流向一览表

地区	北京市	上海市	广东省	东北三省	西部地区	其他沿海地区	其他	总计
人数	2 058	109	196	56	236	664	253	3 572
比例/%	57.61	3.05	5.49	1.57	6.61	18.59	7.08	100.00

表 28　毕业研究生签约单位性质流向一览表

单位性质	国有企业	民营企业	党政机关及事业单位	科研单位	教育单位	三资企业	基层项目	其他	部队	总计
人数	1 865	786	247	240	229	165	32	5	3	3 572
比例/%	52.21	22.00	6.92	6.72	6.41	4.62	0.90	0.14	0.08	100.00

表 29　毕业研究生签约重点地区流向一览表

地区	京津冀地区	“一带一路”经济带	长江经济带	粤港澳大湾区	雄安新区
人数	2 312	663	549	192	5
占签约比例/%	64.74	18.57	15.37	5.38	0.14

深入推进“人才合作伙伴拓展工程”，遵循“巩固传统行业领域与开拓新兴就业市场并举”的原则，着重构建轨道交通、互联网+、智慧建造和智能制造等类别的就业市场。2021年邀请用人单位入校举办招聘会共计617场，其中专场宣讲会590场，行业类、地区集团类中等规模招聘会20场，大型双选会7场，累计接待进校招聘单位1 400家。发布用人单位的招聘需求信息6 545条。对标交通强国战略，服务国家重点需求，持续开展“重点领域引航工程”。强化国防军工、航空航天和地方选调生等重点领域就业市场建设，拓展15个省市的选调生招录工作，审核推荐200余人。举办第4届基层训练营开展岗前能力培训，开设14个学时课程，线上线下覆盖160余人。面向2021届毕业生跟踪式发放基层工作奖励63.3万元，同比增长165%，覆盖240人。授予457人“奋飞奖”荣誉称号。

以学生职业生涯发展为主线，分四个阶段点面结合开展本科生职业发展引领计划。从职业定位、求职技巧和职场思维三个角度开展研究生职业能力提升计划。积极构建线上线下双通道，引导学生开展自助式生涯教育和就业指导。举办就业指导类项目100余场，覆盖学生15 000余人次，学生对就业指导项目整体满意度超过98%。持续开展就业创业师资培训，开展师资培训10场，覆盖88人次。“学业及职业生涯规划与设计”课程获2021年北京高校就业创业金课和学校课程思政示范课，课程负责人梁英和教学团队分别获评学校课程思政教学名师和教学团队，中心教师梁妍娇讲授的“研究生职业发展与能力拓展”课程获北京高校就业指导课程教学大赛一等奖，学校“职点工作室”首批入选北京高校就业指导名师工作室。

【创业工作】

开展小规模、线上线下相结合的各类研讨、沙龙200余场，创办思源创客行系列活动，多维度启发创业意识，多角度培养创业技能，全年参加创业指导活动20 000余人次。建设校内外创业实训基地7家，增聘创业导师8人。

举办学校第十二届创业项目选拔大赛（81支团队参赛），6支获奖团队已入驻创业园孵化。牵头组织第七届中国国际“互联网+”大学生创新创业大赛（339支团队参赛），获全国银奖1个、铜奖1个，北京市一等奖3个、二等奖9个、三等奖41个及优秀组织奖。获评2021年度北京市优创团队评选二等奖。3支团队入围第四届中俄（工业）创新大赛中国赛区决赛。

（董　瑞）

体 育 教 育

【概况】

2021 年学校体育工作紧密围绕学校“双一流”建设，以培养一流大学生为目标，充分发挥体育教育在立德树人、素质教育中的作用，以提升课堂教学效果、增强学生身体素质、提高人才培养质量为落脚点，扎实推进体育工作的改革与创新。

【体育教学】

构建德智体美劳全面发展的人才培养体系，结合学校教学改革实际，制定《北京交通大学体育工作专项行动实施方案》。坚持和加快课内外一体化教学体系建设步伐，突出思想教育和运动技能掌握，逐步将课外体育活动纳入教学计划，促使学生在体育运动中养成锻炼习惯，形成课上认真学习、课下积极锻炼的全员体育氛围。

把课程思政建设举措落实到体育教育教学的每一次课，1 项成果获得北京交通大学教学成果一等奖。组织教师全员参加教育部高等教育司“全国高校教师课程思政教学能力培训”，开展体育课程思政大讨论。1 团队获评北京交通大学 2021 年课程思政示范优秀团队。

线上教学与线下教学有机结合，春季学期开设 268 个教学班，完成 7 339 人的教学任务；秋季学期开设 257 个教学班，完成 7 471 人的教学任务。2021 年总计完成 525 个教学班、14 810 人次的授课任务。

继续实施师徒结对工作，由骨干教师“传、帮、带”，促进青年体育教师教学技能水平的提高，加快新教师的成长。体育部督导组对青年教师全年听课 50 门次。组织青年教师参加首都高校第十五届青年体育骨干教师培训班，召开体育部青年教师岗位技能培训座谈会。

刘娣获首都高校教学基本功系列赛之课程思政：第三届“职业的梦想——我是体育教师”演讲比赛一等奖。吴惠获首都高校第四届体育教师教学基本功比赛二等奖。

强化学校体育科学研究创新，制定新兴学科、交叉学科创新发展计划，确立大学体育与学生情绪健康、学生体质健康评价与身体素质提升、体教融合与学生全面发展等三大研究方向。体育部新增校级教改项目专项课题 3 项，综合类课题 1 项，内涵建设与改革类课题 4 项。新增学校基本科研业务费人文社科专项基金项目 2 项。

【学生体质健康测试】

开设“体质健康教育与测试”必修课，提升全校学生体质测试合格率与优良率。举办北京交通大学第三届《国家学生体质健康标准》测试比赛。完成 1.5 万余人次学生体质健康测试，2020 级和 2021 级学生体质测试优良率分别是 30.58%和 31.33%。

【群众体育】

围绕《北京交通大学体育工作专项行动实施方案》，以面向全体学生、提升健康水平为目标，打造“体育第二课堂、全员参与竞赛”的校园氛围，形成学校课外锻炼与竞赛体系，吸引学生积极主动参与体育锻炼。

组织开展“迎建党 100 周年，师生乐跑百公里”体育活动，全年举办校级赛事 26 项。

学校普通学生在北京市各项体育竞赛中屡创佳绩，体育舞蹈、棒垒球、跆拳道、徒步定向等项目继续保持优势，普通学生代表队获得北京市冠军 11 项，如表 30 所示。

表 30　普通学生代表队获金牌数统计

比赛名称	获奖项目	获奖名次
第十三届首都高校体育舞蹈比赛	团体总分	第一名
第十三届首都高校体育舞蹈比赛	标准舞探戈单项	第一名
第十三届首都高校体育舞蹈比赛	交谊舞平四单项	第一名
第十三届首都高校体育舞蹈比赛	交谊舞探戈单项	第一名
第十三届首都高校体育舞蹈比赛	拉丁舞牛仔单项	第一名
第十三届首都高校体育舞蹈比赛	业余华尔兹新人组	第一名
第十三届首都高校体育舞蹈比赛	六人探戈规定套路	第一名
首都高等学校第 26 届棒垒球锦标赛	棒球乙组	第一名
首都高等学校第九届慢投垒球锦标赛	乙组	第一名
首都高等学校第 16 届跆拳道锦标赛	乙组女子个人太极七章	第一名
2021 年首都高校大学生徒步定向锦标赛	男子短距离赛	第一名

【竞技体育】

加强学校高水平运动队建设，完善各项规章制度，加强运动队科学管理，提高运动队训练水平，坚持精品战略，积极探索交大“教体结合”的发展模式。高水平运动队参加世界、全国和北京市各级各类体育竞赛，获冠军 4 项、亚军 5 项、季军 10 项，如表 31 所示。

表 31　高水平运动队获奖牌数统计

比赛名称	获奖项目	获奖名次
第 13 届世界大学生夏季运动会	男子团体品势	第三名
第 13 届世界大学生夏季运动会	男子竞技 87 kg	第一名
第 13 届世界大学生夏季运动会	男子竞技 74 kg	第三名
第 13 届世界大学生夏季运动会	女子竞技 49 kg	第三名
2021 年中国大学生跆拳道锦标赛（竞技专业组）	男子 87 kg	第一名
2021 年中国大学生跆拳道锦标赛（竞技专业组）	男子 74 kg	第二名
2021 年中国大学生跆拳道锦标赛（竞技专业组）	男子 63 kg	第三名
第 17 届首都高等学校跆拳道锦标赛（品势）	男子团体	第三名
2021 年首都高等学校排球联赛	男子甲组	第一名
首都高等学校第五十九届学生田径运动会	男子链球	第一名
首都高等学校第五十九届学生田径运动会	男子跳高	第二名
首都高等学校第五十九届学生田径运动会	男子链球	第三名
2021 年首都高等学校羽毛球锦标赛	女子团体	第三名
2021 年首都高等学校羽毛球锦标赛	男子单打	第三名

续表

比赛名称	获奖项目	获奖名次
2021 年首都高等学校羽毛球锦标赛	女子单打	第二名
2021 年首都高等学校羽毛球锦标赛	女子单打	第三名
2021 年首都高等学校羽毛球锦标赛	男子双打	第二名
2021 年首都高等学校羽毛球锦标赛	男子双打	第三名
2021 年首都高等学校羽毛球锦标赛	女子双打	第二名

（崔迎春　陈健文）

远程与继续教育

【概况】

2021 年学校远程与继续教育以服务终身学习体系及学习型社会建设为使命，围绕学校“双一流”建设，落实“立德树人”根本任务，积极应对新时代高等继续教育改革发展新形势新任务，完善人才培养体系，规范教育教学管理，认真履行办学主体责任，努力提高人才培养质量。服务国家重大战略及行业发展，拓宽培训领域，推进培训教育高质量高层次发展。

全年成人高等教育、网络学历教育总计招生 17 908 人，毕业 30 129 人，在籍学生 78 594 人。成人高等教育招生录取本、专科学生 948 人（其中本科 819 人、专科 129 人），毕业学生 2 704 人（其中本科 1 947 人、专科 757 人），在籍学生 3 392 人（其中本科 2 885 人、专科 507 人）；网络教育招生录取本、专科学生 16 960 人（专升本 13 173 人、专科 3 787 人），毕业学生 27 425 人（其中本科 11 796 人、专科 15 629 人），在籍学生 75 202 人（其中本科 50 314 人、专科 24 888 人）。攻读高等教育自学考试专业的学生 10 299 人，毕业学生 5 659 人。

【成人学历教育】

截至年底，学校在全国各地招生的成人教育校外教学站（点）共计 7 个。成人教育专业设置如表 32 所示。

表 32　成人教育专业设置一览表

层次	专业名称	层次	专业名称
本科	交通运输	专科	计算机应用技术
本科	计算机科学与技术		
本科	自动化		
本科	土木工程		
本科	电气工程及其自动化		
本科	车辆工程		
本科	会计学		
本科	工商管理		

【网络教育】

学校在全国各地招生的现代远程教育学习中心有 54 个。网络教育专业设置如表 33 所示。

表 33　网络教育专业设置一览表

层次	专业名称	层次	专业名称
专升本	会计学	专科	城市轨道交通运营管理
专升本	车辆工程	专科	计算机应用技术

续表

层次	专业名称	层次	专业名称
专升本	电气工程及其自动化	专科	交通运营管理
专升本	自动化	专科	铁道工程技术
专升本	通信工程	专科	铁道交通运营管理
专升本	计算机科学与技术	专科	铁道供电技术
专升本	交通运输	专科	铁道机车
专升本	工商管理		
专升本	土木工程		
专升本	物流管理		
专升本	机械工程		

【高等教育自学考试】

学校高等教育自学考试在吉林、河北、海南、内蒙古、新疆 5 省区开考。设有独立本科 7 个专业、专科 2 个专业。自学考试专业设置如表 34 所示。

表 34　自学考试专业设置一览表

层次	专业	层次	专业
独立本科	工程管理	专科	机车车辆
独立本科	交通运输	专科	交通运营管理
独立本科	物流管理		
独立本科	工商管理		
独立本科	运输工程		
独立本科	计算机应用软件		
独立本科	电气工程与自动化		

【培训工作】

全年共举办各类培训 35 期，培训 5 145 人次；组织 8 次考试及 1 次线上审核工作，人员共计 10 253 人。如表 35 所示。

开展国铁集团机务及动车组师资培训 3 期、兰州局以及呼和浩特局师资培训 3 期；赴武汉铁路局开展干部系列送教培训 3 期，为济南局、昆明局、哈尔滨局、兰州局、呼和浩特局开展技能人才培训项目 7 期，青藏集团公司中青年干部培训 1 期以及呼和浩特局职教干部培训 1 期。新拓展中车戚墅堰技术人才培训、中铁建海外人员培训、山东合资铁路培训以及北联航航空服务培训等项目。继续推进线上培训项目，完成 1 期 BIM 技能等级考试考前线上培训和会计中初级、高级继续教育线上培训任务。

表 35　2021 年培训情况统计表

序号	分类	项目名称	期次	培训人数
1	铁路系统培训	中国铁路济南局集团有限公司中间站站长培训班	2	161
2		中国铁路昆明局集团有限公司客货运技能提升培训班	1	84
3		中国铁路昆明局集团有限公司 2021 年铁路通信工技能提升培训班	1	42
4		中国铁路哈尔滨局集团有限公司融媒体平台采编制作传播技能培训班	2	128
5		中国国家铁路集团有限公司机务专职师资培训班	1	70
6		中国国家铁路集团有限公司动车组专职师资培训班	2	135
7		中国铁路济南局集团有限公司动力集中动车组及机务新技术运用专业技术人才培训班	1	47
8		2021 武汉局集团公司货运管理干部培训班（送教）	1	50
9		2021 武汉局集团公司客运管理干部培训班（送教）	1	50
10		2021 济南局集团公司高技能人才培训班	2	89
11		中国铁路兰州局集团有限公司优秀师资技能提升培训班	1	9
12		中国铁路兰州局集团有限公司优秀车间技教员培训班	1	70
13		2021 年度中国铁路青藏集团有限公司中青年干部培训班	1	50
14		2021 年武汉局集团公司运输站段车间中层正职提质培训班（送教）	1	60
15		呼和浩特市地铁运营班组长能力提升专项培训班（送教）	1	264
16		山东铁路有限公司合资铁路委托运输管理相关业务培训班	1	32
17		中国铁路呼和浩特局集团有限公司职工培训管理人员培训班	1	44
18		中国铁路呼和浩特局集团有限公司 2021 年职工培训师资培训班	1	84
		小计	22	1 469
19	其他企业培训	教育部“产学合作、协同育人”项目（2021 年春季）	1	11
20		教育部“产学合作、协同育人”项目（2021 年秋季）	1	38
21		中车戚墅堰机车车辆工艺研究所有限公司核心技术人才数字化专题研修班	1	32
22		中铁三局 BIM 技能等级考试考前线上培训班（线上）	1	208
23		中铁建设海外管理人员风险防控及安全防范综合能力提升培训（外送）	1	141
		小计	5	430
24	社会培训	中初级会计人员继续教育培训	4	1 463
25		高级会计人员继续教育培训	3	733
26		中初级、高级会计继续教育培训班（线上课程）	1	1 050
		小计	8	3 246
		2021 年培训项目合计	35	5 145
27	各类社会审核及考试	西城 2021 年度初中级卫生专业技术资格考试	1	1 260
28		西城区事业单位考试	1	1 350
29		二级建造师职业资格考试	1	1 290
30		国际化高端会计人才选拔中央国家机关考试	1	217

续表

序号	分类	项目名称	期次	培训人数
31	各类社会审核及考试	北京市公路水运工程施工企业安管人员计算机网络考试	1	1 800
32		海淀区事业单位招聘考试	1	1 347
33		勘察设计注册工程师考试	1	880
34		经济专业技术资格考试（机考）	1	1 100
35		2021 年度会计专业技术中级资格考试合格人员审核	1	1 009
小计			9	10 253
2021 年培训、考试合计			44	15 398

【国际项目工作】

积极响应教育部鼓励国内高校接收因疫情无法出国的留学生在国内借读的号召，与美国罗切斯特大学、布兰迪斯大学、纽约理工大学合作举办全球校园项目，共接收 123 名出国留学生来校学习。

（温俊英　王延超　张　琪　唐志明　刘海燕　童　成）

科学研究与社会服务

自然科学研究

【概况】

2021 年，学校推进科研体制机制改革，成立科学技术研究院。发布实施学校《北京交通大学“十四五”科技发展规划》。学校自然科学研究工作取得新突破，获批交通强国建设试点单位。

【成立科学技术研究院】

5 月 10 日，中共北京交通大学第十一届委员会常务委员会第九十九次会议研究通过组建科学技术研究院的决议。科学技术研究院的设立，是学校科研体制机制改革的重要举措，将有利于开展着眼学校全局的科研管理规划工作，围绕国家和行业重大战略和重大工程需求，实现优化科研布局和增强有组织科研能力，标志着学校科研体制机制改革进入新的里程。

【获批交通强国建设试点单位】

6 月 15 日，交通运输部发布《关于北京交通大学开展智能轨道交通平台建设与技术研发等交通强国建设试点工作的意见》，标志着学校交通强国建设试点实施方案正式获批。学校将在智能轨道交通平台建设与技术研发、综合交通网络协调运营与服务研究平台建设、轨道交通安全保障平台建设与技术研发、国际交通人才培养等方面开展交通强国建设试点工作。

【科研评价改革】

建立健全科研管理制度，推进科研评价改革，制定出台《北京交通大学科研绩效奖励办法（试行）》《关于补充〈北京交通大学科研分类分级办法（试行）〉中“国防科技项目”类型和“顶级国际会议”等内容的规定》，完善多元主体、多维评价的科研评价体系。

【科研项目与经费】

2021 年，新增科研项目 2 629 项，经费 10.18 亿元，其中民口纵向 3.07 亿元，民口横向 5.3 亿元，军工科研经费 1.8 亿元。

新增国家重点研发计划立项项目 1 项，课题 2 项，任务 25 项，经费共 3 533.3 万元。国家重点研发计划项目 5 项、科技创新 2030 重大项目 1 项获得立项批复。

新增主持国家自然科学基金项目 132 项，获批直接经费共计 8 356 万元，间接经费 1 664.73 万元，总经费合计 10 020.73 万元。其中，杰出青年科学基金项目获批 1 项，优秀青年科学基金项目获批 2 项，重点项目获批 1 项，重大研究计划（重点支持类）获批 1 项，联合基金项目（重点支持类）获批 4 项，国际合作交流项目（重点支持类）获批 3 项。

新增国家铁路局科技项目 21 项，资助经费 375.5 万元；新增中国铁路总公司科技计划立项 53 项，资助经费 2 677.73 万元。

新增北京市科委项目立项 2 项，资助经费 290 万元；北京市自然科学基金资助 48 项，资助经费 1 336.05 万元，其中北京市自然科学基金重点类项目 3 项。

新增北京市教委项目立项 3 项，资助经费 24 万元。

2021 年教育部拨付基本科研业务费 4 812 万元。

其他省、部、直辖市等纵向项目立项 118 项，资助经费 2 368.55 万元。

新增国防军工科研项目 236 项，合同经费 1.8 亿元。新增主持基础加强计划重大项目 3 项、国家重点研发计划项目（课题、任务）2 项、装备预先研究重点项目 10 项、军委科技委前沿科技创新重点项目 6 项、后勤保障重点项目 1 项、GF 基础科研项目 7 项。

新增 500 万元以上重大横向项目 7 项，其中千万级项目 4 项，创历史新高。

本年度新增各类重大重点项目情况详见表 36～表 42。

表 36　国家重点研发计划立项主持项目和课题

序号	项目名称	所属重点专项	负责人	类别	合同总金额/万元
1	基于 5G 边缘计算的监控视频异常事件检测	政府间国际科技创新合作	岑翼刚	项目	134
2	多智体系统可信构造与协同决策理论*	物联网与智慧城市关键技术及示范	王　伟	课题	449
3	5G 网络下多机器人协同架构与通信机制	智能机器人	文　韬	课题	78

注：* 为我校已立项牵头项目的下设课题，未计入本年新增课题统计数。

表 37　国家重点研发计划立项子课题

序号	项目名称	负责人	合同总金额/万元
1	面向数据中心间光互联的 O+E 波段掺铋石英光纤放大器	郑晶晶	306.4
2	超大城市轨道交通高效运输与安全服务新型体系与集成平台示范应用	王艳辉	70
3	超大城市轨道交通网络集约维护新模式研究	魏秀琨	216.55
4	智慧企业管控与智能决策技术研究	刘世峰	69
5	科技冬奥重点专项项目课题“严寒山地地基处理及大面积高容量临时设施安全运维关键技术”子课题 3	田玉基	79.5
6	国家重点研发计划“科技冬奥”重点专项	张　建	84
7	面向 6G 的无蜂窝超大规模协作 MIMO 技术	章嘉懿	150
8	面向 6G 的全动态智能空时频资源配置技术	赵军辉	135.35
9	基于半导体材料的光电和热电集成性能研究	胡　斌	40
10	冰上专项特征研究与减阻技术训练和示范应用	李　波	99.2
11	超大城市轨道交通网络高效韧性运行理论与方法	杨　欣	273.6
12	多自由度高精度位移传感标定与测试评估技术	刘　泽	226
13	客流车流耦合的行车组织动态调整技术	宿　帅	273.6
14	人机物融合系统的多维可信性分析验证与评估方法	金　一	127
15	长大坡道困难工况下牵引运行技术研究	徐春梅	170
16	绝缘涂层失效机理及演化规律研究	刘月明	26.2
17	京张高铁视觉识别系统和导视系统关键技术	耿　涵	100
18	京张高铁车站车厢空间视觉设计技术研究	曾忠忠	50

续表

序号	项目名称	负责人	合同总金额/万元
19	京张高铁车站空间视觉设计技术研究	孙 伟	149
20	京张高铁运营安全风险预警理论	谢征宇	96
21	6G 总体技术研究	沈 超	108
22	面向视觉运动感知的神经科学启发的机器学习理论与方法	景丽萍	92
23	多系统要素协同的韧性城市自适应规划决策技术	常晓林	74.8
24	科技创新 2030“新一代人工智能”重大项目 复杂版面手写图文识别及理解关键技术	黄琳琳	75
25	高性能电机绝缘轴承关键技术研究及应用	金 杰	28.1

表 38 国家自然科学基金重点类项目

项目名称	类别	负责人	项目总额/万元
结构抗震与减震	国家杰出青年科学基金	徐龙河	400
面向高效能无线通信的压缩感知理论与技术	优秀青年科学基金项目	陈 为	200
轨道交通客运列车运输组织与管理	优秀青年科学基金项目	李树凯	200
面向高速铁路轨道系统实时安全评估的大数据融合技术研究	重点项目	刘仍奎	380.2
面向多场景端到端性能可控的新型工业互联网体系架构	重大研究计划	宋 飞	338
高速铁路快捷货物运输网络化组织方法与运输计划优化策略研究	联合基金项目	朱晓宁	274.8
复杂堆积体上高填方高铁站场路基空间变形演化机制与沉降变形控制技术研究	联合基金项目	蔡国庆	276
大功率电子系统微通道低沸点工质高热流密度流动沸腾换热机理研究	联合基金项目	贾 力	298
区块链的安全可控及攻击检测理论与方法研究	联合基金项目	王 伟	310.92
人机共友好的深度视频编码	国际（地区）合作与交流项目	赵 耀	312.5
边缘云计算架构下高速铁路运行控制系统设备故障诊断	国际（地区）合作与交流项目	文 韬	331.5
图与网络对称性中若干基本问题研究	国际（地区）合作与交流项目	冯衍全	320

表 39 国铁集团及其他 100 万元以上纵向项目

序号	项目名称	项目来源	负责人	合同金额/万元
1	移动边缘计算 MEC 网络安全防护技术	国家（工信部等）专项	张振江	214.2
2	规模化开行高铁快运可行性和实施策略研究	国家铁路集团	赵 鹏	150
3	高安全云平台及云列控系统关键技术研究	国家铁路集团	唐 涛	100
4	基于内外部数据安全共享的海铁联运关键技术与车流预测优化方法研究	国家铁路集团	黄 磊	100

续表

序号	项目名称	项目来源	负责人	合同金额/万元
5	都市圈多模式轨道交通协同运营组织基础理论及关键技术研究	国家铁路集团	姚向明	100
6	高速磁浮列车系统关键技术研究与装备研发	其他部市	闻映红	120
7	基于地面储能的城轨节能装置一体化协调控制及示范应用	北京市科委	杨中平	260

表 40　北京市自然科学基金 100 万元以上重点类项目

序号	项目名称	项目来源（一级）	批准号/任务编号	负责人	合同总金额/万元
1	面向城轨交通的低时延、大带宽和高可靠的无线自组织网络关键技术研究	北京市自然基金轨道联合重点	L211002	步　兵	100
2	基于列车牵引制动性能与运行轨迹预测的高速地铁列车编队跟随控制方法研究	北京市自然基金轨道联合重点	L211004	陆德彪	100
3	城市轨道交通钢轨波磨快速检测、智能诊断与维护管理技术研究	北京市自然基金轨道联合重点	L211006	肖　宏	100

表 41　100 万元及以上横向项目课题

序号	项目名称	项目来源	负责人	学院	合同总金额/万元
1	重载铁路高坡地段基础设施立体监控应用示范	横向项目	余祖俊	机械与电子控制工程学院	2 651.22
2	包神铁路神朔线高精度铁路地理空间数据获取与应用关键技术研究	横向项目	田亚护	土木建筑工程学院	2 043.60
3	有轨电车信号系统技术研究项目第二阶段技术服务及软件开发	横向项目	李　鹏	电子信息工程学院	1 220.55
4	提高锂电池富锂正极材料电化学性能的技术开发	横向项目	张　鹏	机械与电子控制工程学院	1 010.00
5	新型装配式无砟轨道结构及其应用验证（Ⅰ期）	横向项目	钟阳龙	土木建筑工程学院	630.00
6	有轨电车信号系统技术研究项目工程化试验——试验线技术服务	横向项目	曹　源	电子信息工程学院	600.49
7	新一轮线网技术专题研究（运营类）运输服务项目——校内主合同	横向项目	许心越	国家重点实验室	719.30
8	有轨电车信号系统技术研究项目工程化试验——实验室技术服务	横向项目	曹　源	电子信息工程学院	481.01
9	车辆运行状态多维智能监测系统研制	横向项目	史红梅	机械与电子控制工程学院	450.00
10	储能电池性能及安全测评方法及全数字仿真技术	横向项目	张彩萍	电气工程学院	430.00
11	智能化砂带式道岔打磨装置研制	横向项目	刘月明	机械与电子控制工程学院	415.46
12	巴州永辉油气运销有限公司智能运输系统维护	横向项目	王浩业	计算机与信息技术学院	300.00
13	中移动信息 2021—2022 年高校合作大数据与人工智能领域研发服务二级集中框架采购项目（北京交通大学）技术开发框架	横向项目	闫学东	交通运输学院	250.00
14	长大桥梁无砟轨道系统建造关键技术与监测系统研究	横向项目	高　亮	土木建筑工程学院	245.00

续表

序号	项目名称	项目来源	负责人	学院	合同总金额/万元
15	智慧能源网联关键技术研究	横向项目	熊　轲	计算机与信息技术学院	240.00
16	高速磁浮系统的电磁兼容测试研究	横向项目	闻映红	电子信息工程学院	240.00
17	200K 型 ATP 与标准动车组接口型式试验及电磁兼容试验	横向项目	袁　磊	国家重点实验室	216.00
18	大规模环境信息融合 Lidar SLAM 建图定位与实时融合状态估计开发	横向项目	宋　宇	电子信息工程学院	215.00
19	高性能手提电脑外壳的微弧氧化技术开发	横向项目	杜云慧	机械与电子控制工程学院	210.00
20	基于 BIM 技术的数字建造技术研究	横向项目	刘智敏	土木建筑工程学院	210.00
21	10 Mvar 超导同步调相机监控保护系统开发	横向项目	戴少涛	电气工程学院	209.00
22	铌铁（FeNb）合金购销	横向项目	李德仁	电气工程学院	204.56
23	铁路通信信号设备电磁兼容性能试验验证－上海	横向项目	闻映红	电子信息工程学院	200.00
24	高速铁路 5G－R 通信芯片设计	横向项目	沈　超	国家重点实验室	200.00
25	轨道交通牵引蓄电池安全设计研究	横向项目	龚敏明	电气工程学院	193.35
26	动力电池梯次利用技术研究及示范应用	横向项目	张彩萍	电气工程学院	184.00
27	动车组长期跟踪车体动应力测试－1	横向项目	杨广雪	机械与电子控制工程学院	181.68
28	高温超导磁浮交通系统发展战略及技术路径研究项目运行控制及车地通信系统方案设计	横向项目	杨　光	电子信息工程学院	176.43
29	朔黄重载铁路移动闭塞扩大试验与工程化应用研究	横向项目	唐　涛	电子信息工程学院	175.00
30	朔黄重载铁路移动闭塞扩大试验与工程化应用研究－2	横向项目	黄友能	电子信息工程学院	175.00
31	高速铁路系统安全保障技术示范应用	横向项目	丁　然	机械与电子控制工程学院	174.00
32	长距离 TBM 掘进适应性评价方法及技术研究	横向项目	谭忠盛	土木建筑工程学院	170.00
33	城铁车辆智能控制系统核心技术研究项目城轨列车高效能变流系统设计及参数辨识	横向项目	东野忠昊	电气工程学院	164.80
34	再制造耐磨自润滑涂层设计	横向项目	于文波	机械与电子控制工程学院	150.00
35	基于自主安全可控的智能制造与工业互联网平台	横向项目	高青鹤	电子信息工程学院	150.00
36	泉域复合地层盾构长距离近接穿越建（构）筑物变形预测及控制研究	横向项目	金大龙	土木建筑工程学院	150.00
37	时速 250 公里中国标准动车组 ATP 接口型式试验	横向项目	袁　磊	国家重点实验室	150.00
38	时速 250 公里中国标准动车组项目 ATP 接口试验	横向项目	袁　磊	国家重点实验室	147.25
39	用于提高可分离式车体强度和碰撞安全的蜂窝吸能防爬器系统	横向项目	李志刚	机械与电子控制工程学院	140.00
40	CRH2 及 CRH380A 系列动车组全寿命周期可靠性评估研究——构架台架试验	横向项目	徐　宁	机械与电子控制工程学院	140.00

续表

序号	项目名称	项目来源	负责人	学院	合同总金额/万元
41	动车组长期跟踪设备舱动应力测试-1	横向项目	王斌杰	机械与电子控制工程学院	138.70
42	转向架构架厂修状态研究项目转向架构架服役安全评估及构架状态研究	横向项目	邹　骅	机械与电子控制工程学院	135.19
43	管幕结构法下穿明城墙仪凤门段建设关键技术研究	横向项目	张顶立	土木建筑工程学院	130.00
44	CRH2 及 CRH380A 系列动车组全寿命周期可靠性评估研究——构架线路动应力测试及有限元分析	横向项目	丁　然	机械与电子控制工程学院	130.00
45	敞开式变电站大型检修现场安全措施管控关键技术的研究与应用	横向项目	李丹勇	电子信息工程学院	126.00
46	CR300AF 与 200H 车载设备接口型式试验	横向项目	袁　磊	国家重点实验室	122.00
47	中国神华重载铁路宽带移动通信体系研究	横向项目	钟章队	国家重点实验室	120.06
48	3 万吨列车制动试验台数据采集系统和制动缸状态诊断显示系统	横向项目	岳建海	机械与电子控制工程学院	120.00
49	面向未来高速列车新型电池组管理系统（BMS）关键技术研究及样机试制	横向项目	张言茹	电气工程学院	120.00
50	复杂条件大断面洞室扩挖关键技术及应用	横向项目	忠　盛	土木建筑工程学院	120.00
51	两分区中速磁浮运控系统核心装备研制	横向项目	仲维锋	电子信息工程学院	120.00
52	铁路行车组织与控制智能化系统技术研发项目	横向项目	孙绪彬	电子信息工程学院	117.90
53	PW120E-ID 型转向架构架及关键承载件强度计算和试验验证	横向项目	丁　然	机械与电子控制工程学院	116.00
54	高速率反向散射传输系统硬件验证平台开发	横向项目	王公仆	计算机与信息技术学院	116.00
55	超导直流限流器在江苏海上风电/GIL 柔直等方面的应用技术研究	横向项目	马　韬	电气工程学院	115.50
56	中铁检验认证中心 2021 年 7 月前检测项目	横向项目	闻映红	电子信息工程学院	115.28
57	智能集成控制单元技术研究项目核心电路板研发	横向项目	陈　杰	电气工程学院	113.30
58	CRH380A 平台动车组设备舱动应力、振动加速度跟踪试验	横向项目	李　强	机械与电子控制工程学院	112.00
59	架悬式永磁直驱转向架构架及关键零部件强度计算和试验	横向项目	杨广雪	机械与电子控制工程学院	108.00
60	复兴号动车组关键部件动应力跟踪测试合同	横向项目	孙守光	机械与电子控制工程学院	108.00
61	电磁兼容产品测试技术服务合同——2020 年 5 月—11 月	横向项目	闻映红	电子信息工程学院	106.62
62	复兴号奥运智能动车组车体及端墙振动问题专项测试	横向项目	王文静	机械与电子控制工程学院	105.58
63	全智能烹饪机器人系统设计及研发	横向项目	侯涛刚	电子信息工程学院	105.00
64	建立列控系统装备自主可控度和技术成熟度评估体系	横向项目	乔　珂	校内其他部门	100.00
65	凯云合作协议——高铁国产嵌入式系统测试环境联合实验室	横向项目	罗　琼	计算机与信息技术学院	100.00

表 42　100 万元及以上国防军工项目一览表

序号	项目名称	项目来源	负责人	学院	合同金额/万元
1	***单元和***单元等模块研制	红果园省部级“企事业”（新）	姚燕安	机械与电子控制工程学院	2 910
2	********关键技术（总课题）	红果园－国家重点研发计划－课题	万怀宇	计算机与信息技术学院	2 071
3	***采购	红果园（横向）	刁利军	电气工程学院	972
4	***和***管理模块研制	红果园省部级“企事业”（新）	宁提纲	电子信息工程学院	860
5	***测量系统	红果园省部级“企事业”（新）	冯其波	理学院	582
6	基于***业务支撑平台	红果园省部级“企事业”（新）	孙延涛	计算机与信息技术学院	535.6
7	***工艺研究	红果园国家级“科技委”	邓　涛	电子信息工程学院	500
8	***技术应用与示范	红果园国家级“四总部”	李丹勇	电子信息工程学院	480
9	***关键材料及应用基础研究	红果园国家级“科技委”	金　杰	机械与电子控制工程学院	335
10	***关键技术研究	红果园国家级“后勤科研”	陈　超	交通运输学院	235
11	***稳定性控制技术研究	红果园国家级“科工局”	刁利军	电气工程学院	212
12	***仿真验证系统开发	红果园国家级“科工局”	韩　升	计算机与信息技术学院	210
13	融合***知识的智能***关键技术	红果园国家级“科技委”	景丽萍	计算机与信息技术学院	200
14	***条件下***技术	红果园国家级“科技委”	孙丙香	电气工程学院	200
15	***主轴承研制	红果园国家级“科工局”	金　杰	机械与电子控制工程学院	162.75
16	***模拟器研制	红果园省部级“企事业”（新）	宁提纲	电子信息工程学院	155
17	***综合测试平台（部分）	红果园省部级“企事业”（新）	沈海阔	机械与电子控制工程学院	155
18	***智能感知示范系统	红果园－“其他部市”	李浥东	计算机与信息技术学院	147.5
19	***系统软件研制	红果园省部级“企事业”（新）	沈海阔	机械与电子控制工程学院	135
20	多媒体内容***应用平台	红果园－国家重点研发计划－任务	李晓龙	计算机与信息技术学院	133
21	***装置研制	红果园省部级“企事业”（新）	沈海阔	机械与电子控制工程学院	126
22	***软件研制及单元配置项测试技术开发	红果园省部级“企事业”（新）	沈海阔	机械与电子控制工程学院	120
23	***软件研制及***测试	红果园省部级“企事业”（新）	沈海阔	机械与电子控制工程学院	120
24	***下的城市交通系统复杂性分析	红果园国家级“科技委”	杨　欣	交通运输学院	100

【科技人才与团队】

交通数据科学与先进计算技术创新团队（团队负责人：李浥东）入选 2021 年度交通运输行业科技创新人才推进计划重点领域创新团队；丛润民、姜维、康柳江、李玮洁入选第六届中国科协青年人才托举工程；陆杨、张致远入选 2021 年度北京市科技新星计划；上官伟、康柳江入选 2020 年度交通运输青年科技英才。

【科技成果与奖励】

科研成果获得 4 项国家科学技术奖（参加）和 15 项省部级科学技术奖（3 项主持、12 项参加），牵头完成的科技成果获得 3 项社会科技奖。如表 43 所示。

表 43 2021 年获奖成果统计表

序号	奖励类别	奖励名称	申报形式	成果名称	学校排名	学校第 1 完成人及排序	获奖等级
1	国家级科技奖	国家技术发明奖	参加	物联网系统数据安全关键技术及应用	4	吴 昊（4）	二等奖
2		国家科学技术进步奖	参加	高压富水长大铁路隧道修建关键技术及工程应用	3	谭忠盛（2）	二等奖
3		国家科学技术进步奖	参加	深部复合地层隧（巷）道 TBM 安全高效掘进控制关键技术	6	李 涛（5）	二等奖
4		国家科学技术进步奖	参加	高速铁路Ⅲ型板式无砟轨道系统技术及应用	5	无	二等奖
5	省部级科技奖	北京市技术发明奖	主持	高水压越江海大直径盾构隧道开挖面稳定控制关键技术研究及应用	1	袁大军（1）	一等奖
6		北京市科学技术进步奖	主持	基于大客流的城市轨道交通运营安全保障与效能提升关键技术及应用	1	陈 峰（1）	二等奖
7		北京市科学技术进步奖	主持	高性能高压自起动和高功率密度的永磁电动机热控制关键技术及应用	1	李伟力（1）	二等奖
8		北京市科学技术进步奖	参加	基于不同信号制式的轨道交通无感改造成套装备研究与应用	3	燕 飞（7）	一等奖
9		北京市科学技术进步奖	参加	地铁车站 PBA 法暗挖建造技术与应用	4	刘艳（5）	二等奖
10		中共中央办公厅科学技术奖	参加	×××专用通信系统	2	张宏科（2）、董 平（8）	一等奖
11		四川省科学技术进步奖	参加	复杂环境下适应型天线与可重构滤波调控技术及产业应用	2	王均宏（2）	一等奖
12		内蒙古自治区科学技术进步奖	参加	地铁盾构隧道施工安全风险管控关键技术研究	3	蔡国庆（3）	一等奖
13		广东省自然奖	参加	边坡内生裂隙形成与优势流孕灾滑坡机制	3	李 旭（3）	一等奖
14		福建省科学技术进步奖	参加	规模化电池储能系统运行控制关键技术及工程应用	3	唐 芬（5）	一等奖
15		广东省科学技术进步奖	参加	曲线管幕+水平控制冻结法的浅埋超大断面暗挖隧道成套建设技术	6	谭忠盛（8）	一等奖
16		陕西省科学技术进步奖	参加	预应力加固混凝土桥梁关键技术	2	杜进生（2）	二等奖

续表

序号	奖励类别	奖励名称	申报形式	成果名称	学校排名	学校第1完成人及排序	获奖等级
17	省部级科技奖	吉林省科学技术进步奖	参加	下一代地铁车辆技术研究及示范应用	2	魏秀琨（7）	二等奖
18		山西省科学技术进步奖	参加	跨铁路大型货运站场转体连续梁施工智能控制关键技术	3	姜兰潮（3）	二等奖
19		河南省科学技术进步奖	参加	深长隧道突水灾害演化机理与预判方法及工程应用	5	乔春生（5）	二等奖
20	社会科技奖	发明创业奖	主持	异型超薄均热板在电子设备及航空发动机热管理的应用	1	杨立新（1）	一等奖
21		中国物流与采购联合会科学技术进步奖	主持	智能无人仓“货到人”订单拣选整体解决方案	1	华国伟（1）	一等奖
22		中国生产力促进中心协会生产力促进奖	主持	基于全栈工业物联网技术的金属矿山无轨车辆安全监控理论体系及系统	1	刘思平（1）	二等奖

聂磊获评“最美铁道科技工作者”；李浥东、辛格、侯博文、朱力获评北京市轨道交通学会杰出青年人才奖。

2 个主持项目通过科技成果鉴定/评价（详见表 44）。

表 44　2021 年科技成果鉴定/评价项目统计表

序号	成果名称	申报形式	学校第 1 完成人	组织鉴定/评价单位	鉴定/评价日期	鉴定/评价结果	证书号
1	×××关键技术与应用	主持	姚燕安	教育部	2021 年 7 月 8 日	国际先进	教技鉴字〔2021〕第 005 号
2	新建地铁下穿既有地铁安全控制关键技术	主持	房　倩	中国城市轨道交通协会	2021 年 10 月 15 日	国际先进	中国城市轨道交通协会（评价）字〔2021〕第 015 号

10 项成果入库交通运输部科技司 2021 年度交通运输重大科技创新成果库（详见表 45）。

表 45　2021 年入库科技成果统计表

序号	成果编号	成果名称	学校第 1 完成人
1	2021CX047	轮对几何参数动态测量关键技术与应用（重大科技创新项目）	冯其波
2	2021ZL022	一种磁浮交通无缝线路（交通运输专利）	朱尔玉
3	2021LW026	侧面贴近表面 CFRP 筋加固的大型梁的弯曲疲劳行为（交通科技论文）	朱泽文
4	2021LW056	基于多源信息融合的端对端卷积神经网络高速列车旋转部件故障诊断模型（交通科技论文）	寇淋淋
5	2021LW059	电动汽车混入条件下随机动态用户均衡分配模型（交通科技论文）	郇　宁
6	2021LW089	基于卷积神经网络模型的高速公路建设工程造价预测研究（交通科技论文）	薛晓娟
7	2021LW090	车车通信环境下基于驾驶意图共享的车辆避撞预警算法（交通科技论文）	王江锋
8	2021LW099	考虑老年人出行行为的公交票价补贴政策研究（交通科技论文）	姚恩建
9	2021ZZ006	高速铁路无砟轨道空间精细化分析方法及其应用（交通运输专著）	高　亮
10	2021ZZ007	轨道交通主动安全保障技术方法（交通运输专著）	秦　勇

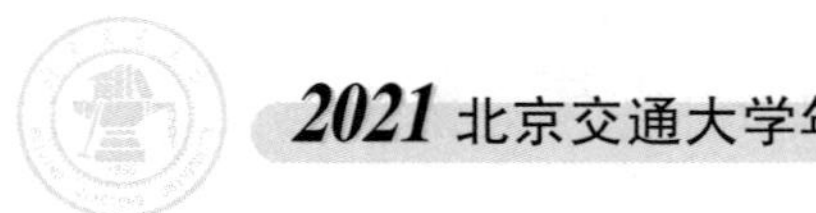

参与编写国家标准 2 项，牵头编写地方标准 1 项、行业标准 2 项、团体标准 4 项（详见表 46）。

表 46　2021 年编写标准统计表

序号	名称	标准号	标准类型	发布单位	学校排名	学校第 1 完成人及排序
1	物流术语	GB/T 18354—2021	国家标准	国家市场监督管理总局、国家标准化管理委员会	5	张晓东（2）
2	高强度钢氢致延迟断裂评价方法	GB/T 39039—2020	国家标准	国家市场总局、国家标准化委员会	5	惠卫军（8）
3	企事业单位碳中和实施指南	DB11/T 1861—2021	地方标准	北京市市场监管局	1	贾　力（1）
4	铁路数字移动通信系统（GSM－R）接口 Gn 接口（SGSN、GGSN 与 SGSN、GGSN 间）	TB/T 3380—2021	行业标准	国家铁路局	1	丁建文（1）
5	铁路数字移动通信系统（GSM－R）接口 Gr 接口（SGSN 与 HLR 间）	TB/T 3381—2021	行业标准	国家铁路局	1	孙　斌（1）
6	建筑物移位纠倾增层与改造技术标准	T/CECS 225—2020	团体标准	中国工程建设标准化协会	1	崔江余（1）
7	电动汽车动力蓄电池健康状态评价指标及估算误差试验方法	T/CSAE 184—2021	团体标准	中国汽车工业协会	1	张彩萍（1）
8	低压直流配用电系统阻抗扫频装置技术规范	T/CPSS 1005—2021	团体标准	中国电源学会	1	吴学智（1）
9	城市地下大空间施工安全风险评估技术规程	T/CSRME 013—2021	团体标准	中国岩石力学与工程学会	1	谭忠盛（1）

【科研论文与学术活动】

2021 年中国信息研究所公布的论文统计结果中，2020 年被美国科学情报研究所（ISI）检索系统收录的学校自然科学核心期刊论文 1 842 篇，比 2019 年增加 81 篇；被美国工程索引收录的核心期刊论文 2 134 篇，比 2019 年增加 310 篇；被 ISI 检索系统收录的科技会议论文 318 篇；被国内检索系统收录的论文 828 篇。2020 年学校在中国科技期刊卓越行动计划入选期刊上发表论文 223 篇，其中中文 180 篇（详见表 47、表 48）。

表 47　2021 年公布的学校科研论文被检索收录引用及全国高校排名情况一览表

年份	被 ISI 检索系统收录的学校自然科学核心期刊论文/排名	被美国工程索引收录的核心期刊论文/排名	被 ISI 检索系统收录的科技会议论文/排名	被国内检索系统收录的论文/排名
2020	1 842/61	2 134/36	318/20	828/97

表 48　2020 年学校在中国科技期刊卓越行动计划入选期刊上发文情况表

	领军期刊		重点期刊		梯队期刊		小计
语种	中文	英文	中文	英文	中文	英文	
篇数	—	4	0	12	180	27	223

截至 2021 年 12 月，基本科学指标数据库（简称 ESI）共收录学校 ESI 高被引论文 193

篇，比 2020 年全年累计新增 17 篇。学校科研管理系统共收录学校教师、学生发表科技论文 6 718 篇，其中期刊 5 609 篇、会议 1 021 篇、合集 88 篇，出版自然科学类著作 85 部（详见表 49）。

表 49　2021 年教师、研究生发表科技论文著作情况一览表

年份	期刊/篇	会议/篇	合集/篇	自然科学类著作/部
2021	5 609	1 021	88	85

2021 年 4 月，全球性信息分析公司爱思唯尔（Elsevihinese Researcher）正式发布了 2020“中国高被引学者”（Highly Cited Chinese Researchers）榜单，我校 17 位教师入选（详见表 50）。

表 50　2020 年学校入选“中国高被引学者”名单

序号	二级单位	姓名	学科
1	电信学院	章嘉懿	信息与通信工程
2	计算机学院	李晓龙	信息与通信工程
3	计算机学院	王　伟	网络空间安全
4	经管学院	华国伟	管理科学与工程
5	经管学院	王雅璨	应用经济学
6	经管学院	夏梅梅	交通运输工程
7	运输学院	闫学东	交通运输工程
8	运输学院	姜　锐	系统科学
9	运输学院	贾　斌	系统科学
10	土建学院	夏　禾	土木工程
11	理学院	吕　兴	交通运输工程
12	理学院	冯衍全	统计学
13	理学院	商朋见	统计学
14	理学院	于永光	数学
15	国家重点实验室	艾　渤	交通运输工程
16	国家重点实验室	何睿斯	交通运输工程
17	国家重点实验室	杨立兴	系统科学

依托北京交通大学科学技术协会组织开展“传承·大力弘扬科学家精神”系列活动 5 场；举办“2021 年北京交通大学交通运输科技活动周”“轨道交通控制与安全国家重点实验室科普开放日”等科技活动，获评 2021 年“全国科技工作者日”高校科协十佳优秀组织单位；制作“高铁”为主题的科普视频 8 期，播放量累计超过 20 万次。交通运输科学馆被认定为首批“国家交通运输科普基地”。物理演示与探索实验室获批“首都科普主题研学基地”。杨方获交通运输部科普演讲比赛二等奖；林万梁、祝英明获中国科协“百年风华 青春向党”青年演讲大赛二等奖。

发布“每周学术活动”48 场。审批教学科研人员校外学术兼职 51 人次。学校主办/承办高水平国际学术会议 11 场（详见表 51）。

表 51　2021 年主办/承办高水平国际学术会议

序号	会议名称	时间	地点
1	第六届国际咨询委员会（简称 IAC）会议暨后疫情时代商学教育的重塑论坛	4 月 16 日	北京
2	第五届应用分数阶微积分国际研讨会	7 月 3 日	线上会议
3	第 11 届物流、信息化与服务科学国际学术年会（简称 LISS2021）	7 月 27 日	线上会议
4	第 8 届产业经济系统与产业安全工程国际学术年会（简称 IEIS2021）	7 月 27 日	线上会议
5	第五届持久性、生物蓄积性、毒性物质国际研讨会	8 月 3 日	北京
6	“高速铁路安全保障与治理”国际工程科技战略高端论坛	10 月 10 日	北京
7	圆明园研究保护利用国际研讨会暨第二届圆明园研究高校联盟成果展	10 月 17 日	北京
8	第九届“国际铁路运营管理会议”暨 RailBeijing 2021	11 月 3 日	北京
9	第九届“运输与时空经济论坛”国际会议之运输经济学主编面对面“学术门诊”公益活动	11 月 22 日	线上会议
10	第五届寒区交通岩土工程国际学术会议	12 月 10 日至 12 日	珠海
11	第六届统计优化与学习国际研讨会	12 月 18 日至 19 日	线上会议

【知识产权与成果转化】

2021 年专利申请 703 项，其中发明专利申请 596 项，占 84.8%。专利授权 476 项，其中发明专利授权 389 项，占 81.7%。计算机软件著作权登记 218 项。申请 PCT 专利 6 项（详见表 52）。

表 52　2021 年专利申请、专利授权和计算机软件著作权登记统计表

序号	单位	申请专利				授权专利				软件登记
		发明	实用新型	外观设计	总数	发明	实用新型	外观设计	总数	
1	电信学院	102	9	3	114	61	5	3	69	37
2	计算机学院	65	3	0	68	42	1	0	43	23
3	经管学院	6	4	0	10	3	3	0	6	1
4	运输学院	45	4	0	49	37	0	1	38	36
5	土建学院	81	29	1	111	45	22	0	67	22
6	机电学院	103	15	5	123	64	21	4	89	21
7	电气学院	105	18	0	123	78	19	0	97	12
8	理学院	23	3	0	26	4	5	0	9	25
9	软件学院	8	0	2	10	7	0	2	9	3
10	建艺学院	0	3	5	8	0	1	0	1	4
11	国家重点实验室	57	3	0	60	43	0	0	43	29
12	安评中心	1	0	0	1	5	0	0	5	1
13	其他部门	0	0	0	0	0	0	0	0	4
合计		596	91	16	703	389	77	10	476	218

2021 年获批科技部、教育部首批高校专业化国家技术转移机构建设试点单位、北京市知识产权运营示范单位。被科技部等 10 部门选定为科技成果评价改革试点单位，承担“健全重大科技项目知识产权管理流程”专项试点任务。推进国家知识产权示范高校、教育部高等学校科技成果转化和技术转移基地、海淀区高价值专利培育运营中心等平台建设，提升知识产权和技术转移专业化服务能力。

贯彻落实《教育部 国家知识产权局 科技部关于提升高等学校专利质量 促进转化运用的若干意见》（以下简称《若干意见》）文件精神，开展专利申请前评估，优化管理流程，升级信息系统，评估做法入选教育部贯彻落实《若干意见》的典型经验，在全国高校宣传推广。

修订出台《北京交通大学促进科技成果转化实施办法》，对成果转化中涉及的关联关系、个人现金出资、分级审批、现金资本缴纳及收益奖励范围等重要事项进行进一步明确，对成果转化中涉及的六类人员五类事件进行明确规定，梳理形成《校内人员成果转化出资入股、收益分配及兼职适用情况一览表》，被北京市科委作为范例向全市宣传推广。制定《北京交通大学校企共建科研平台管理办法》，规范和加强产学研合作科研平台的建设和管理。

设立高价值专利培育基金，面向重点领域开展高价值专利培育，本年度对 9 个项目进行立项支持，并对其中 3 个项目进行专利导航。设立科技成果转化基金，针对科技成果应用研发“最后一公里”难点定向投入，开展熟化培育，提高成果估值与转化效率，本年度立项培育科技成果 5 项。

2021 年累计实现知识产权许可、转让、作价投资项目合作 38 项，总金额 6 230 万元。

2021 年知识产权实施转化项目（合同金额 100 万元以上）如表 53 所示。

表 53　2021 年知识产权实施转化项目（合同金额 100 万元以上）一览表

序号	合同名称	实施方式	负责人	所属学院	合同金额/万元
1	“公路水运工程检测数据直报项目数据分析模型与支撑软件系统”作价投资	作价投资	刘胜春 范秉理	土建学院、理学院	1 900
2	“激光驱鸟技术及装备技术”作价投资	作价投资	郑　义	理学院	833
3	“轨道交通振源激励及建筑物二次噪声评估技术”作价投资	作价投资	马蒙等	土建学院	660
4	一种高热容 SiCp/Al 复合材料轮装制动盘盘体技术（专利权）转让	转让 1 项	杨智勇	机电学院	505
5	“北京协同创新轨道交通研究院有限责任公司”作价投资	作价投资	—	土建学院、电气学院、机电学院	500
6	基于轨道视觉特征谱的轨道入侵物检测方法等五项专利实施许可	许可 5 项	李晓峰	运输学院	330
7	基于模块化多电平变换器的对称储能系统专利实施许可	许可 1 项	杨晓峰	电气学院	180
8	“智融标识网络可靠传输技术”专利许可使用	许可 4 项	权　伟	电信学院	180
9	“护套与转子叠片铁芯复合一体的电机结构”“感应电动机的定子整数槽与分数槽绕组转化运行系统及运行方法”专利转让	转让 2 项	李伟力	电气学院	150

举办和参加各类校企、校地对接活动 40 余场次，与多家企业、投资机构以及京津冀国

家技术创新中心开展互访互通、对接交流，促进成果转移转化及产学研合作。

【学术期刊】

《北京交通大学学报》复合影响因子为1.719，较上年增长62.6%。入选铁路运输领域高质量科技期刊T1级别目录。学报编辑部入选“2021年度中国高校科技期刊建设示范案例库·团队案例”。出版《北京交通大学学报125周年校庆专刊》，展示学校师生近年来的最新研究成果。

（朱　珊　许　娟　张兆强　刘　畅　刘　蓉　郭　英
马相阳　杨　恒　张耀月　刘君亮　孙中悦）

科技平台

【概况】

学校共有省部级以上科研平台（自然科学类）62 个，其中前沿科学中心 1 个、协同创新中心 1 个、国家重点实验室 1 个、国家工程研究中心 2 个、国家国际科技合作基地 2 个、教育部重点实验室/工程研究中心 8 个、交通运输行业重点实验室 2 个、国家能源研发中心 1 个、北京实验室 2 个、北京市重点实验室/工程技术研究中心 17 个、铁路行业重点实验室 3 个，学科创新引智基地 8 个，其他类型平台 9 个（详见表 54）。

表 54　2021 年省部级及以上科研平台（自然科学类）统计表

序号	实验室名称	批准时间	依托单位
1	轨道交通控制与安全国家重点实验室	2006 年	国家重点实验室
2	轨道交通运行控制系统国家工程研究中心	2008 年	电信学院
3	移动专用网络国家工程研究中心	2008 年	电信学院
4	智慧高铁系统前沿科学中心	2020 年	前沿科学中心
5	轨道交通安全协同创新中心	2013 年	协同创新中心
6	高速铁路系统试验国家工程实验室（参与）	2007 年	铁科院、北京交大
7	城市轨道交通列车通信与运行控制国家工程实验室（参与）	2016 年	国家重点实验室
8	城市轨道交通系统集成国家工程实验室（参与）	2016 年	机电学院
9	城市轨道交通系统安全保障国家工程实验室（参与）	2016 年	运输学院
10	城市轨道交通工程建设工艺与技术国家工程实验室（参与）	2016 年	土建学院
11	轨道交通控制与安全国际合作联合中心	2016 年	国家重点实验室
12	轨道车辆运用工程国际科技合作基地	2018 年	机电学院
13	全光网络与现代通信网教育部重点实验室	2002 年	电信学院
14	发光与光信息技术教育部重点实验室	2005 年	理学院
15	城市地下工程教育部重点实验室	2009 年	土建学院
16	载运工具先进制造与测控技术教育部重点实验室（B）	2009 年	机电学院
17	隧道及地下工程教育部工程研究中心	2006 年	土建学院
18	电力牵引教育部工程研究中心	2006 年	电气学院
19	高速铁路网络管理教育部工程研究中心	2007 年	计算机学院
20	轨道交通装备可靠性与检测技术教育部工程研究中心	2007 年	机电学院
21	国家能源主动配电网技术研发中心	2013 年	电气学院
22	交通运输基础设施安全风险管理交通运输行业重点实验室	2015 年	土建学院

续表

序号	实验室名称	批准时间	依托单位
23	综合交通运输大数据应用技术交通运输行业重点实验室	2017 年	运输学院
24	城市轨道交通北京实验室	2012 年	国家重点实验室
25	国家经济安全预警工程北京实验室	2017 年	经管学院
26	城市轨道交通自动化与控制北京市重点实验室	2001 年	电信学院
27	通信与信息系统北京市重点实验室	2001 年	电信学院
28	现代信息科学与网络技术北京市重点实验室	2001 年	计算机学院
29	物流管理与技术北京市重点实验室	2008 年	经管学院
30	新能源汽车动力总成技术北京市重点实验室	2011 年	机电学院
31	轨道工程北京市重点实验室	2011 年	土建学院
32	结构风工程与城市风环境北京市重点实验室	2013 年	土建学院
33	交通数据分析与挖掘北京市重点实验室	2013 年	计算机学院
34	微细尺度流动与相变传热北京市重点实验室	2014 年	机电学院
35	水中典型污染物控制与水质保障北京市重点实验室	2015 年	土建学院
36	智能交通数据安全与隐私保护北京市重点实验室	2016 年	计算机学院
37	北京市城市交通信息智能感知与服务工程技术研究中心	2012 年	国家重点实验室/运输学院
38	北京市轨道交通线路安全与防灾工程技术研究中心	2013 年	土建学院
39	北京市轨道交通电气工程技术研究中心	2013 年	电气学院
40	北京市轨道交通电磁兼容与卫星导航工程技术研究中心	2014 年	电信学院
41	北京市高速铁路宽带移动通信工程技术研究中心	2015 年	计算机学院
42	城市轨道交通 CBTC 系统北京市高等学校工程研究中心	2010 年	电信学院
43	宽带移动信息通信铁路行业重点实验室	2020 年	国家重点实验室
44	列车自主运行控制铁路行业重点实验室	2020 年	国家重点实验室
45	运营主动安全保障与风险防控铁路行业重点实验室	2020 年	国家重点实验室
46	信息科学与技术创新引智基地 2.0	2020 年	电信学院
47	轨道交通控制与安全学科创新引智基地	2012 年	国家重点实验室
48	风敏感基础设施抗风减灾学科创新引智基地	2013 年	土建学院
49	主动配电网大数据分析与处理学科创新引智基地	2014 年	电气学院
50	信息与交通运筹学学科创新引智基地	2016 年	理学院
51	高速铁路高效运营与安全保障学科创新引智基地	2018 年	运输学院
52	轨道交通基础设施安全服役学科创新引智基地	2020 年	土建学院
53	交通系统科学与工程创新引智基地	2020 年	国家重点实验室
54	轨道交通控制与安全北京市国际科技合作基地	2012 年	国家重点实验室
55	轨道工程北京市国际科技合作基地	2014 年	土建学院
56	轨道车辆运用工程北京市国际科技合作基地	2015 年	机电学院
57	轨道交通运营国际科技联合研究中心北京市国际科技合作基地	2018 年	运输学院

续表

序号	实验室名称	批准时间	依托单位
58	抗生素/抗性基因水环境污染控制技术北京市国际科技合作基地	2019 年	土建学院
59	轨道交通安全防护技术服务北京市国际科技合作基地	2019 年	电信学院
60	文化部民族民间文艺发展中心数字文化研究基地	2012 年	计算机学院
61	教育部战略研究培育基地——北京交通大学行业特色研究型大学发展战略研究中心	2009 年	规划与学科处
62	专用通信联合实验室	2021 年	电信学院

【2 个国家工程研究中心纳入新序列】

8 月，学校轨道交通运行控制系统、移动专用网络 2 个国家工程研究中心参与国家发改委组织的第二批国家工程研究中心/实验室优化整合。学校成立领导小组和工作专班，面向“交通强国”“网络强国”等国家和行业重大战略需求，结合自身优势特色，积极与国家发改委、教育部、国铁集团、交通运输部、北京市和深圳市发改委等多部门沟通协调，组织多轮校内外专题研讨，与交控科技、中兴通讯、铁科院、通号公司等单位联合，分别形成跨主体、跨主管部门的国家工程研究中心优化整合方案。

国家发展改革委 12 月公布，学校轨道交通运行控制系统、移动专用网络 2 个中心正式纳入国家工程研究中心新序列。

【新增平台】

12 月 10 日，学校与××通信局共同成立专用通信联合实验室。实验室着眼于国家在专用通信领域的自主可控、实时可靠等迫切需求，联合开展理论研究、技术应用和人才培养等工作。实验室系列成果已获重要应用。

（许　娟　于　欢　刘　蓉）

人文社会科学研究

【概况】

2021年，学校哲学社会科学研究工作全面贯彻落实学校“十四五”规划、“双一流”建设和综合改革方案的工作要求，全面完成“十四五”规划首年指标，推动学校哲学社会科学事业稳步发展。

【科研项目】

做好顶层设计，编制发布《北京交通大学“十四五”哲学社会科学发展规划》。推进科研“放管服”政策落细落实，修订《北京交通大学民口纵向科技经费管理办法》《北京交通大学人文社会科学类纵向项目间接费用实施细则》。为构建以学术质量、社会影响、实际效果为主要衡量标准的学术评价体系，修订《北京交通大学科研绩效奖励办法（试行）》。

哲学社会科学新增科研项目474项，其中纵向项目315项、横向项目159项；新增哲学社会科学项目合同经费9 412万元，其中纵向合同经费4 763万元、横向合同经费4 649万元。

获批国家社科基金项目、教育部人文社会科学项目、北京市社科基金项目等三大基金项目41项，获经费资助494万元。其中，获批国家社科基金项目9项，包括重点项目1项；获批北京市社科基金重点项目9项。启动2021年度学校基本科研人文社科专题研究计划，组织申报57项项目，经评审，立项资助37项。

【科研成果】

《以轨道交通TOD推动北京土地集约化利用》（荣朝和等著）、《生态文化论》（路日亮著）、《北京市地面公交发展保障机制与政策》（欧国立等著）、《新型城镇化下农产品物流发展的路径演进、体系创新与对策建议》（张明玉等著）、《国家产业安全理论与预警机制（八卷本）》（李孟刚著）、《先秦儒墨关系研究》（孔德立著）6项成果获评北京市第十六届哲学社会科学优秀成果奖二等奖，获奖数量在北京市46家申报单位中排名第7位。

组织出版的《北京交通蓝皮书（2020）》获中国社会科学院皮书学术委员会颁发的第十二届“优秀皮书报告奖”三等奖；研究成果“关于加快提升我国高铁货运能力的建议”首获交通运输部“2020年交通运输优秀智库成果”；组织出版的2部专著《如此乌拉圭》《乌拉圭：钻石之国的历史与文化》获乌拉圭大使馆重点推介。

2人入选北京市社会科学基金青年学术带头人。

【智库建设】

深化智库体制机制改革，在智慧交通、经济安全、新时代中国特色社会主义思想研究等领域打造“三大智库平台”，加快推进国家交通发展研究院、国家经济安全研究院、北京市习近平新时代中国特色社会主义思想研究中心北京交通大学研究基地相对实体化建设，培育国家高端智库。

加快推进首都高端智库和交通运输新型智库建设，组织智库专家撰写专家建议93篇，

11 篇专家建议获得中央及省部级领导同志批示，其中 4 篇专家建议获中央领导同志批示，7 篇专家建议获省部级领导同志批示，1 篇政策建议被北京市决策部门采用并在实际工作中推广应用；19 篇专家建议入选省部级《成果要报》。

组织智库专家代表参加北京市人大数据立法预研究座谈会、2022 年《政府工作报告》征求意见座谈会等，为政府决策部门相关工作提出建设性、切实管用的政策建议。

组织申报研究阐释习近平总书记“七一”重要讲话精神专项课题 6 项，获批重点项目 3 项；组织申报北京市习近平新时代中国特色社会主义思想研究中心项目，获批 2 项；组织教师在“三报一刊”发表理论文章 17 篇，其中理论版头条 1 篇，其他版头条 2 篇，在宣传和阐释党的理论和实践中发挥重要作用。

【学术活动】

主办以“新阶段、新理念、新格局 加快推进交通强国”为主题的第十一届中国交通高层论坛、以“京津冀协同发展视角下的北京交通”为主题的第二届首都高端智库北京交通发展论坛、以“习近平法治思想”为主题的交大大讲堂、“加快形成统一开放的交通运输市场”等 2 场高端智库学术沙龙、第九届“运输与时空经济论坛”等学术活动，加强学术交流与合作，提升学术影响力和社会影响力。

【社科期刊】

《北京交通大学学报（社会科学版）》入选《中文核心期刊要目总览》2020 年版（第 9 版）综合性人文、社会科学类核心期刊；入选中国社会科学引文索引（CSSCI）扩展版来源期刊（2021—2022）。在《中国学术期刊影响因子年报（人文社会科学）》（2021 年版）中，复合影响因子为 2.906，在全国 626 种综合性人文、社会科学期刊中排名第 18 位；在中国人民大学发布的“2020 年度复印报刊资料转载指数排名”中，全文转载率为 18.75%，在高等院校主办学报中排名第 12 位；在国家哲学社会科学文献中心学术期刊数据库发布的“学术期刊榜单”中，关注度指数为 0.138 6，在近 600 种综合性人文社会科学类期刊中排名第 43 位，获评“2020 年度综合性人文社会科学最受欢迎期刊”。

（吴 静 张 琪）

科 技 产 业

【概况】

2021 年学校科技产业工作以促进公司经营发展为中心，不断加强党的建设，不断创新工作方法，拓宽工作思路，以高质量党建引领企业高质量发展。

【企业管理】

推进所属企业体制改革，根据校属企业体制改革方案，完成科技成果转化划转企业 2 家、关闭企业 4 家、减资退出 7 家、股权转让 7 家，尚未完成 2 家。关闭退出程序合法，资料齐全，并通过教育部验收。18 家企业的处置收入 9 700 余万元，做到国有资产保值增值。根据校属企业人员安置方案，完成本次人员安置 58 人。

完成对派出董事、监事、高级管理人员履职考核，对控股企业进行集中审计，根据工资总额管理办法，进一步加强对投资企业的监管。

截至 2021 年年底，资产总额 24 905.20 万元，增幅 21.51%；所有者权益 24 867.04 万元，增幅 22.74%；投资收益 6 775.19 万元，增幅 759.18%；净利润 5 488.04 万元，增幅 575.80%；向学校分配股权分红 800 万元。国有资产保值增值率 122.74%。

【产业结构】

资产经营公司为北京交通大学直接投资的国有独资公司。截至年底，资产经营公司投资企业共 11 家，其中持股 50%（含 50%）以上的企业 4 家、持股 50%以下的企业 7 家。11 家企业注册资本 61 954.94 万元。

企业以学校优势学科为依托，以铁路、电力和轨道交通为特色，涉足轨道交通、电子信息、计算机软件、交通运输、电力电气、勘察设计、工程监理、编辑出版、光电子、新材料、物业管理、农业科研、教育等行业。

主要产品有：出版物，设计监理，平面无线调车系统，CBTC 等铁路信号系统系列产品及模块和配套软件，微机联锁系统、行包、集装箱安全系统、客票系统，物理演示系列仪器、辅助教学软件，ATO 列控系统实验室测试，肥药减施增效技术，单轨交通技术等。

【国家大学科技园建设】

进一步规范科技园作为学校技术转移中心运行平台的各项管理制度，2021 年立项 26 项，合同总金额 781.46 万元。课题到账金额共计 1 231.23 万元，提取管理费 37.09 万元，预扣实验室及设备使用费 9.27 万元。

加强与政府部门联系，完成 2020 年国家级科技企业孵化器考评工作以及北京市经信委、北京市科委等上级管理机构的信息报送及数据填报工作，保证国家级孵化器的资质存续。进一步提升服务能力，全权代理 6 家企业完成工商注册；与财务记账代理机构持续稳定合作，为 33 家企业提供财税代理。

完成 2021 年度北京市创新创业服务机构建设促进专项、2021 年度海外人才创业服务机构扶持专项、2021 年度北京市优秀留学人员创业园申报。创业指导中心共推荐团队 13 个，在大学生创业园实际使用办公室的团队共 16 个。

【物业管理】

加强学校国有资产管理，完善出租出借房屋租金收缴台账、管理规定、招租流程、租金催缴制度、合同签订和变更流程等事项。

2021 年，科教大楼对外出租面积 8 292.99 m^2，楼内入驻企业 60 家，为学校取得房租收入 1 049.77 万元。

（赵　冉）

发展规划与学科建设

发展规划、教育评价改革与战略研究

【概况】

2021 年，学校深入贯彻落实习近平总书记关于教育的重要论述和高等教育发展与改革领域中央文件精神，按照年度工作要点和折子工程等部署，圆满完成学校发展规划、深化教育评价改革与战略研究等工作。

【“十三五”规划总结】

形成《北京交通大学“十三五”规划总结报告》，对学校“十三五”规划各类指标和任务完成情况进行细致梳理，总结“十三五”期间各类评估评价情况，明确存在的主要差距，并对推进“十四五”发展规划落实提出建议，为“十四五”规划制定工作提供参考。

【“十四五”总体规划发布】

深入开展学校“十四五”总体规划征求意见及审定发布工作。通过座谈会、面对面访谈、书面、集中研讨等形式征求意见，对规划文本进行了多轮次较大规模的修改完善。经提请第八届教代会第三次全体会议审议通过、学校党委常委会审议通过，于 3 月和 4 月分别向教育部报送“十四五”发展规划提纲与“十四五”规划（初稿），以及规划编制思路与“十四五”规划（审核备案稿）。9 月初，根据教育部反馈审核意见再次修改完善文本内容。9 月 26 日，中共北京交通大学第十一届委员会第八次全体会议审定通过了总体规划。9 月 30 日，总体规划正式报送教育部备案，并向社会公开发布。

【制定“十四五”总体规划实施方案】

发布《北京交通大学“十四五”规划指标与主要任务分解表及重点工程实施方案》，对学校“十四五”总体规划 12 方面 81 项主要指标和 11 方面 324 项规划任务，按年度分解到各部门、学院与学科；十大重点工程共计 59 项主要任务明确责任部门、实施举措、完成时限等。

结合学校总体规划、各专项规划、学院规划，制定 14 个学院和国重及 36 个学科的目标责任书，涉及各项指标千余项次，明确学院和学科在未来五年的重点建设任务及要实现的目标。召开“学院‘十四五’目标责任书签订仪式”，校长王稼琼代表学校与各学院院长及学科负责人签订“十四五”目标责任书。

【“十四五”专项、学院、学科、专题规划发布】

12 个“十四五”专项规划通过校发文形式在全校范围内正式发布实施。14 个学院“十四五”规划和 37 个学科“十四五”发展规划经学院党政联席会审议通过后发布实施并备案。4 个专题规划通过处发文形式发布实施并备案。

【深化新时代教育评价改革】

全面对标对表《深化新时代教育评价改革总体方案》（以下简称《总体方案》）任务要求、特别是禁止事项，学校各相关部门 2021 年 3 月底前对各项规章制度进行全面清理，形成贯彻落实《总体方案》文件清单和《十个“不得”、一个“严禁”等事项清理清单》。在此基础

上，进一步梳理细化、补充完善推进教育评价改革的工作任务和实施举措，发布实施《北京交通大学贯彻落实〈深化新时代教育评价改革总体方案〉工作方案》等文件，均明确牵头校领导、部门和完成时间，《工作方案》包含 22 项改革任务，《工作清单》包含 123 项落实举措，《文件清单》包含 23 份拟出台文件。健全落实深化教育评价改革长效机制，将深化教育评价改革的主要内容纳入学校“十四五”规划的发展与改革任务和重点工程，建立工作清单台账制度，及时记录改革进展情况。

【战略研究】

围绕学校“十四五”规划编制与落实、新一轮“双一流”建设、新校区学科布局等需要，完成 6 个专项研究报告。编发《发展战略研究》12 期，《发展规划与学科建设专报》6 期，《高教信息》12 期，《高教快讯》29 期。加强行业特色研究型大学发展战略研究中心建设，撰写、报送“北京交通大学行业特色研究型大学发展战略研究中心”优化重组方案。

完成相关平台大数据的深度分析和数据共享工作，跟踪 ESI、InCites 等数据库数据变化情况，对学校及学科相关发展数据进行分析研究，定期发布分析报告，做好学校和学科第三方评价跟踪研究工作。

（沙 迪 段 冰 高小博）

学科建设

【概况】

2021年学校学科建设工作进一步完善学科建设管理体制机制，提升学科建设管理水平，总结首轮“双一流”建设成效与经验编制完成新一轮“双一流”建设方案，做好第五轮学科评估相关工作充分发挥以评促进带动作用，制定完成学校“十四五”学科建设专项规划并推进“十四五”学科建设规划实施，完成“新一代信息技术及应用”高精尖学科中期考核评估，组织各学科完成学科建设年度进展总结报告。

【学科排名】

学校在最具影响力的国内外大学和学科第三方评价中稳步提升，继续保持软科世界大学排名500强。

6个学科进入ESI前1%，其中工程学学科保持在世界前1‰，环境/生态学学科为首次进入世界前1%。

交通运输工程、通信工程、土木工程、仪器科学、电子电力工程、机械工程、控制科学与工程、管理学、计算机科学与工程、经济学、能源科学与工程、纳米科学与技术、材料科学与工程、数学、化学工程等15个学科进入“2021软科世界一流学科排名”榜单，其中交通运输工程、通信工程、土木工程、仪器科学进入世界前 50，电子电力工程进入世界前100。

土木工程、电气与电子工程、机械工程、工程学、能源与燃料、数学、材料科学、计算机科学、物理学、化学、凝聚态物理学、物理化学、光学、纳米科学与技术等14个学科入围“U.S.News世界大学学科排名”，其中土木工程、电气与电子工程、机械工程等学科进入世界前50，工程学学科进入世界前100，凝聚态物理学、物理化学、光学、纳米科学与技术等4个学科为新增入围学科。

计算机科学与信息系统、电子电气工程、机械工程、材料科学、数学、物理学与天文学、商务与管理、统计与运筹学、化学等9个学科进入“QS世界大学学科排名”，商务与管理、化学等2个学科为新增入围学科。

工程与技术、计算机科学、商科与经济学、物理科学、社会科学等5个学科入围“THE世界大学学科排名”，社会科学学科为新增入围学科。

“2021软科中国最好学科排名”学校共有26个学科上榜，交通运输工程、系统科学等学科继续蝉联全国第一，获评中国顶尖学科（前2名或前2%的学科），其中交通运输工程学科连续4年蝉联全国第一；系统科学学科自2019年首次排名以来，连续3年位居榜首。

【首轮“双一流”建设成效评价】

持续加快推进学校“双一流”建设，在教育部首轮“双一流”建设成效评价结果反馈中，学校大学建设整体评价为建设成效“比较显著”，智慧交通一流学科建设整体评价为建设成效“显著”。

【编制新一轮“双一流”建设方案】

按照教育部办公厅《关于开展新一轮“双一流”建设方案编制工作的通知》相关要求，经过反复多次研讨和修改、在校内广泛征求意见、召开专家论证会进行充分论证、提请校党委常委会审议、召开战略专家咨询会征求战略层面建议等多个环节，学校新一轮《“双一流”建设高校建设方案》和《一流学科建设方案》编制工作高质量完成并于 10 月 20 日提交教育部。

【发布学校“十四五”学科建设规划】

编制完成《北京交通大学“十四五”学科建设规划》并通过校发文发布。

【完成“新一代信息技术及应用”高精尖学科中期考核评估】

按照北京市教委通知要求，组织学校“新一代信息技术及应用”北京高校高精尖学科开展中期考核评估，总结各方面建设任务完成情况及成效，凝练出若干代表性成果，通过中期评审。

（宋　飞　喻秋梅）

2021

教职工队伍建设与管理

队伍建设

【概况】

2021 年学校人事人才工作贯彻全国教育大会精神、中央人才工作会和党中央关于师德师风建设的系列重要部署，以及《关于全面深化新时代教师队伍建设改革的意见》《关于分类推进人才评价机制改革的指导意见》《深化新时代教育评价改革总体方案》等中央文件精神，全面总结“十三五”工作，发布实施《“十四五”人才队伍建设专项规划》，持续改革创新，各项工作取得新进展。截至 2021 年底，教职工总数 3 151 人，其中专任教师（包括教师系列、双肩挑人员、师资博士后）2 049 人、专职研究人员 44 人、实验技术人员 119 人、管理与服务人员 637 人、其他专技人员 302 人。专任教师中，具有博士学位人员 1 504 人、占 73.4%，具有正高级职称人员 620 人、占 30.3%，具有高级职称人员 1 504 人、占 73.4%，具有一年及以上海外经历人员 1 082 人、占 52.8%。

【人才培养与引进】

学校继续鼓励和支持教师通过多种渠道出国（出境）访学研修。3 个月及以上公派教师出国研修项目共录取 8 人，其中获得国家全额资助 8 人。全年派出 3 名中青年骨干教师赴国（境）外一流高校或研修机构访学或开展工作，均为国家公派，见表 55。学校选派的 4 名中青年骨干教师学成回校服务。审批 25 人在职攻读博士学位申请，其中 2 人申报校外学位，审批 2 人在职硕士申请。2021 年 1 人在职取得博士学位。

表 55　2021 年选派出国（出境）研修人员名单（3 个月及以上）

序号	单位	姓名	派出类别	性别	国（境）别	留学身份	期限/月	出国时间
1	语言学院	赵海燕	国家公派	女	波兰	访问学者	24	2021.8.27
2	计算机学院	丛润民	国家公派	男	中国香港	访问学者	24	2021.10.12
3	建艺学院	潘　曦	国家公派	女	美国	访问学者	12	2021.11.13

9 名教师通过学校审核参加由北京市高等学校师资培训中心举办的第 81 期高校教师岗前培训。

学校新认定 134 人具有教师资格，并办理高等学校教师资格证。全年接受各类国内访问学者 13 人。

持续推进“人才强校”战略，深化人才工作体制机制改革，进一步加强学校人才队伍建设，召开学校人才工作会议，出台《北京交通大学关于进一步加强人才队伍建设的若干意见》及 6 个配套文件。

张宏科当选中国工程院院士，徐龙河、戴胜华等 2 人入选国家级高层次人才计划项目，陈为、李树凯、李旭、康柳江、鲍月、王伟等 6 人入选国家级青年人才计划项目。

根据《北京交通大学人才引育与支持计划实施办法（试行）》，新增“卓越百人计划”入选者 10 人，其中引进第二层次彭林 1 人，荆涛、李旭、姚燕安、姚宏等 4 人入选第二层次，刘吉强、李淴东、陈为、李树凯等 4 人入选第三层次，张彩萍入选第四层次；7 名“卓越百人计划”人才升入高一层次，其中张宏科升入第一层次，方进、贾利民、徐龙河、张星臣、张顶立等 5 人升入第二层次，任福民升入第三层次。新增“青年英才计划”Ⅰ类入选者 21 名、含引进 2 名，Ⅱ类入选者 42 名、含引进 8 名。

本年度审批师资补充人员 91 人，其中具有博士后经历人员 17 人、占 19%，具有海外学习和工作经历人员 53 人、占 58%。另有师资博士后出站留校人员 19 人。

全年聘任非全职高层次人才 49 人，其中顾问教授 3 人、兼职教授 46 人，主要来自海内外科研院所、高校和企业。

【岗位设置与聘用】

全面修订职称评聘文件，出台《北京交通大学专业技术职务评聘实施办法》，重点对教学科研、教学为主、专职研究系列评价标准进行全面修订。评聘工作 7 月上旬启动，2022 年 1 月完成。

全校各级各类专业技术职务正常晋升共设高级岗位 134 个，其中正高 53 个、副高 81 个。破格晋升共设正高 3～4 个、副高 3～4 个。

全校各级各类专业技术职务晋升共计申报 330 人，经审查，共 271 人符合申报条件，经校院两级评审，共通过 160 人（含校外委托代评 1 人）。符合申报条件的 271 人中，正常晋升申报 256 人，通过 153 人；破格晋升申报 15 人，通过 7 人。

2021 年专业技术职务晋升人员名单如表 56 所示。

表 56　2021 年专业技术职务晋升人员名单

序号	工号	姓名	单位（按教学单位）	系列	职称	受聘岗位	受聘岗位时间	备注
1	9066	权　伟	电信学院	教师	教授	教授四级	2021.12	破格晋升
2	7860	刘　艳	电信学院	教师	教授	教授四级	2021.12	
3	8788	李艳凤	电信学院	教师	教授	教授四级	2021.12	
4	8387	张　展	电信学院	教师	教授	教授四级	2021.12	
5	7597	邵小桃	电信学院	教师	教授	教授四级	2021.12	教学为主
6	8806	姚秀明	电信学院	教师	教授	教授四级	2021.12	
7	8586	熊　菲	电信学院	教师	教授	教授四级	2021.12	
8	7492	丁　丁	计算机学院	教师	教授	教授四级	2021.12	
9	7630	王　涛	计算机学院	教师	教授	教授四级	2021.12	
10	9120	牛温佳	计算机学院	教师	教授	教授四级	2021.12	
11	9371	张淳杰	计算机学院	教师	教授	教授四级	2021.12	
12	8148	任　旭	经管学院	教师	教授	教授四级	2021.12	
13	8550	郭　名	经管学院	教师	教授	教授四级	2021.12	
14	8569	吕　莹	运输学院	教师	教授	教授四级	2021.12	
15	6320	张　琦	运输学院	教师	教授	教授四级	2021.12	
16	7894	武　旭	运输学院	教师	教授	教授四级	2021.12	

续表

序号	工号	姓名	单位（按教学单位）	系列	职称	受聘岗位	受聘岗位时间	备注
17	7506	黄爱玲	运输学院	教师	教授	教授四级	2021.12	
18	8564	景　云	运输学院	教师	教授	教授四级	2021.12	
19	8446	王晓峰	土建学院	教师	教授	教授四级	2021.12	
20	8402	王爱民	土建学院	教师	教授	教授四级	2021.12	
21	5841	卢文良	土建学院	教师	教授	教授四级	2021.12	教学为主
22	8588	辛　涛	土建学院	教师	教授	教授四级	2021.12	破格晋升
23	7970	战家旺	土建学院	教师	教授	教授四级	2021.12	
24	8775	秦晓春	土建学院	教师	教授	教授四级	2021.12	
25	5818	彭　华	土建学院	教师	教授	教授四级	2021.12	
26	8223	杨智勇	机电学院	教师	教授	教授四级	2021.12	
27	8265	张竹茜	机电学院	教师	教授	教授四级	2021.12	
28	8241	郭保青	机电学院	教师	教授	教授四级	2021.12	
29	8426	孙丙香	电气学院	教师	教授	教授四级	2021.12	
30	8453	苏　粟	电气学院	教师	教授	教授四级	2021.12	
31	8353	吴学智	电气学院	教师	教授	教授四级	2021.12	
32	7769	王周宏	理学院	教师	教授	教授四级	2021.12	
33	7287	王波波	理学院	教师	教授	教授四级	2021.12	
34	8715	林艾静	理学院	教师	教授	教授四级	2021.12	
35	8595	梁　生	理学院	教师	教授	教授四级	2021.12	
36	8730	郑士鹏	马克思主义学院	教师	教授	教授四级	2021.12	破格晋升
37	8433	尹　静	语言学院	教师	教授	教授四级	2021.12	
38	8445	张梓轩	语言学院	教师	教授	教授四级	2021.12	
39	8743	包尔固德	软件学院	教师	教授	教授四级	2021.12	
40	7384	王友江	建艺学院	教师	教授	教授四级	2021.12	
41	8790	盛　强	建艺学院	教师	教授	教授四级	2021.12	
42	7843	张保华	法学院	教师	教授	教授四级	2021.12	
43	5997	郑　翔	法学院	教师	教授	教授四级	2021.12	
44	9082	杨　欣	国家重点实验室	教师	教授	教授四级	2021.12	
45	8500	荀　径	国家重点实验室	教师	教授	教授四级	2021.12	
46	9081	宿　帅	国家重点实验室	教师	教授	教授四级	2021.12	
47	8438	吕继东	国家工程中心	教师	教授	教授四级	2021.12	
48	8613	王　俊	电信学院	教师	副教授	副教授三级岗	2021.12	
49	9231	孙静叶	电信学院	教师	副教授	副教授三级岗	2021.12	

续表

序号	工号	姓名	单位（按教学单位）	系列	职称	受聘岗位	受聘岗位时间	备注
50	9376	张　丹	电信学院	教师	副教授	副教授三级岗	2021.12	
51	9211	张致远	电信学院	教师	副教授	副教授三级岗	2021.12	
52	9302	姜有超	电信学院	教师	副教授	副教授三级岗	2021.12	
53	9291	柴琳果	电信学院	教师	副教授	副教授三级岗	2021.12	
54	9322	田　艺	计算机学院	教师	副教授	副教授三级岗	2021.12	
55	9522	许万茹	计算机学院	教师	副教授	副教授三级岗	2021.12	
56	9428	李宗辉	计算机学院	教师	副教授	副教授三级岗	2021.12	破格晋升
57	9278	张　硕	计算机学院	教师	副教授	副教授三级岗	2021.12	
58	9279	郝　爽	计算机学院	教师	副教授	副教授三级岗	2021.12	
59	9432	段　莉	计算机学院	教师	副教授	副教授三级岗	2021.12	
60	9329	王朝静	经管学院	教师	副教授	副教授三级岗	2021.12	
61	9307	肖　迪	经管学院	教师	副教授	副教授三级岗	2021.12	
62	6383	陈　娟	经管学院	教师	副教授	副教授三级岗	2021.12	教学为主
63	9305	蔡娇丽	经管学院	教师	副教授	副教授三级岗	2021.12	
64	9326	翟　月	经管学院	教师	副教授	副教授三级岗	2021.12	
65	9216	冯　佳	运输学院	教师	副教授	副教授三级岗	2021.12	
66	6437	孙　迅	运输学院	教师	副教授	副教授三级岗	2021.12	
67	9197	杨　扬	运输学院	教师	副教授	副教授三级岗	2021.12	
68	9416	商　攀	运输学院	教师	副教授	副教授三级岗	2021.12	破格晋升
69	6157	韩延慧	运输学院	教师	副教授	副教授三级岗	2021.12	
70	9546	师　海	土建学院	教师	副教授	副教授三级岗	2021.12	
71	605	刘智敏	土建学院	教师	副教授	副教授三级岗	2021.12	
72	9639	钟阳龙	土建学院	教师	副教授	副教授三级岗	2021.12	破格晋升
73	9314	聂冰川	土建学院	教师	副教授	副教授三级岗	2021.12	
74	9557	贾方旭	土建学院	教师	副教授	副教授三级岗	2021.12	
75	9346	王超俊	机电学院	教师	副教授	副教授三级岗	2021.12	
76	9207	李志强	机电学院	教师	副教授	副教授三级岗	2021.12	
77	9303	陈光荣	机电学院	教师	副教授	副教授三级岗	2021.12	
78	9277	郑敏华	机电学院	教师	副教授	副教授三级岗	2021.12	
79	9288	崔红超	机电学院	教师	副教授	副教授三级岗	2021.12	
80	8455	王　剑	电气学院	教师	副教授	副教授三级岗	2021.12	
81	9435	李　凯	电气学院	教师	副教授	副教授三级岗	2021.12	
82	9487	陈奇芳	电气学院	教师	副教授	副教授三级岗	2021.12	

续表

序号	工号	姓名	单位（按教学单位）	系列	职称	受聘岗位	受聘岗位时间	备注
83	9339	于浩淼	理学院	教师	副教授	副教授三级岗	2021.12	
84	9185	牛英利	理学院	教师	副教授	副教授三级岗	2021.12	
85	9671	苏　伟	理学院	教师	副教授	副教授三级岗	2021.12	破格晋升
86	9310	何启欣	理学院	教师	副教授	副教授三级岗	2021.12	
87	9488	姜博川	理学院	教师	副教授	副教授三级岗	2021.12	
88	9270	王　田	语言学院	教师	副教授	副教授三级岗	2021.12	
89	7842	朱　静	语言学院	教师	副教授	副教授三级岗	2021.12	教学为主
90	7819	秦　琴	语言学院	教师	副教授	副教授三级岗	2021.12	
91	5755	常　枫	语言学院	教师	副教授	副教授三级岗	2021.12	
92	7272	靳铁柱	语言学院	教师	副教授	副教授三级岗	2021.12	
93	9190	杨梦婉	建艺学院	教师	副教授	副教授三级岗	2021.12	
94	9300	周艺南	建艺学院	教师	副教授	副教授三级岗	2021.12	
95	9412	崔娜娜	建艺学院	教师	副教授	副教授三级岗	2021.12	
96	9345	王毅纯	法学院	教师	副教授	副教授三级岗	2021.12	
97	9213	李　曼	国家重点实验室	教师	副教授	副教授三级岗	2021.12	
98	8007	赵波波	国家工程中心	教师	副教授	副教授三级岗	2021.12	
99	6302	刘　姗	团委	教师	副教授	副教授三级岗	2021.12	艺术教师
100	8838	刘金涛	安评中心	教师	副教授	副教授三级岗	2021.12	
101	202	贾卓生	计算机学院	专职研究	研究员	正高四级	2021.12	
102	7527	高　勃	计算机学院	实验技术	研究员	正高四级	2021.12	
103	2771	张　樱	规划与学科处	教育管理研究系列	研究员	正高四级	2021.12	其他专技岗
104	8151	刘　雨	工程中心	专职研究	副研究员	副高三级	2021.12	
105	8193	朱明强	电信学院	实验技术	高级实验师	副高三级	2021.12	
106	70380	陈　新	电信学院	实验技术	高级实验师	副高三级	2021.12	
107	7876	彭向雷	理学院	实验技术	高级实验师	副高三级	2021.12	
108	70487	张　帆	基建与规划处	工程技术	高级工程师	副高三级	2021.12	
109	70544	胡飞飞	后勤集团	工程技术	高级工程师	副高三级	2021.12	
110	70529	白　茜	财务处	会计	高级会计师	副高三级	2021.12	
111	8349	李素英	校医院	卫生技术	副主任医师	副高三级	2021.12	
112	9134	程　珏	校医院	卫生技术	副主任医师	副高三级	2021.12	
113	5766	张国欣	后勤集团	幼教系列	高级教师	副高三级	2021.12	
114	9238	杨新伟	机电学院	思政党务类教师	讲师	讲师三级	2021.12	

续表

序号	工号	姓名	单位（按教学单位）	系列	职称	受聘岗位	受聘岗位时间	备注
115	8699	张云鹏	经管学院	思政党务类教师	讲师	讲师三级	2021.12	
116	9245	龚家琦	宣传部	思政党务类教师	讲师	中级三级	2021.12	其他专技岗
117	8704	蒋　妍	经管学院	思政党务类教师	讲师	讲师三级	2021.12	
118	8697	温　馨	电信学院	思政党务类教师	讲师	讲师三级	2021.12	
119	8705	李兴友	法学院	教育管理研究系列	助理研究员	讲师三级	2021.12	
120	9246	田婉琪	国家工程中心	实验技术	实验师	中级三级	2021.12	
121	9274	高　波	机电学院	实验技术	实验师	中级三级	2021.12	
122	9323	谢　坤	运输学院	实验技术	实验师	中级三级	2021.12	
123	9249	霍静怡	电气学院	实验技术	实验师	中级三级	2021.12	
124	9301	王　申	财务处	会计	会计师	中级三级	2021.12	
125	9283	郭柯瑜	财务处	会计	会计师	中级三级	2021.12	
126	9214	屈乾沁	图书馆	图书档案	馆员	中级三级	2021.12	
127	9677	杨树琳	校医院	卫生技术	主治医师	中级三级	2021.12	
128	9676	陈　琳	校医院	卫生技术	主治医师	中级三级	2021.12	
129	9244	吴　芳	信息化办公室	工程技术	工程师	中级三级	2021.12	
130	9492	赵培楠	信息化办公室	工程技术	工程师	中级三级	2021.12	
131	9232	殷涛涛	基建与规划处	工程技术	工程师	中级三级	2021.12	
132	7680	何　洁	团委	思政党务类教师	副教授	无	2021.12	管理岗
133	7298	高永峰	学生工作部	思政党务类教师	副教授	无	2021.12	管理岗
134	8606	曲永政	实验室安全处	教育管理研究系列	副研究员	无	2021.12	
135	7631	刘宾生	詹天佑学院	教育管理研究系列	副研究员	无	2021.12	
136	8149	李世珍	经管学院	教育管理研究系列	副研究员	无	2021.12	
137	8304	黄　晨	外联处	教育管理研究系列	副研究员	无	2021.12	
138	7395	胡　滢	研究生院	教育管理研究系列	副研究员	无	2021.12	管理岗
139	5879	董敬祝	唐山研究院	教育管理研究系列	副研究员	无	2021.12	管理岗

续表

序号	工号	姓名	单位（按教学单位）	系列	职称	受聘岗位	受聘岗位时间	备注
140	9240	祝英明	土建学院	思政党务类教师	讲师	无	2021.12	管理岗
141	9148	马　坤	理学院	教育管理研究系列	助理研究员	无	2021.12	
142	9269	王　章	学校办公室	教育管理研究系列	助理研究员	无	2021.12	
143	9242	王公臻	机电学院	教育管理研究系列	助理研究员	无	2021.12	
144	9113	甘　磊	保卫处	教育管理研究系列	助理研究员	无	2021.12	
145	9243	任　贺	国资处	教育管理研究系列	助理研究员	无	2021.12	
146	8702	刘　驰	人事处、教师工作部	教育管理研究系列	助理研究员	无	2021.12	
147	9233	刘　畅	研究生院	教育管理研究系列	助理研究员	无	2021.12	
148	9220	刘璎仪	研究生院	教育管理研究系列	助理研究员	无	2021.12	
149	9196	李鹏翔	本科生院	教育管理研究系列	助理研究员	无	2021.12	
150	8698	杨　渊	人事处、教师工作部	教育管理研究系列	助理研究员	无	2021.12	
151	9289	吴绫绛绯	运输学院	教育管理研究系列	助理研究员	无	2021.12	
152	9219	宋芊澍	本科生院	教育管理研究系列	助理研究员	无	2021.12	
153	70027	张　芸	电信学院	教育管理研究系列	助理研究员	无	2021.12	
154	8809	赵　冉	资产公司	教育管理研究系列	助理研究员	无	2021.12	
155	9349	郭红伟	国资处	教育管理研究系列	助理研究员	无	2021.12	
156	8890	黄时萌	工会	教育管理研究系列	助理研究员	无	2021.12	
157	70603	董　瑞	就业中心	教育管理研究系列	助理研究员	无	2021.12	
158	9239	落宇杰	国资处	教育管理研究系列	助理研究员	无	2021.12	
159	8708	张宇航	组织部	教育管理研究系列	助理研究员	无	2021.12	管理岗

【职员职级晋升】

经个人申报、单位推荐和学校审批，共 65 人进行职员职级晋升，其中晋升七级职员 29 人、晋升八级职员 17 人、晋升九级职员 19 人。

2021 年职员职级晋升名单如表 57 所示。

表 57　2021 年职员职级晋升名单

序号	单位	姓名	原聘岗位	新聘岗位	定级时间
1	学校办公室	张　巍	八级职员	七级职员	2021.7
2	组织部	张宇航	八级职员	七级职员	2021.7
3	组织部	张云鹏	八级职员	七级职员	2021.7
4	宣传部	岳成龙	八级职员	七级职员	2021.7
5	宣传部	汤　嫣	八级职员	七级职员	2021.7
6	学生资助管理中心	图尔贡	八级职员	七级职员	2021.7
7	保卫处	苏玉亮	八级职员	七级职员	2021.7
8	教务处	岳　冶	八级职员	七级职员	2021.7
9	教务处	张　瑜	八级职员	七级职员	2021.7
10	教务处	孙　鹏	八级职员	七级职员	2021.7
11	研究生院	李兴友	八级职员	七级职员	2021.7
12	研究生院	李洋颀	八级职员	七级职员	2021.7
13	人事处、教师工作部	杨　渊	八级职员	七级职员	2021.7
14	人事处、教师工作部	刘　驰	八级职员	七级职员	2021.7
15	人事处、教师工作部	刘菁华	八级职员	七级职员	2021.7
16	人事处、教师工作部	徐文强	八级职员	七级职员	2021.7
17	国际合作交流处	郑　凯	八级职员	七级职员	2021.7
18	国有资产管理处	申屠利条	八级职员	七级职员	2021.7
19	对外联络合作处	杨　陟	八级职员	七级职员	2021.7
20	对外联络合作处	张英群	八级职员	七级职员	2021.7
21	电子信息工程学院	温　馨	八级职员	七级职员	2021.7
22	电子信息工程学院	马　帅	八级职员	七级职员	2021.7
23	经济管理学院	蒋　妍	八级职员	七级职员	2021.7
24	经济管理学院	杨　阳	八级职员	七级职员	2021.7
25	土木建筑工程学院	潘茜茜	八级职员	七级职员	2021.7
26	机械与电子控制工程学院	张雯溥	八级职员	七级职员	2021.7
27	电气工程学院	陈　源	八级职员	七级职员	2021.7
28	理学院	马　坤	八级职员	七级职员	2021.7
29	法学院	郭馨蔚	八级职员	七级职员	2021.7
30	学校办公室	杨灏帆	九级职员	八级职员	2021.7
31	组织部	张启鹏	九级职员	八级职员	2021.7

续表

序号	单位	姓名	原聘岗位	新聘岗位	定级时间
32	学生工作部	李兴华	九级职员	八级职员	2021.7
33	人事处、教师工作部	李世良	九级职员	八级职员	2021.7
34	国际合作交流处	李天宇	九级职员	八级职员	2021.7
35	国际教育学院	张敏子	九级职员	八级职员	2021.7
36	国有资产管理处	赵　华	九级职员	八级职员	2021.7
37	对外联络合作处	王　冰	九级职员	八级职员	2021.7
38	对外联络合作处	李　昊	九级职员	八级职员	2021.7
39	重大项目管理办公室	武　磊	九级职员	八级职员	2021.7
40	电子信息工程学院	崔宇康	九级职员	八级职员	2021.7
41	交通运输学院	刘思远	九级职员	八级职员	2021.7
42	交通运输学院	闫　俊	九级职员	八级职员	2021.7
43	电气工程学院	陈东锐	九级职员	八级职员	2021.7
44	电气工程学院	于明飞	九级职员	八级职员	2021.7
45	法学院	赵积斌	九级职员	八级职员	2021.7
46	法学院	刘一瑾	九级职员	八级职员	2021.7
47	学生资助管理中心	万子玉	见习生	九级职员	2021.7
48	电子信息工程学院	淦小爱	见习生	九级职员	2021.7
49	电子信息工程学院	胡海涛	见习生	九级职员	2021.7
50	经济管理学院	杨贻然	见习生	九级职员	2021.7
51	经济管理学院	廖翔宇	见习生	九级职员	2021.7
52	交通运输学院	刘洪枫	见习生	九级职员	2021.7
53	交通运输学院	刘　旭	见习生	九级职员	2021.7
54	土木建筑工程学院	余　波	见习生	九级职员	2021.7
55	机械与电子控制工程学院	杨舒怡	见习生	九级职员	2021.7
56	电气工程学院	张　旭	见习生	九级职员	2021.7
57	电气工程学院	韩璐洋	见习生	九级职员	2021.7
58	理学院	赵岚鹏	见习生	九级职员	2021.7
59	理学院	毛　啸	见习生	九级职员	2021.7
60	语言与传播学院	王如诗	见习生	九级职员	2021.7
61	软件学院	白慧军	见习生	九级职员	2021.7
62	建筑与艺术学院	拱萌萌	见习生	九级职员	2021.7
63	法学院	冯佳玥	见习生	九级职员	2021.7
64	国家保密学院	杨月婷	见习生	九级职员	2021.7
65	国家保密学院	梁方正	见习生	九级职员	2021.7

【博士后工作】

学校有 17 个一级学科设立博士后流动站，分布在工、理、经济、管理和人文学科门类。2021 年新入站博士后 77 人，其中全职博士后 66 人（师资博士后 59 人、学科博士后 7 人）、企业博士后 11 人。出站博士后 50 人，其中全职博士后 44 人（师资博士后 35 人、学科博士后 9 人）、在职博士后 1 人、企业博士后 5 人。新增 7 家企业博士后工作站与学校流动站合作培养博士后。

1 人入选国家博士后创新人才支持计划，如表 58 所示。23 人获得博士后基金资助，其中 2 人获特别资助，21 人获面上资助（一等资助 2 人、二等资助 19 人），如表 59 所示。

表 58　2021 年获博士后创新人才支持计划名单

序号	资助类型	姓名	学科	国家资助金额/万元
1	博士后创新人才支持计划	陆　杨	信息与通信工程	63

表 59　2021 年获博士后基金资助人员名单

序号	姓名	学科	资助等级	资助金额/万元
1	沈文欣	管理科学与工程	特助（站中）	15
2	卢云龙	信息与通信工程	特助（站前）	18
3	刘康琳	管理科学与工程	面上（一等）	8
4	张宝迪	机械工程	面上（一等）	12
5	张宇阳	信息与通信工程	面上（二等）	8
6	陆　杨	信息与通信工程	面上（二等）	8
7	尚文龙	系统科学	面上（二等）	8
8	王正礼	交通运输工程	面上（二等）	8
9	裴艳婷	计算机科学与技术	面上（二等）	8
10	李亚慧	计算机科学与技术	面上（二等）	8
11	侯涛刚	机械工程	面上（二等）	8
12	祝熙翔	光学工程	面上（二等）	8
13	尹　婷	法学	面上（二等）	5
14	付新华	法学	面上（二等）	5
15	王熠珏	法学	面上（二等）	5
16	阎　哲	光学工程	面上（二等）	8
17	梅嘉炜	机械工程	面上（二等）	8
18	丁春涛	计算机科学与技术	面上（二等）	8
19	郭晟楠	计算机科学与技术	面上（二等）	8
20	刘海明	计算机科学与技术	面上（二等）	8
21	王　博	计算机科学与技术	面上（二等）	8
22	刘志勇	交通运输工程	面上（二等）	8
23	卢云龙	信息与通信工程	面上（二等）	8

（徐文强　胡嫣然　刘　驰　沙　龙　于泽琦　张守一）

教职工服务与管理

【概况】

2021 年，进一步提高教职工福利待遇，完善学校教职工绩效工资分配制度的调整方案。

【薪酬工作】

2021 年 1 月 1 日共为 2 785 名教职工正常增加薪级工资，人均月增资 93 元。2021 年 12 月共为 134 名专业技术职务晋升晋级人员调整工资（2022 年 1 月兑现），人均月增加国拨工资 646 元。

2021 年 6 月，根据工资增长等因素调整教职工公积金缴存基数。

2021 年 12 月，落实绩效工资分配制度的调整方案。

2021 年春节为高层次人才、党外人士及生活困难的遗属和特殊困难人员共 18 人开展送温暖活动，金额 17 500 元。

全年共发放离休人员工资 853 万元。

为 9 名遗属发放遗属补助 5.6 万元，为去世教职工 42 人发放抚恤金 234.55 万元、丧葬补助费 21 万元。

【社会保险】

2021 年，根据教职工上年收入情况重新核定社会保险缴费基数。全年为教职工缴纳社会保险情况见表 60。

表 60　2021 年为教职工缴纳社会保险情况表

保险种类	单位缴费比例	个人缴费比例	缴费金额（单位+个人）（单位：万元）		合计	备注
			事业编制教职工	聘用制教职工		
事业单位养老保险	16%	8%	10 710.73	—	10 710.73	事业编制教职工缴纳
事业单位职业年金	8%	4%	5 355.37	—	5 355.37	事业编制教职工缴纳
养老保险	16%	8%	41.29	1 265.67	1 306.96	合同制工人及聘用制教职工缴纳
医疗、生育保险	9.80%	2%+3 元	—	819.62	819.62	聘用制教职工缴纳
失业保险	1～4 月 0.8% 5～12 月 0.5%	1～4 月农业户口不缴纳；非农业户口 0.2% 5～12 月 0.5%	484.77	59.72	544.49	所有教职工均缴纳
工伤保险	1～4 月 0.48% 5～6 月 0.6% 7～12 月 0.32%	不缴纳	339.34	39.49	378.83	所有教职工均缴纳

续表

保险种类	单位缴费比例	个人缴费比例	缴费金额（单位+个人）（单位：万元）		合计	备注
			事业编制教职工	聘用制教职工		
总计	事业编制 24.82%～25.4%；聘用制 26.62%～27.2%	事业编制 12%～12.5%；聘用制 10%+3 元～10.5%+3 元	16 931.5	2 184.5	19 116	

2021 年，为新入校及调入事业编教职工共 213 人办理失业保险及工伤保险的新增及转入手续；为新入校聘用制教职工 26 人办理养老、失业、工伤、医疗保险；为调出、退休等事业编制教职工及解除劳动合同的聘用制教职工 61 人办理社保减员。为 2 名教职工办理产前检查费用的报销和生育津贴的申领。为 3 名教职工办理工伤认定、劳动能力鉴定、待遇核定及领取的手续。为 1 名合同制工人办理退休审批手续以及退休待遇的核定领取手续。

推进事业单位工作人员养老保险制度改革，逐步开展养老保险和职业年金转移接续工作。按照中央国家机关养老保险管理中心的工作要求，完成 2021 年度领取待遇资格认证工作，全面核查退休人员待遇领取资格状态。

1 183 名教职工投保“北京普惠健康保”，其中在职职工 870 人、离退休职工 313 人。

【退休人员调整基本养老金待遇】

2021 年，退休人员仍由中央国家机关养老保险管理中心调整基本养老金待遇，自 2021 年 1 月起兑现，1 878 人参加调待，人均增资 279 元/月。

【合同管理及考核】

与新入校的 164 人签订聘用合同，其中非升即走合同 104 人、一般合同 60 人。解除或终止聘用合同 18 人。

完成校内各单位新签订劳动合同 31 人、解聘 19 人，完成校内各单位新签订劳务派遣合同 90 人、解除 101 人劳务派遣。

2021 年度全校纳入教职工考核范围 3 305 人（不含组织部负责考核人员，含学校聘用制及人才派遣人员 93 人、二级单位聘用制及人才派遣人员 387 人、师资及项目博士后 61 人）。因劳保、待岗等原因未参加考核人员 15 人，实际参加考核人员 3 290 人。参加考核人员中，考核结果优秀 460 人（占 13.918%）、合格 2 803 人（占 84.811%）、基本合格 2 人（占 0.061%）、不合格 3 人（占 0.091%）。

完成 2018—2021 年聘期考核与新一轮聘任工作，参加聘期考核 353 人（含自筹聘用制职工 95 人），其中考核称职 339 人、基本称职 2 人、认定称职 12 人。参加“非升即走”考核 1 人，1 人达到相应职务业绩申报条件、1 人未达到相应职务业绩申报条件已离职。

完成 2016—2019 年和 2017—2020 年聘期考核中“暂认定称职”13 人的重新认定，10 人认定结果为称职，1 人认定结果为不称职，2 人因已离职和退休原因，不再参加认定。

【服务教职工工作】

协助教职工解决北京户口，为 6 人解决夫妻两地分居，为 21 名京外生源应届毕业生落户，通过教育部留学服务中心解决派遣和落户共计 27 人。为 29 名教授延聘、24 名副高及

以上职称女教师选择60岁退休办理手续，为75名教职工办理正常退休手续。

落实上级关于事业单位专业技术人员及高校教师兼职兼薪相关文件精神，规范学校教学科研人员合理校外兼职和离岗创业管理，制定《北京交通大学教学科研人员校外兼职及离岗创业管理办法（试行）》，分类审批、分类管理，加强校院两级把关，规范兼职审批程序，增强校内相关部门联动，进一步健全教师兼职和离岗创业制度。

【聘用制人员管理】

梳理年底劳动合同到期人员13人，到期后转为人才派遣方式聘用10人、1人终止合同、2人续签合同期限。截至2021年底，全校单位自筹聘用人员中签订劳动合同人员9人，劳务派遣人员381人，返聘人员86人，其他从业人员22人。

（李世良　刘宏波　刘菁华　沈　峥　杨　华　杨　渊　张守一）

交流与合作

国际交流合作与港澳台工作

【概况】

2021 年，学校国际交流合作与港澳台工作继续落实学校建设特色鲜明世界一流大学的战略目标，围绕学校重点工作和折子工程，以服务国家“一带一路”与高铁“走出去”为重点，稳步推进落实“十四五”规划和综合改革主要任务。面对复杂多变的国际形势和新冠疫情常态化，学校及时调整国际合作交流工作重心，相关工作取得一定进展。

【国际交流合作】

2021 年，学校与 12 个国家和地区的 16 所高校和机构签署 16 份合作协议，其中与德国德累斯顿工业大学、英国利兹大学等世界高水平大学签署协议，开展多层次学生联合培养。与马来西亚彭亨大学签署双学位联合培养协议。主办或承办国际学术会议 16 场。接待包括苏丹驻华大使加法尔・卡拉尔・艾哈迈德等团组来访。作为国际铁路联盟（UIC）的成员高校和高速铁路高校联盟（AUHSR）牵头单位，举办高速铁路高校联盟大会共计 8 次，承担“高速铁路生产率国际比较”研究课题及铁路新常态白皮书研究项目。参加铁路合作组织（OSJD）临时工作组会议及学术圆桌会议共计 5 次。

【孔子学院】

海外孔子学院注册学员 1 312 人，举办线上线下活动 50 场，参加人数达 4 781 人次。开设线上课程 43 门，参与学生 1 413 人。

完成波兰孔院转隶工作，召开波兰孔院理事会和“文化、教育、科学”线上联合研讨会；以通讯方式召开比利时孔院理事会；巴西孔院举办多场文化交流活动；成功申报教育部中外语言交流合作中心国际中文教育创新项目 1 项；波兰孔院中方院长换届到岗，巴西孔院中方院长延期，海外孔子学院共招聘新任公派教师 2 人、公派教师延期 5 人、招聘远程授课教师 3 人。完成审定三所孔院年度结算和预算、费用报销等财务工作。

【港澳台工作】

全年赴港澳台地区交流学生 7 人。招收港澳台侨全日制学生 8 人，在校港澳台侨学生共计 38 人，获得教育部港澳台侨学生奖学金 4 人。

举办“知史明鉴、知行合一”港澳台侨学生“国史、党史、校史”国情教育系列活动、2021 两岸高等教育（北京）高峰论坛“智慧交通”分论坛等交流活动。获批王宽诚教育基金会资助项目 1 项。

【引智工作】

全年获批科学技术部国家外国专家经费 973 万元，涵盖国家级引智平台资助 9 项，包括高校国际化示范学院推进计划 1 项、高等学校学科创新引智计划 8 项（包含学科创新引智计划 2.0），国家高端外国专家引进计划项目 24 项，“一带一路”创新人才交流外国专家项目 3 项。通过外国专家引智项目共邀请 166 人次外国专家来华或线上交流。出台《北京交通大学外国专家项目管理办法》，落实项目负责人管理制度，规定经费使用新标准。新设校级外国专家引智培育项目，吸引青年教师参与相关工作。

规范外籍教师管理工作流程，制定《外国人来校访问及工作管理服务指南》。学校聘请长期专任外籍教师 20 人，其中语言类专业外籍教师 8 人，副教授及以上职称外籍专家 11 人（正高级职称 7 人），博士后 1 人。服务“一带一路”重点科研项目，中老铁路老挝籍 9 名人员来华短期工作。

【合作办学】

学校与加拿大滑铁卢大学纳米科技与技术项目、与罗彻斯特理工学院技术创新管理与创业项目延期均获得教育部批复。北京交通大学兰卡斯特大学学院召开第 6 届管理委员会会议，研讨学院发展重大事项。中外合作办学委员会秘书处组织中外合作办学会议 20 次，接待教育部中外合作办学专家 100 余人次。

【因公出国（境）】

教职工申报因公出国（境）团组 83 个 86 人次，实际成行团组 3 个 3 人次，均为教学科研人员出国（境）开展学术交流合作。教师申报参加在线国际会议团组 80 个 83 人次。

加强对线上外事活动（线上国际会议等活动）进行规范，将外事保密工作融入管理制度，完成对《北京交通大学教职工因公临时出国（境）管理办法》修订工作。

【在校生海外留学交流】

在校生出国（境）183 人，其中本科生 73 人、研究生 110 人，出国（境）时间均超过 90 天，前往 20 个国家和地区学习和交流，加拿大、新加坡、荷兰、英国、丹麦位列前五，欧洲、北美洲、亚洲是主要留学区域。出台《北京交通大学本科生出国（境）交流项目管理办法》，进一步规范学生出国（境）工作校内分工、流程与管理。结合“学党史，我为师生办实事”主题党日活动，举办 6 期“Go Global”助力留学系列活动。

（郑　凯　刘　欢　朱艳秋　张　欣　李哲谦　范　磊　罗　军）

对外联络合作工作

【概况】

2021 年，学校对外联络合作工作与学校同向、同步，突出重点，服务中心，创新工作思路，改进工作方法，提高工作实效。以 125 周年校庆为契机，打造交大人群像，创建“亿基金”暨“校友企业家创新基金”，举办首届“慈善之光”答谢会，召开董事会第 11 次全体会议，与 42 家企事业单位建立合作关系。深入对接需求，谋篇布局，构建共同发展的新格局。

【校友工作】

树立校友典型，打造“校友知行奖”品牌。以 125 周年校庆为契机，授予杜彦良、黄晓波、钱瑞、郜春海、赵佃龙、梁建英、李征、牛俊坡、张晋芳、扎西顿珠等 10 人“校友知行奖”。策划校庆校友致敬片《愿》，作为 125 周年校庆大会暖场视频，视频邀请各地方校友组织 50 余家，覆盖各领域杰出校友及师生，通过学习强国、人民网等 10 个直播平台向全球师生校友同步直播。

打造校友组织交流平台，凝聚交大力量。在武汉召开 58 家校友组织（含筹建）、23 个学院部处代表参会的会长秘书长联席会，实现首次京外举办、首次全球校友代表同步参会、首次线上线下直播互动。成立江苏校友会、广播站校友分会。学校地区、行业、兴趣、学院 4 类校友组织达 55 个，其中国内外各地校友组织 42 个、行业分会 4 个、兴趣分会 1 个、学院校友会 8 个。推动雄安、安徽、厦门、青岛等校友组织筹建，成立校友企业家联盟，500 余名校友企业家参与。改造校友之家，成立校友共享空间，服务各类校友活动 1 000 余人次，成为校友的精神家园和学校的新地标。

创新校友品牌活动，传递交大声音。以“云端相聚 千里共情”为主题，开展 1991 届、2001 届、2011 届本科及研究生校友云返校活动，累计观看人数 129 万次，为校友们搭建追忆青春、寄托情感、交流信息的平台。举办“我的交大奇妙之旅”银杏季校友嘉年华直播活动，充分展现交大的新地标、新气象，并首次将科技创新元素融入嘉年华中，讲好交大故事。活动由中青报、新浪网、北京日报、学习强国多平台同时发布，引起社会广泛关注。

创新前置校友工作理念，服务学校中心工作。2021 年制作发放“新生礼”6 000 余份，联合各地校友组织积极开展迎新工作，为新生赠送行李箱等。与就业创业工作紧密结合，与校友企业联动，发布招聘信息。组织开展“五湖四海交大人”校友寻访活动，两个校区共计 27 个寻访小组、121 名学生参与，采访 104 名校友，足迹遍布全国 26 个省市及地区。聘任 269 名优秀应届毕业生校友联络员，搭建校友与母校双向的互动平台，构建校友联系网络。

扩充校友信息库信息达 56 万余条。为应届毕业生集中办理和往届校友办理电子校友卡共 13 945 张。

2021 年北京交通大学地区、行业校友组织如表 61 所示。

表 61　2021 年北京交通大学地区、行业校友组织一览表

序号	校友会	会　长	秘书长
1	北京校友会		韩满怀
2	天津校友会		岳文强
3	长三角校友会	王　峰	顾光明
4	哈尔滨校友会	关宝岩	刘光泽
5	呼和浩特校友会	王纪杰	王宏斌
6	长春校友会	娄彦君	马乐庭
7	石家庄校友会	王岳森	吴文江
8	河南校友会	臧学运	金智勇
9	山东校友会	狄　威	彭志忠
10	陕西校友会	刘为民	祝　珣
11	武汉校友会	莫小玲	张建予
12	成都校友会	黎　宏	聂朝云
13	西藏校友会	孙玉明	彭措旺杰
14	湖南校友会	李国斌	罗宏波
15	福建校友会	陈祖元	陈　晟
16	云南校友会	朱秉晓	黄　坚
17	广东校友会	杨智勇	高明阳
18	深圳校友会	黄少群	茹　鹏
19	新疆校友会	张　哲	张　宏
20	山西校友会		王效国
21	海南校友会	张　明	陈宏毅
22	广西校友会	曾宗标	李成宏
23	宁夏校友会	杨　柳	程　辉
24	三亚校友会	王　宇	孙炳学
25	温州校友会	胡晓轩	吕　乐
26	杭州校友会	刘荣苗	徐岗财
27	江西校友会	刘晓丽	姚伟彪
28	汕头校友会		洪岳华
29	重庆校友会	唐照虎	黄　同
30	江苏校友会	岳建明	应俊焕
31	香港校友会	郜春海	张亚梅
32	台湾校友会	郑朝钟	林俊荣
33	北美校友会	丁　岩	李　远
34	南加州校友会	孙鹏远	
35	北加州校友会	席敦发	

续表

序号	校友会	会　长	秘书长
36	蒙古国留学生校友会	恩和巴雅尔	木　仁
37	华盛顿校友会	梁康之	金泰来
38	加拿大校友会	胡少志	
39	温哥华校友会	李久远	陈凤阳
40	日本校友会	李扩建	
41	越南留学生校友会	阮陈光	
42	澳大利亚校友会		李建华
43	金融分会	张秋生	崔永梅
44	会计分会	张秋生	屠建平
45	物流分会	刘景福	李　晋
46	城市轨道交通分会	郜春海	李元胜
47	电信校友会	唐　涛	王　剑
48	机电校友会	李建勇	邱　成
49	建艺校友会	韩　冰	陈劲松
50	经管校友会	张秋生	崔永梅
51	计算机校友会	蔡伯根	董敬视
52	法学院校友会	单思源	王　莹
53	电气校友会	周　伟	段慧平
54	土建校友会	魏庆朝	向宏军
55	广播站分会	项　纯	李向前

以纸质刊物《知行交大》为载体，打造行业领军系列封面人物，反映校友们心怀时代、乘风破浪的担当与精神，出版6期24 000余册。

【教育基金会工作】

全年累计获得各类收入6 008.62万元，其中捐赠收入4 510.51万元，含实物类捐赠219.4万元，获得投资收益664.11万元，争取中央财政配比资金834万元。

全年新设立项目61项，其中奖助学金项目19项，金额653万元；科研及其他类项目42项，金额3 181.61万元，项目总数达439项。全年公益支出8 494.69万元，较2020年增长近2.5倍，其中人才资助类项目支出578.87万元，占学校总资助体系的30%；教学科研及学科发展类项目支出864.45万元，支持校园科技文化活动资金219.92万元，支持校院发展资金299.96万元，支持学校综合体育馆及其他基础设施建设资金6 531.49万元。

制定完成《北京交通大学"十四五"社会服务与对外合作规划（2021—2025）》，确立"打造筹资能力过硬，投资收益稳固，内部控制完善，发展规模适度，国内领先、具有交大特色的高校教育基金会，到'十四五'末力争实现筹资5亿元"的主要目标。

围绕125周年校庆，基金会打造"亿基金"暨"校友企业家创新基金"，不断撬动更广泛的社会资源投入教育，提升人才培养质量、推动科研平台建设、孵化优质科技成果、加快成果转移转化，促进校企协同发展。“亿基金”的发起得到了校友企业的鼎力支持，捐赠签约额突破亿元大关。

打造人才培养高地，以徐寿波、徐叙瑢院士领衔，推动首批“院士基金”落地，吸纳捐赠 600 余万元。

举办首届“慈善之光”感恩答谢活动，系统梳理基金会成立 15 年来的捐赠项目，宣传教师捐赠代表、抗疫英雄典型、扶贫先锋模范、校友捐赠代表等的感人故事，弘扬师德大爱、宣传英雄事迹、传递爱校情怀；以“思源 · 感恩 · 致远”为主线，表彰用善行助力学校教育事业发展的校友和社会企业。

深度参与乡村振兴国家战略，发挥社会组织比较优势，向学校定点帮扶地区——科尔沁左翼后旗散都苏木巴彦乌楞嘎查党支部捐赠价值万余元的办公用品，校友捐赠党建图书 800 册；将公益项目融入乡村振兴建设，推动小桥工程特色帮扶项目融入当地发展；投入财力、物力，向定点帮扶地区引入教育教学资源。

结合 125 周年校庆、开学季、毕业季等大型活动，推出系列校园文创产品，打通线上线下同步互动的捐赠平台，师生及校友等近 5 000 人次参与，捐赠总金额超过 105 万元，创历史新高。

走访近百家校友企业，整合学院、学科、部处力量，打造学校——捐赠方价值共同体、发展共同体，促进企业需求侧和教育供给侧要素有效融合。

完善筹资工作体系，从学科特色、校友分布、项目挖掘等维度推动学院开展筹资工作，修订校内配比办法，激发筹资热情，制定校内配比奖励方案，对 20 个二级单位的 63 个捐赠项目配比奖励 517.77 万元，是 2020 年的近 2 倍。

召开基金会第四届理事会第六、七、八次会议，增补变更理事，修订《基金会基金与财务管理办法》，讨论决定重大计划。

2021 年北京交通大学教育基金会捐赠收入如表 62 所示，2021 年北京交通大学教育基金会公益支出如表 63 所示。

表 62　2021 年北京交通大学教育基金会捐赠收入一览表

序号	捐赠来源	捐赠收入/万元
1	校友企业	1 000.00
2	韩雁林	500.00
3	陈张敏聪夫人慈善基金有限公司	289.40
4	徐寿波、周爱珍伉俪	200.00
5	交控科技股份有限公司	162.00
6	飞天诚信科技股份有限公司	113.40
7	北京海冬青机电设备有限公司	100.00
8	北京交大思诺科技股份有限公司	100.00
9	北京中矿智达科技有限公司	100.00
10	厦门欣盛丰投资有限公司	100.00
11	校友	96.14
12	北京九思易自动化软件有限公司	80.00

续表

序号	捐赠来源	捐赠收入/万元
13	神州高铁技术股份有限公司	76.00
14	侯　旭	75.00
15	华夏银行股份有限公司北京分行	60.00
16	江西日月明测控科技股份有限公司	60.00
17	中孚信息股份有限公司	56.00
18	中国产业海外发展协会	55.97
19	北交联合投资管理集团有限公司	50.00
20	北京飞鸿云际科技有限公司	50.00
21	北京洛必德科技有限公司	50.00
22	智洋创新科技股份有限公司	50.00
23	北京远光瑞为软件技术有限公司	43.60
24	北京交大建筑勘察设计院有限公司	40.00
25	北京市尚权律师事务所	40.00
26	四川拓创建设工程有限公司	40.00
27	王向阳	40.00
28	全校教职工学生	35.95
29	株式会社丸和运输机关	35.00
30	大技狮（北京）科技有限公司	32.00
31	北京卓越航导科技有限责任公司	30.00
32	广东阿格蕾雅光电材料有限公司	30.00
33	青岛威奥轨道股份有限公司	30.00
34	中华社会救助基金会	30.00
35	北京融科阳光科技有限责任公司	28.00
36	北京好运达智创科技有限公司	26.00
37	宁波银行北京分行股份有限公司	26.00
38	中国扶贫基金会	20.98
39	北京北交怡安教学仪器研发有限公司	20.00
40	北京一流科技有限公司	20.00
41	德胜（张北）实业集团有限公司	20.00
42	杭州程锦传媒科技有限公司	20.00
43	阳江富利通海砂净化厂有限公司	20.00
44	张仁增	20.00
45	中国互联网发展基金会	20.00
46	中信银行股份有限公司北京分行	20.00
47	海信（山东）冰箱有限公司	18.42

续表

序号	捐赠来源	捐赠收入/万元
48	北京思源时代科技有限公司	15.00
49	北京思源时光文化有限公司	15.00
50	北京英诺艾智数据科技有限公司	15.00
51	北京茅以升科技教育基金会	13.20
52	胡轩宇	12.00
53	李淑静	12.00
54	青岛本原微电子有限公司	12.00
55	北京津发科技股份有限公司	10.20
56	北京尖峰计算机系统有限公司	10.00
57	北京绿创公益基金会	10.00
58	法施达（大连）实业集团有限公司	10.00
59	毫末智行科技有限公司	10.00
60	和利时科技集团有限公司	10.00
61	河北灰领教育科技股份有限公司	10.00
62	华为技术有限公司	10.00
63	廊坊市合公教育科技有限公司	10.00
64	刘　阳	10.00
65	刘　晔	10.00
66	罗宏波	10.00
67	上官永强	10.00
68	天津北玻玻璃工业技术有限公司	10.00
69	天津克运集运集团股份有限公司	10.00
70	营口京华鸿源耐火材料有限公司	10.00
71	浙江众合科技股份有限公司	10.00
72	中国社会福利基金会	10.00
73	宝钢教育基金会	8.36
74	中国宋庆龄基金会	7.50
75	上海交通大学教育发展基金会	6.36
76	北京吉泰国际物流有限公司	6.00
77	北京瑞格心灵科技有限公司	6.00
78	王昌林	5.00
79	武建华	5.00
80	中达电通股份有限公司	4.00
81	腾越等校友	3.13

续表

序号	捐赠来源	捐赠收入/万元
82	侯汉平	3.00
83	厦门算能科技有限公司	3.00
84	苏州创旅天下信息技术有限公司	3.00
85	中国儿童少年基金会	3.00
86	祝要斌	3.00
87	钱晓妮	2.20
88	艾默生（北京）仪表有限公司	2.00
89	龚建立	2.00
90	佳木斯建成建筑有限公司	2.00
91	贾朝心	2.00
92	刘川江	2.00
93	钱铭今、钱铭怡	2.00
94	夏胜利	2.00
95	许　鹏	2.00
96	闫长乐	2.00
97	冉　茅	1.80
98	郭婧娟	1.50
99	施青春	1.50
100	张才明	1.50
101	丁乐群	1.00
102	郭泽长	1.00
103	藕满意	1.00
104	盛　浩	1.00
105	思爱普（中国）有限公司	1.00
106	宋伯慧	1.00
107	田　源	1.00
108	熊　鹰	1.00
109	张汉麟	1.00
110	赵　鹏	1.00
111	高云波	0.60
112	中国光华科技基金会	0.60
113	艾占祥	0.50
114	郭爱东	0.50
115	王安华	0.50

续表

序号	捐赠来源	捐赠收入/万元
116	何艳华	0.20
117	黄少松	0.20
118	麦　磊	0.15
119	刘一昂	0.10
120	居思屿	0.03
121	杨之燚	0.01
122	真爱悦读信息咨询服务有限公司	0.01
123	何静静	0.01

表 63　2021 年北京交通大学教育基金会公益支出一览表

序号	捐赠项目	支出金额/万元
1	学校新体育馆建设基金	6 500.04
2	可持续灾后应急建筑教育基金	145.62
3	运输学院教育基金	107.37
4	大学生软件创新大赛基金	85.13
5	120 周年校庆基金	62.86
6	智能轨道交通研究基金	62.63
7	董事会基金	61.02
8	沃特玛教育基金	57.65
9	轨道交通发展基金	55.72
10	物流信息化教育基金	37.93
11	思诺教育基金	36.13
12	欣旺达教育基金	34.33
13	弘胜智慧物流及应急管理基金	31.72
14	校园建设基金	31.49
15	仁德教育基金	31.42
16	交通运输科学馆全国科技活动周系列活动基金	30.00
17	阳光助学计划助学金	29.40
18	轨道交通新材料研究基金	27.75
19	照坤教育基金	26.50
20	交控创新基金	22.48
21	物流信息化学科建设专项基金	22.00
22	中国扶贫基金会新长城助学金	20.90
23	北京交通大学文创产品设计开发研究	20.46
24	中信银行教育基金	20.00

续表

序号	捐赠项目	支出金额/万元
25	世纪瑞尔视觉感知分析研究基金	18.81
26	高密教育基金	18.78
27	动力电池安全研究	18.41
28	土木工程实验中心建设基金	17.22
29	铁路职工心理健康管理体系构建研究	17.03
30	软通教育基金	16.76
31	离子束特种技术研究发展基金	16.13
32	智瑾奖	16.00
33	物流信息化学科奖学金	15.15
34	钟茂钧奖助学金	15.00
35	健康中国教育基金	14.08
36	智能列车安全研究基金	14.05
37	飞鸿云际研究基金	13.94
38	中国产业安全研究中心教育基金	13.76
39	世纪瑞尔轨道交通智能检测研究基金	13.39
40	北京交通大学校企合作机制与方案设计	13.39
41	茅以升奖学金	13.20
42	智能火灾烟雾识别与事件预测基金	13.09
43	世纪瑞尔经管学院创新基金	12.91
44	威奥教育基金	12.80
45	隧道与地下工程研究基金	12.00
46	神州高铁创新创业教育基金	11.45
47	北京交通大学异地校区教学管理模式研究	11.21
48	华为奖学金、奖教金	11.00
49	竞业达教育基金	11.00
50	思源助学金	10.89
51	人工智能研究基金	10.67
52	环境艺术专业研究生培养基金	10.23
53	交控人才培养基金	10.17
54	凯华教育基金	10.09
55	和利时杯科技创新大赛基金	10.00
56	宝钢教育奖	10.00
57	百漾实践基金	10.00
58	轨道交通数字孪生应用实践基金	10.00
59	海信教育基金——海信奖学金	10.00

续表

序号	捐赠项目	支出金额/万元
60	雁行北交大助学金	10.00
61	智洋奖学金	10.00
62	中岩大地教育基金	10.00
63	众合科技教育基金	9.82
64	车辆工程学科建设基金	9.66
65	思源时代教育基金（经管）	9.17
66	丸和运输机关留学助学金	9.00
67	恒凤助学金	8.80
68	丸和教育基金 3	8.43
69	《知行人物》文集出版	8.19
70	对接国家重大需求，校企合作科研模式研究	8.04
71	海信教育基金——经管案例大赛	7.92
72	轨道交通通信与控制虚拟仿真实验中心建设基金	7.66
73	年度捐赠基金	7.61
74	宋庆龄基金会中海油助学金	7.50
75	徐寿波院士基金	7.50
76	面向轨道交通的虚拟现实与人工智能应用实践基金	7.40
77	基于校企合作模式的专业学位研究生教育发展基金	7.30
78	法律教育与服务基金	7.21
79	5G 及未来移动通信系统研究基金	7.00
80	爱心帮困基金	7.00
81	富碳农业教育基金	6.50
82	微联教育基金	6.32
83	芳雯励志奖助学金	6.00
84	中国港湾奖助学金	6.00
85	轨道交通投融资研究基金	5.87
86	并购重组促进基金	5.84
87	校友励学金	5.50
88	计算机学科建设基金	5.40
89	顺鑫农业教育基金	5.35
90	校友基金	5.20
91	国睿奖学金	5.00
92	尖峰奖学金	5.00
93	交达教育基金	5.00
94	思源时代教育基金（软件）	5.00

续表

序号	捐赠项目	支出金额/万元
95	天平奖学金	5.00
96	杨爱芬奖学金	5.00
97	暖蓝教育基金	4.99
98	学长关爱基金	4.96
99	铁路运输组织的时空隧道理论研究	4.85
100	北京公交人才基金	4.80
101	“运输与时空经济论坛”国际会议	4.60
102	国经院校友工作平台建设经费	4.57
103	美辰教育基金	4.50
104	叙瑢科技基金	4.35
105	经管学院发展基金	4.16
106	经管学院学生成长基金	4.05
107	北交益智教育基金	4.05
108	万桥教育基金	4.03
109	钱仲侯奖助学金	4.00
110	台达奖学金	4.00
111	张晓群奖助学金	4.00
112	飞鸿杯创新创业大赛	3.88
113	机电学院爱路报国精神传播系列文化建设项目	3.86
114	土建学院基金	3.76
115	建筑工业化发展教育基金	3.58
116	桥梁工程学科建设基金	3.52
117	东旭教育基金	3.42
118	纳米科技探索奖学金	3.20
119	张云秋专项救助基金	3.16
120	学生电子设计竞赛	3.00
121	电信 1960 级校友教育基金	3.00
122	春华助学金	3.00
123	春蕾计划项目	3.00
124	衡水电机奖学金	3.00
125	交大益路行	3.00
126	视觉感知深度学习研究基金	3.00
127	通控 86 级教育基金	3.00
128	学生心理健康教育基金	3.00
129	应葭芳助学金	3.00

续表

序号	捐赠项目	支出金额/万元
130	CIT 名师大讲堂基金	2.93
131	天华教育基金–土建	2.67
132	筑福建科院教育基金	2.66
133	贝能达教育基金	2.58
134	大疆教育基金	2.57
135	富国科技教育基金	2.51
136	无止桥项目基金	2.50
137	信科久久学生奖学金	2.45
138	联嘉云教育基金	2.29
139	波易达奖助学金	2.20
140	中电智通研究基金	2.17
141	中国轨道交通文化研究基金	2.13
142	北美校友会助学金	2.10
143	大疆科研基金	2.00
144	吉泰物流奖学金	2.00
145	建成助学金	2.00
146	南京城交院奖学金	2.00
147	赢之教育基金	2.00
148	大数据平台建设基金	2.00
149	新兴数字技术应用与管理创新基金	1.99
150	凯辉教育基金	1.94
151	智能制造与系统优化研究中心发展基金	1.91
152	法学院发展基金	1.86
153	育文世纪教育基金	1.83
154	社科赛斯教育基金	1.68
155	虚拟展厅及建筑构造实验室二期	1.59
156	精英领袖交流基金	1.29
157	KWAK 学生培养基金	1.20
158	江西校友会助学金	1.20
159	经管学院基金	1.20
160	经济系 87 级校友助学金	1.20
161	英特尔教学创新基金	1.19
162	量化投资教育基金	1.19
163	语言学院管理服务工作科学化建设基金	1.08
164	信号与信息处理学科建设基金–金字塔	1.08

续表

序号	捐赠项目	支出金额/万元
165	固德威教育基金	1.05
166	专业学位教育发展基金	1.00
167	东方毅法学教育基金	1.00
168	思爱普奖学金基金	1.00
169	同程旅行奖学金	1.00
170	烛光奖教金	1.00
171	高富浪基金	0.90
172	思爱普教育基金	0.88
173	语传学院综合实践项目	0.87
174	优秀作品与论文评选竞赛	0.80
175	新联铁教育基金	0.80
176	理学院校友工作提升工程	0.78
177	立思辰教育基金	0.77
178	人机交互智能处理建设基金	0.63
179	校友会金融分会基金	0.60
180	交大泰信企业信息化联合实验室基金	0.60
181	信息化建设基金	0.59
182	小海鸥助学金	0.55
183	信号与信息处理学科建设基金－鑫洋泉	0.51
184	瓦力工厂机器人教育基金	0.50
185	来华留学生助学金	0.48
186	儒学研究基金	0.47
187	软件学院院长论坛	0.46
188	郑赛教育基金	0.42
189	机电学院教育基金	0.40
190	计算机视觉信息处理研究基金	0.39
191	和顺航运发展教育基金	0.32
192	睿智奖助学金	0.30
193	思政教育研究基金	0.30
194	征图教育基金	0.29
195	智翔教育基金	0.29
196	德文教育基金	0.26
197	传统文化社团发展基金	0.20
198	尚善助学金	0.20
199	银杏励志奖学金	0.20

续表

序号	捐赠项目	支出金额/万元
200	关爱自闭症儿童基金	0.20
201	桥梁工程新技术研究基金	0.19
202	羽毛球活动专项基金	0.17
203	中交教育基金	0.16
204	电信学院教育基金	0.12
205	应尚才教育基金	0.12

【董事会工作】

召开董事会第十一次全体会议，会议通过校长王稼琼为董事会董事长，中国中铁股份有限公司、中国铁建股份有限公司、中国中车股份有限公司、中国铁路物资集团有限公司、中国铁路通信信号集团有限公司、中国铁道科学研究院集团有限公司共 6 家单位为董事会副董事长单位，副校长高艳为董事会秘书长。会议通过《北京交通大学董事会章程》修订稿和《北京交通大学董事会秘书处工作职责》修订稿。设立科技创新委员会和人才培养委员会。董事单位达 87 家。

【校企合作】

发挥学校优势学科特色，与国家能源集团有限责任公司、中国铁路物资集团有限公司、中国铁路北京局集团有限公司等行业重点企业签署 42 份合作协议（具体见表 64），合作涵盖科学研究、人才培养、成果转化、平台建设等内容。全年与合作单位开展横向科研课题 116 项，合同金额共计 6 018 万元，共建实验室 7 个。

表 64　2021 年校企合作情况统计表

序号	时间	协议名称
1	1 月 5 日	北京交通大学 青岛威奥轨道股份有限公司合作协议
2	2 月 24 日	北京交通大学 北京竞业达数码科技股份有限公司合作协议
3	3 月 23 日	丰台区人民政府 北京交通大学“共建轨道交通创新基地”合作协议
4	4 月 1 日	北京地铁运营有限公司与北京交通大学战略合作意向书
5	4 月 9 日	华夏航空股份有限公司 北京交通大学合作协议
6	4 月 9 日	广东高高动漫科技有限公司 北京交通大学校企合作框架协议
7	4 月 13 日	中建材信息技术股份有限公司 北京交通大学合作协议
8	4 月 16 日	北京交通大学 北京天宜上佳高新材料股份有限公司合作协议
9	4 月 16 日	北京交通大学 北京中岩大地科技股份有限公司合作协议
10	4 月 16 日	北京交通大学 交控科技股份有限公司合作协议
11	4 月 16 日	北京交通大学 神州高铁股份技术有限公司合作协议
12	4 月 16 日	北京交通大学 北京交大思诺科技股份有限公司合作协议
13	4 月 16 日	北京交通大学 北京世纪瑞尔技术股份有限公司合作协议
14	4 月 16 日	中铁特货物流股份有限公司 北京交通大学战略合作协议

续表

序号	时间	协议名称
15	4月16日	中铁第五勘察设计院集团有限公司 北京交通大学战略合作协议
16	4月16日	北京交通大学 中国铁路物资集团有限公司战略合作协议
17	4月16日	北京交通大学 中国铁路北京局集团有限公司战略合作协议
18	4月29日	中国民用航空局空中交通管理局 北京交通大学战略合作协议
19	5月12日	北京交通大学 国家能源集团有限责任公司战略合作协议
20	5月18日	中国城市规划设计研究院 北京交通大学合作协议
21	6月5日	北京交通大学 杭州海康威视数字技术股份有限公司合作协议
22	6月5日	北京交通大学 亚琦集团有限公司合作协议书
23	6月7日	海信集团控股股份有限公司 北京交通大学合作协议
24	6月20日	威海市人民政府 北京交通大学共建北京交通大学威海研究院合作协议
25	6月22日	山东铁路投资控股集团有限公司 北京交通大学合作协议
26	7月29日	北京交通大学 中车长春轨道客车股份有限公司合作协议
27	7月29日	北京交通大学 长春市轨道交通集团有限公司合作协议
28	7月30日	北京交通大学 北京洛必德科技有限公司战略合作协议
29	7月30日	北京交通大学 北京一流科技有限公司战略合作协议
30	8月26日	威海南海新区管理委员会 北京交通大学共建北京交通大学威海研究院协议
31	9月14日	北京交通大学 智洋创新科技股份有限公司合作协议
32	9月20日	北京交通大学 中车青岛四方机车车辆股份有限公司合作协议
33	10月19日	北京交通大学 中国建筑一局（集团）有限公司合作协议
34	10月28日	北京交通大学 京津冀国家技术创新中心战略合作协议
35	11月1日	北京交通大学 精华教育科技股份有限公司5G合作协议
36	11月2日	北京交通大学 新华三技术有限公司5G合作协议
37	11月5日	北京交通大学 中国联合网络通信有限公司5G合作协议
38	11月30日	中车信息技术有限公司 北京交通大学合作协议
39	12月1日	北京交通大学 中国铁路投资有限公司战略合作框架协议
40	12月3日	陈张敏聪夫人慈善基金有限公司 北京交通大学合作协议
41	12月17日	北京交通大学 中孚信息股份有限公司合作协议
42	12月17日	广东机场管理集团有限公司 北京交通大学合作协议

创建董事会（校企合作）公众号，发布学校、董事单位工作新闻和创新成果等。

【驻外研究院工作】

长三角研究院进一步丰富完善长三角产学研合作网络，积极开展产学研走访活动，组织专家、江苏校友会等到马钢集团、中轨公司、马鞍山智能制造协会、宝武马钢交材、马鞍山铁路建设指挥部等30余家企业机构走访对接，拓展合作渠道。与国家级马鞍山经济技术开发区、上海交通大学金属基复合材料国家重点实验室联合主办2021年“安徽·马鞍山第三届轨道交通科技创新创业大赛”。

2021 年申报 19 项校级和市级以上科研、人才项目，其中校级奖励和课题项目 2 项，江苏省人才类项目 9 项，镇江市科技计划项目 1 项，江苏省和镇江市级载体类项目 3 项，资助、奖补及奖项类项目 4 项。

2021 年北京交通大学深圳研究院和远程与继续教育学院签署远程教育本科合作协议 1 份，远程教育招生 251 人，远程和函授本、专科毕业生 2 368 人，获优秀毕业生称号 43 人，获北京市教委继续教育优秀毕业论文 1 人。

（李文一　耿雪姣　张　雷　黄　微）

校 务 管 理

财 务 工 作

【概况】

2021 年学校财务工作以业财融合为理念，以制度建设为重点，以预算管理为主线，以管理服务为举措，培育内控建设文化，打造“专业、服务、协同、智慧”财务，提高学校经费资源配置和使用的效益和效率。

【财务收支状况】

2021 年学校预算收入总额为 339 960 万元，比 2020 年增加 27 632 万元，增长 8.85%。其中，财政拨款预算收入总额 114 023 万元，事业收入 160 007 万元，经营预算收入 4 504 万元，其他预算收入 61 426 万元。财政拨款预算收入中，教育拨款预算收入 94 537 万元，科研拨款预算收入 1 859 万元，其他拨款预算收入 17 627 万元；财政拨款预算收入占总收入的比例为 33.54%，是学校办学经费的主要来源。事业收入中，教育事业预算收入 72 230 万元，占总收入的比例为 21.25%；科研事业预算收入 87 777 万元，占总收入的比例为 25.82%，两者是学校经费来源的重要组成部分。

2021 年学校预算支出总额为 355 775 万元，比 2020 年增加 42 008 万元，增长 13.39%。其中，工资福利支出 156 798 万元，商品和服务支出 133 389 万元，对个人和家庭的补助支出 32 733 万元，资本性支出 32 855 万元。学校全力保障人员支出，有序适度提高教职工工资收入水平，2021 年工资福利支出占总支出的比例为 44.07%；其次是商品和服务支出，占总支出的比例为 37.49%，主要是学校教学科研活动中发生的日常公用支出。

2021 年末，学校资产总额 662 610 万元，比年初减少 18 245 万元。负债总额 62 079 万元，比年初减少 3 192 万元。净资产总额 600 531 万元，比年初减少 15 053 万元。

【财务管理体制】

学校把“过紧日子”思想深入贯穿预决算管理工作全过程，通过优化支出结构、大力压减一般性支出、分阶段下达预算拨款、严控预算续拨额度等多种方式全力保障学校重点工作。探索形成学校预算安排与“十四五”规划有机对接的工作机制，加强预算编制与学校发展规划和年度重点工作的紧密结合。

推进制订和修订学校财务管理、预算管理、科研经费、财务助理和报销管理办法等财经制度。

【会计基础核算】

全年累计接收打卡报销和薪酬单据 103 977 份，编制会计凭证 155 709 份，编制会计分录 1 081 868 笔，审核票据 1 716 168 张，装订存档的会计凭证共计 4 401 册。截至年底，学校累计办理公务卡 3 229 张，实现公务卡结算业务全覆盖，提高公务支付的透明度。为全校职工办理住房公积金汇缴、支取、转移和补缴手续，并按照工资发放新标准，调整住房公积金汇缴基数。

实行票据购领、保管、使用相分离制度，保证各项预算收入回笼，保证各类票据安全完

整。2021 年学校向上级主管部门申领和使用各类票据超过 38 万份。

完成丰台轨道交通创新基地专项资金管理、财务报销以及收取创新基地入驻团队物业服务费等财务相关工作。

【内控体系建设】

开展经济活动风险评估工作，发挥共同治理机制优势，形成内部控制工作与业务工作相融合的工作局面。召开内控领导小组会议，制定学校内部控制规范和经费监管大数据平台管理办法。

依托教育部直属高校资金监控大数据信息系统，搭建风险预警体系，及时识别学校经济活动中可能存在的风险，实现经费监管关口前移，形成监督合力，落实学校作为经费使用主体的监管责任。

【专项资金管理】

强化财政专项资金执行监控和绩效评价机制，加强同业务管理部门的沟通联系，确保规范资金预算和支出、提高执行进度，对资金使用和管理情况进行全过程监督和指导，有效提升项目预算执行进度。

2021 年学校财政专项资金收入 2.8 亿元，专项资金累计支出 2.74 亿元，执行率 98.12%，超过教育部直属高校整体执行进度 93.11%。其中：改善基本办学条件专项、基本科研业务费专项、教育教学改革专项、管理改革等绩效拨款专项、捐赠配比专项全部执行完成。

《2021 年 1—12 月教育部直属高校预算执行情况通报》显示，学校国库资金总体执行率为 98.33%，排名第 35 位。

【科研经费管理】

全面落实《国务院办公厅关于改革完善中央财政科研经费管理的若干意见》精神，修订完善科研经费管理办法，优化预算调剂、科研绩效、间接费用、结余经费等管理流程。持续推进“放管服”改革，推动科研经费无纸化报销，推进科研经费业务信息化建设，实现科研项目立项、结题结账和结余经费使用等科研经费业务的全过程线上办理，提升科研经费管理的信息化水平。加强科研经费使用过程中的动态监管。面向全校师生员工及财务助理举办科研经费政策宣讲会，帮助科研、财务人员学习掌握国家政策文件和学校管理制度。

【财务信息化建设】

开发上线预约单自助投递柜、档案查询、资产预约和预借票据等系统，探索学校智能报销等系统的实施方案，逐步提升师生对财务信息化服务的使用体验。

依托移动互联网技术，部署并完成基于学校微信公众号的财务智能服务平台建设工作，已首期上线财务智能服务平台，包括政策法规、智能咨询、智能排队、财务通知、消息助手、服务指南、互动专区等功能，初步实现财务信息移动化、财务服务智能化和财务工作数字化目标。

（刘语佳）

审计工作

【概况】

2021 年学校审计工作着力拓展审计监督的深度和审计服务的广度，充分发挥内部审计在学校监督体系中的重要作用，重点开展重点领域风险揭示、日常经济活动风险预警、发现问题整改落实等方面工作，全年完成各类审计项目 151 项，审计金额共计 69.44 亿元，提交审计报告 151 份，提出审计建议 175 条。

根据党中央对审计工作集中统一领导的各项要求，经学校党委常委会研究，于 2021 年 11 月成立北京交通大学审计委员会，为加强审计工作总体布局、统筹规划、整体推进和督促落实提供坚实保障。

【工程审计】

完成工程结算审计项目 104 项，审计金额 5 464.78 万元，出具审计报告 104 份。撰写《北京交通大学修缮、改造工程项目管理情况审计调查发现问题及风险提示》分送工程管理单位。

建设工程全过程审计项目 1 项：新建综合体育馆项目，结算审核 5 项，出具咨询意见 80 份，结算金额 66.36 万元，进度款支付审核金额 5 098.58 万元。

针对丰台基地装修改造开展工程投资评审试点工作，制定相应的投资评审工作流程，完成 19 项工程评审工作，金额 385.05 万元。

【综合审计】

完成处级领导干部经济责任审计 14 项，审计金额 55.08 亿元，提交审计报告 14 份，向被审计单位送达管理建议书 14 份，提出审计建议 81 条，向国资处发函 1 份。

完成 115 项国家自然科学基金结题项目经费审计，审计金额 7 377.89 万元，出具审计报告 1 份，提出审计建议 2 条，向财务处发函 1 份。对银行对账单和人文社科类基金进行审签。

开展学校 2020 年分拨经费和防疫经费物资使用管理情况专项审计调查，审计金额 1.86 亿元。分拨经费使用管理情况专项审计调查出具报告 1 份，共向 10 个单位提出管理建议。

【审计管理与业务研究】

参加教育部专项检查 4 人次，学校专项检查 1 人次，党委校内巡察 2 人次。

按教育部工作部署，完成一些领域腐败风险专项清理自查及整改情况汇总上报工作。

修订《北京交通大学内部审计工作规定》《北京交通大学领导干部经济责任审计办法》，制定《北京交通大学审计整改工作办法》。

做好领导干部经济责任履行风险预警，更新《北京交通大学处级领导干部履行经济责任重要风险提示清单》，撰写《关于 2021 年〈教育部经济责任审计情况通报〉中共性问题的汇总报告》。

推进审计信息化建设，财经审计管理信息系统正式上线使用，工程审计管理信息系统基本建设完成。

开展审计咨询服务，配合多部门完成相关制度的制定、修订。

（邓昌黎）

国有资产管理

【概况】

2021 年学校国有资产管理工作加强制度建设，提升管理服务水平，做好疫情防控常态化工作，顺利完成年度工作计划和重点工作任务。

【国有资产管理体制】

出台《北京交通大学贵重仪器设备管理办法》《北京交通大学试制仪器设备项目管理办法》《北京交通大学采购与招标中心运行管理办法》《北京交通大学所属企业工资总额管理办法（试行）》《北京交通大学房屋对外出租出借管理办法（修订）》。优化学校相关政府采购工作程序，完善工作流程。升级改造采购管理系统，完成采购工作全流程档案资料电子化，实现电子档案管理。

【学校所属企业体制改革】

全力做好学校所属企业体制改革，彻底解决学校所属企业历史遗留问题。完成清理关闭企业 51 家，脱钩剥离企业 17 家，保留管理企业 12 家。根据“一人一策”原则，稳妥做好学校所属企业体制改革人员安置工作。

【学校国资委办公室工作】

组织召开学校国资委会议 4 次，审议资产公司董监事变更建议名单、资产公司章程等 30 个议题。完成 7 项科技成果资产评估备案审核，9 项企业资产评估备案及 3 家校属企业股权划转工作。

【设备管理】

本年度新增入账仪器设备和家具共计 25 672 台件，金额 17 031.28 万元，其中新增 10 万元以上贵重仪器设备 207 台件，金额 5 759.39 万元；40 万元以上的仪器设备 30 台件，金额 2 270.07 万元；新增无形资产共计 1 638 条，金额 2 973.87 万元。

报废处置仪器设备及家具 4 批次共计 11 581 台件，金额 7 309.3 万元；报废无形资产（软件）220 项，金额 875.13 万元。

【招标采购】

本年度共执行货物和服务采购项目 3 639 项，签订合同 13 580 份，采购金额 43 451.27 万元。其中，通过招标方式项目 215 项，委托采购金额 27 076.55 万元，中标金额 25 088.18 万元；非招标项目 3 424 项，采购合同金额 18 363.09 万元。完成进口免税业务办理合同 14 笔，进口仪器设备 26 台件，内贸合同金额 1 003.09 万元，为学校节约关税、增值税共计资金 98.55 万元。

完成 2022 年度中央高校改善基本办学条件专项资金项目申报工作。完成 2021 年度进口产品减免税年审工作，取得“十四五”期间科技创新单位免税资质。开展政府采购备选库、名录库、资格库等专项清理工作。对学校政府采购项目进行新一轮排查。

【公用房屋管理】

调整完成马克思主义学院、统战部、发展规划与学科建设处等 18 个二级单位公用房屋。协调相关单位组织验收工程项目 96 项，范围涵盖主校区、东校区、家属区及丰台轨道创新基地在内多个区域。

调研 12 个学院公用房使用基本情况，梳理学院公用房现有使用情况和相关数据，调研相关高校公用房管理办法及成本核算方案，结合我校实际情况，起草《北京交通大学公用房管理办法》及成本核算细则相关文件。

规范校内通信设备管理，对室内通信设备设施进行全面整改。

【公有住房与周转房（床）管理】

本年度发放教职工物业补贴 2 873.97 万元，住房补贴 2 432.86 万元，采暖补贴 1 238.32 万元。

为塔 7 住宅楼所有住户（含交大附中住户）办理房屋不动产证，解决塔 7 住宅楼遗留的住房房屋不动产证问题。

完成交大新园周转房、原有周转房（床）2021 年市场租金评估。实时更新 C 类房让渡情况并进行公示。原有周转床位（20 号楼、21 号楼）完成室内维修改造，投入床位 500 余张，完成集中选床位工作。

做好第三方租赁经营管理机构日常监管，保证周转房租金收取，做好周转房租赁管理与服务。

【土地与人防工程管理】

完成教育部、国管局交办的土地统计和上报工作。完成 2021 年中央国家机关重要目标人防防护项目申报工作和人民防空工程使用证续办工作。完成 12 号公寓地下空间专项清理工作、八教地下空间防水修复工作、塔 7 楼地下室积水处理工作。接受中央国家机关人防办和教育部人防办工作组专项调研检查。

【疫情防控常态化工作】

做好学校疫情防控物资采购、供应、管理工作，累计发放防护口罩 70 余次，近 110 万只。

（申屠利条）

实验室安全管理

【概况】

2021 年，学校实验室安全管理工作贯彻落实习近平总书记关于安全生产的重要论述和指示批示精神，按照教育部、北京市工作部署和学校党政具体工作要求，全力确保学校实验室安全，针对学校实验室安全管理体系存在的薄弱环节和重点问题，持续推进建设和整改。

【实验室安全整改】

接受教育部 2021 年度高等学校实验室安全现场检查，针对检查组书面反馈的 27 个问题组织学院进行集中整改。根据教育部统一部署开展实验室安全隐患排查工作，完成学校校园安全专项整顿工作中的相关任务。

【实验室制度体系建设】

发布并实施《北京交通大学实验室技术安全管理责任追究办法（试行）》《北京交通大学实验室技术安全管理奖励暂行办法》2 个制度文件；将《北京交通大学实验室安全分类分级管理办法》和《北京交通大学实验室安全风险评估管理办法》合并为《北京交通大学实验室安全风险评估与分类分级管理办法》，对相关条款进行整合修订，增加附件《北京交通大学实验室安全风险评估技术规范》，明确学校实验室安全风险评估的技术标准。

【实验室安全风险评估和分类分级】

对北京校区全部实验室房间进行风险源识别和评估，依据评估结果对实验室进行分类分级并挂牌。统筹组织威海校区等京外单位开展实验室风险评估工作。

【实验室安全综合保障】

主校区和东校区 3 组危险废物暂存柜投入使用。引入专业化“环保管家”服务，由“环保管家”为每一个产生危险废物的实验室房间设定符合规范的危险废物暂存区和危险废物暂存容器，定期对实验室危险废物进行分拣，由专业人员转运至校园危险废物暂存柜，并协助学校联系北京市指定单位及时回收危险废物。北京校区实验室气体检测报警及通风设备联动系统投入使用。

【实验室安全检查】

组织学校季度安全检查 4 次，下发整改通知书 42 份，指出问题 336 个。实施校领导走访检查实验室方案。

【实验室安全教育】

组织 2021 级 8 292 名本科、硕士、博士新生网上参加实验室安全知识培训。组织线上线下实验室安全培训 8 次，累计 42 学时。组织开展“实验安全我先行”第三届实验室安全宣传月活动。面向 2021 级全体新生和相关教师发放《实验室安全手册》9 014 册。

（范金辉）

2021

办学条件保障

图书情报工作

【概况】

2021 年学校图书情报工作落实学校“十四五”规划和综合改革主要任务，制定实施北京交通大学图书馆“十四五”发展规划，强化文献信息资源服务保障，加强高校国家知识产权信息服务中心建设，提升读者阅读服务水平，推进学术信息支撑平台建设。

【馆藏资源】

2021 年图书馆新增纸本资源 9 万册，纸本资源总量达到 265 万册，电子资源总量达到 1 287.6 万册，拥有 89 个数据库平台、272 个中外文数据库，近 5.29 万种中外文电子期刊。

【读者服务】

全年图书馆阅览部和流通部分别接待读者约 48.6 万人次和 31 万人次。完成外借图书 63 693 册，还书 54 148 册，预约借书 86 册，短期外借书刊 1 428 册。疫情防控期间，确保 2021 届毕业生离校手续办理工作有序进行，办理本科生离校 3 194 人次，研究生离校 3 813 人次。收缴纸版学位论文 4 534 册、工程硕士论文 114 册、博士后出站报告 39 册。审核电子版学位论文 5 411 人次。

将文献资源按照 13 个学院的学科和专业设置进行分类推介。新生入馆教育平台 9 月正式上线运行，帮助新生提前了解各类文献资源的使用方法。

北京交通大学高校国家知识产权信息服务中心报送的“规范申请评估，培育高价值专利”案例，获评国家知识产权局 2021 年“知识产权信息公共服务优秀案例”。

提供科技查新服务 69 项，查收查引服务 1 493 人次、40 496 篇，文献传递 872 篇。为能源与动力工程专业、建艺专业和城乡规划专业认证提供数据支持。全年组织培训与讲座 32 次，2 180 人参加。

完成 Aleph 系统日常维护，搭建新统计工具线上平台，保障数字资产管理系统 DIGITOOL 正常运行，完成 Primo 最新版本升级工作，完成“图书馆微信”和“智慧图书馆”公众号的编辑推送，进行资源检索平台 SFX 检测、后台维护及管理，完成图书馆门户网站及应用服务器的系统安全维护。

调整馆藏布局，将四层第二阅览室新书文献合并进常规架位。密集书库安装 64 组密集书架，扩展藏书空间。

【文化建设】

2021 年图书馆微信公众号发布“好书推荐”20 期，推出茅盾文学奖作品、红色图书、巾帼英雄、魅力国学等主题阅读书目。以“逐梦新时代”和“写给未来自己的一封信”为主题开展书香杯征文活动。

在建党 100 周年之际，举行多语种《习近平谈治国理政》系列丛书（共计 290 册）捐赠仪式。开展诗歌中的红色基因主题阅读活动，遴选百余首红色经典诗歌供师生欣赏。推出“百年交大名师校友系列”内容，介绍知名校友及其著作。推出“欲文明其精神，先自野蛮其体魄”——毛泽东《体育之研究》、“读不尽的红楼”——《增评补图石头记》等“阅读特藏”系列内容，用特色馆藏弘扬经典和交大精神。撰写出版《北京交通大学援建“坦赞铁路”人才培养口述摘编》。完成电子刊《满铁研究》2 期、《交通史研究》1 期。

在 125 周年校庆期间，举办“传承交大学术文脉 践行校训知行育人”馆藏教材展。文化周期间推出“北京交通大学京张铁路研究成果线上展”。

举办“交通强国铁路先行”铁路诗歌朗诵大赛。联合北京市委宣传部邀请北京冬奥组委宣讲团开展冬奥会系列阅读讲座。

（崔　雁　朱　宁　宋　雪　丁　娜　宋　皎　邱　丹　韩志航　张　彦）

出 版 工 作

【概况】

出版社注重编校质量，稳定生产规模，2021 年共出版图书 722 种，其中：新书 214 种，重印书 508 种。生产码洋 8 834.03 万元，销售码洋 8 700.45 万元，销售实洋 3 584.93 万元。

【生产经营】

修订《北京交通大学出版社薪酬管理制度与绩效考核办法》《北京交通大学出版社排版及编校审费用控制标准》《北京交通大学出版社关于教材服务中心一体化管理的规定》等规章制度，进一步规范工作流程、严格管理制度。制定《北京交通大学出版社关于教材服务中心一体化管理的规定》，进一步加强对教材服务中心与北京书店的一体化管理。成立大众分社，整合原少儿分社和基础教育分社资源，进一步优化结构、提高效率。

《交通大数据》获批“十三五”国家重点出版物出版规划项目。《当代数字化视野下的前沿景观学理论与思维》获评出版业“十四五”时期国家重点出版物出版专项规划。《新时代城市交通领域系列化教材研究与建设》获评新兴领域教材研究与实践项目。《大学英语（第 3 版）》《电力机车控制（M+Book 修订版）》获评全国优秀教材奖（二等奖）。《高速铁路职工心理素质训练与提升》入选 2020 年全国优秀科普作品名单。《新编道路交通运输法规（第 2 版）》《酒店管理模拟沙盘实训教程（第 2 版）》获评天津市高校课程思政优秀教材。“国家产业安全理论与预警机制”八卷本学术著作获评北京市第十六届哲学社会科学优秀成果奖（二等奖）。《高速铁路桥隧施工与维护》获批江苏省 2020 年高等学校重点教材。《饺子笑哈哈》入选教育部幼儿图画书推荐书目。《Java 程序设计》《C#程序设计》《电磁场与电磁波（M+book）》入选国家级一流本科课程——线上一流课程。《电磁场与电磁波（M+book）》入选北京市优质本科教材课件。

（刘　洵）

网络与信息系统建设及管理

【概况】

2021 年学校信息化工作紧紧围绕学校中心工作，认真履行工作职责，以服务师生为宗旨，用信息技术支撑学校的教学、科研、管理和服务，为学校“双一流”的建设提供有力保障。在网络安全、疫情防控、管理信息化、技术支持与信息服务、校园网和一卡通等方面做出突出贡献。

【网络安全】

完成教育部网络安全责任制考核工作，全年未发生网络安全重大事件。常态化进行网络安全监测、预警和通报，持续排查网络安全隐患，消除信息资产安全短板，优化安全防护策略。定期检测全校备案信息系统漏洞，对存在高危风险的信息系统完成预警、督查整改闭环管理。

加强网络安全监测、预警通报与处置，完成学校信息系统网络安全年度等级保护测评和整改，完成全年累计 83 天的重要时期网络安全保障工作和网络安全应急演练。2021 年监测发现并及时处置的高风险网络攻击事件 40 多起、处置挖矿主机 227 台、勒索病毒 2 台、蠕虫病毒 6 台，发现“钓鱼邮件”事件多起，检测信息系统（网站）高危漏洞累计 4 245 个，弱口令主机 100+台，发布校内整改通报 175 期，处置教育系统安管平台通报漏洞 15 起，公安系统通报漏洞 4 起。组织开展应对钓鱼邮件、木马远控事件应急演练，组织公开观摩，收到良好警示效果。

【管理信息化建设】

深度参与校内业务部门的信息系统规划与建设，组织校内 15 家单位信息化工作线上座谈会，针对数据治理与共享、智慧信息战略与实现途径、信息化建设统筹、信息安全保障等议题进行需求分析和业务与技术交流。优化整合各部门业务流程，完成 16 个信息系统的开发与建设。实现跨部门、跨层级线上审批，年新增业务申请 17 565 条，审批 35 213 人次。完成学校站群建设，开发中英文网站 14 个。

【技术支持与信息服务】

完成“全校数据治理工程一期”立项；建立全校数据治理流程体系，指导后续工作规范落地实施；完成多主题通用数据建模，为应用系统建设打造坚实“数据底座”；攻坚克难打通数据治理工程技术链，实现数据同步、清洗及智能调度。

高性能计算平台总体运行平稳，计算作业实现常态化高负载运行状态，为师生科研学习提供有力支撑。全年完成 33 936 个计算任务，总计使用 CPU 资源 37 931 118 核时、GPU 资源 138 594 卡时，累计存储使用达 132 TB。为全校师生开通 MATLAB 正版授权服务。

【校园网建设】

完成丰台轨道交通创新基地一期网络工程建设，开通丰台基地至主校区间的同城万兆裸光纤互联通道，完成丰台基地办公区网络施工，支撑学校师生在丰台创新基地高效开展教学科研工作。

北京校区与唐山研究院网络专线 10 月 27 日正式开通，京唐专线带宽达到 5 Gbps，实现北京、唐山信息资源共享，促进两地的深入交流合作。

【一卡通建设】

升级一卡通系统，可支持手机端充值、扫码消费、查询等功能。在丰台基地开通一卡通系统，让师生享受便捷服务。协助学校保卫处开通学校大门闸机系统。

学校作为北京高校首发试点学生电子公交卡单位，与北京市政交通一卡通公司合作，开通集身份识别、乘车优待、市政交通功能于一身的“北京市电子学生卡”，提高学生公交卡的使用便捷性，被北京电视台、新京报、北京青年报等媒体相继报道。

【疫情防控信息化工作】

重构返校平台和报到流程，完善校园防控数据，打造多终端迎新平台，打通迎新与疫情防控系统数据壁垒，年度健康填报 78 万人次，保障 2.8 万多名学生顺利返校。筑牢疫情安防保障体系，部署动态码设备 90 台，协同保卫处进行入校审批，形成学生疫情防治工作管控网。

完成新版迎新系统的开发、双 Web 服务器部署及上线运行，支撑主校区、威海校区共计 9 000 余名学生的网上及现场报到工作，完成迎新数据大屏的设计、开发及上线。

（杨志军　周筱来　李珊娜　蔡　娇　范文星　卜　巍　姚溪川）

档 案 工 作

【概况】

2021 年档案馆贯彻习近平总书记关于档案工作重要批示精神，围绕学校中心工作，增强档案治理体系建设，夯实档案基础业务工作，强化档案科技支撑，创新档案工作模式，高效完成档案管理服务和校史研究等各项工作。

【综合档案】

档案馆新版综合档案管理系统上线，优化归档模块，实现对纸质档案和电子档案的统一管理，实现与学校 OA 系统对接，简化归档流程；同时增加预约及远程查阅功能。在服务方面实现在校教师通过 MIS 系统查阅本单位归档材料，并进行远程电子文件借阅；在应届生毕业季，毕业生可通过系统预约模块办理证书翻译。

全年接收文书、教学、科技、基建、财会、照片、出版物等综合档案共计 10 582 卷，其中文书档案 1 479 卷、研究生科技档案 3 721 卷、会计档案 4 911 卷、科研档案 363 卷、照片档案 108 卷。

为学校教学、科研、基建、财务审计、编史修志，为学生求职、求学、出国、落户、政策房申请、学历认证等共提供档案证明材料 6 500 余卷，4 200 余人次利用。

为 788 余名出国学生提供本科生和研究生的毕业证、学位证、成绩单、高考证明以及其他学历证明的英文翻译。为教育部学位认证中心、全国就业指导中心等认证机构及用人单位进行学历认证共计 912 项。

【人事档案】

2021 年共接收新生档案 7 695 卷，其中本科生 3 851 卷、硕士生 3 333 卷、博士生 511 卷；向用人单位转递学生档案 6 267 卷，其中本科生 2 610 卷、研究生 3 657 卷。

接收组织部、人事处和其他学院单位归档材料 7 258 份，接收新入职和博士后人事档案 150 余份。

为学校组织部、人事处、纪委等部门提供档案借阅查阅 388 人次。配合人事处和各学院人事秘书查阅 525 多名教工档案，核对职称和年龄党龄等信息。接待校外用人单位人事部门查阅档案 370 人次。

为学生提供成绩单复印、出生证明、亲属关系证明及其他有关人事档案的证明 466 人次。疫情期间根据学生和校友要求，提供邮寄等服务。

2021 年度档案管理情况统计如表 65、表 66 所示。

表 65　2021 年度接收档案统计表

类别		年限							
		本年归档数	其中			本年续卷数	其中		
			永久	长期	短期		永久	长期	短期
文书档案		1 479	61	1 146	272	37 314	5 967	27 513	3 834
财会档案		4 911		4 911		41 500	187	15 686	25 627
科研档案		363	283	80		5 553	1 017	4 527	9
基建档案	项目卷								
	蓝图								
	底图								
	设备								
照片	卷数	108		108					
	（照片：563 张）（包含电子照片）								
	（底片：张）								
研究生档案		3 721		3 721					
本科生论文									
出版物									
教材									
合计		10 582	344	9 966	272				
销毁档案									
人事档案		2021 年馆藏 36 584 卷							
死亡档案		2021 年馆藏 1 013 卷							

备注：
人事档案本年接收 7 848 卷，包括本科生 3 851 卷、研究生 3 844 卷、教职工 153 卷；死亡档案增加 42 卷。

表 66　2021 年度馆藏档案统计表

类别		年限							
		历年总卷数	其中			累计	其中		
			永久	长期	短期		永久	长期	短期
文书档案		35 835	5 906	26 367	3 562	373 147	5 967	27 513	3 834
财会档案		36 589	187	10 775	25 627	41 500	187	15 686	25 627
科研档案		5 190	734	4 447	9	5 553	1 017	4 527	9
基建档案	项目卷	2 134	1 099	1 035		2 134	1 099	1 035	
	（蓝图：8 107 张）					（蓝图：8 107 张）			
	（底图：4 497 张）					（底图：4 497 张）			
	设备	1 546	（部门存放，总数不计）			1 546	（部门存放，总数不计）		
照片	卷数	2 484	1 775	700	9	2 592	1 775	808	9
	（照片：26 077 张）					（照片：26 640 张）			
	（底片：3 095 张）					（底片：3 095 张）			
研究生档案		54 460		54 460		58 181		58 181	

续表

类别	年限							
	历年总卷数	其中			累计	其中		
		永久	长期	短期		永久	长期	短期
本科生论文	761		761		761		761	
出版物	300	123	120	57	300	123	120	57
教材	115		115		115		115	
北京电力高等专科学校移交档案								
文书档案	4 911	1 719	1 596	1 596	4 911	1 719	1 596	1 596
财会档案	1 247	368	692	187	1 247	368	692	187
照片档案	72	72	（照片：1 761 张）		72	72	（照片：1 761 张）	
合计	144 098	11 983	101 068	31 047	154 680	12 327	111 034	31 319
人事档案	2020 年馆藏 37 901 卷				2021 年馆藏 36 584 卷			
死亡档案	2020 年馆藏 971 卷				2021 年馆藏 1 013 卷			
备注	1. 表中数据（截至 2021 年）154 680=12 327（永久）+111 034（长期）+31 319（短期） 此数据不包括设备档案、人事档案、死亡档案； 2. 截至 2021 年馆藏总数 192 277=154 680+36 584（人事档案）+1 013（死亡档案） 另有照片 26 640 张，底片 3 095 张，蓝图 8 107 张，底图 4 497 张。							

【校史博物馆】

校庆前夕补充完善校史展览，重点对 2016 年以来涉及人才培养、科学研究、社会服务等 34 个版块的内容进行重新布局和更新完善，特别是对面向未来谋划长远发展的重要事件和成果进行重点展示。

校史馆接待新生参观、校友返校、校外来访等各类参观活动共 237 批、5 700 余人。12 月，在“第七届中国高校博物馆馆长论坛暨 2021 年全国高校博物馆优秀讲解案例推介展示活动”中，1 名学生获得优秀讲解案例展示活动二等奖。

【学校党史百年主题展览】

档案馆与宣传部共同牵头完成“初心百年恰风华”北京交通大学党史百年主题展览。展览分为迎接新曙光、开启新篇章、迈向新征程、奋进新时代等 4 个篇章，展陈面积 190 多 m^2，展示图片和图表近 300 张，七一前夕开展，成为学校党史学习教育的重要载体和亮点活动之一。

【史志工作】

加强红色党史专项研究和红色人物史料挖掘，参与中国高教学会《高校档案里的红色故事》征集，研究编写《北京交通大学红色发展概述》与《参加北平和谈的交大人——地下党员李炳泉的故事》。

重点对学校南迁办学历程、叶恭绰、曾鲲化等有关史料做进一步梳理和研究。2 篇文章入选中国铁道学会文化与博物馆工作委员会会议论文集。

撰写完成《北京学校志（高校卷）》北京交通大学文稿，对近 30 年学校各项事业发展情况及重大事件进行全面总结和系统梳理。

【年鉴编纂】

完成《北京交通大学年鉴（2020）》的策划组稿和编校工作，出版《北京交通大学年鉴（2019）》。选取学校年度大事和亮点工作，向《北京教育年鉴》《北京海淀年鉴》编报文字条目和图片资料。1 人被评为 2020 年度“北京教育年鉴优秀特约编辑”。

（韩　莹　周亚俊　高　琦　高　杰）

后勤管理与服务

【概况】

2021 年，学校后勤工作紧密围绕学校发展大局，以切实提升服务品质、保障能力和育人水平为工作目标，以“管理规范强化年”为全年工作主线，进一步提升管理的规范化、科学化水平。

【节约型校园建设】

推进绿色学校创建，制定出台《北京交通大学绿色学校创建工作方案》《北京交通大学深入开展新时代爱国卫生运动实施方案》《北京交通大学绿化管理办法》等。获评全国公共机构水效领跑者（2021—2023）。通过水利部、北京市水务局组织的节水验收，成为北京市首批水利部认定的节水型高校。完成 2020 年度碳排放核查、履约工作。

【后勤信息化】

建设供暖综合值班室，接入地下三维可视化信息系统、供水管线探漏系统、能源监管平台，协同引进供暖监测系统，全方位监测供暖运转情况。建立维修类材料库存管理系统，规范维修材料使用管理。在学生公寓 22 号楼、嘉园 A 座、学苑公寓 4 号楼安装 3 台 AED（心脏体外除颤仪），更好保障学生生命安全。

【安全工作】

推进“集团－中心”两级安全制度建设，制定《后勤集团服务质量监督检查考核奖惩实施办法》，层层压实责任，加强安全培训，增强各级应急处置能力，推进安全检查治理常态化。加强重点时期重点部位防控，围绕消防安全等重点领域，加大日常巡查、夜查和专项检查力度，发现并整改安全隐患 130 余个。

【规范管理】

规范会议制度，制定后勤集团党委会会议、党政联席会议、总经理办公会议议事规则，进一步强化科学民主决策机制。全面推进规章制度修订工作，形成制度汇编。出租出借房屋整改工作取得突破性进展，无账房屋全部收回。完成所属企业改革、注销、剥离工作，红果园宾馆按学校要求完成了公司注销，正式转为红果园学术交流中心运行，校内超市全部调整为第三方经营模式。进一步规范工程、采购工作，对零修材料和保洁材料进行筛选，完成工程管理模式调整，应急抢险中心正式成立并投入运行。

【后勤服务】

推进家属区民生工程建设，完成交大新园立体车库建设，重新规划家属区停车位，增加车位 170 余个，有效地缓解家属区停车拥挤问题。有序推进多层楼加装电梯工程。推进学校家属区物业收费改革工作，校长办公会审议通过《北京交通大学物业费改革方案》。

加强对再生资源回收点垃圾分类情况的监管，在校园区、家属区合理布置便于垃圾分类的各类垃圾桶，张贴垃圾分类宣传图。开展垃圾分类示范宿舍培育活动，共计 248 间宿舍参与，涵盖 14 个学院，培育示范宿舍 33 间。

严把食品安全关，保证原材料有源可溯、配送安全、入口安全，全年进行微生物检测 1 378 次、理化检测 1 019 次，餐具化验 1 356 次。严格成本核算，稳定饭菜价格。成立菜品研发小组，丰富饭菜品种，提升饭菜质量。推动膳食营养健康食堂创建工作，引导师生健康饮食。

打造毕业季、银杏季等主题景观，郁金香文化节、果实回馈等活动深受师生好评。完成嘉园、学苑绿化美化工程项目。配合完成 125 周年校庆、毕业典礼、开学典礼等约 30 场大型活动的现场布置工作。

为参加建党 100 周年活动学生提供餐饮、住宿和车辆服务保障。配合丰台专班做好创新基地筹建及延伸管理工作，高效推进学生宿舍、食堂以及基础设施建设，确保食堂按期开业。

北京交通大学幼儿园以优异成绩通过北京市 A 等级园验收，标志着在新的督导标准下，学校办园水平已处于北京市先进行列。

【党群工作】

完成后勤集团党委委员换届选举和党支部换届选举工作，党委班子和支委班子结构进一步优化，支部设置更加规范、合理。全面修订党务制度并形成制度汇编，提高党务工作规范化水平。开展党史学习教育，深化理论学习，为师生办实事 50 余项。以学校巡察为契机补齐短板，保证集团工作持续健康发展。

坚持落实立德树人根本任务和“三服务两育人”宗旨，积极助力学校开展劳动教育，开发和讲授《膳食营养在校园的应用》等讲座课程，并纳入学生第二课堂。打造学校样板党支部——公寓党支部，形成“寓德、寓情、寓警、寓境——四位一体”的育人工作管理体系，建立“萤火虫志愿服务队”，为高校公寓管理和育人工作提供优秀示范。

后勤集团青年志愿者协会全年共计组织 200 余人次参与各类服务保障活动，在迎新、疫情防控等各项重大工作中发挥积极作用。

【宣传交流】

全年共计发表新闻稿 50 篇。后勤新媒体账号全年发布动态 78 条，总阅读量达 24 万人次。

组织成立学生社团“北交大绿色之家”，助力绿色学校创建工作。

建立“学生质监委员会”和“直通后勤”两个信息平台，全年共处理师生各类反馈意见 449 件。

（高雅静）

基 本 建 设

【概况】

2021 年学校基本建设工作克服新冠疫情影响，新建综合体育馆全部工程基本完工，完成向阳办公区等 18 项修缮改造工程，年度中央高校改善基本办学条件专项资金执行率达到 100%，修订、出台《北京交通大学修缮、改造工程管理办法》，工程建设项目信息系统投入试运行。

【基建投资完成情况】

综合体育馆项目全部工程已基本完工，室内装修工程进入收尾阶段。

教育部拨付学校中央高校改善基本办学条件专项房屋修缮项目资金 2 579 万元、基础设施改造项目资金 422 万元、建设项目配套工程项目资金 55 万元，截至 2021 年 12 月 15 日，执行率达到 100%；校内自筹资金约 2 495 万元，按计划稳步推进执行。

2021 年共完成和实施修缮改造工程项目 18 项，其中中央高校改善基本办学条件专项 13 项：嘉园 C 座学生公寓等修缮改造（三期）、17 号楼房屋修缮改造、第九教学楼修缮改造（二期）、学苑公寓部分电梯更换、第九教学楼修缮改造（三期）、学一餐厅改造（二期）、土木工程楼屋顶修缮、隧道工程实验室等修缮改造、思源楼电梯更换（二期）、攀岩墙及附属设施、运动场地改造、校园区新增无负压供水系统、综合体育馆抗震支架等工程；校内预算项目 5 项：东教 2 楼加固、向阳办公区改造、交大前沿中心项目、17 号楼增设空调系统、第八教学楼地下室修缮等工程。

【基建管理】

克服疫情、超长雨季及高温影响，做到疫情防控和工程建设两手抓、两不误。优化调整施工组织设计，进一步完善质量管理体系，提高效率；暑期与参建单位密切协调，保障学校各项工程按期推进。与北京市、海淀区等多层级管理部门沟通，将新建综合体育馆供电节点由首都体育馆变更为大钟寺，为学校节省资金 6 000 余万元。组织多方研究编制向阳办公区修缮改造方案，优化用户使用条件，保障项目按期交付、使用，挖掘海淀校区空间潜力，为海淀校区整体改造提升提供良好范本。

修订、出台《北京交通大学修缮、改造工程管理办法》，明确修缮、改造工程管理的工作原则、程序和要求，厘清各职能部门的工作职责，细化各工作程序的具体要求，进一步完善学校基建领域基础性、框架性的规章制度。

组织研发工程建设项目信息管理系统，投入试运行，全面推动基建工作信息化、数字化、可视化，向监督部门开放权限，实现基建管理流程的公开透明和监管的常态化。

为迎接 125 周年校庆，举办北京交通大学百年基建成就展，全面回顾学校基本建设发展历程，相关成果在基建与规划处官网进行展示。展览以时间为主线，展示学校校址、建筑等的变迁发展，以及人文传承影响下的建筑承续，突出体现各时期基建成绩。

（段蕾阳）

新校区及创新基地建设

【概况】

2021 年，学校稳步推进新校区建设，积极谋划新校区落地雄安，争取在京发展空间，丰台轨道交通创新基地平稳运行。

【新校区建设】

贯彻教育部部署，编写完成《北京交通大学在雄安开展办学工作方案》。

制定《北京交通大学雄安新校区前期组织工作方案》，明确前期任务，确立 28 项研究课题。

【创新基地建设】

年初与丰台区达成合作共识，共建北京交通大学丰台轨道交通创新基地，得到北京市领导的批示支持。

3 月 23 日，与丰台区政府签订合作协议，确定总体规模及一期选址（15 万 m^2、国数美域），先期减免 5 年租金。

先后与各方签订《国数美域房屋租赁合同》《北京国数美域公寓租赁合同》《丰台轨道交通创新基地（实验办公区）物业服务合同》《北京交通大学丰台轨道交通创新基地生活配套服务委托合同》，为创新基地投入使用奠定基础。

制定创新基地使用方案，推进基地食堂、宿舍、运动场等各项公共服务设施建设。入驻团队 38 个，入住学生 350 名，创新基地平稳运行。

（韩小娜）

医疗保健与卫生工作

【概况】

2021 年校医院全力落实校园新冠疫情防控的各项任务。开展“关爱生命、关爱健康”服务年活动，做好公共卫生、医疗服务、公费医疗管理、红十字会、献血、计划生育等工作。在 2020 年海淀区非区属社区卫生服务中心服务综合考核中总成绩排名第三。

【疫情防控】

搭建和细化校园新冠疫情预防控制体系框架，制定师生返校和重大集体性活动的防疫指南、开展各项防疫培训和消毒指导等工作。做好学生返校后的各项传染病防控应急工作预案及流程。开展 2021 年秋季学期开学返校疫情防控桌面应急演练。开展多次后勤和大型考试前的防疫培训，承担军训基地医疗保障和防疫任务。

校园公共卫生和疾病预防采取日常监测和主动监测双重管理。为师生集中接种新冠疫苗 68 221 剂次。常规开展冷链食品、学校重点人群和区域环境等核酸检测，做好中高风险地区返校人员集中管理。全年完成核酸检测 21 745 人次、密接人员转运及居家健康监测、信息核查 1 127 人次、重点区域返京人员核查 1 000 余人次、中高风险地区人员管理 245 人次、健康监测点隔离人员管理 178 人次、转诊和管理发热以及腹泻患者 1 770 人次。对食堂、图书馆和学生公寓等 645 个点位进行新冠肺炎核酸环境采样，并采取多种形式培训消毒知识，实地指导后勤进行环境消杀 62 次。

严格落实上级疫情防控部署的各项要求，精准有效做好常态化疫情防控，搭建与社区、街道、区社管中心和第三方检测公司信息对接通道。多渠道推送传染病防控特别是预防新冠肺炎的防控知识，做好风险预警和防范化解。

【预防保健】

加强校园传染病防控和健康筛查工作，建立免疫屏障。全年报告传染病 11 种，共 151 例，全校无甲类传染病发生，无死亡病例。重点做好水痘、结核病、诺如病毒感染性腹泻、艾滋病、流感等传染病防治的专项宣传工作。传染病应急处理 130 例。全年结核病密接排查 14 起，共排查出密接者 332 人次，筛查率 100%。计划免疫共计 6 643 针次：其中儿童接种疫苗数 1 016 针次，老年人免费流感接种 500 余针次，本科、研究生新生接种麻风腮、甲乙肝疫苗 4 571 针次。

完成研究生、本科生、专科生等新生体检 8 176 人次。完成女职工妇科及乳腺体检 2 202 人次，全校教职工体检 5 685 人次，新增线上查验体检报告功能，方便快捷。同步完成家医签约工作。敬老月期间为离退休人员进行 656 人次的骨密度检测和 560 人次的脑健康筛查，开展“医银结合”助老活动。

全年新建册儿童 43 人，现在册儿童 165 人。孕妇建册并家医签约 81 人。规范两癌筛查结案 223 人。稳步开展精防门诊工作，2021 年重性精神疾病管理网络 40 人，完成 874 人次的心理咨询。《认识双向情感障碍》入选 2020 年度全国优秀科普微视频。

【基本医疗】

全年总诊疗人次为 153 446 人次。护理部全年共参与抢救 41 人次、社区出诊上门服务 56 人次，应急医疗保障及防疫外勤约 110 场，完成 7 000 多名学生军训医疗保障。完成医保各阶段的系统升级、定点医药机构贯标、异地医保建设等医保管理工作。

首批参与海淀区区域处方前置审核试点工作。完成海淀区首届药师科普视频作品制作和上报，获二等奖。连续两年承办北京市社区卫生协会组织的活力社区项目。获北京市处方点评先进单位称号。在各项业务比赛中获全国奖项 3 人，北京市奖项 11 人，获海淀区奖项 4 人，获国家、北京市和海淀区集体奖项共 10 次。通过北京市“老年友善医院”和“老年健康服务规范化建设”创建验收。

获批校级科研项目 4 项，完成校级教改项目 2 项。全院以第一作者发表论文 10 篇，其中核心期刊 6 篇；开展便携式睡眠呼吸监测项目。“以课程为依托，全面提高大学生健康素养”获得学校 2020 年度本科教学成果一等奖。做好继续医学教育及“三基”培训，完成区级项目 10 次，院内项目 20 次，继续教育达标率保持 100%。完成基层疫情防控强化培训和全国新冠肺炎医疗救治培训课程。

【健康促进】

全年针对学生、教工、社区居民、流动人口进行传染病知识宣传 42 次。为新生开展传染病防控疫情培训线上讲座 3 次。组织落实 2 门选修课的线上、线下教学工作。发放健康资料 33 种、13 780 份，更换健康教育宣传栏 12 块。编辑发行 6 期《健康列车》3 000 册。播放健康宣教视频 21 种，编写健康科普宣传材料 107 篇，其中原创 74 篇。发布微博 3 000 余条。开展健康讲座 30 场次、公众健康咨询活动 34 场，受众 58 846 人次。加强心理健康教育，知行健康苑心理科普推送 19 期，制作动漫形式科普宣传片 4 集。选派优秀选手参加健康科普比赛，1 人获中华口腔医学会“2021 年口腔健康科普演讲交流活动”科普先锋（国家级）、2 人分别获海淀区“健康科普师资科普技能大赛”一等奖和三等奖、校医院获海淀区“健康科普师资科普技能大赛”优秀组织奖。

2021 年累计组织校园献全血活动 3 次（同步开展成分采血车进校园活动 3 次），赴血液中心献血 11 次，师生参与无偿献血 1 042 人次，共捐献 1 098.55 单位（219 710 ml）血液，其中捐献全血 957.55 单位、血小板 141 单位。开展 2 次造血干细胞血样采集活动，165 名志愿者成功进行血样采集。开展 2 次大型应急救护培训，513 人取得北京市红十字会颁发的救护技能证。举办急救知识竞赛，获评“北京高校大学生世界避孕日知识竞赛”最佳组织奖、海淀区大学生防艾知识竞赛“优秀组织奖”。

门诊报销 9 736 人次，住院报销 1 036 人次，新生公疗培训 3 次，协助办理人民医院预约挂号 204 人次，为延期毕业学生办理北京市居民基本医疗保险 22 人次。

（孔令伟　丁金凤　卢云涛　孙亚慧　刘红军）

安 全 保 卫

【概况】

2021 年学校安全保卫工作按照上级和学校统一部署，以维护学校政治安全为根本目标，坚持把师生安全放在首位，坚守安全红线，以“强弱项、补短板、促提升”为切入点，防范化解重大安全隐患，突破难点重点，全面提升校园综合防控水平，圆满完成建党 100 周年重大庆祝活动和党的十九届六中全会期间安全保障工作。

【治安管理】

强化人防、物防、技防措施，全年接待各类案（事）件 110 余件次，其中查处流氓滋扰 7 起、网络诈骗 16 起、打架斗殴 2 起，调解矛盾纠纷 24 起，帮助师生找回遗失物品 246 起。

【消防管理】

开展 59 个研究生工作室安全隐患专项整治，建立隐患台账，明确安全管理负责人和责任教师。

消除楼宇弱电间安全隐患，加装智慧消防监控报警系统进行实时监控，有效改善弱电间散热难、检测难、运维难、排查线路问题难等问题。

完成弱电机房（柜）智慧消防火灾监控报警系统、18 楼简易喷淋系统、图书馆防火门等 7 个项目维修改造，维修更换灭火器材 12 000 余件，开展消防日常安全检查 575 次，组织全校性安全检查 5 次，开具安全隐患整改通知书 10 份。

【交通管理】

确定 2021 年为“交通安全专项整治年”，将校园交通安全纳入年度工作要点，增加交通专项投入，列为党史学习教育“我为群众办实事”重要举措，为师生营造安全便捷的出行环境。定期召开交通安全工作联席会，会商研判，统筹协调工作进度。

开展专项治理，通过完善校外人员和车辆入校审批、严格实名预约和凭证换卡入校、实行违规车辆黑名单制度等办法，加强货运、工程和危化品车辆入校管理。通过实名登记、分类挂牌、增建充电柜和充电桩等办法，解决电动自行车“无序扩张、超速行驶、充电困难”等问题。通过在校园主干道和重点部位增设卡口抓拍设备、安装雷达测速显示屏，将校园闸机系统与电动车档案联动等办法，解决“校内车辆超速行驶、违停乱放”等问题。

强化服务导向，提升师生交通安全获得感。清理并维修校内无主废旧自行车，喷涂醒目标志，作为校园共享单车供师生免费使用，解决校内通行“最后一公里”。优化校园交通环境，动态调整师生上下课等时段校园行车路线和通行方案。

【户证管理】

2021 年落户 2021 级本科生 1 458 人（其中威海校区 220 人）、硕士生 885 人、博士生 231 人、博士后 48 人、教工 85 人。户口迁出 3 645 人，其中毕业生 3 516 人、教工 92 人、博士后 37 人。

【安全教育】

多渠道多形式开展安全教育，打造“消防运动会+安全体验馆+学生军训+疏散逃生演练+平安交大公众号+典型案例实时宣传”等安全教育模式，实现 2019 级和 2020 级学生安全教育全覆盖。消防安全体验馆聘请专业人员讲解，通过隐患查找、消防器材展示、虚拟灭火体验、消防栓灭火体验等，为 1 000 余名师生提供全方位多角度实训，火灾自救互救能力得到显著提升；组织第五期消防设施操作员培训，开展“11·9”主题宣传月活动，利用“平安交大”微信公众号，发布“我身边的安全隐患”“火灾案例”“学生宿舍消防安全”“电动自行车火灾防范”等安全教育短视频 30 余期。

【科技创安】

维修排除监控系统各类故障 1 300 余件次，完成安防智能化改造项目建设，安装视频结构化分析系统，实现关键信息精准定位和分类储存。

在各校门安装人脸识别闸机，加强对进出人员和车辆的精准管控。在 8 个校门进出口安装闸机通道 24 个，利用人脸识别等技术手段，实现身份识别、测温通行、分类管理、分时段通行等功能一体化，有效解决人车进出校园的行动轨迹追踪、溯源流调和人工查验等问题。严格落实上级和学校疫情防控相关部署要求，加强与技防系统的联防联动，精准有效做好常态化疫情防控，动态调整防控措施，细化防控方案，完善工作方案和应急预案，筑牢校园疫情防线。

（邓小凤　李　京）

学院工作

电子信息工程学院

【概况】

电子信息工程学院设有 10 个研究所：光波技术研究所、下一代互联网国家工程实验室、现代通信研究所、宽带无线移动通信研究所、智能网络与信息安全研究所、电磁兼容研究所、运输自动化科学技术研究所、轨道交通控制研究所、先进控制系统研究所、国家电工电子教学基地。设有 6 个系：通信工程系、信息工程系、电子系、轨道信号系、自动化系、智能系统系。设有 6 个本科专业，4 个工学博士学位授权点和 4 个学术硕士学位授权点，其中一级学科博士授权点 3 个、二级学科博士授权点 1 个；有 1 个工程博士学位授权领域，4 个专业硕士学位授权领域。有 5 个国家级科研平台，5 个国家级教学平台，6 个省部级科研平台。

2021 年学院有在职教职工 279 人，其中专任教师 229 人，中科院院士 1 人、中国工程院院士 1 人（张宏科教授 2021 年当选）；教授 100 人，副教授 107 人，讲师 22 人；专任教师中具有博士学位的占 97.8%。

截至 2021 年底，学院毕业学生 940 人，其中研究生 447 人（博士生 50 人、硕士生 397 人），本科生 493 人；招生 1 165 人，其中研究生 530 人（学术型博士研究生 78 人、工程博士 18 人、全日制硕士生 431 人、非全日制硕士生 3 人），本科生 432 人，本科二学位 203 人；在校生 3 766 人，其中研究生 1 533 人（博士生 404 人、硕士生 1 129 人），本科生 2 233 人。

【党建和思想政治工作】

在党史学习教育活动中，组织两场专题讲座、两次主题党课。利用庆祝中国共产党建党 100 周年、运输自动化所成立 30 周年的契机，开展“心如磐石、笃行致远”主题党日活动。教育部党史学习教育高校第一巡回指导组督导微电子党小组专题组织生活会并给予好评。学院 79 名师生参与建党 100 周年广场献词合唱、城市志愿者等活动。29 名师生参与服务 2022 年北京冬奥会。立改废规章制度 10 余项，建立七一过政治生日活动制度。师德师风建设贯穿于教师业务工作全过程。

学院获学校就业创业工作综合奖、精准指导服务特色奖，1 人获评北京市就业先进个人。1 人获评北京高校优秀辅导员，1 团队获评 2021 年“青年服务国家”首都大中专学生暑期社会实践优秀团队，1 人获评首都社会实践先进个人，1 人获评首都社会实践先进工作者。

教育部首批“三全育人”试点学院通过验收。学院通过“十育人”体系实现全员育人、全过程育人、全方位育人，形成两项工作案例，其中建设智慧学工信息化工作平台，深度融合互联网和思政工作。打造“青春”系列主题文化教育实践活动，包括面向新生的“青春·启航”精品公开课，面向在校生的“青春·信仰”榜样分享系列活动，面向毕业生的“青春·荣耀”表彰典礼。

【教学工作】

1 人获评全国教材建设先进个人，1 本教材获全国优秀教材（高等教育类）二等奖，1 本教材获评北京高校优质本科教材课件，1 本教材获评北京高等教育优秀教材；获评北京高校优秀本科育人团队 1 个，获第一届北京高校教师教学创新大赛三等奖 1 项；1 门课程及团队获评国家级思政示范课、国家级课程思政教学团队，3 门课程入选教育部在线教育研究中心拓金计划，1 门课程及团队获评北京市高校课程思政示范课、课程思政教学名师、课程思政教学团队；1 门课程获评虚拟仿真实验教学创新联盟 2021 年实验教学应用示范课程；教育部产学合作协同育人项目立项 10 项，教育部专业教学指导委员会教改项目立项 2 项；主办 2021 年全国轨道交通信号与控制专业虚拟教研室系列活动；4 篇论文获评北京市普通高等学校优秀本科生毕业设计（论文），4 人获评北京市普通高等学校本科生毕业设计（论文）优秀指导教师；33 人被评为北京交通大学优秀主讲教师（含到期重新认定），1 人获北京高校第十二届青年教师教学基本功比赛二等奖和最佳现场展示奖，教师参加第八届“鼎阳杯”全国高校电工电子基础课程实验案例设计竞赛获全国一等奖 1 项、全国三等奖 1 项、华北赛区一等奖 2 项、华北赛区三等奖 1 项，教师参加各类教指委组织教学竞赛获一等奖 2 项、二等奖 5 项、最佳创意奖 1 项、最佳组织奖 1 项；学院获评第十届高校科技创新成果展示推介会最佳组织奖。

本科生在学科竞赛中获国家级奖项 22 项、省部级奖项 152 项。

改革招生指标分配和录取组织模式，调整资源分配机制，实施指标分配与培养质量和学科贡献挂钩。建立以学院组织为主体、研究所相结合的复试组织模式。以网络复试模式为主体完成 2021 年研究生和 2022 年保研生录取任务，组织 1 020 余名考生复试，1 400 余名硕士统考生报考。开始威海校区研究生招生工作，开设人工智能非全日制硕士招生专业。

依据教育评价机制改革精神，结合培养过程质量监控和思想测评，修订完善博士、硕士奖助学金实施细则、硕士生培养过程质量监控实施细则和学科竞赛奖励办法。编制和修订 4 个专业学位培养方案和学位授予标准。完成 4 个学位授权点建设年度报告。完成 291 名专业硕士专业领域调整工作。

99 位学术型、56 位专业学位博士生导师通过 2022 年招生资格审核和培训。建设核心课程 5 门，课程思政 14 门，1 门研究生课程获批国家级课程思政示范项目，获 2020 年北京交通大学研究生教育成果一等奖 2 项。

获评 2020 年度中国电子学会优秀博士学位论文 2 篇。研究生在学科竞赛中获国家级奖项 11 项，获省部级奖项 24 项。在电子设计竞赛、创“芯”大赛等中国研究生创新实践系列大赛中，获全国总决赛二等奖 3 项、三等奖 1 项。获中国国际“互联网+”大学生创新创业大赛全国铜奖 1 项。

年度授予 50 名博士、397 名硕士学位，学位获得者在读期间发表 A 类论文 173 篇；核查近 2 年博士学位论文质量，首次实施博士生结业计划，25 名超期博士生办理结业；20 项Ⅱ类研究生创新项目通过立项评审，对 32 个项目组织结题评审；通过国家留学基金委派出联合培养研究生 16 人次。

【科研工作】

2021 年总体科研经费达 1.5 亿元。新增重大项目包括国家重点研发计划立项课题 3 项、青年科学家项目 1 项，国家自然科学基金重大仪器项目 1 项、优秀青年项目 1 项、重大研究计划“重点支持项目”1 项、国际合作项目 1 项，新增主持 400 万以上国防军工科研项目 3 项，超 1 200 万元横向重大项目 1 项。

1 项成果获 2020 年中共中央办公厅科学技术奖一等奖，1 项成果获 2021 中国电子学会科学技术奖自然科学二等奖，1 项成果获 2021 年度中国机械工业科学技术奖二等奖，“复杂环境下适应型天线与可重构滤波调控技术及产业应用”获四川省科学技术进步奖一等奖，“基于不同信号制式的轨道交通无感改造成套装备研究与应用”获北京市科学技术进步奖一等奖，“面向网络化运营的互联互通 CBTC 关键技术及成套装备与示范应用”获城市轨道交通协会科学进步奖特等奖，“智慧地铁高精度空间信息感知、融合与表达关键技术及应用”获中国卫星导航定位协会科学技术奖特等奖。

2 人入选 IEEE Fellow；3 人入选 2020 中国高被引学者；1 人入选第六届中国科协青年人才托举工程，1 人入选北京市科技新星计划，1 人获批 2020 年度交通运输部交通运输青年科技英才。

通过武器装备质量管理体系现场监督审核，出台《电子信息工程学院军工科研鼓励办法》。

新增 SCI 检索论文 318 篇；出版专著 4 部；授权专利 64 项，其中授权发明专利 58 项，知识产权实施转化 7 项，转化总经费 352 万元。

【学科与平台建设】

学院“十四五”规划和通信与信息系统、电子科学与技术、交通信息工程及控制和控制科学与工程 4 个学科“十四五”发展规划经学院党政联席会审议通过后发布实施。组织第五轮学科评估工作。

轨道交通运行控制系统国家工程研究中心、移动专用网络国家工程研究中心 2 个国家工程研究中心纳入国家发改委新序列管理。1 团队参与显示控制与驱动芯片北京市工程研究中心。结合丰台创新基地建设，拓展科研用房 1 800 余 m^2，入驻 6 个科研团队。

【交流与合作】

完成联合培养项目招生宣传与学生派出工作，2021 年通过学院联合培养项目派出 6 名本科生，通过留学基金委项目派出 15 名博士研究生；持续推进同加州大学伯克利分校的合作项目；落实与兰卡斯特大学通信工程专业学位的研究生招生项目，修订培养方案。做好来华留学生教育工作，招收 9 名本科生及 1 名硕士生，27 名本科生及 1 名硕士生顺利毕业。

牵头成立“轨道交通信号专业产教融合联盟”，发布《电信学院外联工作指南 1.0》，设立“飞鸿云际基金”“远光瑞为基金”。

与中国铁道科学研究院联合主办 10 期国铁集团技术管理人员培训班，培训学员 600 余人次。

组织 1987 级校友 30 余人返校。

（董丽敏　李艳涛　冯麟淞　陈　晨　常　卓　沈燕平　孟徐菁华
高万英　张燕宁　郭昊明　李迎鑫　杨世武）

计算机与信息技术学院

【概况】

计算机与信息技术学院设有计算机科学系、计算机工程系、信息安全系 3 个系，信息科学研究所、医学智能研究所 2 个所，网络管理研究中心、智能信息技术教育中心、计算机实验教学中心 3 个中心。设有 5 个一级学科博士/硕士学位授权点，6 个硕士专业学位授权点，7 个本科专业和方向。学院有国家重点学科二级学科 1 个，北京市重点学科二级学科 1 个、交叉学科 1 个，有 9 个省部级科研平台，有 2 个北京市人才培养基地。有“电子信息与计算机”国家级实验教学示范中心，“计算机实验中心”北京市实验教学示范中心，2 个国家级工程实践教育中心，网络管理国家认可实验室。

2021 年，学院在职教职工 217 人，其中专任教师 156 人，具有博士学位的占 91%；教授 53 人，研究员 6 人，副教授 68 人，副研究员 2 人，高工 6 人，讲师 39 人。博士生导师 85 人，硕士生导师 157 人。

截至 2021 年底，学院毕业学生 801 人，其中研究生 449 人（博士生 48 人、硕士生 401 人），本科生 352 人。招生 830 人，其中研究生 559 人（博士生 66 人、全日制硕士生 362 人、非全日制硕士生 131 人），本科生 271 人。在校生 2 929 人，其中研究生 1 487 人（博士生 271 人、全日制硕士生 903 人、非全日制硕士生 313 人），本科生 1 442 人。

【党建和思想政治工作】

以建党 100 周年为契机，召开党史学习教育动员部署大会，开展党史学习教育系列活动，包括组织网络学习、中心组学习、党课、支部集体学习；开展主题党日、集体观影、社会实践（唐山）、微党课等活动；落实“我为师生办实事”；组织召开党史学习教育专题组织生活会等。出台《计算机学院庆祝中国共产党成立 100 周年党史学习教育系列活动方案》，开展“追溯建党初心，共话百年辉煌” 党史专题学习，组织“铭记革命遗志，激发爱国情怀”清明祭扫，举办“牢筑信仰长城，传承红色使命”主题微党课比赛，联合展览路街道开展“建党百年正青春，跟党奋进新时代”主题党史桌游，组织党员赴卢沟桥开展“铭记血泪，我辈自强”主题实践。18 个研究生党支部结合“建党百年”主题，组织 330 名党员，与 27 个校外党支部开展 56 次共建党日活动。

修订《北京交通大学计算机与信息技术学院党政联席会议议事规则》《北京交通大学计算机与信息技术学院党委会会议议事规则》，发布《关于加强计算机学院党委纪检工作的意见（试行）》。召开学院第三次党员代表大会，选举产生学院新一届党委。

开展学院师德师风先进个人评选活动，设立“立德树人”奖、“传道授业”奖、“启智求真”奖、“笃行致知”奖和“研途领航”奖，选出 10 位获奖教师，召开学院师德师风先进个人、优秀共产党员表彰大会。迎接北京市党建先进校检查，开展进一步深化巡视整改专项工作。

学院“七一”走访慰问生活困难学生党员及教职工党员，慰问金额 17 500 元。继续做好与福泉中学贫困生结对帮扶工作，组织学院各二级单位捐款，共计 13 320 元。共产党员献爱心捐款 9 600 余元。

本科生 11 人获得国家奖学金，46 人获得国家励志奖学金，35 人获得企业专项奖学金，373 人次获得单项奖学金，100 人获得三好学生荣誉称号，41 人获得优秀学生干部荣誉称号。4 个班级获评北京交通大学优良学风班，22 个集体获评学校各类先进集体。1 团支部被评选为校级先锋杯优秀团支部，1 团支部荣获北京市先锋杯优秀团支部。2 人被评选为校级十佳团支部书记，42 人获评校级优秀团干部，93 人获评校级优秀团员，1 人获评学校共青团五四奖章。

举办第三届北京交通大学互联网+金融双选会，200 多家企业参与。建立“Smile 招聘”微信公众号，发布就业类推送 700 余篇，阅读量总计 22 万余次。举办 5 场“学长来了”主题分享会，面向学生开展“职场初体验”系列活动，组织 400 余名学生走访多家知名企业并联合开展短期线上项目实训。

依托学校“互联网+”创新创业中心，举办“90 校友杯”创业计划大赛、“飞鸿杯”物联网创新创业大赛，联合知名企业组织 8 场创新创业系列讲座，举办“科技之星”评选表彰活动评选 7 名“科技之星”。大学生创新训练项目立项 122 个，参与学生 343 人。

创新“党建+”研究生党建新模式，形成“党建引领科研”“党团班舍协同”的运行机制，以党风带动学风。1 支部获评学校首个全国高校“百个研究生样板党支部”，1 支部获评学校先进基层党组织，2 人获评学校优秀共产党员称号，7 个支部获批校级支部组织生活建设立项，1 支部获评“十佳”研究生党支部组织生活案例，2 个支部制作的视频获评校级优秀“微党课”视频。

研究生 50 人获得院级党员标兵、优秀共产党员荣誉称号，49 人获得校级优秀毕业生荣誉称号，19 人获得校级北京市毕业生荣誉称号，24 人获得校级优秀团干部荣誉称号，35 人获得校级优秀团员荣誉称号，41 人获得校级优秀研究生干部荣誉称号，96 人获得校级三好研究生称号，2 人获得北京市三好研究生称号，31 人获得企业专项奖学金，12 人获得校级社会实践优秀个人。12 个班级获评学校先进班集体，其中 1 班级获评北京市先进班集体。

本科生就业率 92.33%，研究生就业率 99.05%，其中硕士毕业生就业率 99.22%、博士毕业生就业率 97.22%。学院获评 2021 年度精准指导服务特色奖、重点领域就业引导特色奖。

【教学工作】

计算机科学拔尖学生培养基地入选教育部基础学科拔尖学生培养计划 2.0，成为全国 35 个获批的国家级计算机科学拔尖学生培养基地之一，也是学校唯一入选的国家级基础学科拔尖学生培养基地。

获评全国首届教材建设二等奖 1 项、北京市青年教学名师 1 名、北京高校优质本科课程项目 1 项、北京高校优质本科教材重点项目 1 项和北京高校优秀本科毕业设计 4 项；信息安全、物联网工程专业获批国家级一流本科专业建设点，保密技术专业获批北京市级一流本科专业建设点。

获批产学合作协同育人项目等省部级/校级以上教改项目 16 项；2 名教师获华为智能基座奖教金、6 名学生获华为智能基座奖学金；获北京交通大学教学成果奖特等奖 1 项、一等奖 4 项、二等奖 8 项。

大学生创新训练计划项目立项 122 项，参与学生 343 人，结题 83 项，其中国家级 14

项、市级 18 项；本科生获各类竞赛银奖及二等奖以上荣誉 86 项。

开展校级研究生教学改革 28 项，建设“本研跨学科高级课程群”课程 13 门，新建优质核心课程 9 门，课程思政案例 3 项，优质教学案例 3 项，出版教材 1 本，获评第十五届全国信息与电子学科研究生教育学术研讨会二等奖 1 项，学校研究生教育成果特等奖 1 项、一等奖 3 项、二等奖 3 项，学校研究生课程思政示范项目 1 项。创新非全日制培养模式，全校首设非全日制研究生唐山班。

获中国电子学会 2020 年度优秀博士、硕士论文各 1 篇，获学校 2021 年度优秀博士论文 2 篇。研究生第一作者发表中国计算机学会（CCF）推荐 A 类期刊、A 类会议以及美国电气与电子工程师协会学报（IEEE Trans）等行业领域高水平论文 60 余篇。承办第三届中国研究生人工智能大赛，推荐 21 支队伍进入全国大赛，获全国二等奖 1 项。研究生获“中信银行杯”第三届中国研究生人工智能创新大赛国家二等奖 1 项，“兆易创新杯”第十五届中国研究生电子设计竞赛、高校人工智能算法挑战赛等学科竞赛省部级二等奖以上 30 余项。

【科研工作】

新增科研经费 1.026 8 亿元。学院获批学校首个科技创新 2030 重大项目、首个人工智能领域重大项目，首次获批国家重点研发计划——政府间国际科技创新合作项目。师生发表领域顶级期刊和会议论文 38 篇，13 篇论文进入 ESI 高被引论文。1 团队入选交通运输部交通运输行业科技创新团队、入选北京市科技新星 1 人、入选第六届中国科协青年人才托举工程 1 人、入选北京市轨道交通学会杰出青年人才 1 人。获高等学校科学研究优秀成果奖（科学技术）二等奖 1 项、产学研合作创新成果奖二等奖 1 项。

举办“知行讲堂”学术活动 9 期，参与师生近千人次。

【学科与平台建设】

学院“十四五”规划和计算机科学与技术学科、信号与信息处理学科“十四五”发展规划经学院党政联席会审议通过后发布实施。

“交通数据分析与挖掘”北京市重点实验室在北京市重点实验室绩效考评中获评优秀。“高速铁路网络管理”教育部工程研究中心通过教育部评估。完成丰台轨道交通创新基地入驻工作。

【交流与合作】

依托创新引智基地（“111 ”计划），与美国麻省理工学院、希腊克里特理工大学联合，举办首期“智能交通国际前沿技术”大师面对面系列论坛。首次获批国家重点研发计划“一带一路”创新人才交流外国专家项目。与新加坡国立大学签订“3+1+1”联合培养项目框架协议。学院新版英文网站上线。获 2021 年国家建设高水平大学公派研究生项目资助 11 人，派出联合培养博士研究生 10 人。

邀请 6 家校友企业来访宣讲举办校友企业专场招聘双选会。完成 2011 届、2001 届、1991 届校友线上线下值年返校活动。

【国家保密学院工作】

完成中央和国家机关保密教育实训平台人员轮训，完成 2 家国家保密局委派培训单位、40 家计划外培训单位、3 家外省调研单位的培训组织工作。为各类保密培训提供师资，选派教师担任培训教师 30 多人次。为学校各单位开展保密教育活动。

编制《高校师生保密知识读本》，作为保密课程和教育培训专用教材下发到全国各高校。

承担教育部保密管理专业教学指导分委员会秘书组工作，开展虚拟教研室试点建设，配合开展保密专业类课程思政教学指南研制工作，形成《〈保密管理专业课程思政教学指南〉研制工作方案》，上报教育部高教司。

推进保密专业课程建设，形成《保密专业课程建设调研报告》。开展院级教改项目立项，对 17 个项目进行经费支持。

获第十四届全国大学生信息安全竞赛（作品赛）三等奖 1 项、优胜奖 7 项，并获最佳组织奖；第五届中国“互联网+”大学生创新创业大赛（北京赛区）二等奖 1 项、三等奖 1 项；第十二届蓝桥杯全国软件和信息技术专业人才大赛（北京赛区）三等奖 1 项；中国大学生计算机设计大赛二等奖 2 项；微众银行第三届金融科技高校技术大赛第三名；DEF CON 29 Contest AutoDriving（自动驾驶）CTF 赛事亚军；第二届全国分布式靶场安全技能大赛二等奖。

组织学生特色实践活动 28 次。组织本科生赴 16 家单位开展暑期实习。通过“北交密协”微信公众号推送 24 篇原创、转载文章，累计阅读量超 7 500 人次。

参与密码行业标准《区块链密码应用技术要求》（GM/T 0111—2021）制定工作，该标准于 2021 年 10 月 18 日发布。新增金融数据安全研究中心、区块链研究中心，设立实验室开放课题 2 项，新增科研项目 24 项，累计发表文章 67 篇，其中 SCI 35 篇，EI 23 篇，CCF A 文章 5 篇，An1 类文章 10 篇，Trans 文章 16 篇，在 CCF A 安全顶刊 TDSC 录用长文 1 篇。

（贯卓生 陈 伶 杨 茜 萨茹拉 樊崇艺 刘 钊 赵宏伟 袁中兰 董晓娜 周 亮 周 艺 魏 钧 原晓敏 杜 晔 殷小彤）

经济管理学院

【概况】

经济管理学院设有经济系、金融系、劳动经济系、会计系、企业管理系、旅游管理系、物流管理系、信息管理系、工程管理系 9 个系。设有 17 个科研机构从事专门领域的科学研究与社会服务工作。学院有省部级科研平台 5 个。设有 12 个本科专业，13 个学术型硕士专业，8 个专业学位硕士研究生项目，9 个博士专业；以及高级管理人员培训与发展中心（EDP）高端人才培训项目、案例中心、与美国罗切斯特理工学院联合培养企业管理（技术创新管理与创业）中外合作办学项目。

2021 年学院有在职教职工 302 人，其中专任教师 230 人、卓越百人 4 人、国务院学科评议组成员 4 人、教育部教学指导委员会成员 6 人；博士生导师 85 人、硕士生导师 199 人；教授 74 人、副教授 100 人、讲师 55 人；专任教师中具有博士学位的占 88%。

截至 2021 年底，学院毕业学生 1 572 人，其中研究生 1 028 人（博士生 67 人、硕士生 961 人）、本科生 544 人；招生 1 783 人，其中研究生 1 151 人（博士生 87 人、硕士生 1 064 人）、本科生 632 人；在校生 5 421 人，其中研究生 2 886 人（博士生 456 人、硕士生 2 430 人）、本科生 2 535 人。

【党建和思想政治工作】

完成庆祝建党 100 周年、党史学习教育、党建先进校检查、学校党委巡察等多项政治任务。制订、修订学院党委会会议，党政联席会议议事规则，院管干部、支部书记工作例会，班子成员联系党外人士等 5 项党建制度文件。组织班子成员、教师支部书记和党员骨干近 40 人赴山东临沂开展“重温百年党史，践行育人初心”主题教育实践活动。

做好本科生思想政治工作，坚持以高质量党建工作引领学生工作高质量发展。学生党支部在疫情防控，建党百年庆祝活动，北京冬奥保障等各项国家重大政治任务中发挥战斗堡垒作用。

坚持以综合素质培养为基础完善学生画像与行为分析，发挥教师、校友、企业、高年级学生的协同力量，修订学生综合素质培养方案，建立学生招生、培养、就业全流程数据库，可视化呈现学生大学四年综合素质培养质量，完成 2021 届毕业生专属个人综合素质发展报告，相关情况被中央党史学习教育官网报道。

坚持以学业辅导为基础促进学生全面发展，全年不间断开展学业辅导活动，聘请朋辈导师开展基础数理课程知识点梳理和答疑，参与人数超 500 人次。

做好研究生思想政治工作，以党史学习教育为契机，构建多元化、多层次、多形式的校企合作人才培养机制，将党建工作与校友、就业工作深度融合。以红色“1+1”、知行沙龙等活动为载体，开展“党建促就业”系列活动，与中铁二十二局、银建公司党支部共建，拓宽就业渠道。

利用信息技术开展研究生基础信息数据库系统构建工作。修订完善《研究生综合素质测评办法》，1 人获研究生道德之星，15 名志愿者、实习生服务冬奥会重大赛事。连续 3 年获“慧光杯”优秀组织奖。

统筹各方力量，形成全员深度辅导工作体系和制度。为满足学生个性化需求，建立由学生自主设计的深度辅导工作室，定期开展“与辅导员面对面”活动，累计参与 500 人次。

【教学工作】

获批教育部的新文科研究与改革实践项目立项 1 项，2 个项目获评教育部产学合作协同育人项目。1 门课程及教师获评北京市课程思政示范课、北京市级课程思政教学名师、校级课程思政示范课。10 门课程经学校遴选参加国家一流课程评选，新增 2 门线上课程在中国大学在线和学堂在线上线，学院 MOOC 上线门数达到 33 门。28 个项目获评校级教改项目。1 人获评北京市教学名师。完成大学生创新创业训练计划项目的结题与验收 70 项（国家级 6 项、北京市级 22 项、校级 42 项），获省部级及以上各类学科竞赛奖 113 项。获评教学成果奖校级特等奖 2 项，一等奖 9 项，二等奖 15 项。

新增硕士生导师 7 名，通过招生资格审核的博士生导师共 85 名，学术型硕士导师 182 名，专业硕士导师 199 名。全年共获批研究生教改项目立项 18 项，总经费 56 万元。研究生教改项目获校级教学成果一等奖 4 个（其中 1 个被评为特等奖），二等奖 12 个。全年共有 7 名博士生和 22 名硕士生获得国家奖学金。组织研究生参与申报学校的研究生创新项目共 30 项，获批经费 25 万元。

获批北京交通大学专业学位研究生联合培养基地建设项目 2 项，教学案例开发项目 6 项，专业学位研究生培养专项 1 项。1 人获得 2021 年“北京交通大学联合培养基地实习实践优秀成果”。与北京泰创投资管理有限公司合作设立的第二届“量化投资班（2021）”顺利结业，第三期项目预备班已完成招生。

设立专业学位教育教学共享中心，管理专业学位全日制与非全日制研究生教学相关工作。做好疫情防控专硕教学动态调整，加强疫情下的教学秩序和管控。

调整 2022 年 MBA 招生方向为全日制英文项目、非全日制综合管理项目、非全日制智慧交通与物流项目。新制定会计专业学位硕士（非全日制）业财融合与智能财务方向培养方案。

学院 3 篇案例入选“全国百篇优秀管理案例”，8 篇案例入库中国管理案例共享中心案例库，1 篇案例在第七届（2021 年）全国金融专业学位教学案例大赛中获奖。推进与厦门工学院战略合作，就联合案例开发、案例研究、案例教学等相关问题召开线上会议，商研校企合作计划。举办案例分析大赛，近 300 名学生参加经管学院案例大赛。

【科研工作】

学院新增科研项目 228 项，新增合同经费 5 123.96 万元。获批国家自然科学基金项目 13 项，其中面上项目 6 项、青年基金 7 项。获批国家社会科学基金项目 3 项，其中重点项目 1 项、后期资助项目 2 项。

SCI/SSCI 检索论文 130 篇，EI 检索期刊论文 74 篇，ESI 高被引论文 2 篇。发表 CSSCI 期刊论文 78 篇，会议论文 47 篇，报纸类论文 5 篇。出版学术专著 23 部。3 位学者入选 2020“中国高被引学者”（Highly Cited Chinese Researchers）榜单。

学院教师获得北京市第十六届哲学社会科学优秀成果奖二等奖 4 项。1 篇专家建议入选北京市委内刊《北京信息》并获领导批示；1 篇专家建议入选北京市交委《北京交通决策参考》并获领导批示；1篇专家建议入选市政府办公厅《昨日市情》并获领导批示；4篇专家建议入选北京市社科基金《成果要报》，其中3篇获领导批示；1篇专家建议入选北京交通大学北京综合交通发展研究院《交大智库建言》并获领导批示；2篇专家建议入选《首都高端智库报告》；1篇入选《决策参考》；1篇入选北京市委办公厅《信息专报》；1篇入选《交通智库建言》；1篇入选《交通智库专报》；2篇被《人民日报内参》采用。

举办高水平学术会议包括：LISS2021和IEIS2021国际学术年会、第九届“运输与时空经济论坛”国际会议、中国管理现代化研究会企业并购重组分论坛、北京交通大学中国企业兼并重组研究中心第二十四届年会、2021年首届北京产业数字经济与数字化转型论坛等。举办40余场学术沙龙和科研工作坊活动。

【学科与平台建设】

学院4个一级学科参加第五轮学科评估。

北京人文交通、科技交通、绿色交通研究基地入驻北京交通大学丰台区“轨道交通创新基地”。

在“第十四届全国现代物流科技创新大会暨2021年度中国物流与采购联合会科学技术奖颁奖大会”上，1人获“年度科技人物”奖，1项合作完成成果获年度科技进步一等奖。

【交流与合作】

学院新增国际合作协议4个，分别为与世界交通研究会大会（WCTRS）签署合作协议、与法国勃艮第高等商学院签署合作协议、与法国里昂商学院签署合作协议、与斯洛文尼亚卢布尔雅那大学达成意向合作开设COIL（Collaborative Online International Learning）在线联合授课项目。

派出学生87人，其中参加国际交流项目派出学生9人，本科毕业出国59人，参加国家公派项目派出研究生46人。新入学留学生33人，其中本科17人、硕士14人、博士2人。留学生学位生总规模达到156人，其中本科81人、硕士64人、博士11人。

开设全英文或双语授课课程32门。邀请海外教师为本科生、研究生讲授全英文课程479人次，1 038学时，86门课。邀请外教218人次，完成线上讲座364学时。举办传习高端论坛11期，邀请国外专家教授26人次，在线讲座53.5学时。教师参加在线国际会议7人次。

举办4场国际会议，分别为：第六届国际咨询委员会会议，第八届产业经济系统与产业安全工程国际学术会议，第十一届物流、信息化与服务科学国际学术会议，第九届运输与时空经济国际会议。

申报引智项目41个，获批415.8万元经费。其中国家级项目13个，获批278万元经费；校级项目28个，获批137.8万元经费。

新增合作企业28家，签署战略框架协议、合作协议5份。成立“徐寿波院士基金”。学院校友数据库新增有效校友信息1 000余条，新聘兼职教授60余人。举办1991届、2001届、2011届校友毕业值年返校活动，设立“经济87级校友助学金”，组织3场校友返校座谈会。成立校友企业家联盟。校友终身学习平台——直播系列课堂举办直播系列讲座13场。组织开展毕业生线下线上双选会2场，发布招聘信息千余条。募集基金到账金额468.64万元，配比资金54.08万元。

【国际认证与战略规划】

学院于 2021 年 2 月 23 日通过 EQUIS（European Quality Improvement System，欧洲质量改进体系）认证，7 月 28 日通过 AACSB（The Association to Advance Collegiate Schools of Business，国际商学院协会）认证，12 月 24 日通过 AMBA（Association of MBAs，工商管理硕士协会）和 BGA（Business Graduates Association，商学院毕业生协会）认证，成为全球第 116 所、中国内地高校第 13 所通过三大国际认证的商学院，也是国内首个在同一年内获得 EQUIS、AACSB、AMBA 和 BGA 首次认证的商学院，标志学院办学质量已达到国际一流水平。

学院“十四五”发展规划和应用经济学、工商管理、管理科学与工程、公共管理四个一级学科建设规划经学院党政联席会审议通过后发布实施，并就学院整体建设任务及核心指标、学院牵头学科重点建设指标，与学校签署“十四五”规划目标责任书。

（周　婉　李世珍　张欣颖　刘人元　商立媛　宋光森　张　蕾
张莉莉　冯　丹　刘海鑫　冯　瑶　曹卫兵）

交通运输学院

【概况】

交通运输学院设有运输管理工程系、交通工程系、交通信息管理工程系、城市轨道交通系、物流工程系及系统工程与控制研究所（民航运输系）、系统科学研究所。设有城市交通智能系统与安全技术工程中心、交通运输国家级教学示范中心、交通运输国家级虚拟仿真实验教学中心、交通运输部–综合交通运输大数据行业重点实验室 4 个实体机构，以及 11 个虚体机构。学院有 4 个本科专业，6 个硕士学位授权点，2 个专业硕士学位授权点，4 个博士学位授权点。

2021 年，交通运输学院有“国家杰出青年基金获得者”3 人，“俄罗斯自然科学院外籍院士”1 人，“长江学者”特聘教授 2 人，“长江学者”讲座教授 1 人，青年“千人计划”2 人，青年长江学者 2 人，“万人计划”科技创新领军人才 2 人，国家自然科学基金优秀青年科学基金项目主持者 7 人，海外优青项目主持者 2 人，高端外国专家项目计划专家 1 人；学院专任教师教授 79 人（含业务关系在院但人事关系不在院教授 21 人）；副高职称教职工 100 人（含业务关系在院的国重教师 13 人）；讲师或中级职称人员 31 人（含业务关系在院的国重教师 3 人）。学院有博士学位的授课教师为 193 人，占专任教师总数的 91.9%。

截至 2021 年底，学院毕业学生 836 人，其中研究生 462 人（博士生 52 人、硕士生 410 人）、本科生 374 人。招生 912 人，其中研究生 539 人（博士生 109 人、硕士生 430 人）、本科生 373 人。在校学生 3 053 人，其中研究生 1 453 人（博士生 415 人、硕士生 1 038 人）、本科生 1 600 人。

【党建和思想政治工作】

推进党史学习教育，召开党史学习教育动员会，制定党史学习教育工作方案、党委中心组党史学习教育理论清单和党支部党史学习教育任务清单，建立“学党史、助发展、开新局”工作台账，确定“我为师生办实事” 14 项。开展“学党史•庆百年”九个一主题活动、专题报告会等系列教育活动。

学院 30 名师生参加建党 100 周年广场献词合唱活动，35 名师生参加 2022 年北京冬奥会志愿服务，其中 12 名同学参与测试赛志愿服务工作。参与交通运输科技活动周、交通强国思政论坛、世界交通大会等志愿服务 200 余人次。

组织师生学习党的十九届五中全会、六中全会精神和 2021 年全国“两会”精神专题学习，及时跟进学习习近平总书记最新重要论述。编制《交通运输学院管理制度汇编》和《交通运输学院党建制度汇编》。召开中共北京交通大学交通运输学院第四次党员代表大会，选举产生学院第四届委员会。做好校内巡察整改工作，根据学校进一步深化巡视整改专项工作要求整改。

推进“学习 • 诊断 • 建设”行动，召开学院“两优一先”表彰大会，表彰优秀共产党员 50 名，优秀党务工作者 9 名，先进基层党组织 8 个。学院党委获“北京交通大学先进基层党组织”称号。

加强师德师风建设，开展“学习贯彻党的教育方针，落实立德树人根本任务”大学习大讨论主题党日活动；组织教师学习新时代师德规范，选树典型加强宣传。开展教师荣休仪式，营造尊师重教育人氛围。

依托本科生党支部开展线下一帮一活动，累计帮扶 30 余人、300 小时。举办运输大讲堂 4 场，学长学姐考研、保研经验交流会 4 场。

2021 届毕业生本科就业率 96.70%，深造率 60.48%，超过 65%的毕业生赴基层就业。3 人入伍。

学院组织开展常态化疫情防控志愿服务，累计达 250 余人次。开展校园垃圾分类等近 10 项志愿活动，覆盖学生近 1 000 人次、3 000 小时。

围绕建党 100 周年、建校 125 周年、一二・九运动 86 周年等主题，组织全院同学开展微团课、火炬接力、手抄报制作，微话剧等活动；创立交通运输文化协会。

学院团委官方微信公众号“天地交而万物通”，2021 年共推出原创推送 30 余篇、主题推送 60 余篇、专访推送 20 余篇。开通学院专属线下心理咨询渠道，全年共开展学生咨询 300 余例；建立院－班－舍－人/家庭四级预警网络。

组织全院研究生党支部开展系列党史学习教育活动，3 个研究生党支部的主题党日活动获评第一届研究生优秀组织生活案例；3 个研究生党支部制作的微党课视频获评研工部“献礼百年”研究生优秀微党课。注重基层党组织建设，组织引导研究生党支部开展红色“1+1”支部共建活动，1 个党支部共建案例获北京市高校红色“1+1”党支部共建活动优秀奖。

【教学工作】

1 门课程获评 2021 年北京高校课程思政示范课程；1 个团队获评 2021 年北京市课程思政教学名师和团队；获批校级研究生教育教学研究项目 6 项；设立院级研究生教育教学研究项目 10 项；获批研究生基本科研业务费创新项目 28 项。

1 专业获批国家级一流本科建设专业点。课程思政教改立项 26 项。获评国家级课程思政示范课 1 门，国家级课程思政教学团队 1 个；校级课程思政示范课 1 门，校级课程思政优秀教学团队 1 个。获评北京市优质课程 1 门。获评全国首届优秀教材一等奖 1 本。

“北京学院”城市交通辅修专业第六届 19 名同学入学。接收来自北方工业大学和北京建筑大学 2 所北京市市属高校的“双培计划”学生 30 名。

学院承办全国交通运输类专业课程思政教学研讨会。出版全国交通运输课程思政研讨会课程思政教学案例和教改论文集。学院获评教学案例一等奖 2 项，教改论文一等奖 6 篇、二等奖 5 篇、优秀奖 2 篇。

参加第十六届全国大学生交通运输科技大赛，获一等奖 3 项、二等奖 3 项、三等奖 1 项。2021 年度本科生科研竞赛获奖 90 项，其中国家级奖项 10 项、省部级奖项 7 项、校级奖项 73 项。

承办第十一届北京市大学生交通科技大赛，举办北京交通大学金士宣杯创新能力竞赛、北京交通大学大学生电子商务“创新创业及创意”挑战赛等。完成“日日顺创客训练营”以及“MathorCup 高校数学建模挑战赛”两项国家级赛事新增认定工作。大学生创新训练项目立项 56 项。

完成教育部 2021 年中外合作办学评估工作。2021 年该专业深造率达 76%，其中出国（境）

攻读研究生的比例达 39%。

交通运输学院当选虚拟仿真实验教学创新联盟交通运输类专业类工作委员会主任委员单位。

学院新建轨道交通运营管理虚实一体教学实验与综合演练平台，包括城市轨道交通运营管理软件数据综合管理软件、城市轨道交通运营管理综合评测系统、轨道交通车站管理分析软件系统、城市轨道交通客流分布软件系统、城市轨道交通运营管理数据统计分析软件系统、城市轨道交通车站 3D 虚拟仿真软件系统、列车自动控制综合实训平台硬件沙盘、城市轨道交通 ATS 仿真软件系统。

学院新建示范中心环境控制系统，改善运输设备教学馆（交通运输科学馆）环境；改善交通运输国家级实验教学示范中心环境；新建“交通运输科学馆”微信公众号。

按照 2021 年科普工作计划，学院积极开展“交通运输科技周”“轨道交通暑期研学”大型科普活动，服务人数超过 5 000 人次，被《学习强国》《科技日报》《北京青年报》等多家媒体报道。

交通运输科学馆 2021 年度先后被认定为交通运输部首批“国家交通运输科普基地”、北京市海淀区“新时代文明实践基地”。科学馆师生科普服务团被北京市科协推荐为“典赞•2021 科普中国”科普人物。1 人获 2021 年交通运输科普讲解大赛二等奖。

【科研工作】

学院新增科研项目 283 项，合同经费 7 707.55 万元（纵向项目 136 项，合同金额 3 803.1 万元；横向项目 147 项，合同金额 3 904.45 万元）。国家自然科学基金项目 18 项，合同金额 1 274 万元，其中面上项目 313.6 万元、青年基金 300 万元、重点研究项目 660.4 万元；国家铁路局项目 7 项，合同金额 174.5 万元；铁路总公司项目 10 项，合同金额 595 万元；国家重点研发计划 1 项，合同金额 96 万元。

学院发表期刊论文 276 篇，会议论文 53 篇，出版科技专著 19 部。授权专利 38 项，获得软件著作权 40 项。

2 个重点项目、3 项前沿科学中心的重大项目立项并获中央基本科研业务费专项资金支持。9 人立项首都高端智库北京综合交通发展研究院 2021 决策咨询课题。3 人获得 2021 年度北京市自然科学基金项目立项。

【学科与平台建设】

学院已完成“十四五”规划和交通运输规划与管理、系统科学、安全科学与工程学科“十四五”发展规划指标设定，并与学校签订“十四五”规划责任书。

参加第五轮学科评估。

【交流与合作】

2 项高端外国专家来华引智项目获得国家批复立项。组织专家修订国际班培养方案，整合铁路方向专业课，增加部分道路及物流工程核心专业课。

与德国德累斯顿工业大学签订谅解备忘录。推进国拨引智项目，引进海外高层次专家为学生开设专题讲座。通过线上线下相结合方式，举办第九届国际铁路运营管理会议暨 RailBeijing 2021，为全球轨道交通领域的专家学者提供开放交流的平台。

配合学校构建本研一体化培养体系，坚持举办暑期学校、Golden School 等全英文外专课程，参与学生人数超 100 人次。22 名学生获国家留学基金委博士联合培养项目资助。

举办三期援外短期培训班，分别为肯尼亚铁路运营管理研修班、发展中国家铁路运营管理研修班、孟加拉国道路安全与交通管理研修班，培训 42 天、137 人。

采用线上线下相结合的形式举办学院 1991 届、2001 届、2011 届校友值年返校活动。设立“金士宣杯”创新能力竞赛基金、交通运输科学馆科普基地基金，共收到校友募捐近万元。邀请优秀校友开展讲座 6 场。

学院与中国民用航空局空中交通管理局、中铁特货物流股份有限公司、山东京博物流股份有限公司签订战略合作协议；与华夏航空股份有限公司、北京中矿智达科技有限公司、广东机场管理集团、山东交通学院签订合作协议；与国能运输技术研究院有限责任公司、首都机场集团公司管理学院签署合作备忘录；与中国南方航空有限公司北京分公司签署共建交流书；与吉泰物流（天津）有限公司、丰源盛达铁道科技有限公司签署捐赠协议。

与各铁路局、中铁集团、中车集团等 22 家企业开展产学联合培养，与北京铁路局、北京地铁等建立交通特色校外实习基地 30 余所。

（王立娟　徐若岚　唐　薇　赵俊铎　任国睿　罗　昊
范蓬蓬　吴绫绛绯　黄美晨　孙　悦　何若君）

土木建筑工程学院

【概况】

土木建筑工程学院设有桥梁工程系、地下工程系、岩土工程系、建筑工程系、道路与铁道工程系、市政与环境工程系、力学系、防灾减灾工程研究所和土木工程实验中心等教学科研单位，设有 22 个校院虚体研究机构，设有或参与建设各类国家级、省部级教学科研平台 20 个。设有 2 个国家重点学科、1 个北京市一级重点学科、1 个北京市重点学科。设有 3 个本科专业、4 个工学博士/硕士学位授权点、3 个专业硕士学位授权类别、3 个博士后流动站。

2021 年学院在职教职工 260 人，其中专任教师 203 人（具有博士学位的占 94%）、教授 93 人、副教授 95 人、讲师 15 人。博士生导师 108 人，硕士生导师 193 人。2021 年，陈湘生院士正式与学校签订双聘院士工作合同，新增国家级人才计划入选者 2 人，学院拥有中国工程院院士 2 人，国家级人才计划入选者 20 人次。

截至 2021 年底，毕业学生 719 人，其中研究生 447 人（博士生 68 人、全日制硕士生 379 人）、本科生 272 人；招生 819 人，其中研究生 398 人（博士生 73 人、全日制硕士生 325 人）、本科生 421 人（本科生 350 人、第二学位 71 人）；在校生 2 499 人，其中研究生 1 380 人（博士生 392 人、全日制硕士生 988 人）、本科生 1 119 人。

【党建和思想政治工作】

建党百年之际，土建学院党委开展党史学习教育，召开学院第四次党员代表大会完成党委换届工作。139 名志愿者参与建党 100 周年庆祝活动与北京冬奥会志愿者组织工作。

获评北京市先进基层党组织 1 个、全国高校百名研究生党员标兵 1 人、全国铁路青年岗位能手 1 人、北京高校 100 个支部工作法 3 个、北京市教育工会先进教职工小家、校级宣传思想工作先进集体。

加强师德师风建设，1 人获北京高校优秀德育工作者。建设完成王梦恕院士纪念园，举办“王梦恕院士纪念园揭牌仪式暨学术思想座谈会”。

开办“思源”学生党员骨干训练营，提升学生党员队伍综合素质。举办学院首届“砼筑”学生科技文化节，打造学术、科创、人文、实践四位一体平台。推进“校友班主任计划和职业导师计划”，打造“一对一就业咨询坊”，学院在学校就业工作考评中获得“就业市场建设特色奖”和“创业指导特色奖”。

本科生获评北京市级先进班集体 1 个，首都“先锋杯”优秀团支部 2 个，北京市三好学生 1 人，北京市优秀毕业生 19 人，国家奖学金 8 人。本科生 1 个党支部荣获北京高校红色“1+1”示范活动优秀奖，2 个团支部获校级十佳团日，1 人获校级共产党员标兵，1 支就业实践团获校级三等奖。

研究生获评首都“先锋杯”优秀团支部 2 个，北京市三好学生 1 人，北京市优秀毕业生 18 人，“知行奖学金”1 人，“知行奖学金”提名奖 2 人，8 名博士和 14 名硕士研究生获国家奖学金。研究生率先实施“红色旗帜”研究生党支部授星评先激励制度，8 个党支部荣获五星级党支部，2 个党支部获评校十佳组织生活案例，6 个“微党课”作品纳入学校优秀视频库，1 个党支部荣获北京高校红色“1+1”示范活动三等奖，1 个党支部获校级先进基层党组织，1 支就业实践团获校级一等奖，3 人获校级优秀共产党员，1 人获校级优秀共产党员标兵。

【教学工作】

获全国优秀教材二等奖（高等教育类）1 项，2021 年北京市优质本科教材 1 本。1 门课程及团队获评 2021 年校级课程思政示范课程、教学名师和团队。获教书育人最美课堂 1 个，校级教学成果特等奖 4 项、一等奖 5 项、二等奖 7 项。

新增 6 个实习基地。大创项目入选国家级 4 项、北京市级 16 项、校级 32 项。获学科竞赛国家级二等奖 5 项、三等奖 1 项；省部级特等奖 1 项、一等奖 6 项、二等奖 5 项、三等奖 4 项；校级一等奖 20 项、二等奖 37 项、三等奖 48 项。发表论文 4 篇，其中 SCI 论文 1 篇。市级本科优秀毕业设计 3 篇，市级优秀指导教师 4 名；校级本科优秀毕业设计 8 篇，校级优秀指导教师 9 名。

获得第一届北京高校教师教学创新大赛一等奖 1 项，北京市青年教学名师 1 名，优秀主讲教师新增 1 人，重新认定 19 人。

2021 年博士生“双一流”生源占 62%，硕士生“双一流”生源占 40%。荣获校研究生教育成果特等奖 1 项、一等奖 2 项、二等奖 6 项。立项校级研究生思政案例项目 4 项，校级研究生课程建设项目 7 项，校级研究生教育管理项目 1 项，校级研究生教材建设项目 1 项。

出台学位论文送审答辩细则及学位质量问责机制。2021 年荣获公路学会优秀博士论文 1 篇，校优秀博士论文 3 篇、优秀硕士论文 10 篇。2 名专业硕士研究生被授予 “北京交通大学联合培养基地实习实践优秀成果获得者”荣誉称号。

【科研工作】

新增科研项目 426 项，新增科研经费 1.78 亿元，其中国家级项目 27 项、北京市基金及其他纵向项目 99 项，经费共计 5 353.8 万元；新增横向项目 296 项，经费共计 9 849.9 万元；专利成果转化及作价入股 4 项，经费共计 2 599.3 万元。2021 年国家自然基金项目获批 23 项，其中重大仪器研制项目 1 项、杰出青年基金 1 项、联合基金 1 项、面上项目 17 项、青年基金 3 项；新增重点研发计划课题 1 项，到校经费 670 万元。获批川藏铁路专项项目 1 项、课题 1 项、子任务/课题 9 项，合同经费 1.43 亿元，2021 年暂未立项。

新增 SCI 检索论文 285 篇，EI 检索论文 396 篇，ESI 高被引论文 4 篇，专利授权 80 项。

获得省部级以上科技奖励 14 项，其中主持获得北京市技术发明奖一等奖 1 项、北京市科技进步奖二等奖 1 项。参与获得高等学校科学研究优秀成果奖一等奖 1 项、广东省自然科学奖一等奖 1 项、广东省科技进步奖一等奖 1 项、陕西省科学技术进步奖一等奖 1 项、内蒙古科学技术进步奖一等奖 1 项、北京市科技进步奖二等奖 2 项、河南省科学技术进步奖二等奖 1 项、黑龙江省科学技术奖二等奖 1 项、山东省科学技术奖二等奖 1 项、山西省科学技术奖二等奖 1 项、陕西省科学技术进步奖二等奖 1 项。主持获得中国智能交通协会科学技术奖二等奖 1 项，参与获得建华工程奖一等奖 1 项、华夏奖一等奖 2 项、铁道学会奖一等奖 1 项、中国交通运输协会奖一等奖 1 项。

【学科与平台建设】

响应国家“碳达峰碳中和”及“交通强国建设”等重大战略，成立基础设施减碳技术研究中心及学院发展咨询委员会。创办基础设施减碳技术高端学术论坛，60 余位专家参会。邀请 6 位院士参加学院发展咨询委员会第一次会议。

学院“十四五”规划和土木工程、力学、环境科学与工程、道路与铁道工程 4 个学科“十四五”发展规划经学院党政联席会审议通过后发布实施。参加第五轮学科评估工作。2021 年土木工程学科 U.S. News 全球排名第 7，软科排名全球第 33，中国内地高校第 10。道路与铁道工程参与交通运输学科排名世界第 3。

修订实验室管理办法，强化实验员管理，落实安全检查制度，开展安全文化月等系列活动。完成隧道、岩土和环境实验室改造；完成唐山研究院 1 700 m^2 实验基础设施建设，包括结构桥梁实验室、铁道工程实验室和地下岩土实验室；完成丰台基地投入使用面积 3 058 m^2，入驻馆藏文物防震（振）研究中心、城市轨道交通规划及低碳研究团队、岩石力学与工程团队、线路与测量团队、跨座式单轨交通研发中心、绿色建筑团队，基础设施绿色建造研究中心、轨交基础设施测控数字技术研究中心等 6 个科研团队和 2 个院企合作基地。

【交流与合作】

2021 年招收留学生 26 人，派出学生 7 人。“111 引智基地”专家开展线上讲座 5 次，举办国际会议 1 次、协办国际会议 2 次，与彭亨大学开展本科双学位联合培养项目，外专引智项目滚动执行 3 项，新增校内高端项目 1 项。

全年学院共引入捐赠近 200 万元，现已到账 139.67 万元。设立“沃土奖学金”并与“恒凤助学金”构成社会奖助体系。

邀请院友担任校友班主任和职业导师，与中土集团、大桥院等 20 余家企业建立合作，与中建八局、山东铁投等企业签订协议 10 份。学院获学校校友与基金工作先进单位。

【学院召开历史传承与创新发展大会】

在建院 65 周年之际，12 月 11 日学院召开历史传承与创新发展大会，本次大会线上线下同步进行，大会分自强、弘毅和拓新三个篇章。向发起“沃土基金”的两位院友颁发捐赠证书，发布院徽、院训、院志。大会还有校友现场访谈、教师团队代表事迹讲述等环节，最后师生代表表演了精彩节目。

【编写院史丛书】

2021 年编写完成《土建学院志》。院志内容分为三部分：第Ⅰ部分“历史沿革”，第Ⅱ部分“土建年鉴（1956—2020）”，第Ⅲ部分“附录”，包括 1956—1995 年土建教师主持和参加的科研项目目录、发表论文目录等。

（邢朝晖　任　俊　巩　慧　张鑫超　李　琳　祝英明　秦　莹
徐春玲　刘　奇　董　晨　王　勐　解会兵　郎　晶　何有伦）

机械与电子控制工程学院

【概况】

机械与电子控制工程学院设有机械工程系、检测与控制工程系、动力与能源工程系、轨道车辆工程系、工业工程系（2021 年从机械工程系独立设置）5 个系，材料科学与工程研究中心、机械工程实验教学与训练中心（2021 年由机械工程实验中心与工程训练中心合并组成）2 个中心。

学院设有 9 个全日制学术型硕士学位授权点，4 个全日制硕士专业学位授权点，1 个非全日制硕士专业学位授权点，1 个一级学科学术博士学位授权点，1 个二级学科学术博士学位授权点，1 个博士专业学位授权点。

2021 年，学院有在职教职工 239 人，其中专任教师 168 人，包括中科院院士 2 人；博士生导师 79 人（含兼职博士生导师 7 人），硕士生导师 134 人；教授 53 人，副教授 65 人，讲师 50 人；专任教师中具有博士学位的占 92.3%。

全年毕业生 688 人，其中博士生 46 人、全日制硕士生 274 人、非全日制硕士生 12 人、在职工程硕士生 14 人、本科生 342 人。招生 726 人，其中工学博士生 53 人、工程博士生 10 人、全日制硕士生 305 人、非全日制硕士生 13 人、本科生 345 人。在校学生 2 543 人，其中工学博士生 244 人、工程博士生 26 人、全日制硕士生 743 人、非全日制硕士生 42 人、本科生 1 488 人。

【党建和思想政治工作】

制定党史学习教育实施方案，组织开展专题辅导和实地研学。刘志明教授在教育部“党史学习教育在高校”首场活动做专题宣讲；举办“永远跟党走，奋进新时代”庆祝建党 100 周年主题党日活动。落实“我为师生办实事”6 个方面 23 条措施。220 余名师生参加建党 100 周年《伟大征程》文艺演出、庆祝大会志愿者和广场观众等活动。

修订完善《机电学院党委会会议议事规则》和《机电学院党政联席会议议事规则》，明确议事规则的范围、原则和程序。

制定《机电学院党委管理干部选拔任用办法》和《机电学院系（中心）工作职责、干部职数设置、岗位职责及管理考核办法》，完成系（中心）主任换届和教工党支部委员会换届，改革研究生党支部设置，按科研学术团队进行纵向设置。成立丰台轨道创新基地临时党支部、团支部。新聘研究生党支部理论导师 25 人。获评校级“优秀组织生活案例”3 个，1 个本科生党支部和 1 个研究生党支部分别获评北京高校红色示范活动三等奖。

组织学习《新时代高校教师职业行为十项准则》等规范，召开师德师风建设专题宣讲会、研究生导师及青年教师培训会等加强师德师风建设。对 13 名新入职教师、17 名教职工评优评先进行思政考察。

作为学校首批唯一的党建工作标杆学院和机械系教师样板党支部顺利完成建设任务并通过学校验收。学院接受北京市党建和思政工作先进校入校检查党建组、宣教组现场考察，召开机电学院第二次党员代表大会，完成学院党委换届，规划了今后五年党建“十大”工程以及学院事业发展的奋斗目标和主要任务。

完善对学业警示学生“一帮一”结对子帮扶机制，启动“勤学班”学业辅导计划，完善“雁行互助学习训练营”朋辈辅导工作，500 余名学生担任学业朋辈辅导师或咨询师，开展各类朋辈辅导 200 余次，全年帮扶本科生超过 2 500 人次。举办 30 余场学术活动，参与学生超过 3 000 人次，征集“慧光杯”学术文化节研究生学术论文 53 篇。举办第二届“三创”嘉年华活动，设置 5 个赛道，140 余人次学生参加，培育 4 支创业实训团队。组织学生团队开发的导医机器人“小北”交付校医院使用；与校友企业——福建汉特云智能科技有限公司合作，冬奥会服务机器人“笨笨”进校园。

组织 24 支本科生团队和 8 支研究生团队近 300 人进行社会实践，获一、二、三等奖 6 项。选拔 24 名志愿者服务保障 APEC 工商领导人峰会中国论坛，14 名志愿者参加“相约北京”测试赛志愿服务保障任务。累计开展志愿服务活动 60 余项，参与人次近 500 人，服务时长达 4 000 小时，2 名学生志愿者获评学校“十佳优秀志愿者”。

奖励本科生“智能制造未来之星”30 人；评选第五届“轨道车辆・自强之星” 20 人。本科生 3 人获评学校“自强之星”。本科生 1 班级获评北京市先进集体，1 人获“知行奖学金”，2 人获评北京市三好学生，1 人获评北京市优秀学生干部。本科生 136 人次获得各类专项奖学金，512 人次获得各类单项奖学金。7 名学生应征入伍。研究生 2 人获北京市三好研究生，58 人获各类专项奖学金。

2021 届本科生毕业去向落实率 96.49%，签约率 90.27%，深造率 59.00%；研究生毕业去向落实率为 99.69%，签约率 98.13%；学院获评就业创业先进综合奖和创业指导特色奖，1 人获学校就业创业先进工作者及北京市就业工作先进个人，2 人获学校就业创业贡献奖。

【教学工作】

围绕“智能制造与智能装备”机械大类新工科内涵建设，组建《人工智能导论》等 9 门课程跨专业跨学科院级教学团队，按照新工科理念重新布局建设机械工程实验中心。完成 178 门课程中英文课程大纲编写，课程思政落实到全部专业课程大纲。

机械工程、工业工程专业获评国家级一流专业建设点；获评北京市级优质课程 1 门、北京市级优质本科教材 1 部；获评校级课程思政示范课 1 门、校级课程思政优秀教学团队 1 个；获评校级教书育人“最美课堂”1 门；获评校级教学成果特等奖 1 项、一等奖 7 项、二等奖 13 项；获评校级高考招生工作先进单位。

机械电子工程中外合作办学专业线上线下相结合，保证 16 门外教课程同质等效开展。完成教育部中外合作办学评估。2021 届毕业生深造率 81%，境外深造高校均为 QS 世界大学排名前 100 高校。

加强对青年教师的培养，13 名教师获主讲资格认定。获评校级优秀主讲教师 1 人，获得重新认定优秀主讲教师 10 人。1 人获“北京高校第十二届青年教师教学基本功比赛”三等奖。

大创项目结题 68 项，其中获评国家级 17 项、北京市级 21 项。学科竞赛获国家级特等奖 1 项、一等奖 2 项、二等奖 7 项、三等奖 4 项；获省部级特等奖 5 项、一等奖 11 项、二等奖 10 项、三等奖 9 项。“清华 IE 亮剑全国工业工程应用案例大赛”连续三年蝉联全国总决赛特等奖。“第九届北京市大学生工程训练综合能力竞赛”获特等奖 5 项。获评北京市优秀本科生毕业设计（论文）3 项。

完善博士招生选拔模式，实施“导师推荐+专家组考核”的招生机制，强化导师招生自主权；创新暑期夏令营活动形式，组织空中招生宣讲会，推荐免试录取 113 人，其中“双一流”高校占 50%，学术硕士研究生推荐免试指标完成率达 98%。将原机械专业硕士招生专业调整为机械工程、车辆工程、智能制造技术、材料工程 4 个专业，规范各专业自命题初试、复试科目为唯一考试科目，经调整后学院复试科目减少 1 门。

落实“四通”模式人才培养体系，建设本研高级课程群项目 6 项；加强产教融合协同育人，新聘企业导师 33 人，新建研究生联合培养基地 10 个，开设专业学位研究生实践教育课程 19 门；依托大型企业现场，实施“环节考核+工程实践”工程博士特色培养模式。

加强学位论文质量管理与监控，制定实施博士生申请提前毕业规定，毕业博士 46 人，博士学位论文后评估通过率 100%。

深化研究生培养工作改革，组织开展校级研究生教育教学改革重点建设项目 6 项。获评校级研究生教学成果奖特等奖 1 项、一等奖 4 项、二等奖 4 项。

建立以创新成果为导向的研究生奖助体系，实施研究生创新项目 12 项。3 人获国家留学基金委资助公派出国，50 人获学校基金资助参加国际学术交流，获评校级优秀博士学位论文 3 篇、优秀硕士学位论文 8 篇。

【科研工作】

新增主持科研项目 360 项，科研合同经费 2.02 亿元。新增主持国家重点研发计划课题 1 项；获批国家自然科学基金项目 13 项，其中“联合基金”重点项目 1 项、面上项目 5 项。主持国防科研项目 95 项，总经费 6 924 万元；新增 2 000 万元以上项目 2 项。

新增授权国家发明专利 64 项，专利及成果转化项目 7 项，转化经费 929 万元。获 2021 年重庆市科学技术奖一等奖、四川省科技进步一等奖、中国铁道学会科学技术奖特等奖、中国产学研合作促进会科技创新一等奖、中国城市轨道交通协会科技进步奖一等奖、国家市场监督管理总局市场监管科研成果二等奖各 1 项。新增发表高水平学术论文 208 篇、ESI 高被引论文 1 篇、出版学术专著 1 部。

获评茅以升北京青年科技奖 1 人，入选中国科协青年人才托举工程 1 人、军委科技委托举人才 1 人、北京市科协青年人才托举工程 2 人。

【学科与平台建设】

完成“十四五”规划各项任务和指标的分解工作，制定并发布学院“十四五”规划实施方案。机械工程学科在上海软科世界大学学科排名中位列全球 101～150 名，U.S. News 机械工程学科最好大学排名位列全球第 51 位，QS 世界大学学科机械工程学科排名中位列 301～350 位。学院组织各学科参加第五轮学科评估。

举办首届机械工程学科建设暨前沿学术交流论坛，组织召开高速列车及城轨车辆转向架可靠性学术研讨会、2021 年能源和环境催化技术前沿会议。

【交流与合作】

获批国家级高端外国专家引进计划 2 项，外国专家参与远程科研教学合作 47 人次；开展“国际化创新型人才培养工程”2021 系列讲座，辐射人数超过 3 000 人次。

派出 33 名优秀学生赴新加坡国立大学苏研究院、德国亚琛工业大学、瑞典皇家理工学院以及澳大利亚伍伦贡大学等开展国际交流。

与马来西亚彭亨大学签订 2+2 双学位合作项目。为商务部涉外培训班线上开设“机车车辆常见故障及诊断”课程，接收 12 名埃及学生攻读学士学位。

线上线下结合开展校友返校交流活动，举办学长来了、奖助学金交流会等校友交流活动 7 场，辐射学生 2 500 余人次。

新增捐赠合同额 2 476 万元，实到金额 921.3 万元，其中研究基金新增 874 万元。校友罗宏波组织 1987 级校友捐资 10 万元设立应尚才教育基金，1996 级校友杨春明捐资 10 万元设立春明教育基金。

与中国中车长春轨道客车有限公司、青岛威奥轨道股份有限公司、大技狮（北京）科技有限公司签署合作协议。

【大学生机械博物馆育人工作】

探索疫情下博物馆展陈方式，推出博物馆 VR 全景展厅，推出多款文创产品。“大学生机械博物馆志愿服务项目”获评北京市志愿服务品牌项目铜奖。原创育人微电影《机械博物馆奇缘》入选中宣部“学习强国”平台，阅读量近 5 万人次。

【纪念应尚才教授系列活动】

挖掘机械系首任系主任应尚才教授技术救国、爱路报国事迹，召开爱路报国精神研讨会。以 125 周年校庆暨应尚才教授诞辰 125 周年为契机，在机械工程楼一层大厅矗立应尚才教授铜像，举办“爱路报国、知行合一”应尚才教授 125 周年诞辰生平展。成立尚才精神研习所，排演应尚才技术救国事迹话剧。

（陈　珺　田龙梅　吴成祥　常惠玲　黄　津　杨新伟　张雯溥
袁　月　孙卫青　杨力阳　张　润　刘冬薇　杨舒怡）

电气工程学院

【概况】

电气工程学院设有电气传动与控制工程系、电力工程系 2 个系，电机与电器研究所、新能源研究所、电力电子研究所、牵引供电研究所、电工理论与新技术研究所 5 个研究所和电气工程综合实验中心，新能源国际学院。设有 1 个本科专业，1 个一级学科博士点，1 个二级学科博士点，1 个能源动力类别专业学位工程硕士点，1 个博士后科研流动站。学院主持及参与建设的省部级以上平台 8 个。

2021 年学院在职教职工 177 人（院聘 15 人），其中专任教师 113 人；博士生导师 56 人、硕士生导师 106 人；教授 37 人、副教授 61 人、讲师 15 人；专任教师中具有博士学位的占 85.8%。

截至 2021 年底，学院毕业学生 591 人，其中研究生 283 人（博士生 18 人、全日制硕士生 246 人、非全日制硕士生 1 人、在职工程硕士 18 人），本科生 308 人；招生 617 人，其中研究生 303 人（学术型博士 40 人、工程博士 6 人、全日制硕士生 257 人），本科生 314 人；在校生 2 121 人，其中研究生 876 人（博士生 215 人、全日制硕士生 628 人、非全日制硕士生 4 人、博士留学生 2 人、硕士留学生 27 人），本科生 1 245 人。

【党建和思想政治工作】

推进党史学习教育，邀请专家学者做报告 4 场，组织教师党员赴延安开展党史学习和实践。召开新时代师德师风规范宣讲会，组织教师学习师德优秀典型事迹；召开新入职青年教师座谈会。

组织学习习近平新时代中国特色社会主义思想和党的十九届五中全会、六中全会精神，贯彻落实习近平总书记关于教育的重要论述，修订《北京交通大学电气工程学院党委会会议议事规则》和《北京交通大学电气工程学院党政联席会会议议事规则》。通过党委会方向把关、党政联席会落实学院办学发展的各项工作，抓好立德树人、意识形态、学习教育等重点工作。

推进“三全育人”，提升学生思想政治工作实效，以建党 100 周年、冬奥会为契机，开展“红色九月”新生入党教育活动、“铭记·荣光”颁奖典礼等 16 项主题教育活动，覆盖学生 6 000 余人次。健全本科生学工组、教学科、班主任和任课教师工作联动机制；发挥研究生导师、辅导员、系所、党支部等多方育人合力，结合研究生学科特点，实行全面纵向党支部改革。以学风建设为核心，形成专业教师–朋辈咨询–校友传承三位一体的学业帮扶体系，创建“1+2+N”线上线下联动的精准帮扶模式。

将学院原有的 2 个本科生党支部拆分成 4 个党支部，将党支部设置从原有的年级横向划分改为专业纵向划分。39 名师生参加中国共产党成立 100 周年庆祝活动志愿服务，服务时长 2 200 余小时；组建 15 支团队、220 余人赴 26 个省市和地区社会实践，2 支实践团获评校级二等奖，2 支实践团获评校级三等奖；1 班级获评北京市先进集体，1 团支部获评北京

市“先锋杯”优秀团支部，1 人获评北京市优秀学生干部，2 人获评北京市三好学生，1 人获评北京交通大学“五四奖章”，1 人获评“知行”奖学金，1 人获评学校“十佳团支书”。微信平台“北交 EE 博士”发布各类推送 105 篇，访问量 65 000+。学院就业创业工作获评“重点领域就业引导特色奖”和“就业市场建设特色奖”。2019 级、2020 级集中军训获评“优秀组织单位”“队列先进单位”荣誉称号；3 人应征入伍。1 人获评第四届全国高校百佳心理委员提名奖。

创新研究生支部模式，在校内率先完成学院内全部研究生党支部纵向设置模式改革。选优配强支部书记和委员，由学院党委委员或教工党支部书记担任指导老师，积极推进“党建+科研”模式，并作为牵头学院获得校级研究型思政课题《新时代学生党建工作创新实践》项目支持。深度辅导全覆盖，研究生心理普查、回访双 100%；开创“EE 博闻论坛”，参与研工部“一院一精品”项目，在学校第三十一届慧光杯学术文化节中，获特色活动奖。举办“与大师面对面”名师讲坛 10 余次、研究生就业沙龙 2 次。组建 6 支社会实践队，近 100 名研究生参加社会实践，2 支队伍获评优秀等次。研究生 49 人次获得各类奖学金，157 人次获得三好学生等荣誉称号，1 人获评北京市三好学生；5 个班集体获评校级优秀班集体。硕士毕业生就业率 99.59%，博士毕业生就业率 100%。

【教学工作】

5 人获评电气学院 2021 届本科优秀毕业设计指导教师。获评 2021 届校级优秀本科生毕业设计（论文）8 篇，其指导教师获评校级优秀毕业设计（论文）指导教师。获评北京市优秀毕业设计（论文）3 篇，其指导教师获评北京市优秀毕业设计（论文）指导教师。

6 门课程上线爱课程平台，1 门课程获评教育部“拓金计划”示范课。启动 34 门课程 MOOC 建设，其中 25 门课程已上线爱课程平台、2 门获评国家级线上一流课程。建有国家级、市级和校级一流课程 13 门。参编 1 本教材获国家级优秀教材二等奖，主编教材 2 本。1 人获评北京市教学名师，1 人获评北京市高校青年教师教学基本功比赛二等奖。

立项教育部高教司产学合作协同育人项目 4 项、校级教改项目 10 项、院级教改项目 6 项，学院投入 30 万元用于院级教材建设项目立项。2 门课程获批校级思政建设项目，59 名教师参加“高校课程思政教学能力培训”。

获评校级教学成果奖 13 项，其中特等奖 1 项、一等奖 5 项、二等奖 7 项。

拓展线上实习和学习渠道，开设 20 场网上现场直播和培训视频回放等形式完成线上实习。组织线上讲座 20 场，线下讲座 3 场。

大学生创新训练项目结题 103 项，其中国家级 11 项。27 项获评北京市大学生科学研究与创业行动计划项目。大学生创新训练项目立项 111 项，其中国家级 10 项，北京市级 29 项。本科生在国家级竞赛中，获得特等奖 1 项、一等奖 1 项、二等奖 1 项、三等奖 6 项；省部级竞赛中，获得特等奖 2 项、一等奖 4 项、二等奖 11 项、三等奖 4 项、优秀奖 7 项。获优秀组织奖 4 项。

开设 55 门研究生课程，共 70 个课堂。新增研究生核心课程建设项目立项 2 项，教育教学研究项目 1 项，专业学位教育教学改革项目 1 项，专业学位研究生教学案例开发项目 1 项，联合培养基地项目 4 项。运行 23 个研究生培养基地。

研究生创新项目立项 16 项。学院研究生课程开设“电网络理论”“电力电子电路与系统”等 8 门全英语课程。1 名博士研究生学位论文被评为校级优秀博士论文，7 名硕士研究生学位论文被评为校级优秀硕士论文。

【科研工作】

新增科研项目数 201 项，合同经费 1.02 亿元。其中纵向项目 69 项，包括国家自然科学基金联合基金项目 1 项、面上项目 4 项、青年基金 2 项，国家重点研发计划项目子任务 1 项，北京市科委项目 2 项，北京市自然基金项目 4 项，国际合作项目 3 项，新增专利转化和专利作价入股项目 7 项。SCI 检索论文 121 篇，EI 检索论文 135 篇。获得授权专利 92 项，其中发明专利 75 项。

【学科与平台建设】

学院“十四五”规划和电气工程学科“十四五”发展规划经学院党政联席会审议通过后发布实施。电气与电子工程学科在 U.S.News 2021 排名为世界第 22 位，中国内地高校第 13，在 QS 2021 世界学科排名中位列 251～300，中国内地高校第 19。丰台轨道交通创新基地新增科研面积 3 208.43 m^2，5 个科研团队入驻。

【新能源（国际化示范）学院建设】

2017 级本科生毕业设计及海外留学生在线毕业设计，就业落实率达 88%。

执行新修订的 2020 版本科生培养计划，新设“新能源与新材料”“储能系统及应用”“电气工程专业英语”课程。开设外籍教师课程 13 门，共计 452 学时。

修订“KWAK 教授奖学金管理办法”，第二批 6 名学生获评。外籍教师 Sohrab Mirsaeidi 获批主持国家自然科学基金外国学者研究基金项目。

【交流与合作】

学院与马来西亚彭亨大学签署本科 2.5+2 双学位联合培养合作协议。与 IEEE 电力与能源学会（PES）续签合作备忘录。17 名学生赴国外交流学习，包括 13 名博士生、4 名本科生。

获批引智项目 5 项，总金额 89 万元。学院主持建设的 111 引智基地——“主动配电网大数据分析与处理”创新引智基地通过教育部评估。2021 年有 3 名全职外籍教师在校工作，3 名外国专家线上为学生开设英文课程。

线上召开第五届“新能源的未来”国际研讨会、国际青年学者知行论坛分论坛等国际会议，线下参与承办第五届轨道交通电气与信息技术国际学术会议。

（王海霞　王晓丹　李　直　于明飞　于　冰　洪春梅
滕　健　陈　源　刘　扬　贾长忠）

理 学 院

【概况】

理学院设有数学系、物理系、化学系 3 个系，光电子技术研究所 1 个所，北京交通大学生命科学与生物工程研究院、北京交通大学基础与交叉科学研究院 2 个研究院，有国家级物理实验教学示范中心，国家工科物理教学基地，省部级重点实验室发光与光信息技术实验室。学院有 8 个本科专业，4 个一级博士学位授权学科，协助建设系统科学一级博士学位授权学科，6 个一级硕士学位授权学科，2 个博士后流动站。

2021 年学院共有教职员工 262 人，其中中国科学院、中国工程院院士 4 人，国家级人才 5 人（其中杰出青年基金获得者 2 人），北京市教学名师 1 名、青年教学名师 3 名。学院专职教师 206 人，其中教授 74 人，副教授 91 人，具有博士学位的比例为 93.7%。

截至 2021 年底，学院毕业学生 512 人，其中本科生 296 人、研究生 216 人（硕士生 169 人、博士生 47 人）。招生 519 人，其中本科生 293 人、研究生 226 人（博士生 45 人、硕士生 181 人）。在校生 1 994 人，其中本科生 1 310 人、研究生 684 人（博士生 217 人、硕士生 467 人）。此外有民族预科生 31 人。

【党建和思想政治工作】

制定《理学院党委在全院开展党史学习教育的实施方案》，举办徐叙瑢院士百岁华诞座谈会，班子成员在全院范围讲授《从徐叙瑢院士的治学风范看中国共产党的精神图谱》党课。2 名教师参加“校史中的党史故事”教师校史讲述比赛。2 名辅导员在微党课比赛中分别获得一、二等奖。本科生开展“百年回望 青春向党”系列活动，研究生开展“学史力行，以行践知”系列活动。学院师生参与庆祝建党 100 周年和冬奥会志愿服务任务共计 132 人次。

成立学院师德建设工作小组，开展师德优秀典型先进事迹宣传学习、师德警示教育与教师诚信教育、研究生导师培训工作。推进课程思政建设，举办 6 次相关培训研讨会。

修订《理学院党委会会议议事规则》《理学院党政联席会议议事规则》《理学院贯彻落实“三重一大”决策制度实施办法》。制定《理学院党风廉政建设责任制》和《理学院廉政风险防控体系》。成立理学院意识形态工作领导小组，制定《关于进一步规范理学院学生团体新媒体平台运营的管理办法》，建立学院本研学生团体新媒体管理台账。对学院各项规章制度进行系统梳理和修订，形成 75 项管理制度、汇编成册。学院首次制定《理学院自筹聘用人员综合管理办法》。

5 名一线青年教师党员担任博士生党支部书记，本科生党支部书记全部由专职辅导员担任。1 人获评 2021 年北京交通大学优秀党务工作者，6 人获评 2021 年北京交通大学优秀共产党员。本科生 340 名入党积极分子、220 名发展对象参加分党校学习。4 个本科生党支部开展红色“1+1”党支部共建活动。组织本科生党支部开展红色铸魂暑期社会实践。

2021 年“共产党员献爱心”捐献活动，共计捐款 20 095.8 元。学院成立“青联”，为青年教师搭建交流学习平台。

完成2020级少数民族预科生的培养和入党启蒙教育，做好“三收”家庭学生的思想工作和家庭经济困难学生的帮扶教育工作。“理理心声音”微信平台年度推送量160余篇，创建心理咨询预约平台，开展个体线下咨询。

本科生近900人、50余个学生团体获评各类国家级、市级、校级奖学金或荣誉称号。其中，获评校级先进班集体5个，校级优良学风班6个，甲级团支部5个。理学院学生分会和Z19－351宿舍获评北京市优秀基层组织。思源1901班获北京市先进班集体、北京市“先锋杯”团支部、校级先锋杯团支部第一名、校十佳团日活动第一名。获国家奖学金13人，国家励志奖学金32人，其他专项奖学金39人次，537人获得单项奖学金。获评校级三好学生92人，校级优秀学生干部31人。2人获评知行奖学金（本科生），3人获评学校自强之星。2人获评知行奖学金（本科生单项）提名。学院本科生暑期社会实践团共组队27支，参与学生近300人。获评校级一等奖3项、二等奖2项、三等奖4项。

2021届本科毕业生出国47人，升学132人，西部就业2人，支教1人，征兵入伍4人。深造率为75.68%，就业率为86.49%。

加强研究生思想政治教育，1个党支部获评“十佳支部案例”，2个支部获评“优秀微党课”，1名党员获“我听亲人讲四史”第一名。累计开展19次党员骨干培训，451人次参与。设立研究生校外职业生涯规划导师制度，学院获评学校“生涯辅导特色奖”。

完成心理健康普查及排查工作，建立“一生一册”，累计沟通人次28次。开展“心理团体辅导”“压力释放心理讲座”，参与460余人次。开展“院士校园行”“与大师面对面”、研究生“求实”论坛、研究生“学术论坛”“榜样的力量”系列宣讲等各类活动共计21场，累计参与人次5 350余人次。

【教学工作】

统计学、纳米材料与技术2个专业获批国家级一流本科专业建设点。数学与应用数学专业获评北京市一流本科专业。推进大类专业改造升级，新增纳米材料与技术（智能材料）专业。

课程思政实现全院全覆盖，开展课程思政相关培训6次，覆盖45个基层教学组织240人次。11门课程获得校级课程思政教改立项。1门课程及团队获评2021年校级课程思政示范课程、教学名师和团队。

1人获评北京市高等学校青年教学名师，1人获北京市高校青年教师教学基本功比赛理科组二等奖。学院获校级教学成果一等奖6项，二等奖5项。推进理学美育和劳动教育课程建设，获得校级教改项目1项。

学院3项毕业设计（论文）获评北京市普通高等学校优秀本科生毕业设计（论文）。大学生创新创业训练计划项目结题91项，其中国家级项目12项，北京市级项目26项，完成论文27篇，1篇论文代表学校参加第十三届全国大学生创新创业年会。发表论文14篇，其中SCI检索论文9篇，EI检索论文2篇，国内一般检索论文3篇。依托于大创项目共完成实物作品5件。

学院本科生301人次参与各类学科竞赛，获省部级及以上奖项93人次。指导我校学生组队获2021年美国大学生数学建模竞赛特等奖1项、特等提名奖5项、一等奖15项、二等奖45项；获2021年全国大学生数学建模竞赛全国一等奖1项、全国二等奖1项、北京市一等奖12项、北京市二等奖23项，1人获评全国数学建模竞赛全国优秀教师，北京交通大学被评为数学建模竞赛全国优秀组织学校。在 2021 年中国大学生物理学术竞赛中获二等奖；在 2021 年中国大学生物理学术竞赛华北区赛中获一等奖；获 2021 年第七届全国大学生物理实验竞赛二等奖 2 项、三等奖 1 项；2021 年全国大学生物理实验竞赛（创新赛），学校获一等奖 3 项，二等奖和三等奖各 1 项；获 2021 年全国大学生统计建模大赛一等奖 1 项、优秀奖 3 项。获批“中科院大学生科学创新计划”7 项，获得资助 7 万元，2 人获评“中科院大学生奖学金”；4 人获评“国家纳米科学中心纳米科技探索奖学金”；“大学生创新创业训练计划”项目新增 23 项，结题 14 项（其中国家级 1 项、北京市级 2 项）。

纳米材料与技术专业中外合作办学项目报到新生 56 人；毕业生 46 人，就业 37 人，其中深造 35 人。派出 2019 年级 51 人、2018 年级 11 人赴滑铁卢大学学习。纳米项目（纳米材料与技术专业）共有 238 位在读学生。7 位滑铁卢大学教师担任 11 门课程主讲教师，教学时数 1 016 小时。

学院撤销化学工程与技术硕士学位授权点。与机电学院共建材料科学与工程学位点，增设光电材料及其应用方向，原化学工程与技术学位点的导师可在材料科学与工程的材料表面技术及功能材料方向，继续招收学术研究生。

61 名教师通过博士生导师资格审核，其中，初次申报博士生导师 6 人。新增 10 名硕士生导师（其中 1 人新增专业学位领域导师资格）。

接收推免研究生 66 人。对排名前 10%的直博生配套发放奖励 4.44 万元。

修订 2021 级、2022 级研究生培养方案，取消化学工程与技术学位点后，调整材料与化工专业培养方案；完成高级课程群建设并纳入新培养方案。学院参与 9 门研究生课程的课程建设。

2 人获研究生教学成果校级一等奖，4 人获研究生教学成果校级二等奖。研究生教改项目立项 12 项，其中课程建设项目 7 项、课程思政案例建设 3 项、课程思政示范项目 1 项、教育教学研究项目 1 项；研究生创新项目立项 16 项，其中一类 8 项、二类 8 项。

4 名硕士生论文入选校级优秀硕士论文，2 名博士生获校级优秀博士论文；硕士生 7 人、博士生 6 人获国家奖学金，2 名博士生获 2021 年度校研究生知行奖学金；2021 年审批通过国家公派出国研究生 15 人，其中联合培养 13 人、攻读博士 2 人。

新增 2 个校级研究生联合培养基地（北京经纬恒润科技股份有限公司、北京市城市规划设计研究院）和 5 位企业导师。

【科研工作】

新增课题 81 项，合同总经费 3 743.88 万元，实到经费 2 735.07 万元。获批国家自然科学基金 18 项，其中面上项目 10 项、青年基金 8 项，批准经费 805 万元。

SCI 检索系统收录论文 270 篇，EI 检索系统收录论文 270 篇，新增 ESI 高被引论文 18 篇。1 人入选 2021 年全球高被引科学家名单。1 人获得 2021 年“国际先进材料协会科学家奖”。

承办第五届应用分数阶微积分北京交通大学国际研讨会（2021）、第十七届全国复杂网络学术会议（CCCN2021）、第六届统计优化与学习国际研讨会（2021）等国际学术研讨会和全国学术会议。举办 2021 年水、生态与环境国际学术会议，2021 年自动化、信息与计算国际学术会议。组织学术报告 79 场，其中线上报告 49 场。邀请境外专家报告 15 人次、国内专家报告 64 人次。

【学科与平台建设】

学院“十四五”规划和数学、统计学、物理学、光学工程、化学、生物学等 6 个学科的“十四五”发展规划经学院党政联席会审议通过后发布实施。

学院 6 个学科积极推进第五轮学科评估相关工作。在“2021 QS 世界大学学科排名”中，统计与运筹学学科排名 151～200、数学学科排名 251～300、物理与天文学学科排名 451～500、化学学科排名 551～600。

【交流与合作】

本科生 2 人参加学院与根特大学“3+1+1”联合培养项目，1 人参加伯明翰大学“3+1”联合培养项目，62 人赴滑铁卢大学进行纳米材料与技术专业中外合作办学项目学习。通过国家公派项目派出 11 名博士研究生出国进行访学交流。

因公出国（境）、外国专家引智项目受疫情影响，主要通过远程方式开展学术交流、授课、讲座和研究生联合指导。学院新获批 3 项国家级高端外国专家引进计划，5 项校级高端外国专家引进计划。

（李　蓉　常笑薇　由凤玲　刘　俊　严伟恒　尚　颖　马玉涛
赵　颖　周彦君　陆　歆　梁熠宇）

马克思主义学院

【概况】

马克思主义学院作为北京市首批8所重点建设马克思主义学院之一，设有马克思主义基本原理教研部、马克思主义中国化教研部、思想道德与法治教研部、中国近现代史纲要教研部、研究生思政课教研部等5个教研部和思想文化教育中心。设有北京市习近平新时代中国特色社会主义思想研究中心北京交通大学研究基地、当代中国马克思主义研究院、首都大学生思想政治教育研究基地、中国马克思主义与文化发展研究院、中国文化软实力研究院。设有1个一级学科博士学位授权点，1个博士后流动站，4个二级学科博士点，1个一级学科硕士点，7个二级学科硕士点。

2021年学院有教职工65人，其中教授13人、副教授24人、博士生导师10人、硕士生导师32人。

截至2021年底，学院博士生10人毕业、11人结业，硕士生30人毕业。招收研究生65人（其中博士生14人、硕士生51人）。在校研究生209人（其中博士生61人、硕士生148人）。

【党建和思想政治工作】

开展党史学习教育，组建师生宣讲团，创建“传习所”品牌项目。做好北京市“党建先进校”迎评工作。加强师德师风教育，开展典型案例警示教育、新时代师德规范宣讲会，宣传先进典型。推进巡察整改工作，根据巡察反馈意见，制定整改方案。

开展学习宣传和研究习近平新时代中国特色社会主义思想、习近平总书记“七一”重要讲话精神、党的十九届六中全会精神活动。主办（承办）学术活动8场，校内外宣讲辅导20余场次。

完成学院党委换届工作。加强基层支部建设，开展党务工作培训，分类推进党支部规范化建设；开展党支部书记抓党建工作述职评议考核，落实“两学一做”学习教育常态化制度化。制定《马克思主义学院引进教师“政治把关”办法》《学院党委会、党政联席会议事规则》《教研部事务会议制度》《教职工党支部评议考核办法》等文件。做好意识形态风险摸排和防范、特殊学生的思想帮扶。

修订《北京交通大学马克思主义学院研究生综合测评实施办法》《马克思主义学院硕士研究生学业奖学金评审细则》《北京交通大学马克思主义学院硕士研究生国家奖学金评定细则》等文件，对学生评奖评优工作进行标准和流程的细化。

2支部案例被评为校级研究生优秀党支部组织生活案例，其中1案例获评“十佳”研究生党支部组织生活案例；2人获国家级奖学金，6人获“双百”奖学金，221人次获智瑾、中信、社会工作优秀、学业奖学金等校级奖学金；1人获“北京市三好研究生”，36人次获三好研究生、优秀研究生干部等校级荣誉称号；3人获学习强国北京平台“爱国心 强国志 报国情”征文比赛优秀奖；4人获学校“挑战杯”一等奖，9人获二等奖，7人获三等奖。

【教学工作】

获学校本科教学成果特等奖 1 项、一等奖 2 项、二等奖 3 项；研究生教学成果奖一等奖 1 项、二等奖 3 项。1 人获第二届全国高校思政课教学展示暨优秀课程观摩活动二等奖；2 人分别获得北京高校教书育人“最美课堂”一等奖和二等奖；1 人获北京市思政课教学基本功比赛二等奖；1 人获宝钢优秀教师奖，1 人获智瑾奖优秀青年教师；3 人获第二届北京交通大学教书育人“最美课堂”。2021 年获批本科生院教改项目 14 项。

贯彻落实习近平新时代中国特色社会主义思想的“三进”工作，开设本科生“习近平新时代中国特色社会主义思想概论”课。在詹天佑学院开设“四史”选择性必修课，打造“形势与政策”课、思政课社会实践等优势课程，形成思政课主导、选修课辅助的思政教育课程体系。实施《思想政治理论课综合评价标准（草案）》。开展“交通强国有我在”视频创意大赛、“传承红色文化”历史剧微电影等特色思政课教学品牌建设。开设中文写作课和 10 余门通识教育课程。

完成“国家急需学科高层次人才培养支持计划”之“思政教师专项计划”招生指标，招收博士 14 人、硕士 51 人。实行博士研究生入学的申请考核制改革；首次招收硕博连读学生。

制定《北京交通大学马克思主义学院研究生课堂教学管理规定》，成立专项检查队伍，开展抽查和随堂听课。

【科研工作】

科研经费总额 259.5 万元，课题立项 27 项，其中国家社科基金项目 3 项、北京市社会科学基金项目 5 项、北京市教工委 5 项。

围绕习近平新时代中国特色社会主义思想、新时代高校思想政治理论课改革等开展深入研究，发表学术论文 100 篇，其中 A 类 12 篇、C 刊 25 篇、应用性成果 5 篇、普通论文 59 篇、在“三报一刊”上发表理论文章 9 篇，出版著作 6 部。

【学科与平台建设】

2021 年北京市习近平新时代中国特色社会主义思想研究中心北京交通大学研究基地在《人民日报》《光明日报》发表 10 篇文章；2 篇研究报告获党和国家领导人批示；新增 3 项北京市习近平新时代中国特色社会主义思想研究中心项目，其中 1 项特别委托、2 项重点；举办 2 场全国学术性研讨会，即“庆祝中国共产党百年华诞暨中共党史研究与教学”学术研讨会、“在总结重大成就和历史经验中推进中华民族伟大复兴——学习贯彻中共十九届六中全会精神”学术研讨会。

首都大学生思想政治教育研究基地新增北京市社科规划办项目 1 项；教师发表科研论文 15 篇，其中 CSSCI 期刊论文 6 篇；教师出版著作 2 部，编写完成年度报告 2 部；教师提出专家建议 2 份，被中央领导同志批示、北京市政协采用。

（曲立忠　林玉琴　刘慧敏　王　震　袁波祥）

语言与传播学院

【概况】

语言与传播学院设有英语系、传播学系、欧亚语系、公共英语教学部4个系部和翻译硕士（MTI）教育中心。拥有北京市高等学校语言实验教学示范中心、北京智慧广电网络试听重点实验室、北京交通大学乌拉圭研究中心、北京交通大学中国文化产业研究院、北京交通大学中国丝路发展研究院等3个校级研究中心和语言研究中心、外国文学研究中心、翻译研究中心、传播学研究中心等院级教研机构。设有5个本科专业，4个硕士点。

2021年学院在职教职工156人，其中专任教师136人，博士生导师2人，硕士生导师36人；教授13人，副教授46人，讲师76人；专任教师中具有博士学位的占43.38%。

截至2021年底，学院毕业学生210人，其中硕士研究生67人、本科生143人；招生244人，其中硕士研究生77人、本科生167人；在校生841人，其中硕士研究生177人、本科生664人。

【党建和思想政治工作】

开展党史学习教育，面向学院师生党员举办4场专题报告会；深入推进“我为师生办实事”实践活动，组织5个教师党支部31位老师对53名学生提供就业指导；召开学院“两优一先”表彰大会。与光明日报全媒体中心联合出品大型主题报道《美美与共》，该报道反映中国共产党自诞生以来对和平友好矢志不渝的追求，以系列视频及全媒体形式在全网发布。《影痴老黄》获得13项省部级以上奖励，并入选中组部党员网全国党员“两学一做”观摩影片。由学院党员教师翻译完成的英文译著 *CHINA'S SECRET CODE* 面向全球发行。

2名教师、9名学生参与庆祝中国共产党成立100周年广场献词合唱；3名教师、33名学生担任2022北京冬奥会志愿者。研究生基层党建以实践促实效，2019级外文研究生党支部的“加减乘除”党支部工作法，获评北京市委教育工委优秀党支部工作法，入选“北京高校100个支部工作法”；3个研究生党支部微党课获评学校“献礼百年”研究生优秀微党课作品。

接受学校党委第六轮巡察，制定学院整改工作方案，成立巡察整改督办落实工作组，清单式推进整改销账。加强课程思政建设，制定《语言与传播学院课程思政建设推进方案》，全覆盖和示范区培育同步推进。持续做好常态化疫情防控工作，发挥好学院党支部的战斗堡垒和党员的先锋模范作用。学院党委和行政班子完成换届，加强学院领导班子能力和后备干部队伍建设，“2+2+4”立体化完善党委会会议、党政联席会制度。深化全面从严治党，落实意识形态和安稳实施方案。

推进师德师风建设，坚持教师理论学习每月必有师德师风建设内容，组织2场学院师德师风专题教育会；开展3次警示教育。组织教师参加学校“师德建设月”、中华优秀传统文化读书班等活动。

系部、教师党支部、专业教师、班主任等多支育人队伍深度合作，推进学院“三全育人”

工作。教师党支部"一对一"帮扶就业困难学生，获评学校"就业创业工作突破奖"。学院统筹本研思政工作力量，按照任务流转闭环、工作进展闭环、学生管理闭环的工作推进模式，先行试点党建、团建、资助、就业、心理等专项工作的本研协同，积极推进本研一体化建设。

举办学术讲座 24 次，学术沙龙 3 次，10 期"对空言说"读书会，推动学院学术氛围营造。组织 6 组、54 名大学生开展暑期社会实践。1 实践团队获评首都大学生集体采访行动"优秀团队"称号。联合兄弟学院团委组织开展"读懂中国"五老党员讲座，制作系列新媒体作品，其中《王金华》入选教育部关工委 2021 年"读懂中国"活动优秀短视频。推出《党史故事百校讲述——郑振铎》《留"芳"百世"荃"拳爱国》等新媒体产品。

本科生单项奖学金获奖 303 人次，专项奖学金获奖 32 人次，其中 1 人获知行奖学金、2 人获知行奖学金（本科生单项）、1 人获"乐于助人"高富浪奖学金、1 人获科研创新奖学金。集体奖学金获奖 19 次，累计获奖金额 1 万元，其中 1 班级获北京市先进班集体。

研究生获得各类奖励 40 人次，其中国家奖学金 2 人、中信奖学金 2 人、智瑾奖学金 1 人、益路行奖学金 2 人。学院开展学术沙龙 3 次，组织学生参加学校"慧光杯"学术文化节，共投稿 101 篇，29 篇论文获奖。举办学院"慧研杯"学术文化节，承办 24 次"与大师面对面"名师讲坛活动，征集学术论文 81 篇，论文编译 19 篇，"学四史·守初心·担使命"征文投稿 20 篇，评选"学术之星"2 名。

2021 届本科毕业生深造率为 59.57%，其中国内读研率 40.43%、出国深造率 19.15%，就业率 85.11%。2021 届毕业研究生就业率 90.77%。

【教学工作】

学院获国家级研究与改革实践项目 2 项，获学校本研教学成果奖特等奖 1 项、一等奖 3 项、二等奖 9 项，1 门课程及团队获学校课程思政示范课程和教学团队，6 人获思政教学名师，1 人获北京市第十二届高校青年教师教学基本功比赛三等奖，1 课堂获评学校教书育人"最美课堂"（课程思政类），1 人获"外研社杯"全国英语辩论赛一等奖指导教师、2 人获二等奖指导教师，1 人获学校优秀教学管理工作者。42 项教学改革项目分别获批校级本研教改项目。

2 门本研贯通高级课程通过审批并开课，大创项目立项国家级 1 项、北京市级 4 项、校级 9 项，结题市级 2 项、校级 3 项。1 篇论文获北京高校优秀本科毕业设计（论文），4 篇论文获校级优秀本科毕业设计（论文）。

英语专业四级和八级通过率均超过 70%，其中英语专四通过率超过 90%，远超全国通过率 40%。

【科研工作】

学院科研经费 402 万元，获批各类科研项目 20 项，其中国家社科基金一般项目 1 项、教育部人文社科基金青年项目 1 项、教育部人文社科基金一般项目 2 项、北京市社科基金青年项目 1 项，北京市习近平新时代中国特色社会主义思想研究中心专项课题重点项目 2 项，其他项目 10 余项。

发表高水平期刊论文共计 30 篇，其中 SSCI 4 篇、A&HCI 2 篇，CSSCI 来源期刊论文 14 篇，CSSCI 来源集刊论文 1 篇，北大核心（含 CSSCI 扩展）期刊论文 4 篇。发表三报一刊文章 3 篇，出版各类学术著作 11 部（其中专著 3 部、译著 3 部、教材 5 部）。

【学科与平台建设】

组织中外高水平学术专家讲座 30 余次。主办学校 125 周年校庆之“新文科背景下外语和传播学科人才培养与学术前沿论坛”。

【交流与合作】

学院聘有外籍教师 5 名，其中英语教师 2 名、西班牙语教师 1 名、葡萄牙语教师 2 名。1 人赴波兰华沙理工大学孔子学院任中方院长。3 项外专引智项目获批校级高端项目。

（张　京　钱卫红　卢　强　艾琪瑶　刘新奇　董乐贤　王筱依　王　冰）

软件学院

【概况】

软件学院设有软件工程研究中心、智慧交通软件与安全研究所、实验教学示范中心。设有软件工程博士后流动站，软件工程一级学科博士学位授权点、硕士学位授权点，软件工程本科专业。获评首批“特色化示范性软件学院”。

学院现有在职教职工 50 人，其中专任教师 33 人，包括博士生导师 11 人、硕士生导师 22 人；教授 6 人、副教授 12 人、讲师 15 人，专任教师中具有博士学位的占 85%。

2021 年学院招生 345 人（其中硕士研究生 108 人、非全日制研究生 56 人、本科生 181 人）、毕业 280 人（其中硕士研究生 107 人、非全日制研究生 3 人、本科生 170 人）。截至 2021 年底，学院在校生 943 人，其中博士研究生 11 人、硕士研究生 222 人、本科生 710 人。

【党建和思想政治工作】

开展“党史”学习主题教育活动，围绕激发师生爱党爱国热情，提升基层党组织的凝聚力、战斗力和号召力，学院党委通过组织集体学习、开展体验式教学、“我为师生办实事”等方式开展教育活动。参与北京冬奥会、冬残奥会服务保障工作，学院共有 25 名志愿者分别在通行管控、赛事服务、技术支持、无线电频率管理等领域全勤服务。

召开软件学院党员大会，选举了新一届党委领导班子。规范和优化党支部设置，成立软件学院工程研究中心教师党支部、软件学院交通软件研究中心与实验中心联合党支部，实施教师党支部书记“双带头人”培育工程。

本科生就业率 98.81%、研究生就业率 100%，学院获评学校就业创业工作综合奖和精准指导服务特色奖。

【教学工作】

制定具有交通行业特色的本研一体化人才培养方案。获批国家级第二批新工科研究与实践项目 1 项，1 门课程获评首批国家级线上一流课程，1 门课程获评首批国家线下一流课程。融合信息技术，实现研究生线上线下课程全覆盖督导。开设英文课堂 18 个，11 名来自海外教师参与课程线上教学，65 名留学生完成线上课程学习。

学院新增“铁道科学院电子计算技术研究所联合培养基地”“滴滴出行联合培养基地”。

【科研工作】

科研项目 23 项，科研经费 1 340.798 万元，其中国家自然科学基金 2 项、国家自然科学青年基金 2 项、横向科研经费 696.163 5 万元。国内外科技刊物公开发表论文 28 篇，新增专利 11 项。

制定《基本科研业务费自由申报项目实施方案》《2021 年度科研平台绩效综合评价方案》。

【学科与平台建设】

学院“十四五”规划和软件工程学科“十四五”发展规划经学院党政联席会审议通过后

发布实施。

参加第五轮学科评估。3 个科研团队入驻丰台轨道交通创新基地。软件工程学科在 2021 年软科排名第 23 名，属于 A 层次。

【交流与合作】

招收留学生 14 人，其中研究生 13 人。学生通过线上授课的方式参与学院英文授课课程学习 11 门。授予境外学生硕士学位 3 人，学士学位 2 人。与法国高等电子工程师学校和法国鲁昂高等工程师学院续签双学位协议。

（李红梅　蔡　雪　范阳阳　李　蕾　杨　旭）

建筑与艺术学院

【概况】

建筑与艺术学院设有建筑系、城乡规划系、媒体与设计艺术系 3 个系，1 个数字化设计实验中心，1 个实践教学创新中心，设有北京交通大学城市规划设计研究院、北京交通大学圆明园研究院、北京交通大学中国书画研究院、北京交通大学中国书画院书画艺术研究创作中心 4 个校级研究平台。学院按照建筑类、设计学类招收本科生。设有 3 个一级学科硕士点，2 个专业硕士学位点。

2021 年学院有教职工 100 人，其中专任教师 81 人（含师资博士后 7 人），海外学者短期聘用计划海外讲席教授 A 类人才 1 人；博士生导师 7 人，硕士生导师 51 人（含博导）；教授 15 人，副教授 32 人，讲师 27 人；专任教师中具有博士学位的教师 67 人，占教师总数的 82.72%。

截至年底，学院毕业学生 260 人，其中硕士研究生 126 人（包含全英文硕士 25 人）、本科生 134 人；招生 273 人，其中硕士研究生 122 人（其中全日制硕士 92 人、非全日制硕士 30 人）、本科生 151 人；在校生 981 人，其中硕士研究生（不含留学生）310 人、本科生 671 人。

【党建和思想政治工作】

成立党史学习教育领导小组，召开党史学习教育动员大会，制定《建筑与艺术学院关于在全院开展党史学习教育的实施方案》《建筑与艺术学院全体师生党史学习教育重点任务清单》《建筑与艺术学院处级领导干部党史学习教育重点任务清单》，组织教师党员骨干赴井冈山开展“重温百年党史，践行立德树人”专题教育培训，开设“党史课堂”系列讲座，举办“重温时代经典，不忘初心使命”主题观影活动。与四川红十字会建立党建共建合作。举办第十届创意文化节、“永远跟党走”暑期社会实践等一系列活动。制作主题教育推送 43 篇。

组织 70 名师生参与建党 100 周年庆祝活动，55 名师生参与《伟大征程》鸟巢文艺演出活动，8 名学生参与广场献词合唱，6 名学生担任现场观众，1 名学生参与庆祝活动志愿服务。24 名师生参与 2022 年北京冬季奥运会志愿服务工作。成立建艺学院冬奥志愿者保障工作组。

召开党员大会，完成学院党委换届选举工作。开展教育部巡察、北京市党建和思想政治基本标准检查等自查工作，接受学校第七轮校内巡察工作；修订《北京交通大学建筑与艺术学院党政联席会议议事规则》和《北京交通大学建筑与艺术学院党组织会议议事规则》。通过“1+2+3+4”（1 支队伍、2 个帮手、3 个载体、4 个结合）模式，实现学生深度辅导 100% 全覆盖，开展温度、精度、深度并重的辅导工作。以教学楼改造为契机，着力强化环境育人，通过劳动养成教育，引导学生自觉维护专教环境，开设 2 学分《专教劳动教育实践》必修课，制定并推行《专业教室管理规定》。

学院党委获评北京高校德育先进集体，学院团委获评 2021 年全国铁路五四红旗团委，

学院工会获评北京市教育工会先进教职工小家。学院获评军训旅宣传先进单位、2020 级军训团综合先进单位、2019 级军训团宣传先进单位。2 个党支部荣获校先进基层党组织，2 名师生荣获校优秀共产党员，1 名教师荣获校优秀党务工作者，1 名教师荣获校智瑾奖优秀青年教育工作者，1 名教师荣获“三育人”先进工作者，1 名教师荣获辅导员微党课大赛一等奖。

【教学工作】

开设本科生课程 183 门，研究生课程 68 门。获批本科校级教改立项 18 项，其中一流专业建设项目 2 项、新文科研究项目 3 项、新工科研究项目 1 项、课程思政项目 3 项、教材项目 2 项等，教改经费 101 万元。获批校级美育专项教改 8 项，教改经费 56 万元。新编教材 8 本。获批研究生校级教改项目 6 项，其中思政类教改立项 3 项，教改经费 20 万元。新增校企联合培养基地 4 个，基地建设经费 16 万元，依托培养基地聘请企业导师 18 人。

建筑学获批国家级一流本科专业，城乡规划学本科和研究生教育通过专业评估。优化新版研究生培养方案，落实学校“四通”模式改革，完善各项制度。修订了 MFA 专业硕士学位的实践培养环节，完善了建筑学、城乡规划学、设计学三个一级硕士学位授予标准以及建筑学专业硕士学位授予标准。规范了对硕士研究生培养过程和学位论文质量的监控。获批校级优秀硕士论文 3 篇。

开展导师培训 1 次，通过主讲教师资格认定 2 人，职务晋升能力学习认定 4 人，学校教学促进师认定 2 人。获批学校认定学科竞赛 4 项。获校级教学成果奖 9 项，其中一等奖 2 项、二等奖 7 项。大创项目结题 18 项，获批国家级 7 项、北京市级 3 项。参加“UIA 霍普杯国际大学生建筑设计竞赛”、“SDC 国际太阳能大赛”、北京市教委“文创大赛”等包括国际级、A 类在内的学科竞赛 25 项，参与学生 240 人次，获得 “挑战杯”主赛道二等奖、WUPENICITY 2021 城市可持续调研报告国际竞赛金奖、亚洲设计学年金奖等奖项 61 项组织院督导听课 38 次，院领导听课 22 次，院督导试卷检查 3 次。强化基层教学组织和课程思政团队建设，以工作室制为载体打造育人体系。国家一流本科实践课《工作室制实训创新Ⅱ》依托本硕一体化、跨学科工作室，针对学院 5 个本科专业的高年级本科生与研究生实施实践创新创业类教学。

成立美育教育中心，聘请 20 余位高校专家授课。

完成 MFA 毕业作品展。主办第二届交通建筑联合毕设展。组织本科生毕业设计展，汇集建艺学院和威海校区共计 6 个专业、130 多个作品。

【科研工作】

新增科研项目 71 项，合同总经费 1 900 万元。其中横向合同 40 个，经费 1 057.19 万元；纵向合同 31 个，经费 842.81 万元。新增纵向科研项目 31 项，其中国家自然科学基金青年项目 1 项、国家重点研发计划子课题 3 项、北京市社科项目 2 项、教育部人文社科项目 2 项、基本科研业务费项目 11 项、首都高端智库项目 2 项、国际合作项目 1 项、其他纵向项目 9 项。发表以北京交通大学为第一完成单位的论文 58 篇，包含 SCI 检索论文 4 篇、CSSCI 检索论文 3 篇、CSCD 检索论文 3 篇、EI 期刊检索 1 篇。出版以北京交通大学为第一完成单位的著作 8 部。申请并获批发明专利 7 项、软件著作权 4 项。完成成果转化项目 1 项，转化金额 60 万元。

举办第二季建艺教学科研发展训练营，包含 10 次科研学术交流活动。主办“圆明园研究与保护2021国际学术研讨会暨第二届圆明园研究高校联盟成果展”，会议共收到相关研究领域学术论文60余篇。举办首届“交通建筑”论坛。作为主要单位发起成立北京交通大学国土空间与交通协同发展研究院。成立“北京交通大学——津发科技”智能交互实验室。

主持国家重点研发计划课题任务，完成京张高铁车站、景观、导向系统示范设计工作及列车工业设计项目；完成北京北站导向标识系统工程设计；参与北京市综合交通枢纽导向标识及南宁轨道交通标准制定工作。

2021年主办或承办高水平学术会议8次。

【学科与平台建设】

开展“十四五”学科规划编制和第五轮学科评估材料组织工作。梳理学科特色，整合学科结构，基本形成以交通为特色的建筑学、城乡规划学和设计学3个一级学科的科研方向。

新增全国一级、二级学会理事或副理事长等6人次，主办或参与国际、全国性学术会议8次，提高各学科在全国学术组织的参与度和影响力。

【交流与合作】

2021年在校留学生本科生19人，研究生41人，来自17个不同国家。开设17门专业全英文课程。获国家外专局资助金额55万元，其中高端外国专家引进计划2项，资助金额40万元；校级高端项目3项，资助金额15万元。聘请10位外国专家通过在线授课的方式进行联合教学、专题讲座或科研合作。外派1名教师赴哈佛大学进行为期1年的访学。与华沙理工大学共同参与学术、教育、文化研讨会，与卡迪夫大学建筑学院续签合作协议。与台湾大叶大学就双方互派学生进行学分互认。

城乡规划学入列商务部“援外高级学历学位教育专项计划”，招收留学生22名。承办“发展中国家新兴城市治理官员研修班”及“巴哈马城市规划与建设研修班”援外培训项目，13个国家56名学员参与。

与山西省河曲县、神池县、长治市，河北省唐山市、张家口市签署乡村振兴合作备忘录；协同东城区京诚集团、西城区大德集团，主持钟鼓楼周边老旧院落改造设计（10组）、西草市社区改造规划（3 600亩）；支持内蒙古科左后旗水稻品牌农旅融合策划、青海省牦牛产业品牌设计系统规划、张家口德胜村建筑规划及品牌形象提升等。2021年募集科研合作、校友捐赠总额近400万元。参与北京部分街道高校合伙人、责任规划师项目11项。

（刘　萍　张　野　董金凤　彭　烜　张　曼　谢　宇　张平乐　李　萌　符哲源）

法　学　院

【概况】

法学院设有公法学系、民商经济法学系、国际法学系 3 个系，设有北京交通大学北京社会建设研究院、北京交通大学中国铁路法研究中心、北京市交通运输法学研究会等研究单位。学院有法学本科专业，同时招收法学辅修、第二学士学位学生，有法学一级学科（学术型）硕士学位及法律硕士专业学位点，招收 5 个方向的学术型硕士研究生，招收法律硕士专业学位（全日制、非全日制）研究生。

2021 年学院有教职工 54 人，其中教授 10 人、副教授 14 人，具有博士学位教师 35 人。

2021 年，学院毕业学生 190 人，其中硕士毕业生 70 人、本科毕业生 120 人；招生 219 人，其中硕士生 79 人、本科生 140 人；在校生 715 人，其中硕士生 216 人、本科生 499 人。

【党建和思想政治工作】

开展党史学习教育活动，学院党委组织举办“追溯建党初心，共话百年辉煌”党史学习专题培训班和“学党史·筑信仰”预备党员专题培训班。组织党员学习习近平总书记在党史学习教育动员大会上的讲话精神，在学校“‘共话百年党史，牢筑信仰长城’师生共讲微党课”活动中分别获得辅导员一等奖和学生二等奖。组织主题教育活动“讲爱国故事、唱红色歌曲、学先锋榜样、做优秀党员”。

举办法学院党员大会，选举新一届法学院党委委员。落实学院党委中心组学习制度，制定完善《关于加强法学院党委纪检工作的意见》，修订党政联席会和党委会议事规则，完善决策程序和各项制度。

学院党委为各基层党组织搭建活动平台，激发支部活力。组织开展“寻党史故事，做红色传人”体验式学习实践活动；开展“我为师生做实事”实践活动；结合暑期社会实践，推进“永远跟党走——重走红色道路，传承红色精神”主题实践活动；组织“清明祭英烈”线上祭奠活动；参加建党 100 周年文艺汇演。2 人参加“校史中的党史故事”教师校史讲述比赛并分别获得二、三等奖。

落实校园疫情防控常态化管理政策。

2021 届本科生就业率 60.5%，深造率 27.73%，2021 届研究生就业率 98.28%。

本科生 1 支部获评全国党建工作样板支部。加强基层团组织建设，组织“做圆梦‘亿’中人”“燃动青春，青力冬奥”“我的交大我的团”等主题团日活动，开展“四史”及十九届六中全会精神学习等主题教育活动。20 名学生参与冬奥会志愿服务工作。开展 “思源”法学论坛、“展宪青春 与法同行”宪法宣传周、“迎冬奥·向未来”知识竞赛、“致敬一二·九，建党百年行”等主题活动。“无法不爱”公众号推送 248 篇，阅读量达 10 万人次。

1 本科生班级获评北京市先进集体，1 本科生团支部获评北京市“先锋杯”优秀团支部，1 本科生宿舍获评“北京高校优秀学生基层组织”，1 人获评学校“知行”专项奖学金，1 人获评 “知行”单项奖学金，1 人获评“十佳团支部书记”，1 人获评“优秀团支部书记”。

1研究生团支部获评北京市“先锋杯”优秀团支部，1研究生班级获评校级先进集体，1个研究生项目获2021年北京交通大学社会实践重点项目，2个研究生项目获2021年北京交通大学社会实践一般项目。

【教学工作】

获批法学国家级一流本科专业建设点，成立首届涉外卓越法治人才培养试点班。法学专业在2021年“软科中国大学专业排名”中综合评级A级，在全国法学专业排名中位列第59位。

推进新文科建设，1项目获批教育部首批新文科研究与改革实践项目，3项目获批校级新文科建设项目。

加强课程思政建设，组织全院教师参加习近平法治思想网络学习2期、课程思政教学能力培训1期。落实导师立德树人职责，举办硕士导师培训7次。新建实践基地2个，新增校院两级企业导师25名。创办“我们开讲啦”院内师生学术互动交流活动，举办活动2场；邀请知名学者、实务专家举办高水平讲座12场。

各类校级教改项目结题13项、立项26项，其中课程思政类教改项目立项4项、专业学位研究生教学案例开发项目立项5项、研究生优质核心课程建设项目立项3项、本科教育教学内涵建设类项目立项4项、教材建设类项目立项4项。

获校级教学成果一等奖1项，校级教学成果二等奖4项。1人获北京高校青年教师教学基本功比赛二等奖，1人获最佳教案奖，1课堂获学校第二届“最美课堂”称号，1课程获评2021年校级课程思政示范课。法学院代表队获“贸仲杯”国际商事仲裁模拟仲裁庭辩论赛暨Willem C.Vis Moot选拔赛二等奖，1人获团队突出贡献奖。新增1项国际级竞赛、1项国家级竞赛、大创项目立项22项。

【科研工作】

新增科研经费230万元，国家社会科学基金青年项目2项，省部级项目8项。修订《北京交通大学法学院高水平科研教学成果奖励办法》。发表CSSCI论文5篇，包括《法学研究》《中外法学》等法学权威期刊；3篇论文被人大报刊复印资料转载；CSSCI扩展版来源期刊5篇，CSSCI来源集刊3篇；出版编著1部，译著1部；以北京市习近平新时代中国特色社会主义思想研究中心特约研究员署名在《光明日报》发表论文1篇。

1篇专家建议获得全国政协社会和法制委员会领导批示。

以北京市交通运输法学研究会为平台，围绕交通法领域相关问题举办学术会议2次。

【学科与平台建设】

学院“十四五”规划和法学学科“十四五”发展规划经学院党政联席会审议通过后发布实施。

学院作为北京市交通运输法学研究会的牵头单位，举办学术研讨会2次，发挥学科平台服务社会治理的作用。围绕法学领域的热点问题和最新研究动态举办高水平法学前沿讲座，近千人次参与。

【交流与合作】

外专引智3人次，开设跨境课程1门，共计50课时。与美国圣约翰大学、俄亥俄州立大学商讨深化合作。新版英文网站建设完成。举办校友值年返校活动，40余名校友“云返校”。启动第七批校友职业导师计划，聘任25名校友担任职业导师。与北京市尚权律师事务所、北京瑞达成泰教育科技有限公司达成合作意向。

（于　进）

詹天佑学院

【概况】

詹天佑学院围绕“智慧交通”未来技术学院的建设要求和认定标准，深化人才培养体系改革，加强内涵建设，促进教书育人质量的全面提升。

学院设置综合管理办公室、教学管理办公室、学生工作办公室 3 个部门，在职管理人员 9 人。

学院在校生包括 2020 级、2021 级学生 616 名。

【党建和思想政治工作】

出台《詹天佑学院学生党员发展办法》和《预备党员培养计划》，规范学生党员发展。出台《詹天佑学院 2021 年维护安全稳定工作方案》，落实安全稳定工作。教工党支部每月开展集中学习，扎实开展党史学习教育活动。落实党风廉政建设责任制，专题学习讨论党风廉政相关制度，推进“三重一大”决策制度的贯彻落实。组织召开“学为人师、行为世范”师德师风教育活动、师德师风警示教育大会等，加强新时代高校教师思政和师德建设工作。

落实学生综合素质培养方案，开展 9 期专业宣讲会，帮助学生进行专业选择。举办天佑殿堂论、天佑大师享、天佑下午茶、天佑榜样说、天佑科技行、天佑文化夜、“文明我精神野蛮我体魄”等活动 50 余场。学生获得各类科技竞赛奖 30 余项，其中国家级 1 项，省部级 3 项；17 名学生参与冬奥会志愿服务；学生社会实践团获得校“百年·追寻”暑期社会实践活动一等奖、校“永远跟党走·知行中国梦”就业实践一等奖；2020 级军训团获得精神文明先进单位。

开展深度辅导、团体座谈、线上匿名树洞等，利用智慧学工信息系统记录学生“白描”“深度辅导”信息，了解学生思想动态。组织“天佑 61 成长手册”迎新仪式。构建由辅导员、班主任、学业导师、课程教师、学生朋辈、体育兴趣顾问和心理咨询师等组成的六位一体育人队伍。制定詹天佑学院特色奖学金评选系列办法，深化“榜样引领—朋辈激励—自我教育”的培育路径。

【教学工作】

从多专业多学科“3+5”培养计划的建立、本博课程的衔接贯通、思政课程和第二课堂的改革到学分制、书院制的完善，建立科学的人才培养体系。

学院按照教育部关于未来技术学院建设要求加强内涵建设，成立包括 9 名院士在内的咨询委员会，负责对学院建设方案进行指导。明确围绕智慧交通“培养重大战略科学家、培养一流科技领军人才”的人才培养定位，初步完成智慧交通未来技术学院建设方案。

结合学院人才培养模式和学生实际，出台《北京交通大学詹天佑学院拔尖人才动态选调实施细则》等文件，开展首届 299 名学生动态分流，其中 208 名学生进入“3+5”本博贯通培养、16 名学生进入本科培养计划、79 名学生转入专业学院。2021 级选拔 308 名学生进入詹天佑学院学习。

与研究生院和各专业学院协商学生、博导双选工作，推进学院“导师制”落地，392 名教授成为詹天佑学院博士生导师。

组建跨学院、校企联合的教学团队，建立院际、校际课程共建共享机制。探索选聘跨学院、跨学校的优秀教师讲授课程。在综合素质培养和通识类课程中加入工程伦理、职业素质、批判性思维、法律、保密等相关课程。以课程贯通培养为改革基础，考察及考核方式多样性为辅助，对课程体系进行优化和整合，初步形成八大类本博培养方案。组建詹天佑教学与学术创新委员会，召开首届委员会全体会议，对现有课程设置、教学计划安排、师资队伍建设及培养模式等开展研讨评估。

学院出台《北京交通大学詹天佑学院本科生奖励办法》，118 人次获得学习奖学金、29 人次获得社会工作奖学金，25 名学生获得国家奖学金和各类专项奖学金。

【交流与合作】

赴清华等 10 余所高校调研未来技术学院建设经验。聘请 15 名两院院士和行业著名专家组成咨询委员会，凝练未来交通技术发展方向，设计拔尖人才培养方案和方法。设立学术委员会、教学指导委员会、国际交流创新团队、学术创新团队和教学创新团队等。

（闻映红　马　泰　李清勇　王新羿　赵汉青　刘　敏）

远程与继续教育学院

【概况】

远程与继续教育学院设有 12 个部门：学院办公室、招生办公室、财务部、教务部、教学服务中心、考务部、自考部、技术部、研发与监管部、培训中心、国际项目部及校本部学习中心。学院在职教职工 81 人。

【党建和思想政治工作】

开展党史学习教育，推进“我为师生办实事”实践活动，推动学院平台与课程资源建设，进一步提升教育质量与办学水平。学院组织开展“贯彻党的教育方针，落实立德树人根本任务”大学习、大讨论，开展思政课程建设和课程思政建设。1 门课程获评北京市课程思政示范项目。定期和 2 名贵州福泉中学结对贫困生联系，进行思想引领和学业帮扶。

组织党员参加“追溯建党初心、共话百年辉煌”党史学习专题培训班。组织开展学院“两优一先”表彰活动。举办“学习百年史·奋进新征程”线上党史知识竞赛。加强教职工思想政治教育，开展教职工培训 30 余学时。学院党总支和各党支部跟进学习习近平总书记重要讲话和指示批示精神，学习贯彻党的十九届五中、六中全会精神，学习习近平总书记在庆祝中国共产党成立 100 周年大会上的讲话精神，开展庆祝建党 100 周年系列活动。

完成学院党总支换届，选举产生学院新一届党总支委员会，明确未来三年学院发展目标与任务。修订实施学院党总支会议和党政联席会议议事规则。修订学院贯彻落实“三重一大”决策制度实施办法。制定《党风廉政建设工作要点》，强化“一岗双责”，规范培训中心决策机制。

学院完成党支部换届，进一步优化了党支部设置，所设支部由 3 个调整为 4 个，学院制定了《党支部书记工作例会制度》，定期开展党支部书记培训。

【教改项目】

着力推进继续教育高质量发展，围绕人才培养方案修订、思政课程与课程思政建设等主题设立教改项目 24 项。学院项目《面向行业需求，强化办学主体责任，助力交通强国战略》获校级教学成果一等奖。

【资源与平台建设】

完善教学及管理平台各功能模块，重点对教师工作室、学生工作室等模块进行升级改造。进行 7 次教学平台的安全加固，对移动 App 和敏感数据传送漏洞进行系统调优。

完成铁路、城市轨道、机械工程等专业及思政课程的 32 门网络课件数字资源建设以及 21 门移动课件建设。发挥虚拟演播室技术和教学环境优势，支持学校本科教育开展信息化教学，为学校有关学院和部处提供技术支持，建设高水平数字化教学资源。

（温俊英　韩　瑜　郝建英）

威 海 校 区

北京交通大学威海校区

【概况】

2021 年威海校区以人才培养为核心，制定校区“十四五”发展规划。威海市人民政府和学校于 2021 年 6 月签署《威海市人民政府 北京交通大学共建北京交通大学威海研究院合作协议》，威海南海新区管理委员会和学校于 2021 年 9 月签署《威海南海新区管理委员会 北京交通大学共建北京交通大学威海研究院合作协议》。在第六届北京交通大学兰卡斯特大学学院联合管理委员会（JMC）上顺利通过第二个五年财务预算，明确 5 年的工作目标。

威海校区设有信息管理与信息系统、通信工程、计算机科学与技术、环境工程、会计学、工商管理、数字媒体艺术共 7 个本科专业。

校区任课教师 180 人，其中北京主校区教师 111 人，校区自聘教师 14 人，兰卡斯特大学教师 40 人，罗切斯特理工学院教师 15 人。校区管理人员 129 人。

2021 年威海校区录取 600 名全日制统招中外合作办学本科生、400 名第二学士学位学生。截至年底，威海校区在校学生总数 2 580 人，其中全日制统招中外合作办学本科生 2 245 人，第二学士学位学生 303 人、自主招生学生 32 人。

【党建和思想政治工作】

召开校区党员大会，选举产生中共北京交通大学威海校区新一届委员会；经学校党委批准，在校区设立纪委，选举产生中共北京交通大学威海校区首届纪律检查委员会，党委委员由 5 人扩充至 7 人。党政领导班子成员由 5 人扩充至 6 人，组织架构进一步完善。

举办“初心百年恰风华”等展览 24 次，发放学习资料 468 册，举办 4 场专题党课，赴安徽、北京和属地开展实践教学，组织红色观影 3 场。开展 12 场“面对面交流畅谈活动”、推进事业编申请和职务评聘相关办法、发放 16 位教职工子女幼儿园保教费等，解决师生关心问题 80 余项，推进办实事项目走深走实。

加强校园信息化管理和安全管理，坚持疫情防控属地化管理政策。开展 4 次专题研判、建立驻地协同机制、建设舆情分析系统等，确保全年无重大舆情。

成立校区“关心下一代工作委员会”，推进“三全”育人工作。学工团队新增主校区派驻人员 1 名。荣获学校精准指导服务特色奖，1 名辅导员获北京市优秀辅导员。

【人才培养】

截至 2021 年 8 月 31 日，威海校区 2021 届毕业生 319 人，整体就业率 94.36%，其中，78.06%的毕业生选择继续深造（国内深造率 22.88%、国外深造率 55.18%），21.94%的毕业生进入 2022 年 QS 世界大学排名 TOP 50 的院校留学深造，31.97%的毕业生进入 2022 年 QS 世界大学排名 TOP100 的院校留学深造。截至 9 月，333 名学生顺利毕业，328 名学生获中外方学位授予，5 名学生获北京交通大学毕业证书。校区生源质量稳步提升，17 个省市录取分数线排名和最高分较上年有不同幅度的提升。首次招收推免研究生。

正式启用威海校区双语课程平台，开展线上线下教学及督导工作。2021 年学生累计获国家级奖励 67 人次、省部级奖励 129 人次、校级奖励 267 人次。其中，威海校区英辩代表队参加第 23 届“外研社·国才杯”英语辩论赛全国总决赛获得全国二等奖的优异成绩。校区学科竞赛获奖等呈上升趋势。

中美英三方通力合作，顺利完成各本科专业的课程教学任务。9 篇毕设（论文）获评校级优秀，3 篇获评北京市优秀。参加本科生大创项目学生发表论文 13 篇、申请 3 项专利、获得软件著作权 15 项、完成实物作品 25 项。本年度组织公开的创新创业学术讲座 26 场，参与学生 1 328 人次。

校区启用“智慧学工”和“深度辅导”平台，首次启动就业活动月活动，组织成立电信、计算机、经管、土建、建筑艺术 5 个学院的就业工作负责人联席会并召开第一次工作会议。与山东省人才集团等业内领袖企业合作，打造威海校区就业服务体系。校区继续坚持党团、学院和书院相结合的学生管理模式。首次实现现役军官任军训主教官，在军训中加强情怀教育，顺利完成校区两年级军训任务。通过领用菜地、食堂学艺等方式加强师生劳动教育，并积极开展安全教育等活动。通过学业支持中心利用合作外方高校等平台开展育人工作，通过论坛、读书分享、科普讲座、安全救护等活动开展多种形式的育人活动。

完成威海市科普教育基地的重新认定工作。基地全年共开展科普参观 20 次，接待参观者 383 人。基地微信公众号发布 40 篇推送，阅读总次数为 2 801 次，网站发布 23 篇新闻。

北京交通大学威海校区响应教育部和山东省教育厅的有关政策，缓解疫情期间留学学生、毕业生就业压力，采用自主招生模式。北京交通大学兰卡斯特大学学院计划自主招生 104 人，录取 70 人。共接收借读生 120 人，85 名美国伊利诺伊大学厄巴纳香槟分校的中国籍本科生，21 名美国罗切斯特理工学院的中国籍本科生，以及 14 名澳大利亚迪肯大学的中国籍学生。

【交流与合作】

首次主办中外合作办学交流研讨会，山东省 14 个中外合作办学机构及相关领域专家与会。首次承办第 11 届通信与网络安全线上国际会议。首次承办四所交大工会工作年会。与建艺学院联合承办第四届全国数字创业教学技能大赛终评奖论坛。与北京民用联合航空公司等合作开展社会培训工作。

【基础设施建设】

完善校区消防站的建设。实现校区双路供电。进行热力管网改造、建筑防水工程、太阳能设施维修。进行智慧教室分级样板工程建设，完成教职工母婴室修缮改造工程。完善校区资产管理制度，校区一期资产纳入学校国资处的资产管理系统。校区学术交流中心由学校后勤集团移交至校区统一管理。清真餐厅面积扩大至 3 549.24 m^2，增加风味特色档口。“风雨操场及学生活动中心综合体”建设工作基本完成。

（于　杰　丁鹏彦）

唐山研究院

北京交通大学唐山研究院

【概况】

唐山研究院（以下简称研究院）是北京交通大学为拓展办学资源设立在唐山市的具有独立事业单位法人资质的新型教育科研机构，内设院办、财务办、人事办、资产办、教学部、培训部、科技发展部、学工办、总务办、安稳办和信息中心等 11 个管理部门。现有教职员工 86 人，其中学校选派管理干部 6 人，学生 1 070 人。

【科研与平台建设】

研究院科创园区 9 月正式启用，首批 8 个重点实验室正式揭牌。与中国汽车流通协会、唐山市建筑规划设计研究院等 6 家企业签订产学研合作协议。校党委书记黄泰岩与唐山市委书记张古江共同出席签约活动并举行会谈，就深化校地合作、加快研究院建设发展深入交流，达成共识。

2021 年研究院共引进学校 40 个科技创新团队和实验室，其中 23 个团队和实验室正式开展教学和科研工作。常驻教师和科研人员 42 人，常驻硕士和博士研究生 256 人。

【院区基础设施建设】

研究院二期改造工程 6 月底竣工并投入使用，总投资 2.46 亿元，完成建筑面积 6.2 万 m^2。三期改造工程 12 月底完成设计和施工招标，计划投资 2.99 亿元，改造面积约 7.2 万 m^2，包括部分实验楼、学生宿舍楼、图书馆、会堂、体育馆和院区景观改造工程等。研究院与北京主校区网络互联互通于 10 月启用。

【人才培养】

研究院与计算机学院联合举办的非全日制硕士研究生班在唐山开班，首批招收学生 26 人。继续开展国际教育和各类高端培训，全年培训累计完成近 5 000 人次。

【交流与合作】

承办第六届国际 ICIR 博士生暑期论坛和“隐私计算与可信智能研讨会”暨国家重点研发计划项目“城市智能系统可信任机理与关键技术”学术会议，与华北理工大学、唐山启奥科技集团、中车唐山公司等 10 余家企业开展产学研合作。

（刘　楠）

北京高校思想政治工作研究中心

北京高校思想政治工作研究中心

【概况】

北京高校思想政治工作研究中心（简称思政中心）围绕北京高校思想政治工作重点难点热点问题开展专题研究并提供决策参考，组织北京高校思想政治工作研究课题的立项、评审及过程管理，编办《北京教育（德育）》，开展北京高校思想政治工作队伍培训。

【杂志编办】

2021 年，《北京教育（德育）》完成 12 期整体策划出刊工作，共刊发 257 篇文章。以建党 100 周年为核心，策划组织 4 组党史学习教育文章（15 篇）、4 组学习贯彻习近平总书记在庆祝建党 100 周年大会上的讲话精神文章（26 篇）。加强栏目建设，打造“学习贯彻党的十九届六中全会精神”“书记校长论坛”“理论经纬”“课程思政”“师德师风建设”“大中小幼一体化德育”“教学研究”“学苑新锐”等特色栏目。全年有 6 篇文章被人大复印资料全文转载。

【课题管理】

面向思政领域专家学者征集“问题库”问题 459 项。征集“2021 年度北京高校思想政治工作研究课题指南”问题 76 项，并组织开展本年度思政课题的评审立项工作，申报 334 项，组织专家线上线下评审会，评审立项课题 171 项，其中战略和重点课题 14 项纳入北京市社科基金一般项目、一般课题 57 项、支持课题 100 项，总经费 294 万元。起草上报《北京高校思想政治工作研究战略重点课题实施办法（试行）》《关于增加北京高校思想政治战略重点课题纳入北京市社科基金项目数量的请示报告》《北京高校思想政治研究战略重点课题调研报告》等，获得北京市委教育工委、北京市社科联等有关部门批复。

【专项工作】

举办“我为群众办实事” 深化“三全育人”综合改革研讨会，组织第十二期北京高校思想政治工作科研培训班，召开“北京高校思想政治工作质量提升”系列座谈会。高质量完成北京市委教育工委、学校等部署的专项工作任务，完成 2021 年度全国高校思想政治工作优秀案例北京高校（中国高等教育学会辅导员工作研究分会非理事单位）评选推荐、2021 年度高校思想政治工作有关培育建设项目北京高校评选推荐、北京市思想政治工作研究会 2020 年度“基层课题”北京高校组织申报工作。参与 2020 年首都高校师生服务“四个中心”功能建设“双百行动计划”成果评选工作，参与 2018—2020 年北京高等学校党的建设和思想政治工作优秀成果评选工作。

（刘　静　杜　华　李　敏　单晓宁　崔　鹤）

附　录

2021年北京交通大学本科、专科（高职）招生专业目录

层次	招生单位	招生科类/选考科目	招生专业（类）	大类包含专业/中外专业合作方	所属学院	就读地点
本科	北京交通大学	理工类/物理类	电子信息类（通信与控制）	通信工程、轨道交通信号与控制、自动化、电子科学与技术、信息工程、智能装备与系统	电信	校本部
		理工类/物理类	计算机类	计算机科学与技术、计算机科学与技术（铁路信息技术）、物联网工程、信息安全、保密技术、人工智能	计算机	校本部
		理工类/物理类	经济管理试验班	经济学、金融学、劳动与社会保障、会计学、财务管理、工商管理、市场营销、旅游管理、工程管理、物流管理、信息管理与信息系统、保密管理	经管	校本部
		理工类/物理类	交通运输类	交通工程、物流工程、电子商务、交通运输（铁道运输）、交通运输（城市轨道交通）、交通运输（智能运输工程）、交通运输（高速铁路客运组织与服务）、交通运输（民航运输）	运输	校本部
		理工类/物理类	土木类（智慧建造与智能工程）	土木工程、铁道工程、环境工程	土建	校本部
		理工类/物理类	机械类（智能制造与智能装备）	机械工程、车辆工程、测控技术与仪器、能源与动力工程、工业工程	机电	校本部
		理工类/物理类	电气工程及其自动化（新能源国际班）		电气	校本部
		理工类/物理类	电气类	电气工程及其自动化、电气工程及其自动化（轨道牵引电气化）	电气	校本部
		理工类/物理类	理科试验班类	信息与计算科学、统计学、光电信息科学与工程、纳米材料与技术（智能材料方向）	理学院	校本部
		文理兼招/不限/物理历史均可	外国语言文学类	英语、西班牙语、葡萄牙语	语言	校本部
		文理兼招/不限/物理历史均可	新闻传播学类	传播学、网络与新媒体	语言	校本部
		理工类/物理类	软件工程		软件	校本部
		理工类/物理类/物理历史均可	建筑类	建筑学、城乡规划	建艺	校本部
		艺术类/不限/物理历史均可	设计学类	视觉传达设计、环境设计、数字媒体艺术	建艺	校本部
		文理兼招/不限/物理历史均可	法学		法学院	校本部

续表

层次	招生单位	招生科类/选考科目	招生专业（类）	大类包含专业/中外专业合作方	所属学院	就读地点
本科	北京交通大学（中外合作专业）	理工类/物理类	纳米材料与技术（中外合作办学）	合作方：加拿大滑铁卢大学	理学院	校本部
		理工类/物理类	机械电子工程（中外合作办学）	合作方：澳大利亚伍伦贡大学	机电	校本部
		理工类/物理类	交通运输（中外合作办学）	合作方：荷兰代尔夫特大学	运输	校本部
	北京交通大学（威海校区）	理工类/物理类	信息管理与信息系统（中外合作办学）	合作方：美国罗切斯特理工学院	威海校区	威海
		理工类/物理类	通信工程（中外合作办学）	合作方：英国兰卡斯特大学	威海校区	威海
		理工类/物理类	计算机科学与技术（中外合作办学）	合作方：英国兰卡斯特大学	威海校区	威海
		理工类/物理类	环境工程（中外合作办学）	合作方：英国兰卡斯特大学	威海校区	威海
		文理兼招/不限/物理历史均可	会计学（中外合作办学）	合作方：英国兰卡斯特大学	威海校区	威海
		艺术类/不限/物理历史均可	数字媒体艺术（中外合作办学）	合作方：英国兰卡斯特大学	威海校区	威海
		文理兼招/不限/物理历史均可	工商管理（中外合作办学）	合作方：英国兰卡斯特大学	威海校区	威海
高职	北京交通大学	理工类/物理类	交通运营管理		清河职业技术学院	清河
		理工类/物理类	计算机应用技术		清河职业技术学院	清河
		理工类/物理类	机电一体化技术（汽车方向）		清河职业技术学院	清河
第二学士学位	北京交通大学		计算机科学与技术		计算机	校本部
			金融学		经管	校本部
			网络与新媒体		语言	校本部
			软件工程		软件	校本部
			法学		法学院	校本部
			通信工程		电信	威海
			环境工程		土建	威海

注：在河北、辽宁、江苏、福建、湖北、湖南、广东、重庆等8个高考综合改革省区只设首选科目要求，再选科目不限。

（本科生院提供）

2021 年北京交通大学本科普通类专业各省区录取情况统计表（非高考改革省份）

省区	理工							文史				
	本部普通专业		本部中外专业		威海中外专业		一本线	本部普通专业		威海中外专业		一本线
	最高分	最低分	最高分	最低分	最高分	最低分		最高分	最低分	最高分	最低分	
山西	614	577	—	—	573	544	505	603	597	—	—	543
内蒙古	606	557	569	554	551	518	418	597	579	—	—	488
吉林	609	553	—	—	534	511	482	585	572	—	—	519
黑龙江	606	568	560	548	547	511	415	597	581	—	—	472
安徽	637	615	605	593	587	569	488	637	630	—	—	560
江西	625	607	—	—	588	575	519	625	622	—	—	559
河南	648	625	622	584	618	593	518	635	618	611	603	558
广西	617	586	—	—	573	543	487	616	606	—	—	530
四川	644	622	615	602	612	589	521	602	551	—	—	541
贵州	606	573	—	—	543	501	456	637	630	—	—	556
云南	636	527	—	—	590	556	520	634	630	—	—	565
西藏	559	553	—	—	—	—	415（汉） 317（民）	—	—	—	—	448（汉） 350（民）
陕西	613	565	—	—	566	528	443	614	603	—	—	499
甘肃	582	562	—	—	523	481	440	600	582	—	—	502
青海	541	496	—	—	—	—	330	—	—	—	—	405
宁夏	558	437	—	—	—	—	412	—	—	—	—	505
新疆	582	436	—	—	516	455	405	579	574	—	—	466

（本科生院提供）

2021 年北京交通大学本科普通类专业各省区录取情况统计表（高考综合改革省份）

省区	综合改革（物理）							综合改革（历史）					综合改革（不限）				
	本部普通		本部中外		威海中外		本科线	本部普通		威海中外		本科线	本部普通		威海中外		本科线
	最高分	最低分	最高分	最低分	最高分	最低分		最高分	最低分	最高分	最低分		最高分	最低分	最高分	最低分	
北京	645	630	624	607	595	574	400	—	—	—	—	—	628	626	586	572	400
天津	671	655	645	639	639	619	463	—	—	—	—	—	660	654	634	629	463
河北	646	618	624	581	599	564	412	622	619	—	—	454	—	—	—	—	—
辽宁	653	627	637	596	592	558	336	633	625	—	—	456	—	—	—	—	—
上海	556	552	—	—	—	—	400	—	—	—	—	—	553	545	—	—	400

续表

省区	综合改革（物理）							综合改革（历史）					综合改革（不限）				
	本部普通		本部中外		威海中外		本科线	本部普通		威海中外		本科线	本部普通		威海中外		本科线
	最高分	最低分	最高分	最低分	最高分	最低分		最高分	最低分	最高分	最低分		最高分	最低分	最高分	最低分	
江苏	608	599	—	—	571	561	417	601	599	—	—	476	—	—	—	—	
浙江	652	633	638	626	629	608	495	—	—	—	—	—	648	643	628	624	495
福建	631	616	607	589	594	564	423	601	597	—	—	467	—	—	—	—	—
山东	634	608	600	577	594	568	444	—	—	—	—	—	623	615	589	572	444
湖北	637	626	611	600	602	591	397	620	617	—	—	463	—	—	—	—	—
湖南	626	613	—	—	591	574	434	604	602	583	570	466	—	—	—	—	—
广东	634	612	611	604	599	589	432	610	605	—	—	448	—	—	—	—	—
海南	711	697	—	—	—	—	466	—	—	—	—	—	—	—	—	—	—
重庆	654	636	625	601	602	574	446	630	613	—	—	456	—	—	—	—	—

（本科生院提供）

2021 年北京交通大学高职普通类专业各省区录取情况统计表

省份	科类	最高分	最低分
北京	综合改革（不限）	341	190
河北	综合改革（物理类）	473	447
内蒙古	理工类	400	289
山西	理工类	490	352

（本科生院提供）

2021 年北京交通大学本科专业目录

序号	专业代码	专业名称	修业年限	学位授予门类	备注
1	020101	经济学	四年	经济学	国一流
2	020301K	金融学	四年	经济学	国一流
3	020401	国际经济与贸易	四年	经济学	
4	030101K	法学	四年	法学	国一流
5	030503	思想政治教育	四年	法学	
6	050102	汉语言	四年	文学	
7	050201	英语	四年	文学	国一流
8	050202	俄语	四年	文学	
9	050205	西班牙语	四年	文学	
10	050304	传播学	四年	文学	国一流

续表

序号	专业代码	专业名称	修业年限	学位授予门类	备注
11	070101	数学与应用数学	四年	理学	市一流
12	070102	信息与计算科学	四年	理学	国一流
13	070202	应用物理学	四年	理学	
14	080102	工程力学	四年	工学	
15	080201	机械工程	四年	工学	国一流
16	080207	车辆工程	四年	工学	国一流
17	080301	测控技术与仪器	四年	工学	国一流
18	080403	材料化学	四年	理学	
19	080501	能源与动力工程	四年	工学	市一流
20	080601	电气工程及其自动化	四年	工学	国一流
21	080702	电子科学与技术	四年	工学	国一流
22	080703	通信工程	四年	工学	国一流
23	080705	光电信息科学与工程	四年	理学	国一流
24	080706	信息工程	四年	工学	
25	080801	自动化	四年	工学	国一流
26	080802T	轨道交通信号与控制	四年	工学	国一流、市重
27	080901	计算机科学与技术	四年	工学	国一流
28	080902	软件工程	四年	工学	国一流
29	080904K	信息安全	四年	工学	国一流
30	080905	物联网工程	四年	工学	国一流
31	081001	土木工程	四年	工学	国一流
32	081003	给排水科学与工程	四年	工学	
33	081801	交通运输	四年	工学	国一流、市重
34	081802	交通工程	四年	工学	国一流
35	082502	环境工程	四年	工学	
36	082601	生物医学工程	四年	工学	
37	082801	建筑学	五年	建筑学	国一流
38	082802	城乡规划	五年	工学	市一流
39	120102	信息管理与信息系统	四年	管理学	国一流
40	120103	工程管理	四年	管理学	国一流
41	120106TK	保密管理	四年	管理学	
42	120201K	工商管理	四年	管理学	国一流
43	120202	市场营销	四年	管理学	
44	120203K	会计学	四年	管理学	国一流

续表

序号	专业代码	专业名称	修业年限	学位授予门类	备注
45	120204	财务管理	四年	管理学	市一流
46	120403	劳动与社会保障	四年	管理学	
47	120601	物流管理	四年	管理学	国一流、市重
48	120602	物流工程	四年	工学	国一流
49	120701	工业工程	四年	工学	国一流
50	120801	电子商务	四年	工学	国一流
51	120901K	旅游管理	四年	管理学	
52	130502	视觉传达设计	四年	艺术学	市一流
53	130503	环境设计	四年	艺术学	
54	130508	数字媒体艺术	四年	艺术学	
55	071201	统计学	四年	理学	国一流
56	080204	机械电子工程	四年	工学	
57	080413T	纳米材料与技术	四年	工学	国一流
58	050232	葡萄牙语	四年	文学	
59	081007T	铁道工程	四年	工学	国一流
60	050306T	网络与新媒体	四年	文学	
61	080914TK	保密技术	四年	工学	市一流
62	080717T	人工智能	四年	工学	
63	080701	电子信息工程	四年	工学	
64	080806T	智能装备与系统	四年	工学	
65	070205T	系统科学与工程	四年	理学	
66	071003	生物信息学	四年	理学	
67	081812T	智能运输工程	四年	工学	

注：国一流—国家级一流本科专业建设点，市一流—北京市一流本科专业建设点，市重—北京市重点建设一流专业。

（本科生院提供）

2021 年北京交通大学高职学院专业目录

学院	专业	年级
清河职业技术学院	机电一体化技术（汽车方向）	2019、2020、2021
	交通运营管理	2019、2020、2021
	计算机应用技术	2019、2020、2021

（本科生院提供）

2021年北京交通大学本科各专业在校生人数统计表

院系	专业	延期	2017	2018	2019	2020	2021	总计
电子信息工程学院	通信工程	2	0	223	209	287	215	936
	自动化	0	0	57	64	62	0	183
	电子科学与技术	3	0	21	36	35	0	95
	轨道交通信号与控制	5	0	116	124	93	0	338
	通信工程（理科试验班）	0	0	27	30	0	0	57
	电子信息类（通信与控制）	0	0	0	0	1	377	378
	信息工程	0	0	47	50	64	0	161
	智能装备与系统	0	0	0	0	13	0	13
	小结	10	0	491	513	555	592	2 161
机械与电子控制工程学院	测控技术与仪器	4	0	65	82	78	0	229
	工业工程	1	0	28	28	24	0	81
	车辆工程	2	0	68	64	64	0	198
	机械工程	5	0	80	86	93	0	264
	能源与动力工程	1	0	25	32	42	0	100
	机械电子工程	4	0	59	58	61	58	240
	机械类（智能制造与智能装备）	0	0	0	0	0	367	367
	小结	17	0	325	350	362	425	1 479
土木建筑工程学院	土木工程	12	0	169	129	89	0	399
	环境工程	2	0	29	0	15	44	90
	铁道工程	3	0	79	115	107	0	304
	土木类（智慧建造与智能工程）	0	0	0	0	0	313	313
	小结	17	0	277	244	211	357	1 106
建筑与艺术学院	建筑学	0	47	46	55	45	0	193
	视觉传达设计	0	0	29	23	32	0	84
	环境设计	0	0	23	29	19	0	71
	城乡规划	0	22	11	22	14	0	69
	数字媒体艺术	1	0	25	32	27	0	85
	建筑类	0	0	0	0	1	72	73
	设计学类	0	0	0	0	2	79	81
	小结	1	69	134	161	140	151	656
经济管理学院	经济管理试验班	0	0	0	0	3	279	282
	经济学	2	0	44	33	45	0	124
	金融学	2	0	65	62	76	31	236

续表

院系	专业	延期	2017	2018	2019	2020	2021	总计
经济管理学院	会计学	3	0	63	65	58	0	189
	财务管理	0	0	26	25	22	0	73
	工商管理	2	0	30	32	30	0	94
	信息管理与信息系统	1	0	26	14	23	0	64
	工程管理	1	0	16	21	17	0	55
	保密管理	2	0	19	18	17	0	56
	物流管理	1	0	47	50	38	0	136
	会计学（理科试验班）	0	0	3	0	0	0	3
	金融学（理科试验班）	0	0	5	0	0	0	5
	经济学（理科试验班）	0	0	6	19	0	0	25
	小结	14	0	350	339	329	310	1 342
交通运输学院	交通运输类	0	0	0	0	1	265	266
	交通工程	1	0	54	41	58	0	154
	电子商务	0	0	16	21	17	0	54
	交通运输（铁道运输）	2	0	94	100	92	0	288
	交通运输（城市轨道交通）	2	0	47	40	47	0	136
	交通运输（智能运输工程）	0	0	32	33	29	0	94
	物流工程	1	0	24	29	19	0	73
	交通运输（铁道运输，理科试验班）	0	0	4	15	0	0	19
	交通运输（高速铁路客运组织与服务）	1	0	15	20	22	0	58
	交通工程（理科试验班）	0	0	5	15	0	0	20
	交通运输（民航运输）	1	0	27	19	16	0	63
	交通运输	8	0	63	58	59	60	248
	小结	16	0	381	391	360	325	1 473
法学院	法学	2	0	108	129	121	140	500
	小结	2	0	108	129	121	140	500
语言与传播学院	英语	1	0	53	40	48	50	192
	传播学	3	0	38	41	38	0	120
	西班牙语	0	0	27	27	24	25	103
	葡萄牙语	0	0	16	21	13	10	60
	网络与新媒体	0	0	34	36	30	13	113
	新闻传播学类	0	0	0	0	0	78	78
	小结	4	0	168	165	153	176	666

续表

院系	专业	延期	2017	2018	2019	2020	2021	总计
理学院	信息与计算科学	4	0	62	61	66	0	193
	理科试验班类	0	0	0	0	1	238	239
	材料化学	3	0	14	11	10	0	38
	信息与计算科学（理科试验班）	0	0	6	5	0	0	11
	光电信息科学与工程	5	0	91	76	89	0	261
	工程力学（基础学科试点班）	1	0	13	12	0	0	26
	应用物理学（基础学科试点班）	1	0	15	11	0	0	27
	数学与应用数学（基础学科试点班）	1	0	16	15	0	0	32
	信息与计算科学（生物信息学，基础学科试点班）	0	0	0	4	0	0	4
	光电信息科学与工程（理科试验班）	0	0	6	10	0	0	16
	统计学	1	0	68	67	67	0	203
	统计学（理科试验班）	0	0	15	14	0	0	29
	数学与应用数学（交通系统科学，基础学科试点班）	0	0	15	15	0	0	30
	材料化学（理科试验班）	0	0	1	1	0	0	2
	纳米材料与技术	0	0	60	59	54	57	230
	小结	16	0	382	361	287	295	1 341
计算机与信息技术学院	计算机类	0	0	0	0	1	271	272
	计算机科学与技术	9	0	217	212	230	19	687
	信息安全	1	0	37	38	35	0	111
	计算机科学与技术（铁路信息技术）	1	0	28	31	34	0	94
	物联网工程	4	0	28	30	29	0	91
	计算机科学与技术（医学信息技术）	3	0	23	0	0	0	26
	保密技术	0	0	31	29	27	0	87
	人工智能	0	0	0	38	42	0	80
	小结	18	0	364	378	398	290	1 448
软件学院	软件工程	1	0	189	167	186	170	713
	小结	1	0	189	167	186	170	713

续表

院系	专业	延期	2017	2018	2019	2020	2021	总计
电气工程学院	电气工程及其自动化	15	0	212	193	212	0	632
	电气工程及其自动化（轨道牵引电气化）	2	0	35	36	38	0	111
	电气类	0	0	0	0	0	254	254
	电气工程及其自动化（新能源国际班）	2	0	56	53	52	50	213
	小结	19	0	303	282	302	304	1 210
詹天佑学院	詹天佑试点班	0	0	0	0	0	306	306
	通信工程（本博连读试验班）	0	0	0	0	28	0	28
	交通运输（本博连读试验班）	0	0	0	0	38	0	38
	机械工程（本博连读试验班）	0	0	0	0	16	0	16
	土木工程（本博连读试验班）	0	0	0	0	13	0	13
	交通运输（詹天佑试验班）	0	0	0	0	9	0	9
	电气工程及其自动化（本博连读试验班）	0	0	0	0	21	0	21
	计算机科学与技术（本博连读试验班）	0	0	0	0	26	0	26
	应用物理学（本博连读试验班）	0	0	0	0	3	0	3
	统计学（本博连读试验班）	0	0	0	0	3	0	3
	自动化类（本博连读试验班）	0	0	0	0	9	0	9
	管理学类（本博连读试验班）	0	0	0	0	16	0	16
	经济学（本博连读试验班）	0	0	0	0	16	0	16
	数学与应用数学（本博连读试验班）	0	0	0	0	7	0	7
	光电信息科学与工程（本博连读试验班）	0	0	0	0	12	0	12
	经济学（詹天佑试验班）	0	0	0	0	2	0	2
	计算机科学与技术（詹天佑试验班）	0	0	0	0	4	0	4
	通信工程（詹天佑试验班）	0	0	0	0	1	0	1
	小结	0	0	0	0	224	306	530

续表

院系	专业	延期	2017	2018	2019	2020	2021	总计
威海校区	通信工程	3	0	83	80	93	79	338
	环境工程	0	0	79	52	44	76	251
	数字媒体艺术	0	0	45	37	34	40	156
	工商管理	0	0	73	65	54	75	267
	会计学	0	0	77	86	93	79	335
	信息管理与信息系统	3	0	117	111	107	116	454
	计算机科学与技术	0	0	79	137	125	115	456
	小结	6	0	553	568	550	580	2 257
总计		141	69	4 025	4 048	4 178	4 421	16 882

（本科生院提供）

2021 年北京交通大学双培生各专业在校生人数统计表

学院	专业	2019	2020	2021
电子信息工程学院	电子科学与技术	5	5	0
	轨道交通信号与控制	15	13	0
机械与电子控制工程学院	车辆工程	14	15	15
经济管理学院	物流管理	12	7	4
交通运输学院	交通工程	14	15	16
	电子商务	15	15	16
理学院	信息与计算科学	4	4	5
电气学院	电气工程及其自动化	15	15	8
总计		107	89	64

（本科生院提供）

2021 年北京交通大学高职学院专科各专业在校生人数统计表

学院	专业	2019	2020	2021	总计
清河职业技术学院	机电一体化技术（汽车方向）	50	56	54	160
	交通运营管理	65	62	67	194
	计算机应用技术	68	61	62	191
	小结	183	179	183	545

（本科生院提供）

2021 年学校各学院牵头建设的学科情况一览表

牵头建设学院	一级学科名称	二级学科名称	授权类型
电信学院	交通运输工程	交通信息工程及控制	博士
电信学院	信息与通信工程	通信与信息系统	博士
电信学院	电子科学与技术		博士
电信学院	控制科学与工程		博士
计算机学院	计算机科学与技术		博士
计算机学院	信息与通信工程	信号与信息处理	博士
经管学院	应用经济学		博士
经管学院	工商管理		博士
经管学院	管理科学与工程		博士
经管学院	公共管理		硕士
运输学院	交通运输工程	交通运输规划与管理	博士
运输学院	系统科学		博士
运输学院	安全科学与工程		博士
土建学院	土木工程		博士
土建学院	交通运输工程	道路与铁道工程	博士
土建学院	力学		博士
土建学院	环境科学与工程		硕士
机电学院	机械工程		博士
机电学院	交通运输工程	载运工具运用工程	博士
机电学院	材料科学与工程		硕士
机电学院	动力工程及工程热物理		硕士
电气学院	电气工程		博士
理学院	统计学		博士
理学院	数学		博士
理学院	物理学		博士
理学院	光学工程		博士
理学院	生物学		硕士
马克思主义学院	马克思主义理论		博士
马克思主义学院		马克思主义哲学	硕士
马克思主义学院		科学技术哲学	硕士
软件学院	软件工程		博士
建艺学院	建筑学		硕士
建艺学院	城乡规划学		硕士
建艺学院	设计学		硕士

续表

牵头建设学院	一级学科名称	二级学科名称	授权类型
语言学院	外国语言文学		硕士
语言学院	新闻传播学		硕士
法学院	法学		硕士
保密学院	网络空间安全		博士

（规划与学科处提供）

2021年学校一级学科列表

序号	门类代码	学科门类	一级学科代码	一级学科名称	授权类型
1	02	经济学	0202	应用经济学	博士
2	03	法学	0301	法学	硕士
3	03	法学	0305	马克思主义理论	博士
4	05	文学	0502	外国语言文学	硕士
5	05	文学	0503	新闻传播学	硕士
6	07	理学	0701	数学	博士
7	07	理学	0702	物理学	博士
8	07	理学	0710	生物学	硕士
9	07	理学	0711	系统科学	博士
10	07	理学	0714	统计学	博士
11	08	工学	0801	力学	博士
12	08	工学	0802	机械工程	博士
13	08	工学	0803	光学工程	博士
14	08	工学	0805	材料科学与工程	硕士
15	08	工学	0807	动力工程及工程热物理	硕士
16	08	工学	0808	电气工程	博士
17	08	工学	0809	电子科学与技术	博士
18	08	工学	0810	信息与通信工程	博士
19	08	工学	0811	控制科学与工程	博士
20	08	工学	0812	计算机科学与技术	博士
21	08	工学	0813	建筑学	硕士
22	08	工学	0814	土木工程	博士
23	08	工学	0823	交通运输工程	博士
24	08	工学	0830	环境科学与工程	硕士
25	08	工学	0833	城乡规划学	硕士

续表

序号	门类代码	学科门类	一级学科代码	一级学科名称	授权类型
26	08	工学	0835	软件工程	博士
27	08	工学	0837	安全科学与工程	博士
28	08	工学	0839	网络空间安全	博士
29	12	管理学	1201	管理科学与工程	博士
30	12	管理学	1202	工商管理	博士
31	12	管理学	1204	公共管理	硕士
32	13	艺术学	1305	设计学	硕士

（研究生院提供）

2021 年学校硕士专业学位类别列表

序号	类别名称	代码
1	金融硕士	0251
2	应用统计硕士	0252
3	资产评估硕士	0256
4	审计硕士	0257
5	法律硕士	0351
6	翻译硕士	0551
7	建筑学硕士	0851
8	电子信息	0854
9	机械	0855
10	材料与化工	0856
11	资源与环境	0857
12	能源动力	0858
13	土木水利	0859
14	交通运输	0861
15	工商管理硕士	1251
16	会计硕士	1253
17	工程管理硕士	1256
18	艺术硕士	1351
19	新闻与传播	0552

（研究生院提供）

2021 年学校工程类博士专业学位类别列表

序号	类别名称	代码
1	电子信息	0854
2	机械	0855
3	交通运输	0861

（研究生院提供）

北京交通大学 2021 年通过学术型博士生导师招生资格审核一览表

电子信息工程学院（103 人）	张宏科	艾 渤	裴 丽	陈后金
	王均宏	延凤平	周华春	钟章队
	荆 涛	娄淑琴	高德云	宁提纲
	沈 波	任国斌	苏 伟	孙 昕
	陶 丹	陈 佳	陈 为	董 平
	范国芳	郜 帅	官 科	郭宇春
	何睿斯	霍 炎	李 旭	刘 留
	刘 颖	宋 飞	谭中伟	王方刚
	王目光	吴 昊	徐少毅	杨 冬
	杨 维	张振江	章嘉懿	赵军辉
	赵友平	林思雨	白 双	李纯喜
	李艳凤	李 勇	刘 艳	刘寅生
	穆海冰	牛 勇	权 伟	沈 超
	王海波	熊 菲	郑 涛	周 涛
	唐 涛	蔡伯根	董海荣	闻映红
	徐洪泽	步 兵	王 剑	杨世武
	郭北苑	黄友能	刘 江	刘 泽
	上官伟	王海峰	方卫宁	王忠立
	袁 雪	赵林海	郑 伟	周永华
	朱 力	曹 源	吕继东	王义惠
	荀 径	邓 涛	李修函	李雨键
	李 铮	骆 丽	侯亚丽	申 艳
	郑东耀	李 鹏	尹逊和	金尚泰
	姚秀明	杨 焱	燕 飞	熊 磊
	黄琳琳	高士根	王飞跃（兼）	李天初（兼）
	陆 军（兼）	丁荣军（兼）	郜春海（兼）	
计算机与信息技术学院（86 人）	钟章队	蔡伯根	胡绍海	李红辉
	韩 臻	赵 耀	尹 辉	黄雅平

续表

计算机与信息技术学院（86人）	王志海	刘吉强	于　剑	荆　涛
	刘　杰	郑　伟	林友芳	丁　丁
	徐保民	王　涛	张大伟	倪蓉蓉
	刘渭滨	朱振峰	杜　晔	何永忠
	王　宁	邹　琪	孙延涛	李清勇
	田丽霞	刘　真	孙永奇	郎丛妍
	杨唐文	常晓林	周雪忠	万丽莉
	赵宏智	贾彩燕	岑翼刚	白慧慧
	董兴业	王　健	张宝鹏	安高云
	景丽萍	徐金安	冯松鹤	李浥东
	韦世奎	王公仆	王　伟	金　一
	常冬霞	方维维	林春雨	王　东
	熊　轲	郧　俊	余夙琭	张英俊
	陈钰枫	任　爽	万怀宇	刘　铭
	滕　竹	武志昊	牛温佳	桑基韬
	王　晶	张淳杰	黄惠芳	刘　强
	李晓龙	陆　杨	魏云超	陈性元（兼）
	樊建平（兼）	林宙辰（兼）	沈昌祥（兼）	宗成庆（兼）
	赵　峰（兼）	赵春江（兼）	刘宏哲（兼）	颜水成（兼）
	李志飞（兼）	孙　乐（兼）		
经济管理学院（82人）	卞文良	卜　伟	曹志刚	常　丹
	程小可	崔永梅	冯　华	傅少川
	高红岩	荀娟琼	顾元勋	关忠良
	郭　名	郭雪萌	郝生跃	侯汉平
	华国伟	黄　磊	黄宗远	柯金川
	兰洪杰	李红昌	李孟刚	李卫东
	李雪梅	李伊松	李远慧	林晓言
	刘德红	刘世峰	刘延平	刘伊生
	刘颖琦	刘玉明	鲁晓春	陆　超
	穆　东	欧国立	裴劲松	裘晓东
	屈晓婷	阮　加	施先亮	谭克虎
	唐代盛	佟　琼	王稼琼	王树祥
	王雅璨	邬文兵	武剑红	肖　翔
	叶　龙	叶蜀君	殷　平	余　青
	余　旸	翟怀远	张菊亮	张　力
	张明玉	张秋生	张润彤	张文松

续表

经济管理学院（82 人）	张真继	赵启兰	周建勤	周绍妮
	周耀东	曹国永（兼）	陈宏伟（兼）	冯　奎（兼）
	刘　艳（兼）	卢春房（兼）	孙永福（兼）	汤　明（兼）
	王可山（兼）	王兴芬（兼）	魏际刚（兼）	徐广姝（兼）
	张成海（兼）	张　军（兼）		
交通运输学院（108 人）	柏　赟	毕　军	陈军华	陈绍宽
	陈旭梅	董春娇	董宏辉	冯雪松
	张晓东	赵建东	赵　鹏	赵小梅
	周磊山	朱广宇	朱晓宁	高自友
	谷远利	关　伟	韩宝明	韩　梅
	何世伟	黄爱玲	贾　斌	贾利民
	贾顺平	贾元华	姜　锐	姜秀山
	景　云	康柳江	郎茂祥	乐逸祥
	黎浩东	李得伟	李海鹰	李　娟
	李克平	李树凯	李晓峰	李新刚
	李艳华	林柏梁	刘仍奎	吕　莹
	马继辉	马　路	毛保华	孟令云
	聂　磊	钱大琳	秦　勇	四兵锋
	宋国华	宋　瑞	孙会君	唐金金
	王福田	王江锋	王　力	王　莉
	王喜富	王志鹏	王子洋	魏丽英
	魏秀琨	魏玉光	卫振林	吴建军
	武　旭	夏海山	谢东繁	谢征宇
	辛　格	徐　杰	徐　猛	徐　鹏
	许心越	闫小勇	闫学东	杨立兴
	杨小宝	姚恩建	袁振洲	岳　昊
	张　纯	张　琦	纪寿文	高　亮
	王海星	赵　晖	宋丽英	张　琦
	王　莹	罗斯达	鲍　月	周　丽（兼）
	刘　凤（兼）	刘　军（兼）	冉　斌（兼）	杨　海（兼）
	于　雷（兼）	张峻屹（兼）	李德纮（兼）	张　彭（兼）
	高利佳（兼）	金敬东（兼）	李　斌（兼）	聂向军（兼）
土木建筑工程学院（75 人）	蔡小培	高　亮	李玮洁	汪越胜
	蔡国庆	陈　安	房　倩	刘　颖
	任福民	向宏军	徐龙河	杨　娜
	张项立	井国庆	沈宇鹏	时　瑾

续表

土木建筑工程学院（75 人）	肖　宏	兑关锁	郭雅芳	黄海明
	税国双	徐　丰	张如炳	安明喆
	白　冰	陈铁林	陈文化	陈　曦
	韩　冰	贺少辉	黄明利	江　辉
	李久义	李伟华	李兴高	李　旭
	李兆平	刘保东	刘保国	朋改非
	石志飞	谭忠盛	田玉基	王　锦
	王　萌	王元丰	杨维国	姚　宏
	于桂兰	张成平	张　楠	赵伯明
	周长东	朱尔玉	刘卫丰	战家旺
	辛　涛	梁青槐	陈阿丽	白明洲
	毛　军	李　波	郭　璇	马　蒙
	王子甲	彭　林	陈　峰（兼）	方　秦（兼）
	张劲泉（兼）	赵国堂（兼）	景传勇（兼）	卢春房（兼）
	杜彦良（兼）	陈湘生（兼）	岳清瑞（兼）	
机械与电子控制工程学院（63 人）	蔡永林	程卫东	樊文刚	方卫宁
	蒋增强	李建勇	刘月明	邢书明
	朱晓敏	曾广商	刘小平	沈海阔
	田　颖	王爽心	肖燕彩	延　皓
	常秋英	房海蓉	郭　盛	胡　洋
	曲海波	姚燕安	张秀丽	张志力
	金新灿	刘志明	任尊松	宋雷鸣
	王　曦	杨智勇	岳建海	陈梅倩
	贾　力	宋泾舸	杨立新	张竹茜
	兰惠清	陈　耕	李　强	李志刚
	孙守光	王文静	张乐乐	郭保青
	史红梅	余祖俊	朱力强	李国岫
	陈　琪	刘　杰	宁　智	虞育松
	张　敏	高古辉	黄振莺	惠卫军
	李翠伟	李世波	谭谆礼	翁宇庆
	周　洋	王焕清（兼）	李德才（兼）	
电气工程学院（56 人）	郑琼林	刘慧娟	张和生	吴命利
	张维戈	王喜莲	和敬涵	杨少兵
	刘瑞芳	吴振升	林　飞	吴俊勇
	游小杰	方　进	黄先进	夏明超
	焦超群	郝瑞祥	吕　刚	张立伟

续表

电气工程学院（56 人）	王小君	王琛琛	荆　龙	吴学智
	刘　彪	刁利军	刘建强	李伟力
	孙丙香	郭希铮	苏　粟	李　虹
	佟庆彬	李　艳	王　磊	田付强
	张彩萍	张　钢	曹君慈	罗国敏
	杨晓峰	张大海	陈　杰	戴少涛
	张　沛	许　寅	刘文正	谢　桦
	吴　健	唐　芬	雷清泉（兼）	David Gao（兼）
	董新洲（兼）	赵明花（兼）	孙华东（兼）	蒲天骄（兼）
理学院（61 人）	曹鸿钧	常彦勋	陈云琳	陈志南
	丁克俭	段武彪	冯其波	冯　弢
	冯衍全	富　鸣	高　瞻	高自友
	关　伟	郝荣霞	何大伟	何金生
	侯延冰	胡煜峰	孔令臣	李政勇
	梁春军	梁　生	林艾静	刘　斌
	娄志东	罗自炎	吕　兴	马志明
	渠刚荣	商朋见	唐爱伟	滕　枫
	王　熙	王　智	闻国光	许韵华
	姚建铨	衣立新	由芳田	于永光
	张　斌	张　超	张福俊	张兴华
	张作泉	赵谡玲	郑神州	郑　义
	周进鑫	周君灵	刘　博	彭继迎
	杨春和	胡远渡	陈阳泉（兼）	胡　斌（兼）
	戚厚铎（兼）	王永生（兼）	陈　薇（兼）	兰艳艳（兼）
	袁广才（兼）			
马克思主义学院（10 人）	高正礼	刘秀萍	何玉芳	施惠玲
	李效东	杨　蔚	吴　琼	郝潞霞
	郧晓燕	蓝晓霞		
软件学院（10 人）	张尧学	卢　苇	张振江	邢薇薇
	高睿鹏	张顺利	车啸平	鲍　鹏
	张大林	冀振燕		
合计	654 人次，其中有 9 人在两个学院招生（兼职 66 人）			

（研究生院提供）

北京交通大学 2021 年新增通过学术型博士生导师遴选教师一览表

电子信息工程学院（8 人）	杨　淼	燕　飞	熊　磊	黄琳琳
	高士根	陆　军（兼）	丁荣军（兼）	郜春海（兼）
计算机与信息技术学院（5 人）	刘　强	李晓龙	陆　杨	魏云超
	孙　乐（兼）			
交通运输学院（11 人）	王海星	张　琦	王　莹	罗斯达
	鲍　月	李德纮（兼）	张　彭（兼）	高利佳（兼）
	金敬东（兼）	李　斌（兼）	聂向军（兼）	
土木建筑工程学院（5 人）	马　蒙	王子甲	彭　林	陈湘生（兼）
	岳清瑞（兼）			
电气工程学院（4 人）	谢　桦	吴　健	唐　芬	蒲天骄（兼）
理学院（6 人）	彭继迎	杨春和	胡远渡	陈　薇（兼）
	兰艳艳（兼）	袁广才（兼）		
马克思主义学院（1 人）	蓝晓霞			
软件学院（1 人）	冀振燕			
合计	41 人（其中兼职 16 人）			

（研究生院提供）

北京交通大学 2021 年新增硕士生指导教师一览表

电子信息工程学院（13 人）	梁　坤	耿云杰	马国玉	卢云龙
	苗　宇	李正交	王明江	赵红礼
	侯涛刚	刘　雨	鲍海峰	贾　潇
	孙静叶			
计算机与信息技术学院（7 人）	李　超	刘海洋	卢思洋	许万茹
	王　雯	陆　杨	朱玉清	
经济管理学院（3 人）	王曦若	王　莉	邢　颖	
交通运输学院（13 人）	鲍　月	任广建	王正礼	夏胜利
	张永生	陈　垚	罗斯达	郭　欣
	韩学雷	黄艳春	贾传峻	刘康琳
	高利佳（兼）			
土木建筑工程学院（12 人）	蔡伟伟	祁国成	林红威	师　海
	钟阳龙	朱亚迪	王　涛	吴欢欢
	贾方旭	陈恩惠	金大龙	史小萌
机械与电子控制工程学院（6 人）	殷　怡	李锐明	李晔卓	刘笃信
	王超俊	姚　杰		

续表

电气工程学院（3 人）	李　猛	续文政	刘京斗	
理学院（9 人）	刘荣丽	孟祥云	陈　征	张　玉
	郭亚光	尚　超	姜博川	邱　敦
	徐寒黎			
马克思主义学院（3 人）	高正礼	安　娜	叶红云	
软件学院（1 人）	李翔宇			
建筑与艺术学院（2 人）	万　博	王岳颐		
语言与传播学院（3 人）	丁　研	戴江雯	庞玉厚	
合计	75 人（其中兼职 1 人）			

（研究生院提供）

北京交通大学 2021 年本科毕业、结业生名单

说明：

（1）2021 年北京交通大学共有本科毕业、结业生 3 711 人，其中本科毕业生 3 685 人，本科结业生 26 人。

（2）本名单按照学院、学历层次、专业分类。

电子信息工程学院

电子科学与技术（四年制本科）
毕业生（40 人）

陈　洵　陈远翔　陈志钊　崔奥博　董宜达　高成鑫　高诗博　黄　成　贾志勇
蓝光濯　李勃仑　李洺慧　李煜华　廖　琛　刘皓郡　刘铭韬　刘　琦　刘　鑫
莫松劲　牛子豪　潘先铧　彭展坤　乔振宇　任　婧　沈灿红　孙天一　王　豪
王克峰　王美琪　王涌祺　魏　荣　颜　开　杨　超　易家卉　玉心卉　喻钊晨
张伟鑫　张钰昆　周　阳　左荣旭

轨道交通信号与控制（四年制本科）
毕业生（148 人）

阿丽米热·卡哈尔　安运通　敖　阳　卜星榕　陈　宸　陈东华　陈庚瑜
陈　豪　陈文婕　陈裔頔　陈渝丰　陈宇扬　陈锃琰　党雨菡　邓陈喜　邓开鑫
迪娜热·阿得力　段　奕　段云茜　范天柱　封寿贵　冯陈宇　符雅伦　傅智康
高楷涵　高任飞　葛垣邦　郭　旗　郝国泽　何启超　何　庭　何　翔　贺佳雯
侯雪莹　黄海天　黄嘉旎　黄秋蓉　黄雯铮　贾天昊　蹇　易　姜辰宇　蒋文杰
雷雨轩　冷宇航　李春驰　李佳齐　李明月　李　茜　李顺利　李　彤　李心怡
李心悦　李艳艳　李智囊　林可心　刘江涛　刘令尧　刘湘言　刘　翔　刘星彤
刘　询　刘政达　吕红袖　马晓虎　毛婉丽　梅飞宇　孟宪飞　莫海咏　牟星宇

庞沁梅　彭　菲　钱思娜　屈嘉玮　阮玉鑫　石广生　石国基　石明凯　石源斌
孙　浩　孙梦楠　孙雪慧　谭振翔　唐骞雪　万　欣　万　众　王　宸　王瀚林
王佳瑜　王凌霄　王若君　王韬亮　王伟杰　王耀剑　王于丹　韦东浩　魏　艳
邬宇薪　吴佳茹　肖炜郎　肖昀聪　谢厚升　谢坤阳　谢松岩　徐朝安　徐志超
杨　柳　杨　敏　杨仁锦筑　杨琬露　杨文涛　杨雯鑫　杨雪格　杨　洋
杨雨楠　耶尔凡·乌买尔　叶嘉瑶　余岭静　袁喆文　张程鹏　张程熙　张　楚
张大千　张东宁　张发兰　张芳源　张家豪　张家明　张　琦　张婷婷　张雪玉
张艳淇　张耀文　张　宇　张子琪　赵家明　赵晓辉　赵宣博　赵　毅　赵永胜
赵紫旭　郑　欢　郑中天　周德颖　周润邦　朱　峰　朱思蒙　朱子乐　庄青衡

通信工程（四年制本科）毕业生（231 人）

蔡婧怡　曹懿羽　曹梓恒　曾俊三　曾昕菟　曾言钦　车英豪　陈浩然　陈柯宇
陈然诺　陈若愚　陈雯婷　陈希宁　陈翌飞　陈禹名　程天馨　程昱堃　程　辕
程紫瑜　崔昭阳　丁富壮　丁孝瑞　董乐媛　董先哲　杜泓阳　杜万悦　杜雨薇
丰　年　付文杰　高　璐　高鑫爽　高延凯　顾珍煜　郭　泓　郭晓蕾　郭毅然
郭聿然　郭子琦　韩福勇　韩宇博　郝亚星　何健斌　何信义　何逸冲　洪　慧
侯开宇　胡金炬　胡　俊　胡铭韬　胡甜甜　黄柏瑞　黄琛权　黄晨洲　黄存晖
黄铭杰　黄　杨　黄泽凯　吉　言　贾生萍　贾羿铨　蒋明鑫　焦恒源　金泓宇
金钰鑫　来可欣　李　超　李昊宸　李昊儒　李恒禄　李佳星　李嘉程　李　简
李　洁　李均颖　李然霜　李思聪　李雯萱　李淅然　李晓钰　李延炯　李　阳
李依霖　李煜鑫　李泽成　梁敏萱　梁诗雨　林苏敏　刘春雨　刘　迪　刘　璠
刘　昊　刘金坤　刘琪元　刘　赛　刘　上　刘　硕　刘伍琴　刘徐杜　刘一璇
刘颖霏　刘宇轩　刘　喆　刘紫琪　龙源杰　龙志勤　卢俊达　卢俊宇　罗晟庭
吕羽升　马　欣　孟昭阳　牛海文　欧阳帆　潘诗宇　庞星宇　彭方勇　彭劲恺
齐龙鹏　祁雯鼎　钱金钰　邱路帅　裘佳楠　瞿辰旭　石　睿　宋浩然　宋为峰
苏亚帅　苏昱臻　孙浩然　孙　皓　孙可欣　覃宇欣　谭玲玲　唐　进　唐夕媛
田谨源　田龙范　田伟康　汪　强　汪旭东　汪张婧　王宝源　王　博　王楚萌
王海伦　王　浩　王　健　王敬一　王鲲宇　王　莉　王曼竹　王梦林　王明凯
王荣茂　王诗月　王巍翰　王翔宇　王小米　王小琦　王宇航　王　源　王允琪
王子繁　韦松志　吴泓池　吴剑波　吴敏军　吴宇翔　吴政希　武雨梦　席铭辉
熊治杰　徐明淳　徐宇轩　许嘉慧　许学刚　薛晴雯　严高成　杨恩鑫　杨　杰
杨文祥　杨雨晴　杨雨玥　杨子江　姚方韬　要冠宇　叶雨欣　易睿军　殷锐寒
尹海松　尹建辉　尹　健　尤　越　于佳兴　于鑫海　余　锴　余映真　俞金池
袁冰冰　张　澳　张桂雨　张鸿儒　张佳蕾　张　鹏　张天慧　张晓辉　张　艺
张轶博　张宇昕　张雨亭　张裕容　张子浩　张子禾　张子杰　张子龙　章巍洋
赵广成　赵　锦　赵　宇　郑　曦　郑宜凯　郑屹宏　周洪德　周子扬　朱光瑜
朱宏阳　朱淼淼　朱润晨　朱恕星　朱思琪　邹标飞

通信工程（理科试验班）（四年制本科）

毕业生（26 人）

安芷函　陈露聪　陈培豪　杜昌宇　桂壮飞　李　昊　李浩天　李蔚朋　李禹锋
刘浩澎　刘美鹭　门伟伟　田隆贺　王　鼎　王惟琮　王重人　王紫浩　肖德颖
徐一航　叶均达　张　瀚　张欣萌　张　栩　赵心怡　周嘉翌　朱南方

通信工程（试点班）（四年制本科）

毕业生（2 人）

陈松禧　凯　旋

自动化（四年制本科）

毕业生（45 人）

敖胜东　柴健旭　陈　磊　程凯文　程炜毅　次仁卓嘎　杜国伟　冯　茜
龚泰源　关卓涵　郭运相　黄　天　黎　宇　李皓然　李文雪　李　园　李　源
林　森　林　胜　卢嘉豪　马振起　孟　超　欧阳金晶　齐飞宏　仁青曲宗
桑　帆　申天壹　唐家玮　万　浩　万泽文　汪威屹　王平彬　王　智　邬炜东
鲜于正杰　徐明琦　杨国梁　杨佳奇　杨天宇　张家瑞　张丽雯　张志永
章智勇　赵潇扬　周澳品

结业生（1 人）

倪林展翀

计算机与信息技术学院

计算机科学与技术（四年制本科）

毕业生（219 人）

阿依哈妮西·阿克木亚提　敖胜川　白云龙　曹晓芃　曾怡诚　陈传书　陈节勋
陈锦涛　陈锦泳　陈黎昕　陈立婷　陈梦琪　陈　淼　陈瑞伟　陈欣雨　储志豪
戴孙浩　党鑫杰　邓雯敏　邓鑫勇　丁　泽　董天翔　董　禹　杜帝瑾　杜思源
杜雨青　段姝妤　方晓旭　冯　毅　付意通　高国中　葛政坤　耿伟峰　贡乐天
苟东霖　关高俊　关浩博　郭　润　郭帅旗　郭伟业　郭正煜　郝志宏　何　厅
何远来　胡方正　胡海波　胡宏宇　胡劲鹰　胡梁祝　胡润祺　黄铭婧　黄伟路
黄宣宁　黄宇灿　黄镇煌　加永江村　江宁远　蒋崇飞　蒋方冰　矫俊琳
解仕奥　靳炜华　柯文斌　雷金鹏　李春友　李　聪　李海澜　李嘉贤　李尚峰
李心怡　李亚芬　李一帆　李一帆　李昀泽　栗佩然　梁　晨　梁天邻　刘菲羽
刘佳薇　刘嘉宝　刘　林　刘　庆　刘天航　刘小鸥　刘星雨　刘叶欣　刘屹洲
刘　悦　卢　飞　骆艺元　马　博　马合沙提·吐尔汗　马晞茗　马志颖
麦浩佳　毛俊迪　毛天伟　孟锐祺　孟湛雄　牟　楠　倪　炜　宁晓军　牛帏冬

牛兴炜　彭杰旻　齐健松　秦浩淇　邱　林　屈靖淇　冉晓雨　任晓涛　任笑萱
荣洁斌　沈佳乐　沈　建　沈　楠　施明华　时旺军　史　浩　史卫升　宋昱锜
孙博文　孙嘉葳　孙　龙　孙庆岩　覃　璐　谭　昊　谭景天　汤　阳　唐伟文
陶　邦　陶圣哲　田孝程　万文琪　王　超　王丹羽　王海旭　王　涵　王慧洁
王君阳　王　南　王诗菁　王思博　王苏丞　王熹豪　王晓宇　王昕妍　王誉杰
王　月　王政嘉　韦丹妮　韦姿善　卫宁彬　魏颢辰　魏　旭　吴海明　吴蕊伶
吴相龙　吴奕轩　吴泽航　席梦茹　向　宇　星超群　邢子衿　徐　晟　徐淑嵩
徐杨一帆　徐叶楠　徐振强　徐周明　闫奕帆　闫子卿　阳　铖　杨翰宇
杨凯昕　杨　欣　杨昭华　杨正光　易忠沈　殷盛宗　尹谦晔　尹泽梁　余晓兵
岳　靓　詹书涛　张存涛　张　迪　张国庆　张靖怡　张龙雪　张汭筠　张松岳
张　祥　张鑫伟　张艺蕾　张盈盈　张　莹　张振梁　张自辉　章依依　赵　搏
赵　晨　赵彦阳　赵诣深　赵云龙　赵泽蕊　郑　旭　郑志伟　周岱琮　周　浩
周璐明　周荣昊　朱　锋　朱　昊　朱立玺　朱亚威　朱逸晨　朱泽衢　邹佳玲

结业生（1 人）

张沛锦

计算机科学与技术（铁路信息技术）（四年制本科）
毕业生（24 人）

阿不都赛麦尔·阿不来提　陈韵竹　付恒岩　谷秋航　韩铖山　何润著
胡安得克·到吾勒　金正林　康　雷　黎世豪　李世超　林舒祎　刘　丹
勉　辉　牛　堃　王鸿燕　武常明　晏振东　杨　磊　杨淋钧　张柏路　周志辉
朱景昊　朱凌欣

计算机科学与技术（医学信息技术）（四年制本科）
毕业生（23 人）

陈佳慧　仇家利　冯思月　宫旭冉　桂泽春　江继越　景艺欣　李腾飞　刘梦婷
刘　日　卢积致　卢筱雨　梅雨禾　秦　晋　孙煜森　汪　顺　韦东位　吴思语
吴天恒　谢俐波　张丰硕　张　军　赵　翔

物联网工程（四年制本科）
毕业生（21 人）

阿尔伯特·司马义　白廷婷　杜昕浩　孔玮艺　李冬冬　李晗啸　刘思辰
刘　鑫　刘昭成　罗一鸣　罗　源　吕　威　莫青雨　覃雷栋　唐凌岚　吴　丹
徐　聪　易登欲　张嵩吉　张鑫旺　周　阳

结业生（2 人）

李胜垚　汤木梓

信息安全（四年制本科）
毕业生（38人）

阿拉帕提·阿卜力米提　蔡露鑫　蔡天岳　曹子卓　程　雷　冯伟遇　傅铭浩
郭　瑞　韩　爽　黄海翔　黄毅宁　黄　煜　鞠利伟　雷小雨　蔺紫诺　刘　炜
刘　旭　刘　璇　刘一豆　卢星宇　罗天彪　毛敬凯　牛渲文　普上源
热发提·艾赛提　沈琳岚　覃楷桐　王婷婷　王雪微　王玉洁　许静媛　闫怀硕
杨恩德　翟逸航　张　兰　张　涛　张泽宁　钟启航

信息安全（保密技术）（四年制本科）
毕业生（27人）

白云瑞　曹少广　陈　耀　陈　迎　代　瑶　杜逸晨　何卓伦　李佳妮　李晓倩
李雪宁　李在东　梁梦晴　彭　真　施丽芳　石加玉　宋丹彤　孙　睿　孙正阳
汪培妍　王秉锐　王　晴　王　兴　王燕玲　杨文玉　余宛平　周俊杰　朱婉君

经济管理学院

保密管理（四年制本科）
毕业生（17人）

陈雪儿　程燕怡　郭　越　韩元婷　蒙舒颖　穆丝雨　欧倬志　潘美静　邵纯毅
孙菲璐　王思蓉　王维予　王泽辉　魏莹莹　徐　丹　张恺璇　赵奕捷

财务管理（四年制本科）
毕业生（26人）

陈诗朦　冯子晗　付晨思　贺岩松　金博然　李佳蓉　李兆兴　廖开轩　刘天正
马小雯　猛巴提·买吉提　唐浩宇　汪昕玥　王　臣　王　涵　王佳玉　王嘉麒
王宇萱　吴秋燕　闫怡薇　张　含　张皓月　张佳葆　张曼琳　张梦瑄　朱盈盈

工程管理（四年制本科）
毕业生（20人）

陈峻标　陈一帆　丁桂伟　丁宇轩　樊子路　孔令晶　李　露　李天宇　李皖玉
蔺方鸿　刘　媛　冉沫熙　施辰星　汪正雅　王劭渊　王禹尧　伍家聪　徐铭烨
张允涵　朱忠虎

工商管理（四年制本科）
毕业生（35人）

阿伊思　陈　爽　程露平　次旺曲姆　崔嘉芮　达瓦曲珍　董枫玲
多　吉　方浩然　冯　瑶　嘎玛南珍　古丽则热·依不拉音　黄诗韵
纪康宁　蒋丽球　库尔班·托合提　林靖怡　骆梦洁　马瑜坤

穆再排尔·阿里木江　南园妹　任梓豪　申天昱　四朗顿珠　铁文希
图尼亚孜·图尔荪托合提　王俊茜　王　歆　魏诗惠　武鹏举　杨觐宇　杨可暄
张文佳　张志翔　赵振男

会计学（四年制本科）
毕业生（58 人）

奥　德　蔡　婷　陈盈洁　程媛翊　崔梓钰　丁　豪　董承奕　杜其岳　郭辰思
韩　悦　黄碧虹　蒋航天　李晓菲　李亚婷　李浥萌　李真真　李正月　梁　煦
廖明月　林辰婧　刘思琪　刘鑫宇　刘祝芸　罗　淼　孙舒展　唐诗冰　汪孟媛
王浩楠　王靖伊　王诗琪　王怡宸　王　莹　王　颖　王钰珂　王子姗　吴雨婷
徐　颖　杨春晓　杨　靖　杨　铭　叶春妹　叶涵珂　伊克拉木·艾斯卡尔
于洪懿　贠　雪　袁栅栅　张萌瑶　张　淼　张　彤　张文诣　张莹嘉　张　颖
张之峣　赵可轶　赵天钵　郑涵中　朱婉琪　朱欣然

会计学（理科试验班）（四年制本科）
毕业生（6 人）

佟欣宇　王佳蕊　肖雯馨　应金月　张宇晴　张雨清

金融学（四年制本科）
毕业生（67 人）

包莉莉　董　诺　董兴运　段学郡　范佳文　付之源　傅小真　韩梦雪　韩　笑
胡静雯　胡雨潇　黄嘉璐　黄义杰　姜金杉　蒋涵宇　金碧桐　李瀚忱　李恒昊
李若语　李弋帆　李英杰　李雨灿　李远泽　梁　倩　梁雨田　廖　韬　刘登橙
柳　昊　楼宇涛　罗逸雯　马泽逸　穆克黛丝·哈力比亚提　倪文杰　帕尔文
秦海凌　邵禹菲　宋　婕　宋云辉　孙昊尘　孙奕迪　孙子略　田嘉莉　田　宇
万泽慧　王玺存　王亚东　王怡康　王颖峰　王云乐　王子璇　武高峰　杨　梦
易　昕　张梦诗　张　茜　张淑文　张　泫　张一敏　张颖彤　张跃新　仉潇枫
赵家祥　赵　可　智　睿　朱萌颖　庄尔覃　宗梦琳

金融学（理科试验班）（四年制本科）
毕业生（8 人）

黄佳雯　黄作铭　王一凡　王一钧　鄢琬婷　赵依雯　赵子颖　周伟成

经济学（四年制本科）
毕业生（50 人）

安木尔加甫·艾润　车彦潍　陈子安　程子权　崔　静　代　莹　德吉卓玛
邓之天　邓　珠　卓嘎顿珠卓玛　恩卡尔·对森　冯颖芝　郭子嫣
韩晓蕾　何倩儒　蒋雨湉　冷嫣然　李艾霖　李记升　李佳佳　李　想　李心怡

李　颖　梁晋燊　廖俊齐　刘佩瑶　刘清晨　米玛曲珍　穆谊铭　潘嘉音
秦培博　区海悦　邵妍妍　孙菁遥　覃心如　汤莹滢　唐菱子　宛　凯　王宇舟
王子琪　吴靖伟　杨尚洁　杨思媛　于家宁　张皓镇　张　琪　张子萌　郑安邦
周城溪　朱梦晴

经济学（理科试验班）（四年制本科）
毕业生（6 人）

鲍君华　程宇轩　李学玲　刘子崟　王　昊　于佳宁

物流管理（四年制本科）
毕业生（46 人）

白佳豪　晁攀迪　陈　拓　高铭鑫　郭奔涛　郭　涛　韩一萱　何友姑　黄菊莹
蒋光宇　蒋字哲　鞠洪瑾　李俊程　李秋涵　李淑婷　李相凝　李亚桐　李雨超
廖芙晨　刘　涛　马雪微　么芳然　欧阳旭日　沈刘昕　时开萍　宋雨珊
孙婧雯　孙鸣谦　王佳馨　王秋鉴　王心怡　王一丹　王祎璇　韦　淼　吴晓蓉
吴俣彤　武小旭　肖继钥　谢雅敏　熊　胜　杨子豪　张钰婕　甄嘉琛　郑建徽
郑一杰　朱雨轩

信息管理与信息系统（四年制本科）
毕业生（26 人）

陈维新　付　彤　黎依琳　李靖婷　李青昊　李天淇　李婷婷　李文哲　李欣城
林　浩　刘　沛　刘　譞　刘哲语　马甜甜　潘力嘉　王珑兴　魏逸哲　吴文煜
邢宇璇　薛祥旺　余先明　苑舒婷　张冠雅　张环月　张　玉　郑斯华

交通运输学院

电子商务（四年制本科）
毕业生（19 人）

阿孜古丽·阔切尔拜　陈　铮　符　荣　付雯玥　景宇飞　李　鹏　林铄浩
马　伟　玛依拉·穆合塔尔　美丽娅·库鲁万江　尼　玛　普布次仁
申梓旭　宋涵屿　塔斯肯·巴合提别克　严大孟　杨　鑫　张煜坚　张钊豪

交通工程（四年制本科）
毕业生（33 人）

阿合朱力·热斯克勒德　阿来依·瓦克利汗　暴怡轩　边　疆　陈　瑾
豆睿智　冯　梅　高　铭　古力胡玛尔·阿山　郭靖雪　季钰岷　加央伦珠
孔良良　李嘉钰　梁宇杰　刘安然　刘　超　刘　唐　刘　燕　罗继洲　洛桑平措
马瑞晨　马天行　钱仕霸　宋婧源　唐　峰　汪洁欣　王宇擎　吴睿中　余斌锐

喻之田　詹圳曦　章　晨

交通工程（理科试验班）（四年制本科）
毕业生（11 人）

冯　也　傅馨峤　刘立微　田子立　王纪禹　王君悦　杨　楠　杨世春　于孔亮
赵一翰　周　晟

交通运输（四年制本科）
毕业生（54 人）

宝　然　蔡润圻　柴忻禧　陈思睿　陈思怡　陈子阳　代成烨　代　伟　董潇阳
杜希铭　端木政良　付旭东　高鑫宇　葛浩菁　郭凤骞　郭嘉翼　胡　琛
贾津松　雷昊闻　李星洲　李亚承　梁书巍　刘润盛　刘一诺　刘钲可　罗　昊
孟宪驰　孟昕然　秦时雨　荣浩宇　沈舒尧　宋绪杰　苏柏豪　苏　瑞　王宸靓格
王　猛　王权益　王一鸣　王子琦　伍宇星　徐源峰　许澈扬　宣明祺　晏蓝榄
阴楚涵　袁子琪　张家豪　张嘉楠　张铭宇　周　航　周润生　朱月皓　祝可青
禚思雨

交通运输（城市轨道交通）（四年制本科）
毕业生（47 人）

陈丽丹　陈思远　陈哲轩　程逸园　丁子璐　方　议　耿宇晨　何思乐　洪铖阳
胡亚军　胡兆丰　华　健　景诗思　李嘉珩　李雯茜　李铸灿　林　艳　刘　润
刘珊珊　吕　川　马恩熙　蒲丽容　石经玮　石雨欣　孙旖旎　滕奕珺　田思琪
涂千蓉　王白凡　王敏慧　王　旭　吴汉迪　吴金燕　吴语慧　肖雅玲　许如意
薛　磊　杨明仁　杨玉婷　尹浩伟　尤　悦　俞骆昊微　袁　捷　张凤至
赵翠翠　祝伟国　邹子函

交通运输（高速铁路客运组织与服务）（四年制本科）
毕业生（22 人）

曹诗敏　陈熙元　旦　巴　房宇轩　高　原　李柏颖　刘林栋　路珍珍　罗含宇
马丽娅　毛林睿　祁占生　秦　臻　邵思倩　吴京桐　吴圣聪　吴文鑫　徐同煜
杨　凯　张景平　赵紫珍　郑然斐

交通运输（民航运输）（四年制本科）
毕业生（20 人）

包敏敏　陈雨佳　郭梦云　郭宇鹏　赖雨馨　李榆清　刘楚枫　刘嘉羽　刘锦睿
刘文瀚　潘东辉　宋鉴泽　唐雨拉尔　王建斌　王则政　吴城宇　杨智博
张洪宝　张剑兵　赵文博

交通运输（铁道运输）（四年制本科）
毕业生（91人）

白如玉　蔡民义　柴润泽　陈安琪　陈朝歌　陈麓阳　陈　帅　陈鑫杰　陈育民
代俊俊　单奕嘉　邓舒文　丁　博　丁洪轩　董晋廷　段海啸　范梦辉　高杰星
高　耀　哈那提·达帕尔　何金点　何琦辉　何筱雍　何忠尉　侯超云　胡梦影
胡挺川　黄轩铭　黄兆察　加玲·艾里别克　江飞璇　角黎明　李冬冰　李海琳
李建华　廖昌荣　林铉哲　刘瀚文　刘珺粱　刘天浩　刘小洁　刘一鸣　伦珠罗布
马可凡　马世凡　蒙宽虎　莫雨欣　努尔加依娜尔·努尔索里坦　彭文享
彭兆欣　钱家琛　石若琳　舒娥拉·别尔克波力　宋清云　孙亚洁　田园兰朵
汪沁萱　王必成　王东丹　王　坤　王　牛　王启新　王文聪　王雪纯　王　宇
吴苏琳　习　喆　肖子轩　谢同乐　谢泽群　薛泽乾　杨　帆　杨　昊　杨凯名
杨　宽　尹庆元　应晓沛　张伯男　张李琦　张丽萍　张　晔　张蕴泽　张子硕
赵书毅　赵阳子　钟　华　周菲菲　周靖哲　周仁志　朱璟怡　朱馨宇

交通运输（铁道运输 理科试验班）（四年制本科）
毕业生（17人）

鲍薪宇　程培丰　付　浩　胡修宇　李　好　刘骥阳　刘　慨　刘正华　马佳荟
马　瑞　唐　怡　汪兆伦　王恩泰　王寄舟　杨杰雄　杨俊杰　袁亚男

交通运输（智能运输工程）（四年制本科）
毕业生（32人）

蔡慧妮　陈博浩　陈晓冉　邓晓可　丁鹏翀　丁一帆　高　阳　韩沛魁　韩思鑫
胡新杨　黄　健　姜耀鹏　孔庆雪　李浩然　廖佳新　刘　晶　刘同同　欧阳佩毅
邱旭颖　任伟涛　孙　凯　唐　姚　王怡然　吴兆田　习晨希　谢艾伶　杨童瑞
杨志强　张安忠　朱鹏程　朱志杰　朱子俊

物流工程（四年制本科）
毕业生（28人）

陈笛鸣　邓明非　方智鑫　韩首侃　何　红　金珉宇　李　飞　李金泰　李泽言
李子安　梁溢纯　刘春阳　刘妍希　陆恬静　马昊文　齐　昕　田　悦　王乐然
王雪菲　王芷馨　吴一非　杨心叶　余明倩　余润峰　袁一木　张梦璇　朱宏岳
朱泓瑾

土木建筑工程学院

环境工程（四年制本科）
毕业生（16人）

成书翰　胡苗苗　蒋文迪　李栋明　李萌耕　梁美杨紫　刘幻颖　刘佳奇

刘芊芊　谭　乐　田金霏　王健祥　王又丹　武少君　徐媛媛　张澜濒

铁道工程（四年制本科）

毕业生（53 人）

白龙庆　陈铭浩　陈　锐　陈文晖　陈　鑫　程　岩　迟义浩　戴泽宇　丁伟民
董　蕾　房立杰　葛佳辉　顾小龙　胡悦舟　黄洪明　黄　威　焦奕铭　李　创
李　芬　李天卿　李雪琪　刘化智　刘鹏辉　刘旭阳　刘　亿　卢卓丹　吕帷韬
马帅男　潘　晨　彭添翼　荣凡锐　桑中亮　孙　震　王宝成　王萌萌　王雨琪
夏　昕　熊雨晴　徐梧桐　徐　舟　杨憬帆　杨　阳　杨梓正　张春明　张　喜
张志楠　赵天铖　赵正阳　郑良玉　郑晓悦　郑志强　周　丽　祝尔康

土木工程（四年制本科）

毕业生（203 人）

毕彤彤　蔡　浩　蔡黄芪　曹立庚　常　翔　陈柏锐　陈浩华　陈乐纯　陈　琪
陈　旭　陈彦霖　陈宜玲　陈宇恒　陈　悦　陈璋楠　崔旭辰　代　政　戴　奇
单国钊　单亚彬　邓舒哲　邓运淇　丁鑫禹　董嘉杰　杜梦飞　段　鑫　方　博
方浩源　方馨苑　冯　鑫　符　旭　顾　欢　桂午阳　郭世辰　何叶晗　何宇翔
何兆基　贺霖沛　侯昕怡　胡婷婷　扈瑞譞　黄键钧　黄　昆　黄　露　黄淑敏
黄　伟　黄钰文　黄正忠　霍传啸　贾向杰　蒋林江　金恒翔　雷佳昊　李博洋
李鼎一　李东海　李　杭　李昊宇　李　佳　李开放　李凯亮　李素珍　李天宇
李炜杰　李昕泽　李烨雯　李　寅　李宇森　李雨声　梁恩铭　梁家辉　梁　韬
林　萍　林思颖　林晓阳　凌　琛　凌子洵　刘斌斌　刘佳欣　刘　杰　刘　锦
刘靖明　刘　奇　刘哲豫　龙俞林　娄博轩　罗洁先　罗淞元　罗廷惜　马志鑫
毛　旭　穆润彬　南金馥　倪宇波　潘奕帆　庞　昊　彭　程　彭　锋　濮毅韬
祁　辉　秦劲舟　曲晓玮　冉　骁　任芳宏　如　意　孙　佳　孙梦思　孙一帆
孙　宇　谭宗宽　唐成龙　唐海栋　唐荣玉　陶立然　田霖博　田　欣　仝云姗
涂　冲　涂诗琴　汪锦程　汪美晨子　汪玉德　王大伟　王道玉　王佳豪
王经琰　王俊源　王林孝　王庆伟　王慎超　王书凝　王帅淇　王万理　王　鑫
王　月　王跃霖　王　尊　卫　佳　温玉东　温振杰　乌　桐　吴东越　吴光宇
吴　恺　吴稳行　吴有聪　吴雨尘　伍佳辉　夏子宇　向　棋　肖明昊　谢明远
熊艺璇　熊振威　熊子杰　徐　颖　徐志奥　徐卓晟　严　蕤　严思劢　晏　露
杨　标　杨卜玮　杨富雄　杨光考　杨昊志　杨　亮　杨明眉　杨文锦　杨晓旭
杨雪霞　杨燕泽　杨　懿　杨雨璇　杨豫嘉　杨子涵　杨子豪　杨子轩　姚　凯
易德发　游琅珏　游象文　于震宇　余　浩　原玉静　臧兰格　张　彪　张　剑
张　焜　张世通　张　涛　张天旺　张晓迎　张　鑫　张一凡　张玉昊　张振栋
赵　越　郑　汉　周逸飞　朱国梁　朱梦琦　朱煜龙

结业生（2 人）

马顺治　张　浩

机械与电子控制工程学院

测控技术与仪器（四年制本科）
毕业生（66 人）

阿克朱力·依巴克　敖梦芳　曹　瀚　曾纪晖　陈绮钰　陈　伟　陈佑祯
单洁锋　邓雨欣　樊　涯　冯建华　葛羽翔　耿江恒　顾　林　郭佳琪　韩红燚
韩　杰　黄悉巡　黄　昳　黄园园　柯　举　赖嘉伟　李立江　李　睿　李育泓
李致博　李　卓　刘凯歌　刘紫宸　龙婷婷　卢　博　卢华风　马佩瑶　庞伟杰
唐家豪　田子萌　万铭赫　万　禹　王　超　王锐泽　王森博　王添翼　王耀辉
翁　童　吾尔恩·波拉提汉　吴　淦　吴　桥　吴昀杰　肖君睿　许朝峻
严金阳　颜固原　杨舒漫　杨文博　杨文林　姚小琼　易　磊　尹心瑜　于桢栋
张彬成　张　超　张浩然　赵　玥　周云川　朱璟瑄　朱庆斌

车辆工程（四年制本科）
毕业生（61 人）

阿拜克·艾合买提　鲍逸成　曾启瑾　冯　帅　冯治民　郭　锋
哈沙英·赛力克巴依　贺延霖　黄昌雄　黄智影　贾汶哲　蒋卓鹏　李　博
李经纬　李伟男　李　阳　李　勇　李柘霖　梁朝为　梁懿偲　刘　傲　刘冬生
刘荣伟　刘　洋　刘奕琨　禄文睿　罗　为　马朝阳　马　阳　马志云　孟暄凯
邱贤楚　屈玉超　阮宝锋　石俊浩　史　磊　宋　震　苏付俊　孙明煜　孙铭远
王嘉伟　王建续　王瑞明　吴　庆　杨　闵　杨秀昆　姚　晨　于卓铭　袁天升
张步威　张　坤　张　硕　张银美　张　宇　张　运　周光江　周　皎　周　涛
朱霄阳　朱　宇　祖木来提·阿不力孜

工业工程（四年制本科）
毕业生（25 人）

包爱民　崔进超　单安琪　范朝阳　高田舒　高　雪　管小聪　李汉鑫　李　睿
李　帅　李威龙　李元胜　刘　荣　马海燕　舒　超　谭星宇　田夏怡　王品喆
王文涛　王一键　韦富婷　杨淳亮　杨镇宇　张家绮　赵雨晴

机械电子工程（四年制本科）
毕业生（62 人）

包智懿　鲍俊宇　陈思博　陈雨桐　董入源　范昊林　高德健　郭隽超　韩友友
黄清鸿　金天成　黎　瀚　李　港　李　俊　李牧樵　李星言　李逸枫　梁　杰
林新宇　刘凯龙　刘思远　刘尤杰　孟雨欣　母家毓　苏　杭　孙冠晞　孙淇萱
童　娜　汪　睿　汪若菡　王　铎　王泓策　王天旭　王文涛　王玺懿　王一鸣
王肇开　王子晗　武兴宇　肖政宏　许根培　杨天剑　杨勋宇　杨泽辉　易琳智
易颖欣　于　航　余少杰　翟天一　张　楚　张恒超　张梦桥　张晴天　张晓楠

张雨田　张元豪　赵北亮　赵嵊楠　郑劼松　周　凡　周雯昕　周信良

机械工程（四年制本科）
毕业生（95 人）

阿利夏　曹　平　陈　静　陈鹏宇　陈　宇　陈宇航　崔吉鹏　崔思琦　邓　陵
丁祎鑫　冯佳啸　冯　乾　高　正　郭建良　何一路　侯禹丰　胡　锐　胡玉玲
冀天杰　贾阳华　姜　帅　蒋宇豪　库恩尼西·阿吾也孜　赖冈桦　兰宏煜
黎　平　李超然　李　辰　李明慧　李莫寒　李沛熹　李文祥　刘瀚文　刘嘉盟
刘　颖　刘雨轩　刘悦勋　鲁心宇　陆　钦　罗　杰　骆浩俊　马晨博　马建成
马翼虎　马智超　努尔敦·麦麦提　彭琳宇　肉斯坦木·艾麦尔　赛小平
沈文韬　石钊翔　时逢君　时建哲　宋　阳　孙傲雨　孙家豪　孙俊雅　孙俪榕
孙永康　谭　鑫　唐己明　唐　许　唐业鹏　汪定平　汪祥祥　王博为　王　晁
王聪聪　王飞扬　王明贤　王秋燕　王天尧　王艺伟　温　圳　翁乐安　吴友波
武　炜　肖　峰　杨　可　杨新华　余　挺　玉　晴　喻博煊　张佳伟　张　楠
张　帅　张伟一　张子豪　赵辰辰　赵心童　甄凯翔　周洪淼　周锦程　周凯丰
朱　旭

能源与动力工程（四年制本科）
毕业生（33 人）

曹　珂　陈吉佳　陈笑歌　付智诚　龚瑞丰　韩　辉　侯泽曦　黄　民　李戈央
李玉龙　李悦仪　刘　昂　刘吉军　刘入铭　卢焕强　陆凯航　綦方远　秦天均
阮凌志　王　祺　王　正　韦武春　魏宇航　吴舒焯　徐海港　杨斯冰　杨祖龙
于秀超　俞蒋彬　张　檬　张书瑞　张　烁　张新伍

结业生（1 人）

薛东旭

电气工程学院

电气工程及其自动化（四年制本科）
毕业生（195 人）

白　正　步雨洛　曾一朗　常昕悦　常轩健　车雨薇　陈雪姣　陈正威　迟　睿
戴逸潇　丁凡钦　窦子峰　范嘉泓　范宁宁　方斌豪　冯鸿运　傅　强　甘雨琴
高连堃　高天晟　高　鑫　葛汉龙　龚虹宇　郭　斌　郭　峰　郭仕军　郭　涛
郭翔宇　郝　旭　贺章渊　赫　旭　胡朝儒　胡玲嘉　胡　洧　胡宇翔　黄保稷
黄承扬　黄航宇　黄后波　黄　楠　霍晶晶　贾　昊　贾金源　贾静雯　姜淇耀
蒋露晴　焦彦斌　柯　晨　兰小军　兰　轩　雷　霆　雷　懿　冷文炎　黎锦杭
李纪龙　李　杰　李金燕　李　凯　李启舜　李钦源　李轩宇　李　炫　李　尧
李姚祎　李云峰　梁　言　梁郑秋　林泽源　刘东旭　刘　浩　刘红健　刘嘉帅

刘俊佐　刘　利　刘美倩　刘明月　刘　祺　刘　锐　刘文俊　刘欣鹏　刘旭辉
刘　迅　刘　杨　刘俞池　刘越阳　刘　哲　卢　昊　逯　华　禄子昂　马博龙
马浚皓　马睿祺　马小刚　马逸超　孟凡扬　孟　钢　孟祥霖　米　筑　苗逸飞
倪子诗　潘洋洋　潘臻垚　彭朝政　濮苇杰　冉光普　任瑞琦　赛尔鹏　史凡琦
史昊天　宋嘉桐　宋　伟　苏　艳　孙　浩　孙凯琦　孙黎明　孙铭阳　孙　映
谭海霞　陶　明　田海东　田　可　田　然　田睿涵　田　圆　妥鹏祥　王　迪
王河深　王华森　王　京　王　阔　王　乐　王启丞　王　茜　王贤佐　王　璇
王　瑶　王　英　王禹朝　王泽坤　王子晨　韦世镓　吴奕洁　武文鑫　夏　潇
肖霖涛　熊　家　徐　达　杨　凤　杨明珠　杨伟光　姚国民　姚豫强　冶金峰
叶尔多斯·努尔兰　叶淼赟　游轩诚　于　悦　余发廷　袁　涛　翟时可
湛俊皓　张德瑞　张光祺　张浩宇　张贺铭　张　吉　张嘉益　张俊杰　张峻豪
张梦哲　张世茹　张淑昊　张　硕　张　新　张　鑫　张学文　张　莹　张　颖
张昱航　赵晨凯　赵东奇　赵婧羽　赵　璐　赵小松　赵心悦　赵远熙　赵子锋
郑炜泽　钟昌耿　周晨坤　周舒晴　朱恒逸　朱　利　朱思雨
孜雅梧拉·伊斯坎达尔

电气工程及其自动化（轨道牵引电气化）（四年制本科）
毕业生（35 人）

白朝辉　蔡宏宇　陈侠播　陈　宇　郭莹霏　胡名甫　黄鹏飞　贾磊磊　靳晓楠
李　霁　李金朋　李平悦　李姗珊　李衍成　罗　敏　马玉赟　乔俊超　韦春有
魏鑫志　吴佳积　武子睿　肖思诺　谢港辉　徐晟骞　徐　钊　袁江珺　岳屹峰
张继宇　张若愚　张　通　张　扬　张智杰　赵笔安　赵思颖　周　懿

电气工程及其自动化（新能源国际班）（四年制本科）
毕业生（56 人）

曹志远　陈宏秋　崔珩源　邓泽宇　方鑫政　冯兴宇　高天承　郭浩诚　郭明锋
何双宇　何思行　黄仁齐　蒋　汉　金圣来　金颂尧　金泰印　荆世泽　李炳辉
李涵清　李穆寅　李鹏程　李庆升　李尚儒　林小琪　刘译锴　刘宇航　刘越琅
罗保洋　罗昊成　罗义新　吕尚阳　彭　越　任家兴　森特啊古　沈　浩
宋家晨　宋中超　汤昳琮　王鹤淞　王家鹏　王梦瑶　王伊静　魏　珂　温佳奇
吴寒月　吴　畏　吴志文　徐　然　尹昭传　张敦瑞　张富绅　张孟磊　张鹏宙
章庆男　周　昊　周劲风

理　学　院

材料化学（四年制本科）
毕业生（14 人）

冯兴哲　贺　鑫　李海正　刘武燃　罗　丹　沈堂正　孙冰倩　孙昊然　肖思远
许博睿　许华葳　余成洁　张静波　赵一阳

材料化学（理科实验班）（四年制本科）
毕业生（4 人）

白云浩　孔淑祺　刘王宇　张　翩

工程力学（基础学科试点班）（四年制本科）
毕业生（8 人）

陈蓝天　胡博轩　孟欣湲　王闰泽　王苏宇　文琪凯　许　来　赵佳时

光电信息科学与工程（四年制本科）
毕业生（50 人）

白雪涛　蔡　勇　陈坤林　单宇琪　管　韵　贺　然　黄子赫　李刚毅　李瑞麒
李瑞强　李天睿　李晓奂　刘鹏博　刘亚铭　刘宇鹏　鲁博文　缪昕哲　彭子俊
撒　晔　宋　诚　宋泽文　孙炳辉　唐　淦　王　赳　王天钰　王浴冰　王振武
王子扬　文正茂　武锦昕　武昀浩　肖佳敏　肖子晗　徐鸣阳　薛　润　薛　勇
杨伟澳　杨兴龙　姚　斌　袁昊宇　张邦欢　张浩然　张世雄　张　莹　赵　阔
赵子明　赵子润　周天麒　周　迎　朱凯旋

光电信息科学与工程（理科试验班）（四年制本科）
毕业生（9 人）

郭欣然　胡辰宇　阚利萱　李　栋　邵千鹤　孙正扬　滕誉淇　王云霄　赵胜达

纳米材料与技术（四年制本科）
毕业生（48 人）

陈安澜　陈龙威　崔晏豪　郭逸凡　何柄伸　贺膺丹　洪世峰　李培昀　李斯鳌
李政达　梁婧文　刘格旭　刘明昊　刘石磊　刘宇彬　卢嗣严　陆冠璇　吕睿达
马千程　马千里　潘怡彤　齐晓娇　邱星阳　曲悠扬　沈亦洋　沈赵新　宋　尧
苏　哲　王海萌　王金明　王久赫　王奕然　魏雨轩　吴齐泰　武文正　谢明明
许天成　薛宇轩　严一格　尹　达　袁敏嘉　袁艺菲　展思博　张柏舟　张竞中
张梦晗　张志磊　赵　慧

数学与应用数学（基础学科试点班）（四年制本科）
毕业生（15 人）

曾　予　顿思淼　高　硕　韩羽非　黄　驰　李太伟　李炜杭　刘荣荣　卢禹辰
罗逸伦　米宇佳　武汉铭　袁　鹏　张轩铭　赵　宇

数学与应用数学（交通系统科学，基础学科试点班）（四年制本科）
毕业生（15 人）

陈婧茹　冯仲舒　侯景仁　贾翔宇　骆校龙　彭　程　汤其谕　姚逸韬　张　建

张沛然　张夏怡　张译聪　赵博论　赵文婕　赵子龙

统计学（四年制本科）
毕业生（54人）

陈昌志　陈思易　陈一辉　成长锦　程俊龙　邓娇雪　高乐金　高　阳　关可欣
何禹成　何玉恒　何子禹　胡明伟　贾宇豪　金　成　柯锦寰　李小春　李馨妹
凌　虹　刘　璐　刘姝含　路　畅　马松杰　孟凡一　穆维昕　潘心如　彭　雪
沈韵文　时伟华　史宏博　宋泉宏　田林萱　王开鑫　王　冉　王淑艺　王　意
王　禹　吴清远　熊穗夫　虞锜琦　张晨星　张　纯　张海怡　张嘉轩　张世涵
张岩昊　张雨琦　张云皓　赵　航　赵宇航　赵芷萱　郑格致　周思锐　朱可欣

统计学（理科试验班）（四年制本科）
毕业生（9人）

李若青　李耀斌　倪　涵　瞿楚风　王一凡　于　娇　张雅琪　赵仁杰　朱清文

信息与计算科学（四年制本科）
毕业生（54人）

白肯函　白云飞　曹静宜　陈建达　陈升波　陈　爽　陈逸飞　董晓彬　董艳霖
杜　凯　段雨沛　范思奇　高　婧　黄霄磊　孔令同　寇桁菘　李锦峰　李　宽
李苏浙　李颜明慧　李政豪　林德聪　刘光伟　刘昕悦　刘镱博　娄锦晴
麦峻嘉　牟子祺　饶　笑　宋乐乐　孙　颖　汤雨飞　涂佳怡　王　傲　王　鸿
王　俊　王　奇　王　琪　王若男　翁嘉鑫　吴　昊　夏俊文　谢　斌　谢　颖
许明哲　许哲越　闫怀创　杨辰晖　余丽新　张逢时　张红粉　张　莹　赵斌崴
赵一伟

信息与计算科学（理科试验班）（四年制本科）
毕业生（9人）

陈赞鸿　李　煊　刘晓语　毛炜昊　田庆豪　肖　遥　谢婧琳　赵晨阳　郑　权

信息与计算科学（生物信息学，基础学科试点班）（四年制本科）
毕业生（6人）

艾　湘　谌　楠　龚雨缪　秦雲珠　姚嘉恒　张　颖

应用物理学（基础学科试点班）（四年制本科）
毕业生（3人）

杜亦炜　李林翼　梁满家

语言与传播学院

传播学（四年制本科）
毕业生（49 人）

曹泽君 陈镌楠 陈雨桐 程 萱 程 昱 迪丽娜尔·玉努斯 范轶男
冯余凤 耿晓雨 郭 勇 韩俊峰 何浩月 何 鋆 黄奕绮 惠相霖 解心祥鹭
李涵雯 李 静 李若凝 李骁鹏 李振宇 梁梦真 林梦欣 龙 珠 罗弋翔
娜孜叶·木沙江 牛芷若 朴政安 冉 馨 任丽珺 茹博轩 宋靖茹 宋 玚
王丽晶 王雪珩 王杨鹭 魏雅仟 袁致晗 张 博 张骞丰 张乐乐 张若怡
张 宇 张羽侨 张子赫 郑 可 朱栩然 宗雪娴 左国峰

葡萄牙语（四年制本科）
毕业生（18 人）

陈奕锋 单玲宇 方 悦 冯川格 高亦欣 李纪豪 李琳琳 李昕凝 彭莞芹
陶欣颖 王海燕 肖可杭 肖怡萱 杨奇锐 易红钰 张靖晨 张馨月 张 瑜

西班牙语（四年制本科）
毕业生（26 人）

曹月悦 冯 欣 冯宇静 何宇婕 黄弈嘉 贾紫嫣 李美霖 李 晴 李思航
刘 畅 刘高帝 刘译阳 谭 琳 王世玥 王振宇 温炯心 文 正 肖晨菲
徐伊沁 杨 帆 杨雨寒 张可瑶 赵雅婷 钟诗彤 周 杰 邹金阳

英语（四年制本科）
毕业生（48 人）

蔡梦圆 陈丹妮 陈熙芮 陈子莹 董甜静 苟思瑶 辜超珣 黄涧溪 黄一苇
解佳伟 鞠嘉康 寇子宸 蓝梓方 劳馨贤 李昊真 李璐璐 李心怡 李欣阳
李 影 林诗涵 凌志浩 刘 桐 卢一丹 罗怡昕 莫丽萍 宁蕙菁 彭 佳
彭文仙 邱 翊 税 莉 孙珊珊 汤雅晶 陶炯屹 王馨逸 王伊凡 王义茗
魏毅功 吴欣雨 吴雨繁 杨理东 叶胜男 叶新宇 苑译方 张承琦 张楚雨
张晓艺 张雨欣 赵雪然

软 件 学 院

软件工程（四年制本科）
毕业生（168 人）

艾显威 艾小惠 包天活 曹泽麟 昌凯枫 陈春荣 陈泓宇 陈嘉琪 陈可玮
陈瑞婷 陈 灼 陈子康 程易行 丛子渊 崔超群 邓志文 邓 智 董金达
董舜尧 段柄宇 段怡冰 范佳君 冯 焓 符永乐 谷政泽 郭佳华 郭庆铭
韩珊玉 何洋程 何志翔 胡志禹 胡祖俊 黄 明 黄溥瑞 黄雨轩 及振卿

贾晨鑫　贾婷婷　解梦茹　金辰宇　金鑫磊　康　雪　孔德焱　寇志岗　郎淞钰
黎秀凤　李晨光　李成昊　李程遥　李崇亮　李高丞　李浩冉　李佳恒　李瑾如
李沐栩　李　朴　李　涛　李　彤　李　旭　李智慧　李梓玉　廖　江　廖增锐
林新宇　刘　彬　刘霁雯　刘佳星　刘嘉欣　刘凯航　刘书梦　刘思淼　刘歆怡
刘亚普　刘　洋　刘重阳　刘子奇　罗鸿霄　罗江徽　罗　马　罗　瑶　马序言
马　哲　孟垂泽　穆钰淳　宁广秀　宁思衡　庞家耀　彭昌旺　彭崇真　皮慧成
乔彦祥　任　磊　任笑彤　申天宇　施卓余　宋　涛　苏韦豪　孙晟迪　孙焱君
孙　逸　覃　脍　谭冰宇　谭润熙　汤文正　汤新宇　唐福涛　唐　麒　田　川
王　浩　王　进　王明瑞　王天丰　王心蕊　王颜辉　王艳奎　王永瑞　王雨菲
王紫微　吴竞琦　吴瑛瑛　夏梦瑜　肖　剑　谢俊熙　邢景龙　徐　溥　严可欣
严涛涛　杨洪源　杨佶鑫　杨嘉璇　杨鹏勃　杨烁平　杨　阳　杨屹涵　叶育廷
叶宗保　银宏亮　于双龙　余文祺　袁　涛　张冰诚　张晨旭　张家华　张家铭
张景茜　张竞艺　张婧怡　张可弛　张　伟　张文豪　张欣婵　张欣雨　张　彦
张耀文　张　影　张雨梦　张雨桐　张钰铎　赵晋鹤　赵康狄　赵亚楠　郑浩天
郑栩僮　钟予阳　周诗梦　周映希　周洲游　卓　威

结业生（2 人）

李蕙婕　王天一

建筑与艺术学院

城乡规划（五年制本科）
毕业生（10 人）

何　萱　侯月岑　姜登科　李倩妮　李　悦　刘　岩　马晓奇　聂文杰　孙　源
王缙涛

环境设计（四年制本科）
毕业生（31 人）

边文彦　蔡书桓　陈舒畅　陈子轩　邓沁茹　郭昊轩　郭盈希　胡文慧　李　飒
刘　凡　刘　洋　刘泽瑶　卢欣欣　马旭洋　聂晓晓　乔心渼然　宋非然
孙　畅　谭佳雯　谢雨辰　杨宵月　杨心如　于　洋　岳彦臻　张　济　张佳艺
张京怡　赵欢洁　赵英君　郑明明　周　鹤

建筑学（五年制本科）
毕业生（47 人）

包入宇　曾梦洋　陈　茁　顾　本　江玉璇　李昊珉　李佳颖　李　琪　李时雨
李舒芮　李云琨　李志轩　练茹彬　林文俊　蔺　朗　刘佳蕙　刘诗琪　罗元佳
马瑞杰　麦思琪　孟凡瑜　米　山　聂兆琦　潘玉喆　彭泽慧　钱　锦　邱丽君
曲彦成　苏晓婉　孙　楠　王鹏飞　王晓莉　王玥涵　王子嘉　吴凤雷　夏近思

谢　颂　杨瀚康　杨雨凝　易玲薇　易彦淇　张梦媛　周　超　周　杭　周盟珊
周雪妍　庄沛达

视觉传达设计（四年制本科）
毕业生（15 人）

陈静云　陈雨竺　程　蓉　韩　玉　侯静萱　黄稀榆　江　畅　隽一鸣　雷俊杰
刘才玉　马　越　王一伊　赵祎祎　郑一纯　左思学

数字媒体艺术（四年制本科）
毕业生（29 人）

程懿名　董晓涵　杜悦溪　谷敬岩　郝国雯　郝潇漫　计鉴洋　冀永旭　李函蕊
李思奇　罗哲源　马梦雪　秦晓沅　戎　畅　尚易坤　孙靖怡　陶　然　王晨阳
王　宁　王宇娇　王竹音　徐子乔　杨景宜　衣　然　于欣荷　张炜洁　张　玥
赵梓涵　朱青城

法　学　院

法学（四年制本科）
毕业生（120 人）

阿尔申·哈依尔提　阿朱力·阿德力汗　陈美璇　陈　顺　次仁卓玛
次卓嘎　崔鹤琼　旦增尺列　党燕荣　丁梦雨　丁伟叶　董　越　窦淑瑶
杜维鹏　杜宇航　冯茗柯　冯　宇　付海峰　傅小倩　嘎　嘎　高　歌　巩轩竹
郭闾钰　韩庆荣　韩文静　何晋宇　何桐雨　侯照和　胡锦泰　黄　悦　黄紫晴
蒋　欣　李冠一　李茜娅　李　荣　李蓉茜　李思言　李依桐　梁新悦　廖寒娇
林晓蓉　刘佳欣　刘佳鑫　刘　珺　刘　莲　刘廿一　刘世一　刘轩宇　刘嫣然
刘一达　刘雨歌　刘　媛　龙健宁　龙艺煊　罗小妹　罗　嫣　吕航弘　马　丽
马抒旭　那木苏荣·乌云才次克　娜菲莎·阿力木　努尔江·夏谢别克
努尔曼·胡沙音　庞家毅　庞云鹏　钱玉仙　冉　旭　任　翔　孙　超　孙浩儒
孙　旭　索朗顿珠　谭喜圆　陶祎仪　万丽新　万勤梅　王博睿　王灿鑫
王　贰　王赫麟　王萌萌　王　敏　王　琼　王曦钰　王　欣　王雪琪　王雨晖
文　志　肖佳莹　谢思雨　邢　琳　徐焕哲　许欣宜　薛惠升　燕一帆　杨悦铭
姚佳琦　尹嘉南　印预立　于柏涵　郁宇婷　张玲玲　张麓蕊　张蔷薇　张晓彤
张馨怡　张怡阳　张羽菲　张　玥　章　燕　赵丹彤　赵东方　赵祎璠　郑嘉琦
郑锦锟　周伯乾　周亦然　朱晋依　宗澳铧　邹婉祺

威海国际学院

通信工程（四年制本科）
毕业生（41 人）

安潇羿　毕雪雯　陈世勇　丛炜力　董　晨　方敖东　宫琪琦　郭笑言　韩叶青

胡煜民　霍颖雪　贾卓越　金桓宇　李浩南　李森乐　李汪杰　李晓越　李旭元
梁　轩　刘　婷　刘云生　马东杰　曲卓仪　宋金奕　王嘉翊　王凯聪　王　琦
王睿林　王巍杰　魏雨航　吴　迪　吴鑫源　武　博　奚　琪　肖　韵　熊国栋
严施易　于思淼　张　庚　郑　懿　左凯文

结业生（6 人）

黄　翼　李　蕾　李泽瑞　吕　航　瞿佑珊　张秉熙

计算机科学与技术（四年制本科）

毕业生（52 人）

蔡　妙　曾昭博　陈钰煊　陈岳涛　褚晋廷　方紫晴　高士玮　高天阳　高炜贺
顾书豪　郭　帅　黄文韬　李嘉萱　李康诚　刘嘉奕　刘孟奇　刘政彤　刘芷岑
刘卓仁　罗尔威　彭奏章　戚瀚中　史如玥　宋泊毅　宋昀赛　孙梓洋　唐　恺
田　宇　王博宇　王诗杰　王译萱　王逸润　魏高林　吴应胤　夏润泽　肖文伟
谢子豪　邢　可　熊海松　杨世诚　殷渤承　于鹏飞　袁熙彤　张翱男　张闳博
张凌寅　张茗逸　张雨馨　张蕴琦　张正一　赵重阳　朱祎杰

结业生（2 人）

瞿俊宇　杨博熠

工商管理（四年制本科）

毕业生（27 人）

曹宇萌　曾麟朝　陈明钰　崔天萌　范力钰禾　冯志远　胡　昱　兰翔喻
李科锦　刘成宇　刘鑫垚　聂伟臻　宋诗琪　孙楚依　王凯旭　王可意　王希雯
许嘉颖　闫文静　余海彤　臧　伟　张文研　张宇璇　张钊涵　周如水　周煜哲
朱文涛

结业生（1 人）

邝　达

会计学（四年制本科）

毕业生（49 人）

常超逸　陈庆瑞　陈思宇　陈子昂　董佳予　董心仪　杜嘉威　段　钰　高一帆
郭欣燕　何东山　黄鹭贻　黄尹宣　姜博文　蒋　硕　李初蕾　李文畅　李文圳
李英楠　梁江瀚　梁心鹤　刘　畅　刘婉凝　刘盈盈　刘玥彤　吕思淼　苗阳阳
苗　野　聂荣天　覃经纬　田佳鑫　王皓天　王佳宁　王沁宇　王云琪　吴佩乐
吴苏航　徐惠泽　尤润泽　于晓涵　张辰宁　张斐卓　张　浩　张　慧　张研博

张之泱　赵旌灼　赵筱芃　左　喆

结业生（1人）

才　琪

信息管理与信息系统（四年制本科）

毕业生（103人）

白志伟　边雨霖　别昌昊　陈楚琦　陈铭浩　陈亚鹏　陈　杨　陈志麟　陈卓然
程雅涵　崔原硕　但润南　邓添予　刁俊添　高小然　高致远　郭东灵　韩明樾
韩　旭　韩玉明　贺可函　侯宇波　胡安妮　黄今非　黄劲予　黄　蕾　贾轶云
蒋竞黎　蓝浩源　雷闻浩　李崇正　李佳羽　李青洲　李姝琦　李　仪　廖云翔
刘昌昊　刘语欣　卢　朋　卢　钰　罗浩泽　罗　轲　罗熤恒　吕文静　马豪辰
马嘉婧　孟佳培　钱荣丰　曲忠霖　邵泓凯　苏　越　隋德宇　孙皓波　孙子惠
汤　衢　仝牧宇　汪泽宇　王伯元　王　晨　王光旭　王　瀚　王昆宇　王　乐
王文卓　王勇驰　王　铮　吴轩博　夏　宇　熊美霞　许泽仕　闫　羽　杨秉澍
杨　博　杨佳颖　杨雨萱　姚一铭　姚　远　叶润柏　尹曦悦　于金渊　于　湍
张　涵　张赫航　张天逸　张团结　张娴颖　张晓岚　张一凡　张逸卓　张胤杰
张雨晴　张俣希　赵君童　赵　翔　赵元珩　赵　喆　郑金永　钟国梁　周方艺
周彧雯　朱　清　朱雅歆　诸芷暄

结业生（5人）

李林桐　林依萍　任泽远　薛珺祉　祖　苜

环境工程（四年制本科）

毕业生（39人）

陈香沂　陈妍妍　单天一　邓皓铭　丁依朦　董香麟　顾玥萱　韩欣宇　何浩冬
霍明宇　李晨曦　李佳臻　李嘉豪　李思源　林力盛　刘家榕　刘　琳　罗国音
欧东晨　潘汤智　裴一凡　彭翔宇　苏欣宇　孙诗元　陶昕宇　王嘉曼　王雨恬
魏存强　徐洪涛　徐李勃超　许宇昊　张家赫　张溶涵　张书豪　张　远
张子言　赵　琪　赵梓琦　左敏航

结业生（2人）

陈星燃　张峰瑞

数字媒体艺术（四年制本科）

毕业生（32人）

邓加一　高丹妮　高瑞琦　郭馨如　韩炳杨　郝隆泰　胡芮宁　胡亚琪　霍雅澈
纪文岩　贾钟毓　康　滢　李美慧　刘俊成　刘珂馨　刘丽烨　刘思琦　刘怡然

刘卓然　卢　洁　路欣萌　马凝萱　戚高远　陶梦琪　王佳佳　杨　霖　张楷萱
张世清　张煜志　赵文钰　郑雁玮　朱乔晨曦

（本科生院提供）

北京交通大学 2021 年授予来华留学学士学位名单

电子信息工程学院

通信工程（四年本科制）
毕业生（22 人）

ABBAS ZAKARIA ABDIWALI　ADHIAMBO SHARON
AMARASEKERA SONAL UMAYANGANA　ASHYRMAMMEDOV SERDAR
BAYRAMGELDIYEV RESUL　CHIRCHIR KIPROP MAINA
DISSANAYAKE D W MUDIYANSELAGE ASHEN KAVINDA BANDARA
ESMAIL MOHAMMED HAZAEA MOHAMMED　HABTE ENDALE LEGESSE
HAYIDOV MERDAN　HESHAM SHAABAN ABDELMEGID ABDELRAHMAN LOAY
HNIN AYE WAI　KIPRONO ISAAC KIMETO　MASHANLO ZARINA
MELAYEV MEKAN　MUGENYA EVERLINE APONDI
NGENO MERCY CHEPNGETICH　NJENGA LOISE WANJIKU
ORACHA REUBEN ODIWUOR　RAHMAN MUSHFIQUR
SOLTANMAMMEDOV YUNUS　TITHI UMECHING CHOWDHURY

计算机与信息技术学院

计算机科学与技术（四年制本科）
毕业生（3 人）

BESHOY MAGED YOUSEF YOWAKIM　MARIAM EMAD NABIH ZAKY HABASHY
SOUARE ELHADJ ALIOU TELLY

经济管理学院

工程管理（四年制本科）
毕业生（10 人）

ABDULLAHI AHMEDIN ISMAEL　GURA TOBIAS NYATAMA
KAMUNYA DERRICK MWANIKI　KIHORO LINET WAMBUI
KIREMA WINNIE KAWIRA　MBATHA SIMON MBURU
MUCHUNKU JUSTIN GITARI　MUNENE BRENDA WAIRIMU
MUTUKU RACHAEL KANYIVA　NYAKUNDI ANDREW MOMANYI

工商管理（四年制本科）
毕业生（1 人）

ARGALANT ANUDARI

金融学（四年制本科）
毕业生（1 人）

WANG XINGDI

经济学（四年本科制）
毕业生（2 人）

LIAO REBEKAH XI – YING　PETER JOSHUA

物流管理（四年本科制）
毕业生（7 人）

BACHOV DENIS　GORODKO NIKITA　ISAEV DENIS　KOSTETSKII KIRILL
MAMMEDOV ALY　NURMUHAMMEDOV SERDAR　ORAZOV ORAZ

交通运输学院

交通运输（铁道运输）（四年本科制）
毕业生（1 人）

BAT – ERDENE YUMJIRGARAV

土木建筑工程学院

土木工程（四年本科制）
毕业生（10 人）

BEREZOVSKII STEPAN　CARMENATES CASTILLO DOUGLAS JOSUE
DOMINGUEZ ROJAS JESUS　DOVLETMYRADOV BABAGELDI
DRA YASIN AMARA SEKOU S.　GONZALEZ RODRIGUEZ YEDNIEL NOEL
JON MYONG NAM　POSKACHIN IVAN　RI CHOL NAM
SANTANA CISNEROS YORVENIS

土木工程（铁道工程）（四年本科制）
毕业生（18 人）

ABERE VERONICAH NYAIRABU　AHMAD BILAL　GYAKARI FREDERICK NTIM
KARIUKI JAMLICK MWANGI　KIMANI DENNIS NYAGA
KUNGU MARYANNE NJERI　LEMOWONAPI SILVESTER HIRKENA

MASAI ANNETTE CHEMTAI　MUNYI ADRIAN MAINA
NDUNGU RICHARD MWANGI　NJUGUNA ANN NYANGITHARANE
NJUGUNA KEVIN KABERA　OSWAGO JOSEPH JOHN
RACHAMI FELIX NYAGWANGA　SAJJAD MUHAMMAD
WAMAI MARY WANJIRU　WANGARI VICKY WANGECHI
WANGUI MARTIN KIMANI

电气工程学院

电气工程及其自动化（新能源）（四年本科制）
毕业生（4 人）

RAHMAN MAHMUDA　RITU RIHAD HASAN　SETLIGT FILONE WELTIDRI
TANZIL SHAHRIA

理　学　院

纳米材料与技术（四年本科制）
毕业生（1 人）

AZIZI SAFA MARYAM

语言与传播学院

汉语言（四年本科制）
毕业生（1 人）

KUANYSHBEKOV SULTAN

软 件 学 院

软件工程（四年本科制）
毕业生（2 人）

KIM TAESIK　KIMATHI ANTONY

建筑与艺术学院

建筑学（五年本科制）
毕业生（3 人）

ADOR ALIFA　DIANA LOPES DIAS FONSECA　PISTULLI ADEA

（国际教育学院供稿）

北京交通大学 2021 年授予博士、硕士学位人员名单

北京交通大学第十四届学位评定委员会第十五次全体会议
授予博士、硕士学位人员名单（174 人）
（2021 年 4 月 7 日）

博士（78 人）

电子信息工程学院（8 人）

交通信息工程及控制（2 人）

李　明　李　萌

通信与信息系统（5 人）

李月琴　张鲁娜　李　超　侯天为　高美琳

控制科学与工程（1 人）

戴雪瑞

计算机与信息技术学院（10 人）

信息安全（6 人）

孙德刚　孙　伟　贾卓生　郭　佳　李　彬　张　骁

计算机科学与技术（4 人）

刘静娴　黄　晨　蒋瑞红　刘华锋

经济管理学院（19 人）

管理科学与工程　工程与项目管理（2 人）

乔　柱　纪博雅

管理科学与工程　管理科学（3 人）

冉　昶　于　波　丁　帅

管理科学与工程　信息管理（1 人）

康来松

会计学（1 人）

宛　晴

企业管理（4人）

许　军　王丽娜　付佳鑫　李　震

应用经济学（8人）

王大鹏　包许航　滕　超　白同舟　李　婷　徐　卓　张红彬　梁　鹉

交通运输学院（10人）

安全科学与工程（2人）

庞　宇　陈欣安

交通运输规划与管理（5人）

计　寻　安　茹　朱　杰　刘　异　杨宜佳

系统科学（3人）

臧广智　郑　营　柳雨彤

土木建筑工程学院（12人）

道路与铁道工程（2人）

臧传臻　王李阳

力学（1人）

孙亚光

市政工程（1人）

邹　雪

土木工程（7人）

刘晶晶　王光明　李　巍　陈　峥　魏　婷　叶子剑　苏伟林

岩土工程（1人）

王　翔

机械与电子控制工程学院（10人）

载运工具运用工程（3人）

王之中　张纪宝　孙传扬

机械工程（7人）

杨　会　许　昶　王玉洁　张海明　蒲　茜　邱　博　张　翰

电气工程学院（2人）

电气工程（2人）

杨俊峰　武　文

理学院（7人）

运筹学与控制论（1人）

李月婷

光学（2人）

王　杨　朱东旭

光学工程（4人）

高志红　刘振洋　陈　斐　付　洋

学术型硕士（4人）

经济管理学院（2人）

管理科学与工程　信息管理（1人）

刘加仕

管理科学与工程　物流管理与工程（1人）

刘俊荣

交通运输学院（1人）

交通运输规划与管理（1人）

TOOKAMMOOLMISSRATCHANICHOL

土木建筑工程学院（1人）

力学（1人）

王悦廷

全日制专业硕士（2人）

交通运输学院（2人）

交通运输工程领域工程硕士（1人）

曾祥益

物流工程领域工程硕士（1人）

SIDIBEMALICK

非全日制专业硕士（5人）

计算机与信息技术学院（2人）

软件工程领域工程硕士（2 人）

焦喻樵　郭　颖

经济管理学院（1人）

史均婕

交通运输学院（2人）

交通运输工程领域工程硕士（2人）

康　乐　刘占英

在职攻读硕士学位（85人）

计算机与信息技术学院（8人）

计算机技术领域工程硕士（2人）

王　靓　文　腾

软件工程领域工程硕士（6人）

黄　凯　申　思　许　超　金　钊　李　然　王鸿睿

经济管理学院（7人）

安全工程领域工程硕士（1人）

姚凯中

物流工程领域工程硕士（2人）

刘美琴　李俊峰

项目管理领域工程硕士（3人）

张潇予　王　琪　程巍巍

软件工程领域工程硕士（1人）

付　婷

交通运输学院（12人）

交通运输工程领域工程硕士（6人）

王晓皎　赖　茜　郭秀月　肖嘉艺　王晨璐　王　方

控制工程领域工程硕士（1人）

黄智博

物流工程领域工程硕士（5人）

何奥军　郭　佳　徐　燕　马钰波　张英婧

土木建筑工程学院（1人）

建筑与土木工程领域工程硕士（1人）

田苗荣

机械与电子控制工程学院（14人）

车辆工程领域工程硕士（9人）

张　龙　万里鹏　常　迪　王　磊　刘　钊　于　岚　李永政　刘　超　司　毅

工业工程领域工程硕士（3人）

刘敬梅　郭　号　李华金

机械工程领域工程硕士（2人）

何　岳　康建伟

电气工程学院（18人）

电气工程领域工程硕士（8人）

柏　峰　杨雪欢　唐　钋　周　焕　荣涤非　赵丹丹　杨　洋　张朝辉

项目管理领域工程硕士（10 人）

成明明　肖明明　武志伟　曹　博　陈　强　侯　帅　刘　芳　曹　旭　张仕宽
刘荣华

软件学院（25 人）

软件工程领域工程硕士（25 人）

牛志伟　耿继昆　杨子旭　李　波　梅继鹏　郭福宾　张　岩　厉育锦　王　毅
沈方兴　王　伟　胡秋丽　朱俊波　曹　莹　黄雪阳　戴　庠　黄　祯　崔童莉
许磐磐　陆贞祥　冯　峰　蒋　蒙　邝晓伟　栗庆波　林　龙

北京交通大学第十四届学位评定委员会第十六次全体会议 授予博士、硕士学位人员名单（3 708 人） （2021 年 6 月 16 日）

博士（183 人）

电子信息工程学院（22 人）

电子科学与技术（1 人）

马宇辰

交通信息工程及控制（6 人）

李　伟　侯卓璞　姜高扬　王　峰　孙永奎　李　勇

控制科学与工程（2 人）

李　岱　刘根锋

通信与信息系统（13 人）

白　冰　王　伟　唐　宇　韩晓露　严世博　刘　刚　穆司琪　王明庆　温营坤
艾政阳　唐子娟　李东江　杨　汨

计算机与信息技术学院（23 人）

计算机科学与技术（15 人）

陈战胜　李　慧　梁荣余　鞠卓亚　管庆吉　梁俪倩　张　伟　汪　敏　刘明童
耿阳李敖　　杨　扬　孟　鹤　渠涧涛　郭晟楠　孙利娟

软件工程（1 人）

王晓东

网络空间安全（1 人）

姚英英

信号与信息处理（4 人）

徐美香　杨朋朋　阚世超　阮　涛

信息与通信工程信息安全（2 人）

陈　志　李　论

经济管理学院（23 人）

管理科学与工程　工程与项目管理（1 人）

李欣桐

管理科学与工程　管理科学（3 人）

赵晓霞　张茜茜　王　君

管理科学与工程　物流管理与工程（1 人）

李江宁

管理科学与工程　信息管理（1 人）

陆心怡

会计学（4 人）

梁　彭　杨　侠　李超锋　王　言

旅游管理（3 人）

魏　宇　邢剑华　王佳莹

企业管理（6 人）

王　蕊　黎立博　李　娟　刘　攀　陈晓春　刘淑桢

应用经济学（4 人）

白　光　王淑娟　王梓利　苗峻玮

交通运输学院（25 人）

安全科学与工程（3 人）

柳青红　付　勇　吴云鹏

交通运输规划与管理（15人）

付建军　杨越迪　钱剑培　贾飞凡　王佳冬　姚　宇　刘晓冰　王宇强　王晓全
张欣然　武鑫森　赵明静　赵倩儒　黄　达　张路凯

控制科学与工程（3人）

赵慧英　郭戎格　李晓璐

系统科学（4人）

管田超　杨　柳　张文伟　商晓婷

土木建筑工程学院（33人）

道路与铁道工程（8人）

郭战伟　田新宇　许红彬　潘姿华　赵闻强　张金雷　高　雅　AELAPEYMAN

力学（5人）

赵艳萍　马志超　张　博　田　茹　叶长收

土木工程（18人）

吴　黎　焦玉颖　刘道平　吴　楠　王　珏　王　亚　张燕羽　李朏朏　张继磊
张　雨　罗基伟　于　霖　刘亚州　刘嘉琳　程　霖　李　然　谢行思　李鹏扬

岩土工程（2人）

刘真真　王　勇

机械与电子控制工程学院（19人）

机械工程（10人）

贾智州　马　爽　薛　蕊　彭　启　裘瀚照　郭相忠　王　营　王志鹏　凌　松
包家磊

机械设计及理论（1人）

关永瀚

载运工具运用工程（8人）

卫　亮　汪旭东　牛笑川　万燕琴　王　玮　白永亮　雷　聪　姜吉鹏

电气工程学院（9 人）

电气工程（9 人）

何永菁　陈　煌　邱　霁　雷浩东　陈　洁　马　伟　孟祥飞　曾洋斌　王耀武

理学院（20 人）

概率论与数理统计（1 人）

黄　俊

光学（3 人）

张岩伟　李爱红　杨　帅

光学工程（8 人）

郑发家　崔　粲　王玉暖　邓亮亮　白琼宇　姬　超　陆　飞　高进华

统计学（3 人）

毛学耕　何佳毅　孙　珂

系统理论（1 人）

张　坤

应用数学（2 人）

王国超　王倚端

运筹学与控制论（2 人）

王　锐　赵树丽

马克思主义学院（9 人）

马克思主义理论（9 人）

袁一平　张　冰　朱　洲　李辰洋　罗　丹　张玉璞　王　蓉　许翠芳　谢卓芝

学术性硕士（1610 人）

电子信息工程学院（225 人）

电子科学与技术（39 人）

牛江涛　李思震　邴　帆　冯　迪　高前前　关佩红　江　莹　李广德　李洪伟
刘金豆　刘　美　刘兴春　鲁　熹　毛俊博　秦　琦　任二祥　师　代　石瑞姣

王聪聪　王　洪　王荣伟　王学卿　危财克　魏建晶　吴　文　吴雅昆　奚　琦
许国梁　姚　佳　占必炎　仉晓琦　张　娅　张　扬　张彦明　张育镇　赵天浩
郑晨旺　祝　聪　邹丽影

交通信息工程及控制（80人）

束文生　曹博文　曹琢健　陈佳倩　陈明亮　陈雪倩　迟蒙超　崔玉鹏　付　瑶
郭彦超　韩　琦　侯禹含　黄　鑫　黄宇澄　胡星竹　胡勇超　户卓琳　江　浩
梁瑞滔　李长春　李建雄　李兰心　李　末　李　爽　李甜甜　刘淑贤　刘　行
刘一博　李文仪　罗　蕊　马子蔚　孟祥麟　孟子聪　潘佳琪　彭赛荣　乔　峥
邱　晨　邵佳丽　佘江枫　宋朝忠　宋晗炜　孙崇珊　孙玉龙　苏志娟　唐德璋
王　海　王　浩　王琪琪　王天贺　王　忻　王　璇　王亚东　王亚坤　王翼娴
王宇琦　温佳坤　吴　晨　武慧莹　吴文昊　吴星宇　杨莉娜　杨　茜　杨　锐
杨舜尧　杨　朔　杨晓锋　杨雅涵　尹溪琛　张碧莹　张　璐　张鹏举　张思睿
张小庆　张　瑶　赵潇楠　郑子缘　周晓勇　周　媛　周子健　朱松巍

控制科学（11人）

陈文冰　曹景铭　封亮星　胡健坤　贾锦云　王康君　张皓然　张亚铭　张紫薇
周学影　朱紫晨

通信与信息系统（125人）

孔　明　张　晶　孙　欢　温琦丽　杨馥聪　曹瑗麟　曹胜利　陈　敏　陈雪君
陈　政　崔哲维　崔子琦　邓魏东　樊晶晶　范婧怡　付博文　龚思雨　郭嘉琦
郭文彪　国兴昌　郭雅婧　韩　丽　郝爽雨　洪　伟　侯赛音　胡雨润　胡雨田
蒋海颜　贾　鹏　贾文倩　冀　煌　井亚超　靳　璐　李丹丹　李航宇　李华玉
李佳如　李昆泽　李　敏　林梦婷　刘百川　刘　畅　刘付军　刘光裕　刘红巧
刘　铭　刘　瑞　刘依男　刘　宇　刘语馨　李文洁　李　想　李小乐　李　欣
李泽源　陆　岩　马　蕾　孟　源　缪海烊　米广双　倪浩泽　牛　慧　庞　迪
秦德松　戚余航　任　杰　任劼莹　史晓亚　孙　鹏　孙艳楠　唐城田　田思涵
涂　悦　王根旺　王嘉玮　王　静　王凯冬　王可心　王明玉　王伟利　王文笙
王一钦　王占栋　王珍珠　魏丽君　魏子超　温子睿　吴　凡　吴　翔　辛文强
熊佳慧　薛　琛　徐诗浩　徐　雪　徐志强　杨海礁　杨　洁　杨婧雅　杨　毅
杨　媛　杨芫茏　颜明明　姚同飞　叶应彪　易正皓　岳家瑞　于瑶佳　张博文
张琛玥　张国鹏　张虎信　张利伟　张　敏　张世远　张书俞　张　威　张　旭
张　悦　张正宇　赵晓琦　赵子玄　周春良　周尚宇　周子恒　朱韶龙

计算机与信息技术学院（166人）

计算机科学与技术（104人）

刘亚南　邱肇泉　蔡斯琪　才子昕　曹思雨　曹旭宇　畅振华　陈博理　陈　晨

陈冬 程化宇 陈宁 陈迁任 陈胜男 丁相国 段东妮 段雅妮 杜少华
付成鹏 高建伟 公沛良 郭倩 郭首江 郭亚光 韩晓艺 黄晓玫 黄鑫
蒋益巧 景一真 嵇文萍 梁小慧 李晨宁 李观琴 李婷婷 刘承昕 刘凯
刘玲珊 刘梦然 刘培 刘宜进 李翔锟 李幸臣 李璇 李珍琦 李周霞
李子薇 李靖 罗瑞琪 马丽莹 马睿 南宁 任佳鑫 桑贤凯 邵凯亮
宋龙泽 苏锦萍 孙盼 孙肖依 孙悦 苏文婧 唐轲 王贝贝 王飞
王焕政 王晶粳 汪静怡 王强 王赛 王炜堃 王晓东 王小妮 王银燕
王云鹏 魏茂胜 吴世康 吴直澄 肖钦峰 夏有昊 薛洁婷 徐菲 徐鹏帮
许喆铭 杨东学 杨文扬 闫佳丹 闫茹 姚蕾萌 叶毅 袁丹 张彪
张晨 张方正 张军霞 张立红 张鹏飞 张生盛 张修聪 张元瀚 张月
赵鹏 赵越 郑黎明 郑毅 邹群盛

控制科学与工程（4人）

程彦皓 谭创创 王惠 邹昊

软件工程（5人）

贾丹龙 鲁姝艺 汪宏基 王雅松 张萌

网络空间安全（21人）

李乾旭 张芳 陈思 葛鑫 郭鹏飞 何奕霏 孔德鹏 李明哲 刘思琦
齐小晨 王恩慧 王硕汝 王潇瑾 王子萌 余晴 张嘉楠 张瑾 张铁耀
张蕴嘉 赵镇东 祝卫军

信号与信息处理（32人）

曹妥恰 陈阜宁 郭建东 何一帆 贾麒霏 梁柱彬 林静玉 李诗媛 刘豪杰
吕荣荣 钱冲 秦莉文 任梦雪 陶睿 王歌阳 王红娅 王加华 王鹏
王舒伟 王玉新 王子潇 魏红阳 魏兆祥 谢柠蔚 闫子晴 银佳毅 于海波
张执着 赵晓昱 郑阳 钟敏慧 宗佳平

经济管理学院（228人）

产业经济学（33人）

布尔玛 陈阳 崔金丽 邓沚葭 冯钰 郭靖 黄丽娟 蒋冰 姜凡
金甜甜 李彭 刘玲 卢媛 孟欣童 南舒洋 师慧 石姗姗 苏睿洁
田晓玮 王冠屹 王玲瑶 王文杉 王颖 隗丹丹 吴京华 武鑫 荀紫薇
闫钰琳 袁兵 张冰松 张晶 张鑫 张伊凡

公共管理（8人）

程锐佳 陈敏 陈蓉 董昭辰 唐珏 杨正兰 张璘 朱琳

管理科学与工程　工程与项目管理（17人）

白　明　陈川南　丁　一　冯璐瑶　刘慧洁　李　旸　楼　娜　裴丽倩　谌　玥
王之龙　徐　婧　杨家琴　杨天娇　原境彪　张俊杰　赵冬蕾　郑　旺

管理科学与工程　管理科学（6人）

李　淏　李　宁　刘　科　乔海波　宋　卓　周洁茹

管理科学与工程　物流管理与工程（24人）

韩　童　何　婷　姜　静　雷丽娟　李　敏　柳清溪　马琳娜　马思佳　牛胜男
潘　岳　宋飞宇　宋　佳　谭美琪　王小丹　邢蕊蕊　徐蓉蓉　杨鸿儒　杨　莹
阎鑫鑫　叶瑜琦　余明珍　张冬花　张一诺　赵紫祎

管理科学与工程　信息管理（24人）

薄靖宇　曹天成　陈　蕾　陈宋敏　崔丽珠　郭玉洁　郑瑞琪　李婧康　李明岩
刘青华　罗　莹　孟清扬　石琼羽　时　雨　孙文雪　王　凡　王苓苓　徐　慧
许吴环　张　萌　张　倩　张芷溦　赵琳琳　BOLDBAATAR UNURJARGAL

国际贸易学（7人）

董　雪　纪雅瑜　李江昕　王雨婷　卫姿汀　杨丹蕾　岳婧霞

会计学（31人）

陈　萍　陈雪颖　崔　宁　杜飞燕　费小波　高俊昕　纪　阳　李　诺　刘宇杰
石　晓　田　昊　王　珂　王亚洁　魏　芳　魏文卓　吴　晖　辛瑞洁　熊瑞龄
薛夏飘　许　颖　杨　旭　杨蕴泽　闫圣楠　严悦翎　易　萍　张丽莹　张　亚
张　艳　赵力斓　郑佳明　郑梦姣

技术经济及管理（10人）

黄新颖　孙　宁　王雪芳　王永彬　吴　冉　闫卫宁　余　琼　曾清蓉　张贵喜
赵　薇

金融学（15人）

白　雨　蔡雪敏　崔丽彬　黄　波　贾思铭　纪　实　刘婵媛　刘月晖　李亚敏
密　梁　王莉婷　王欣康　杨　坤　杨童雅　张凌瑞

劳动经济学（10人）

陈丹瑰　高　素　季秀琳　康栎瑶　李沛华　李莎莎　李文浩　孙孟哲　夏　甜
张之馨

旅游管理（8人）

郝悦行　胡　璇　刘美琪　万芳婷　尤徐芸　俞永芳　张哲升　周思文

企业管理（35人）

耿燕各　杨　阳　白　伟　戴　莹　高思梦　何海云　何洁雅　侯　悦　胡圆月
焦　娟　靳璐璐　李红玉　李珊珊　刘博雅　刘承忍　刘慧淑　李媛媛　罗金科
罗新杰　马　越　马雨明　宋紫慧　田　娲　王粮泊　王秋晶　王　珊　王燕莎
肖凤展　席　锐　杨健婷　姚　露　张晓娟　邹语晨
ABDYKERIMOV YAZMYRAT　DAO THI MINH THUY

交通运输学院（202人）

安全科学与工程（9人）

金雪纯子　刘　丽　刘衣锦　李　想　缪依洺　许莉立　翟小婕　张瀚青
张顺捷

管理科学与工程　电子商务（5人）

高荣鑫　邵佳慧　邵伊莉　张　悦　周潇

交通运输规划与管理（168人）

姜若琳　李建业　白　雪　曹　璐　陈传禹　程仁辉　陈丽文　陈钱飞　陈婷婷
陈亚茹　崔云霄　丁柳清　董乐谦　董鲁祺　段亦峰　杜丽娜　杜　伟　杜晓瑞
杜新军　樊　葱　方金浩　冯舒沛　付佳璐　甘雨凡　龚超奇　郭　禹　谷旭佳
韩睿昊　韩　宇　何美美　何媛媛　洪晨俞　黄奇赟　黄艳均　华炜欣　胡议友
孔瑶瑶　寇念慈　寇　钊　赖坤涛　梁星灿　李纯一　李翠萍　李　靖　林长通
李　祺　李庆庆　李琪瑶　李思瑶　刘　兵　刘　畅　刘嘉豪　刘立强　刘明玮
刘秋梅　刘　桐　刘　婉　刘笑影　刘　洋　刘艺玺　李先锋　李希杰　黎　阳
娄　晨　栾　悦　罗　强　罗　霄　卢　岩　路媛媛　吕五一　马铭遥　毛伟文
马亚雯　马振国　苗艺菁　明先俊　米　雪　彭婉莹　彭文杰　钱　蕾　钱星雨
全　超　屈晓勇　任小宝　戎　佳　荣维尧　阮泽景　沈　洁　沈钰颖　石　睿
宋浚哲　孙丽婷　孙雨萌　苏　云　谭彬彬　唐　清　陶　璐　滕士尧　田　娜
田祥龙　田欣妹　童有超　王安宇　王　飞　王锴楷　王　坤　王　磊　王梦瑶
王梦瑶　王明智　王　祥　王　旋　王　岩　王　瑶　王一晨　王怡雯　王　煜
王志婷　吴嘉琪　武丽馥　肖　薇　谢　臻　薛秋菊　薛　松　薛玮珉　徐景柳
徐梦桐　许真贞　许　未　杨　帆　杨　飞　杨倩倩　杨义静　杨子涵　杨子贤
姚　晴　殷月秀　袁　博　袁家伟　于鲁通　张　渤　张　丹　张金刚　张金辉
张梅梅　张铭洋　张　琼　张若惠　张　潇　张小佳　张伊然　张云帆　张泽雨
赵冰倩　赵晨阳　赵　丹　赵　诣　赵　祎　钟仕辰　周高祥　周浩然　周麟钗
周　天　庄黄蕊　庄　桢　朱佳欣　左淑婷　JO SON NAM

控制科学与工程（12人）

陈富昭 陈佳惠 高嘉阳 梁柯欣 刘 坦 李一鸣 所 达 王栋栋 吴 枕
张晓峰 周 莹 左亚昆

系统科学（8人）

董会敏 傅丹华 龚成杰 贾惠迪 田 乐 王 辉 王英奇 徐长兴

土木建筑工程学院（247人）

道路与铁道工程（47人）

常 宇 陶立岩 张 琪 程 磊 楚金辉 丁有康 杜文博 费琳琳 付玉杰
高梓航 郝水清 黄 磊 胡高明 霍海龙 呼思林 李海阳 李佳静 李婧琪
刘力璇 刘善鹏 刘 越 刘郁杨 李 祥 李翔宇 穆雪微 蒲科岍 石天奇
孙天驰 王迦淇 王 猛 王 宁 王 群 王向宁 王新雨 韦相廷 魏子钧
向国荣 闫东伟 杨 敬 杨天琪 于 超 张朝明 张 肖 张雨潇 张振豪
赵 越 郑春程

环境科学与工程（13人）

蔡琳娜 高 峰 郝润昕 纪振宇 梁子翰 刘 忱 邵超然 王 琪 王 岩
谢 凡 于 婉 柔赵尚 朱金彤

力学（22人）

罗 琦 段晓丹 樊全水 冯小龙 户霄月 刘 红 刘奕光 李兴龙 渠述强
任静远 孙文静 邵禹韬 谈华运 王昊煜 王慧敏 王俊飞 位琳帅 邢 前
许云丰 杨 丽 张博浩 张天宇

土木工程（165人）

周洋鑫 周 桐 刘东岳 钱嘉伟 吴娟娟 于斯顺 张 策 安子隆 安业成
卜瑞刚 蔡保硕 曹宇陶 陈 超 陈俊武 陈 龙 陈麒元 陈 稳 陈 曦
陈学伟 陈迎曙 陈瑛涛 陈卓伦 董 皓 董昆鹏 窦金超 杜亚楠 冯雯蕾
傅广智 付 康 付 阳 高清泉 高 嵩 龚成艺 龚怡明 郭诗洁 郭思达
韩竞超 韩杏萍 郝建杰 黄文豪 回 博 霍明宇 胡昕宇 贾皓天 贾建彪
江清泉 贾 萱 贾亦奇 贾忠明 纪德鑫 柯明慧 梁伟智 李德鑫 李东伟
李昊轩 李继光 李坤泓 李林峰 林可夫 林 森 李 涛 李腾昇 刘 兵
刘泓廷 刘胜男 李万博 李现柯 李晓慧 李昕哲 李志浩 李子超 李宗峰
吕泽楷 马观领 马学朋 孟中华 苗慧磊 聂彦军 钱孝文 乔 昶 乔超征
秦非非 秦祯秋 任效佐 任之东 沈凯明 司 琪 宋广信 宋旭东 孙 毅
索 妮 谭 超 唐 浩 谭师好 王海丽 汪佳伟 王佳欣 王嘉旋 王灵海

王思敏　王天阳　王相凯　王瑶瑶　王　宇　王宇哲　王泽辉　魏炳鑫　温幸洋
吴晨曦　吴　笛　吴君怡　吴磊磊　吴楠楠　吴煜婷　熊义磊　薛美美　徐慧通
许姜萍　许刃文　闫　安　杨海涛　杨佳颜　杨　钊　杨佐磊　闫佳玲　闫　语
叶　菁　尹娇霞　游剑南　尤俊杰　于宝义　于建涛　余晓清　张帆博　张何静
张　辉　张慧彬　张　婕　张巨康　张　磊　张　权　张　顺　张潇天　张鑫鑫
张雅慧　张雅婧　张振东　张志鹏　张忠炎　赵　迪　赵恭民　赵艳茹　郑　宇
周　越　卓　松　朱向阳　朱仰泽　左博文　SIDDIQUE ABOUBAKAR
SAADATYAR RAHIMUDDIN　UFITIKIREZI JEAN DE DIEU MARCEL
EISA ALAEDEEN OSMAN NASSIR　ZILLI TEA KIHOKO　KABA BANGALY
EBADI MASIHULLAH

机械与电子控制工程学院（143 人）

材料科学与工程（8 人）

陈丹丹　付梦丽　焦一丹　李鸿武　刘晓倩　刘新阳　苏丽洁　吴家豪

车辆工程（19 人）

陈二庆　陈　鹏　董瑞雪　黄志迪　蒋震方　靳建航　李武鹏　吕　斌　吕雪梅
任海星　汪剑彪　袁少宁　张磊磊　张利明　张鹏飞　张艺馨　赵光伟　周　冲
周红全

动力机械及工程（14 人）

崔宇轩　董贯红　高若曼　郭凤林　郭立梅　刘健宇　刘永旺　吕沁阳　马　彪
马东硕　宁达文　任世勇　任雪双　姚金锁

机械电子工程（32 人）

李文章　陈佳盼　葛　珊　韩方方　郝　宇　何泓波　黄无双　蒋博文　梁国贤
李德发　李　康　李梦迪　刘胜智　邱明富　王承强　王德芯　王　浩　王　庆
项建跃　谢光非　解万方　杨儒东　杨　叶　杨　宇　张晨光　张明明　张　朔
赵聚超　赵娴雅　周维桢　周　鑫　朱凯华

机械工程　工业工程（6 人）

黄　兵　刘司朝　王　晨　张计乐　张　磊　张学莹

机械设计及理论（23 人）

王润蛟　陈　铎　高大伟　耿官旺　郭晓东　黄一峻　李官明　李佳磊　刘鹏飞
吕丽梅　马帅帅　牛思放　戚世家　沈超宇　申陆果　谭稀岑　王　琪　王智源
魏英伟　武　杰　吴　墉　于在溟　赵子铭

机械制造及其自动化（16人）

赫思尧　戴　波　关铭瑞　郭浩东　刘占斌　娄　乐　马　震　马宗桥　王慧玲
王俊达　阎凯香　原雪纯　张传飞　张祥刚　张鑫乐　张　钰

热能工程（10人）

白　娇　郭思佳　尚泽敏　宋　博　孙明美　唐管财　田韫祎　王恒威　王子祺
赵双玲

载运工具运用工程（15人）

常海峰　高　闯　黄显玲　胡美文　林　颖　刘　金　刘同兴　王　健　王金金
王文洁　谢树强　袁宏哲　于司泰　张闰琦　赵毅珂

电气工程学院（120人）

电气工程（120人）

高　乐　刘　芳　李言华　曹　磊　陈育哲　陈　琢　崔玮辰　丁宇行　董　辉
杜　婧　杜田倩　范美芳　付建民　高甲蒙　高　仲　韩　甜　何大伟　侯　欢
花志浩　贾冬雨　贾君宜　角宏林　焦治杰　金　程　季　巧　姬玉泽　况增平
梁勋云　梁亦君　黎白泠　李　峰　李家浩　李家腾　李柯梦　李瑞妮　刘　博
刘　畅　刘光栋　刘佳斌　刘鹏翔　刘　洋　刘宇峰　李文龙　李　鑫　李友东
李　越　罗志昆　陆　藤　吕晓茜　马佳骏　马晓爽　穆　峰　聂怡凡　倪梦涵
彭迎港　强子玥　任晓雨　尚博阳　商　战　石锦凯　师　诗　宋阳阳　孙爱锋
孙　阳　唐得成　陶海波　陶孝涛　田佳鑫　田峻红　王慧康　王慧珍　王佳信
王梦羲　王　琪　王芹芹　王　帅　王迎晨　王玉婷　王子伊　武　帅　吴晓夏
辛晓敏　熊　聪　闫成章　杨二乐　杨浩丰　杨佳澎　杨晋升　杨连泽　杨露明
杨甜甜　杨正文　严　英　闫振雷　亚夏尔·吐尔洪　伊金浩　尹　泽　原露恬
余宝伟　云秋晨　张明明　张仁尊　张文俊　张晓晴　张新月　张　妍　张圆圆
章予曦　张　征　张志坚　赵　滨　赵秀永　支青云　周兵凯　周勇君　朱　琳
HAQ MD INZAMAMUL　HANAN ABDUL HADI　QADEER ABDUL
JARCHAVI SYED MUHAMMAD RIZVI

理学院（113人）

概率论与数理统计（2人）

董　洋　林相裕

光学（1人）

张梦姣

光学工程（19 人）

刘子惠　陈紫霄　郭政杰　胡　艺　雷　诺　李航天　刘　宁　卢海林　吕　超
秦萃青　苏晓东　田东岩　邢逸舟　张彩霞　张倩敏　张　威　张歆艺　赵　莉
周　鑫

化学工程与技术（6 人）

马春雨　王雅慧　魏聪聪　张　京　赵佳琦　朱彦云

基础数学（2 人）

李金灿　王序岩

计算数学（5 人）

董彤彤　牛美媛　孙鹏博　张媛媛
AMOUWOTOR COMLAN TODEALE DANIEL ROLAND

生物学（14 人）

程宁宁　房　浩　高　芮　李翎慈　刘　石　李玉坤　万常青　王梦华　王　烨
王雨琪　王子奇　殷　悦　张　洁　ABBAS ZAHEER

统计学（24 人）

安春羽　车碧瑶　陈姗姗　陈　韬　陈卓辉　高　静　梁莹娜　李书琪　刘晓明
刘旭升　彭　坤　任君汝　任世青　沈雨濛　王　琪　王　雨　杨　瑜　杨宇星
应航健　张丽红　张　悦　郑　璇　周萌萌　庄　丽

物理学（16 人）

陈龙辉　陈　爽　景稳柱　刘　畅　刘　哲　裴俐莹　宋莉娜　孙婷婉　孙艺圃
王慧琴　王　玥　杨　扬　张　贺　张立昕　张茹霞　赵倩倩

系统理论（3 人）

韩子翔　徐　铭　宇晓彤

应用化学（1 人）

AL-JAWFI IBRAHIM AHMAD AHMAD AHMAD

应用数学（5 人）

孙文娇　李博茜　田颖婕　熊国栋　朱海林

运筹学与控制论（15人）

丹娅静　回　宁　贾阿辉　李梦婕　李烁烁　刘芫臻　申　琦　石　卉　魏　超　武柏芸　吴　涛　徐楠楠　张日新　张仕明　朱黄辉

马克思主义学院（30人）

科学技术哲学（3人）

董鑫蕊　刘晓涵　谢晨雨

马克思主义理论（21人）

白　梅　陈文文　耿　睿　郭　伟　韩　琪　胡雪飞　焦润青　李佳辉　刘卫巧　吕伟强　孟超杰　门然然　沈璐萍　孙雪梅　田　甜　王　乙　薛成真　杨　锐　银勃旸　赵璐青　周红阳

马克思主义哲学（6人）

康　敏　雷雨萌　梁慧璇　王　泽　闫　旭　赵　雪

语言与传播学院（25人）

外国语言文学（15人）

傅梦怡　付文韬　黄晓云　黄怡园　李若璇　潘　梦　宋嘉珊　宋文慧　孙　超　孙颢齐　孙晓萱　谭　敏　王　冰　薛文文　赵　佳

新闻传播学（10人）

王　鑫　陈凯欣　路静怡　毛艺融　魏铭辰　吴　卉　游　欢　张释珍　赵熠如　周浩桦

软件学院（8人）

软件工程（8人）

马思琪　包　峰　陈宁昊　杜　磊　宋博文　宋晓军　徐　昊　袁　艺

建筑与艺术学院（49人）

城乡规划学（35人）

王苗苗　高铭悦　贾梦涵　李　贤　李　响　李玉婷　毛　璐　马梓涵　欧阳玉歆　史培艺　王　博　王晓燕　吴艳莹　HARRY ELSIE ANN
ABRAHA MENGSTEAB BERHANE　MWAKIWONE PHILEMON AUGUSTINO
TEKLU HERMON HAILESELASSIE　GHOLAMI ABDUL WAHED
WOOSYE NARESH KUMAR　BWATOTA NASON TITUS

GIBRILLA PETER　KHAMIS ALI HAJI　MURANGI PEGGY TJIVAI
BOGALE MESFIN GETACHEW　DIBA BERHANU ASEFA
DAVID GENG KECH GUANDONG　AHMAD HANEEN YASEEN ABDEL WAHAB
SMITH KASSIM ERIC　ONJI MUSA ZIRA　POK PENG
KHALID A, ALHIJJAWI YASMEEN　TESEMA MARUF IMAM
MERLO SOTILLO JUAN CARLOS　AMBOMSA GEBI USI
MILLER TEBO BEAUTY

建筑学（10 人）

吕政权　成　静　金怡淳　刘嵩楠　庞天宇　陶其然　邢舒宣　荀燕双　杨子莹
PAK CHOL

设计学（4 人）

策逸婧　邓水兰　谭浃曦　赵一霖

法学院（24 人）

法学（24 人）

李知隆　白雅茹　董鹏程　段　衡　杜　宁　高　婕　管　筝　黄　果　黄　韬
姜诗云　李美心　刘天华　刘　云　罗露露　史一帆　孙思佳　王晶晶　王树娟
吴泽康　肖　莉　杨澜清　张裕佳　朱李昊明　陈　帆

全日制专业硕士（1 483 人）

电子信息工程学院（130 人）

电子与通信工程（78 人）

杨宣津　安海涛　毕　霄　蔡欣然　程　雪　陈卢一夫　邓　琳　丁　赓
董康宁　董朔朔　高　翔　管　飞　何静静　黄露葶　靳　泽　李　达　李德伟
李飞阳　李　柯　李　敏　李　芮　李赛举　李天时　刘丹芸　刘建峰　刘凯曦
刘　爽　刘晓雪　刘　元　刘远超　刘政扬　娄　墅　骆　扬　马广晓　马心悦
孟　春　穆彦龙　倪西冰　潘晨宇　谯渊源　卿怀军　秦子杰　石丹妮　宋　阳
孙盼盼　谭启磊　王宝龙　王　干　王鸿旭　王俪宏　王　晴　王思琴　王　威
王相蕊　王子恒　吴昊裕　吴建坤　夏子杰　杨　罕　杨子林　袁贝贝　袁良友
张　厂　张　纯　张广法　张铭远　张培培　张飘坤　张　文　张　璇　张　雪
赵璐璐　赵全城　赵映南　郑　远　周　扬　朱广运　朱雅楠

控制工程（52 人）

林俊吉　白　晨　白宇强　巴明明　曹倪倪　陈淑瑶　陈宣彤　邓梦菲　丁宇飞
董海霞　樊　荣　冯　进　高　可　葛海瑞　郭智刚　韩广欣　胡泓景　孔德浩

李　贝　李　晨　李美英　林　牧　林瑛霞　刘春芽　刘佳易　李　亚　李壮壮
马　奔　马学栋　庞燕茹　彭　浩　覃美慧　秦明礼　孙浩洋　仝书杰　王　赫
王金丰　王晓宁　王一博　王子琪　伍靖峰　肖美妍　邢　颢　许伟民　杨　安
杨　震　张　帆　张正义　赵倩倩　赵悦彤　周林彦　周钰涵

计算机与信息技术学院（149 人）

电子与通信工程（18 人）

陈嘉翊　兰天蔚　李婧蕊　李克农　刘东辉　刘家宏　李　昕　彭玮琪　谭　娜
王春阳　魏　喆　吴帅校　闫新宇　张　城　张帅勇　张玉凯　战　悦　赵威振

计算机技术（131 人）

陈泽川　李　帅　李　政　吕惠东　白京坤　白新宇　曹舒雅　陈爱方　程建聪
陈　瑾　陈亚楠　陈勇涛　初学成　慈　曦　崔　楠　代昊天　党　锐　邓晓雯
杜凯玲　高诗茜　高　塔　葛羽丰　郭丽荣　韩佩瑶　何珊珊　黄科强　黄可欣
黄雨桐　黄旨然　胡定方　胡佩雯　焦金莹　季京辉　金泰辰　计万鹏　梁嘉祺
梁腾飞　李　凡　李飞龙　李　赫　李嘉图　李　力　蔺思凯　刘进伟　刘　琳
刘　薇　刘召苓　李晓蒙　李　旭　李亚芳　罗　聪　罗松吟　卢　熙　吕　贺
毛　晋　马秋红　慕　静　聂倩倩　彭一潇　彭智彬　邱　慧　任　杰　任金波
任远歌　盛欣如　石　佳　石　泽　宋东兴　苏记杜　孙　博　孙　吉　孙一铃
苏志华　谭　坤　田春雨　田昊宇　王宝生　王　佳　王　明　王　擎　王天歌
王雪蒙　王媛媛　王悦悦　王煜婷　王子浩　魏昊志　吴　桓　吴志昊　谢　林
谢淑琳　徐　鹏　徐文龙　徐文琦　徐志杰　杨　皓　杨皓强　杨圣哲　杨雯迪
杨秀杰　杨雅堃　杨禹辉　杨玉霞　闫美玲　颜荣耀　姚丽娅　尹李纶瑾
殷彤辉　于　航　俞金梦　于媛媛　曾　豫　翟宝琴　张航涛　张建芳　张蒙蒙
张玮铭　张晓燕　张星娜　张　影　张宇翔　张　哲　赵　森　赵雨轩　赵智君
郑　宁　郑伟曼　钟依欣　朱宏梁　SHAHZADI AQILA　ASHRAF SANA

经济管理学院（397 人）

工程管理（26 人）

王万雪　刁　冲　黄　龙　李　静　李梦丹　刘超红　刘倩倩　刘曜玮　马　鑫
聂帅帅　潘丽芹　任　芮　王佳楠　吴东方　肖　开　许佳奇　杨　迪　殷　雨
张家权　张彦彬　张　毅　赵　磊　郑　瀚　只　睿　周　雷　周学文

工商管理（22 人）

梁　嘉　侯天辉　王一微　杜致远　付子莹　葛锦坤　关京京　郭　爽　李健帅
柳　杨　李　鑫　马小昆　乔精锐　秦　涛　孙名宣　王　猛　王耀东　肖　鸿
余梦雅　张添胜　张宵僖　张晓昱

工业工程（25 人）

童　雪　董文静　高海涛　郭　欣　胡晓敏　李佳盛　李　梦　林　鹏　刘　妍
罗　宇　盛雅雯　陶　富　王　丽　王启璇　王天昕　王悦颖　武立华　向双玲
杨　楠　于英晨　张贝贝　张秋实　张一飞　周子娟　祝京京

会计（63 人）

田一含　杜天奥　卢书鑫　聂鸣华　王婉蓉　程会敏　崔　妍　杜芳雪　方奥灵
房　璐　符子雯　关　军　郭楚杭　郭　庆　郭钖澄　韩　放　韩　旭　郝家苇
黄志鹏　来子微　郎　朔　刘　阳　刘怡遥　刘子瀛　李欣芮　路文汐　陆雅芳
路元昊　吕　波　吕子超　马　睿　苗德华　祁家宝　屈海涛　施　琪　宋子豪
孙若绮　苏诗瑶　唐雨辰　王佳鑫　王婧琳　王敬宜　王师琦　王盈盈　王至祈
谢　瑶　薛　铭　许婷妮　许宇帆　杨博文　杨　蕾　杨琳琳　杨　薇　尹　航
殷　越　余　成　张　卉　张　佳　张云筱　周子晨　朱笑雨　邹　梅　吴建華

金融（66 人）

庚馨雨　朱英齐　曹瑞天　程楷祺　程治平　陈　俊　陈莉华　崔子弘　杜静洁
关雪维　韩文君　贺钰婷　黄秋月　胡　壮　李　昂　梁文怡　梁雪莹　李佳昱
李　林　李美仪　李　晴　栗庆振　刘李青　刘修睿　李悦菲　李雨晴　毛英皓
孟　梦　孟诗雅　牟柏臣　牛瑞霞　潘晓芳　潘　悦　史　诗　宋　朝　宋梦雅
宋文鑫　孙乐敏　田　原　屠跃孟　王晨希　王文畅　王　潇　魏曾凡响
韦　露　吴　迪　薛静媛　杨丞琳　杨雪盛　杨　莹　叶昶庆　叶嘉惠　尹　佳
尹　昕　于济宁　于　露　翟宇桐　张　灿　张　慧　张新松　张雪妮　赵铭言
赵倩文　赵雪梅　郑钦月　朱亚飞

审计（89 人）

蔡汉冲　陈　纤　陈钰萍　周宝言　崔浩宁　丁昱丹　董　蕊　董雨琦　范晓姝
冯　娇　国惠蒙　郭　竞　韩晓岚　韩昱颖　郝士琪　何怡萱　黄　骥　季郁芊
康舒瑶　康子萱　孔维杰　冷　鑫　梁　赛　李军颖　李　璐　李若臻　李　珊
李思佳　刘美娟　刘若旭　刘士钰　刘　硕　刘　潇　刘晓楠　刘　艳　刘衍君
李纹希　李一鸣　卢思凝　卢再冉　钱　澄　仇博幽　沈　璐　宋绮琪　孙小涵
唐　瑶　王　辰　王栋梁　王红丹　王　宁　王　茜　王　倩　王珊珊　王　婷
王欣然　王烨璇　王誉霏　王宇歌　王语嫣　王钰洋　魏　熙　伍　爽　吴雪玉
徐　坤　徐梦慧　杨梦薇　杨玉丹　叶双林　尹　璇　袁久超　于楚晴　余佩芝
于　悦　曾　尧　翟佳慧　张令仪　张　璐　张秋锦　张馨月　张　宇　张郁婧
赵　晶　赵荣欣　赵翔宇　周冠辰　周秋语　周子钰　朱　叶
FLORES RAMIREZ WILFREDO GREGORIO

物流工程（68人）

姚程远　曹艳丽　曹　颖　柴　源　陈露乾　陈宇丹　初　怡　董雪冰　冯丹蕾
冯　媛　傅　浩　关书慧　姜成玲　李丹丹　李　航　李　杰　李明会　李姝铭
刘宸宇　刘明辉　刘　涛　刘文文　刘馨璐　刘　颖　李雨晴　路少武　苗晓燕
乔梓钰　饶昌瑞　茹梦圆　司五星　田　铭　王泊亭　王春越　王佳薇　王　乾
王绍庆　王晓晓　魏明智　魏圣敏　魏臻祥　肖舒婷　解妮妮　薛晓波　徐　磊
许敏鹤　杨萧琴　闫怡芳　姚天慧　曾　妮　张春燕　张光亮　张金钰　张诗蕾
张晓庆　张晓艳　赵思雨　赵亚男　赵　钰　TAZOUTI MOUAAD
GISWASWA ORLANDO　NYERO DAVID OBINA
BIVAHAGUMYE JEAN D’AMOUR　BOROVSKII VLAD　JALIL FAZILA
AMIHERE SAMUEL　REDA NOURA　HASAN MD NAIMUL

应用统计（28人）

唐　琦　董　珂　董苗苗　冯海玉　封同新　付占局　宫　婕　蒋帅男　连　波
梁宝怡　刘晓彤　李雅楠　吕佳蓉　马俊腾　桑　蓉　孙　洁　唐舒宜　田永兰
王　蔚　温　菲　吴玉雪　邢春蕊　许金兰　杨玉先　章　洁　周　青　朱思语
DIAS DE BARROS JORGE ALBERTO

资产评估（10人）

陈若琦　刘丰艺　李雪童　卢　峰　吕　向　沈姝伶　石　丽　王鑫杰　张　想
朱立怡

交通运输学院（160人）

交通运输工程（133人）

龚希志　王晓宇　卞雨莹　常　禹　程鑫柯　成雨枫　陈　辉　陈丽玲　陈秋羽
陈旺强　陈　威　陈　雪　陈亚坤　丛　杨　戴　岳　党瑞瑞　邓　欣　丁帅楠
董　军　方瑜琪　范健磊　冯可盈　冯仕清　付浩洋　甘雷琼　郭润航　郭思南
郭妍宇　郭玉彬　韩　瑜　黄得彭　黄蕴麒　焦运昌　贾缘平　孔垂贤　梁　栋
李　博　李楚依　李丁霖　李恩群　李丽璇　李美洁　蔺　杨　林钲围　林　宙
李齐贤　李双鹤　刘　枫　刘国华　柳　彦　刘艳春　刘彦平　刘致远　刘缵杰
李　想（19125739）　李　想（19125738）　李小楠　李燕秋　李亚茹
李　铮　罗新淳　马锦驰　莫斯贤　潘海岳　彭宇婷　乔　京　齐佳钰　秦　岚
齐　帅　任翔宇　师京维　师路祥　石宇建　宋英杰　孙传凯　孙佳政　孙仁杰
田桦东　王光艺　王翰林　王晗笑　王　琳　文乐喜　温　玲　吴海君　武晓梦
吴晓庆　吴志勇　邢豪杰　薛泓帅　薛佳文　徐佳慧　徐金辰　徐轲非　徐婷婷
杨珏诺　杨　天　杨小露　杨运泽　姚铭昀　殷　凯　张帆帆　张家铭　张　珺
张　咪　张万鹏　张文凯　张亚敏　张颖金　张仪鹏　张子健　赵紫瑶　郑明轩

郑秋硕　郑　炎　周华妹　周　洁　朱广生　祝君兰　朱　恺
ESSEL ELVIN KOBINA　AMBAW ZEMEDE ANDARGE　CHIBUYE EVANS
AGAFARI NETSANET GEMEDA　TWEVE PROSPER ODILO
NSABIMANA BUHIGIRO　NIYITANGA IRENE　HIMACHILA MIYANDA
MANDONA SIMON　KUMWEMBE ESSAU　MATANGA ARLINGTON
LUTTERODT GEORGE　BEN-BULAUN DOOWUESE

物流工程（27人）

白　东　车葛格　程　琳　崔　莹　杜红红　郭橙橙　郭俊佳　郭少媛　韩宇翔
黄明琦　梁思凡　李凤珊　李佳男　刘　京　潘欣萍　任晓萌　苏良伟　田炳辉
王　芳　王　岚　汪　栾　叶芷吟　张　锟　张艳芳　张　毅　赵　瑜　朱志鹏

土木建筑工程学院（121人）

环境工程（17人）

包　娜　罗　恒　宋亚宁　徐　娟　蔡旭影　曹恩凯　郭冬冬　罗　拉　吕双汝
乔松慧　任娇阳　史艳琨　王　瑞　魏　悦　张　昊　张晓曼　张雅晴

建筑与土木工程（83人）

路　硕　邱瑞辰　陈新孟　韩　乐　郝　娜　刘学鹏　李振绪　石小磊　苏　文
王孟奇　张聪聪　张　亮　左雪宇　白　帆　白万帅　鲍世伟　常若诗　陈夕冉
代　冲　戴　宇　董子开　杜泽辉　方应冉　郭　昊　郭开发　郭　腾　侯剑龙
黄　浩　霍荣一　霍思宇　贾　淏　贾　坤　康　锐　梁　乐　梁晔峰　李凯航
李凯宏　李　迁　李泉泳　李　彤　刘　斌　刘博杨　刘　欢　刘星毅　刘宗祺
吕明阳　马　苧　庞　辉　尚兴成　孙敬龙　孙元桦　田　璐　王　琦　王胜良
王元伟　万业欣　文亚楠　吴　瀚　吴宇鑫　吴兆智　肖旭东　谢志栋　徐党先
徐　晶　徐英喧　杨　昊　杨一凡　杨　震　姚夏壹　曾风波　张宸硕　张格努
张浩奇　张洪发　张木森　张　媛　赵晨盼　赵国川　赵庞远　郑子豪　周京生
周子健　邹昌磊

交通运输工程（21人）

李绍辉　刘　安　佘宇深　杨雨明　董　博　杜　越　高　胜　郭文刚　韩易昂
李俊良　李帑懋　刘晨阳　刘世伟　李子晨　倪安辰　王　冠　邢家铭　杨效禹
赵玉权　郑昊迪　钟小凯

机械与电子控制工程学院（128人）

车辆工程（32人）

马　钊　鲍夏夏　程逸丹　程子越　冯　瑜　顾元钧　郝云鹏　贺昊原　黄　昱
贾科学　姜　枫　纪佳良　廖　就　李　飞　李智阳　明旭东　慕鑫宇　乔思蓉
任君临　任伟军　谭金正　王发明　武明泽　武　帅　薛梦凡　杨恩奇　原天才
张书郡　张　拓　张真浩　周木华　邹胜超

工业工程（14人）

卞逢源　郝　丹　郝建丽　郝晓曼　何　玥　李馨雨　李彦洁　穆可望　谭家兴
王　平　吴剑明　闫肖静　郑　杨　朱宝英

机械工程（82人）

褚文杰　李文洁　马嘉斌　安　康　常开忠　陈晶城　陈治龙　凤志远　郭佳硕
郭琪瑶　郭堂松　古现豪　韩宏涛　洪　淼　洪青霞　侯　鑫　黄　鑫　扈洪晓
焦明宇　孔凡爽　兰国荣　李博阳　李冀鲁　李敬松　李金铭　李　宁　林泽兆
李书杰　李思凡　刘冠军　刘　伟　刘宇竹　刘子伟　李　伟　李煜民　吕荣斌
马超胜　马　建　马靖博　欧子阳　庞自强　裴兵全　裴　欣　齐浩然　任　博
阮　琰　上官郑伟　石好文　孙国康　孙立亮　孙誉博　田　龙　王　凡
王鹏宇　王雁杰　魏修焕　吴昌坤　吴　鹏　伍　爽　许普凯　严　晨　杨密栋
杨　洋　杨月超　闫英唯　姚卓然　伊加成　余江楠　于　帅　曾帅康　张飞飞
张　吉　张家弘　张　军　张陆琳　张鹏程　张学敏　张中良　赵立强　赵浴达
郑然予　朱立超

电气工程学院（121人）

电气工程（121人）

孙　玥　杨金京　韩　鑫　赵婧宜　常　犇　陈　北　陈　浩　陈梦瑶　陈　鑫
陈志文　楚志恒　崔钰钊　代志强　董伟男　董泽华　朵瑞峰　杜嫣然　方埼磊
冯占凯　盖　勤　高培根　高雨晴　关卓然　郭昌旺　郭志星　韩　冰　郝金娜
何思唯　华俊威　黄　涛　蒋芸竹　姜　舟　鞠鹏飞　梁志华　李常弘　李格浩
李继成　李　进　李凯多　林庚毅　刘金莹　刘旭东　刘艳芳　刘耀文　刘志浩
李　响　李茜钰　李洋洋　李昀哲　罗　晓　吕　锋　吕格格　吕瑞扬　莫浩楠
牟龙超　年兰雨　聂利超　庞惠中　潘　浩　彭庆龙　彭晓彤　任佳艺　师浩洋
史泽霖　史志远　宋秉睿　宋　慧　孙春雪　汪聪慧　王登锐　王浩杰　王珺楠
王　猛　王　萌　王明山　王念念　王舒瑾　王思锐　王骁磊　王泽宇　魏　超
魏　敏　魏天昊　魏新港　韦颖悦　武从周　吴庆兵　吴天谊　解维增　谢茜茜
谢优秀　薛　昭　许黎勇　徐振兴　徐志飞　徐智宇　杨亘烨　杨　光　杨加成
杨　锦　杨　柳　杨明皓　杨钦尧　严志林　姚　仁　叶晓慧　尹　凡　袁煜博

于　洋　张　萌　张梦婷　张　顺　张逸凡　张正超　张志扬　赵　博　赵乐乐
赵宇鸿　郑　强　郑彦文　钟罗全

理学院（55 人）

光学工程（41 人）

白田欣雨　蔡昊天　蔡卓恒　陈日坤　陈小婷　范天庆　高文静　高逸轩
韩杰茹　郝迴超　黄　根　蒋丛稷　李丹阳　李家森　刘　傲　刘博伟　刘科言
刘赛赛　刘素云　李万军　李文莉　卢怡如　孟　璐　隋志远　孙红彬　孙　雨
谭博仁　王　祝　魏诗杰　仵蕾燕　吴鹿杰　杨凌霄　杨晓瑜　闫淑贤　张兴舜
赵佳伟　赵　伟　钟镇超　朱成皖　祝光威　祝巍龙

化学工程（14 人）

魏俊晓　胡　敏　陈梦回　姜明岩　李　玥　聂　帅　宋笑冬　王佳佳　徐圆圆
银　兰　张　静　张琳琳　钊文静　赵文雄

语言与传播学院（38 人）

新闻与传播（10 人）

谌梓欣　储平如　郭雅倩　乔　合　沈双莉　王　卉　吴颖婷　赵广宇　支　辛
周晓敏

英语笔译（28 人）

陈舫玥　陈　明　付嘉威　高艺苇　郭菲凡　郝雅文　孔　瑶　梁佳欣　李刘露
刘　瞳　马立娜　彭玲丽　皮雯雯　孙巧平　王　颖　王志刚　许欢喜　徐　诺
杨　鹤　杨孟媛　杨亚洲　姚东京　叶安察　张乾洁　赵梦园　赵文静　赵　勇
钟　欣

软件学院（97 人）

软件工程（97 人）

田霖鹏　林贝贝　刘　宇　刘宇琳　欧阳北清　杨　晋　赵子豪　鲍　康
边家璇　柴琦淋　常　昊　丛意轩　樊一航　盖　珂　甘泽港　龚　森　关　宸
郭满荣　郭文文　郭雨菲　郭子斌　郝聪睿　郝梓腾　何　叶　侯　捷　黄彬航
黄宸熙　胡逸凡　兰建忠　梁晓艳　李冬雪　李国梁　李立山　李梦莎　蔺熙如
林泽鑫　李彤阳　刘华秋　刘慧婷　刘健楠　刘润宇　刘　涛　李惟雪　李　新
李旭昊　李垣锟　李雨欣　娄　岳　罗钰琛　卢怡萱　吕梦璇　马　洁　牛向艳
彭室蓉　邱　健　宋京蔚　孙子尧　田晓飞　帖　宇　王奥平　王晨博　王钒地
王冯涛　王海燕　王　凯　王晓青　王一竹　王　玉　王云云　万　悦　吴清昊
吴煜洲　吴志宇　谢雨彤　邢　桐　徐瑞聪　杨本艳　杨浩雷　杨秀港　尹晓光

游江平　袁鸣阳　藏明超　张凯雅　张　蕾　张田野　张雪萌　张宇琛　张玉芮
赵名丽　赵　添　赵　婷　周　佩　周文倩　周裕清　朱树理　邹天舒

建筑与艺术学院（60人）

工业设计工程（1人）

胡文越

建筑学（25人）

吴天雯　冯向荣　庚　旭　顾靖琨　郭彩萍　韩雨浓　胡彦学　贾玉琪　康贺阳
刘鼎艺　刘骁锐　李艳雯　吕倩楠　孟雅洁　牛育伟　乔一迪　魏瑞芳　吴凯琳
肖　潇　肖　霄　解正卿　张乐情　张永超　张正岳　郑海洋

美术（2人）

贾伟朝　赵　原

艺术设计（32人）

邓诗韵　杜雨婷　刘梦瑶　刘若鑫　卢可可　邢宝峰　张咏梅　房　鹿　冯静怡
郭智婷　黄国芝　梁小雨　林瑞宣　吕雪仪　潘悦琛　齐　冉　阮玉璇　施倩倩
宋汇敏　苏小雨　王　晶　吴漪泓　叶贤伟　于雪妮　余彦乔　余怡蕾　张　惠
张梦雨　张天昱　张　颖　赵佳璐　朱雪芹

法学院（27人）

法律（非法学）（27人）

曹　启　曹颖瑛　陈肖润东　范思帅　黄施雨　姜鑫玉　贾思琪　李　礼
刘怀远　刘　涛　刘振宇　马连杰　孟　琪　史　俊　石路瑶　谭　菁　王　黛
王殿凯　王佳宁　王雨楠　吴代代　武婧文　张斯宁　张娴娴　赵　鑫　赵翼廷
周嘉会

非全日制专业硕士（419人）

电子信息工程学院（2人）

电子与通信工程（2人）

武　文　闫志鹏

计算机与信息技术学院（68人）

计算机技术（27人）

蔡阿昌　李　洁　陈鸿彬　高贤德　耿聪聪　梁　洪　李明洋　邱　天　王文静

许进进　杨　勇　尹鹏程　元　璐　白鑫玉　高　凡　蒋星星　孔　泽　刘　畅
刘　爽　刘亚茹　刘　勇　马晓燕　宋欣悦　武勇成　向静文　杨　赟　张梦瑶

软件工程（41 人）

魏裕瑛　段鑫峰　龚　焱　牟兴雅　宋明璐　王　乐　吴越一雄　赵泽一
蔡勍萌　董　瑶　费黎丽　高海龙　高云云　韩沛奇　侯奕芬　胡冠杰　胡旭阳
胡　阳　贾廷宇　井茜颐　李　剑　刘　勇　李　响　卢立志　屈　粉　尚书林
施佳艺　宋灿灿　孙　强　王国栋　王利伟　吴洪伟　吴纪龙　邢晓鹏　杨佳鹏
尹志强　俞飞蝶　张　娣　张梦洋　张　前　张云飞

经济管理学院（288 人）

工程管理（59 人）

刘先国　马二婷　焦迎春　李　征　申　雪　施　成　王俊人　曾娇龙　赵凯峰
安泊晨　蔡　轶　陈　诚　成　哲　陈　倩　陈　松　陈　鑫　陈子星　代　明
范会芳　冯乐鹏　郭梦怡　和东卫　侯　硕　菅　飞　贾　卿　贾润地　金宸功
兰文臣　李浩腾　李　朔　刘萧琼祎　刘　阳　刘逸思　刘　原　马小雷
孟令达　宁佳男　彭　磊　秦焕焕　齐　颖　邵宗鹤　唐蓓蓓　田梦迪　王　萌
王　琦　王舒同　王艳超　王玉珏　王禹适　武　倩　吴中奇　徐　亮　徐　泽
尹　达　张　凡　张　腾　张　岩　智　健　周光耀

工商管理（173 人）

嵇　庆　刘冰璐　王建行　陈　南　董亚华　冯　川　郝月颖　何权龙　胡晓琳
李皓男　刘孟宸　刘亚洲　李有为　罗中治　梅　艳　谭　柳　袁晓倩　张斯萌
朱　宇　白　阳　鲍贺文　曹　雪　陈菲菲　陈　昊　陈宏昊　陈　鹏（19140190）
陈　鹏（19140189）　陈肖迪　陈禹彤　陈志丹　董力鑫　段杨子　杜佳宁
杜瑞杰　范蕴轩　冯　鑫　付林宇　付　群　付宇航　高　慧　高景昱　高　莉
高永超　高振远　郭　沁　韩军超　韩　梅　韩同辉　韩笑笑　韩　燕　郝端端
侯雪梅　黄逸陶　孔　欣　兰　兰　廖　伟　李　博　李　慧　李　莉　李柳竺
林　浩　李宁林　李庆尧　李琴琴　刘　畅　刘　慧　刘建飞　刘　婕　刘明清
刘思睿　刘向亮　刘　鑫　刘　琰　刘　妍　刘　洋　柳　杨　李　溦　李伟建
李鑫涛　李雪英　李　莹　李兆瑞　李　忠　娄相峰　罗莉君　罗知鹦　吕顺朝
马菁菁　马　丽　毛晓琴　马宇红　缪永智　聂　杨　彭江斌　乔　桥　曲　祥
任继承　任　韬　尚美迪　邵　博　申立华　史睿滢　司海光　宋宾宾　宋丽娟
宋清波　宋　为　宋　洋　隋　婧　苏　嘉　孙　皓　孙姣姣　孙希蕊　苏　珊
王　超　王晨旭　王　菲　王格非　王冠哲　王　慧　王建峰　王　晶　王　亢
王　磊　王孟荣　王秋杰　王　涛　王婉君　王　威　王晓玮　王　雪　王旭阳
王亚楠　王燕东　王　宇　王羽佳　吴　瑞　吴哲思　项秉声　肖安琦　解兆栋
许冲冲　徐楚璇　徐　刚　徐佳宁　许　虔　杨小龙　姚晓洁　袁　权　张　超

张广伟　张　海　张　贺　张　靖　张　磊　张　晴　张秋媚　张　潇　张旭波
张　岩　张雅文　张逸博　张　越　张哲鸣　张振超　赵德伦　赵锦辉　赵　沁
钟为胜　周靖淇　周金梅　周　滔　朱荣华

会计（21 人）

孙晓阳　刘　天　樊一晨　谷旻昊　靳子沫　赖雨薇　刘　颖　马　雯　蒲祎敏
钱子仪　秦誉文　仝　欣　王佳雪　王柯氽　王　晴　武亚梅　姚梦萦　翟　鹤
张津玮　张　力　张紫怡

审计（35 人）

齐若延　曹　瑾　池清旭　丁雨婷　费小娟　何洁茹　侯　婧　郎曼杰　李春雨
李若男　刘萌雨　罗艺梅　罗悦明　倪欣雪　裴悦彤　屈禹彤　宋嘉良　孙丽丽
孙梦凡　王一帆　魏梦玲　项　捷　肖杨慧　徐聃妮　徐正浩　杨瑞鸣　杨雨潼
于明欣　张守仪　张思棋　张天驰　张晓东　张媛媛　郑佳佳　周升霞

交通运输学院（17 人）

交通运输工程（17 人）

陈　薇　纪　者　邢晓雨　陈洪涛　关梦贤　黑焕学　金艺霖　刘宏泰　李泽龙
毛　俊　邵姜华　宋晓东　王丽媛　文　腾　吴剑凡　张　莉　赵莎莎

土木建筑工程学院（2 人）

建筑与土木工程（1 人）

韦　迪

交通运输工程（1 人）

宋树宝

机械与电子控制工程学院（12 人）

车辆工程（7 人）

杜鹏飞　傅宇杰　贺茂盛　倪国槐　孙涌博　徐承斌　张艺超

机械工程（5 人）

韩　硕　任　媛　王　昊　王　璐　赵研博

电气工程学院（1 人）

电气工程（1 人）

程　皓

建筑与艺术学院（10 人）

工业设计工程（1 人）

李宣翰

建筑学（9 人）

安　江　韩　洁　黄　超　黄姝颖　刘　威　门琳琳　庞瑞鑫　秦　凯　王　璇

法学院（19 人）

法律（法学）（19 人）

迟得双　杜　盈　葛　蕊　刘　璐　刘　冉　刘　颖　李心怡　吕　婷　马莞尔
孙　琪　孙淑蓓　索　焱　唐雪珊　王时铭　王文莹　王子辰　魏书缘　杨海连
赵　敏

在职攻读硕士学位（13 人）

经济管理学院（7 人）

高级管理人员工商管理（7 人）

杜晓颖　黄楚雄　刘亦琼　姚钦荣　黄　山　田如蜜　孙建臣

软件学院（6 人）

软件工程（6 人）

陈多旻　朱　渊　张　蔚　屠伟平　任文雯　郑百川

北京交通大学第十四届学位评定委员会第十七次全体会议授予博士、硕士学位人员名单（230 人）
（2021 年 9 月 23 日）

博士（141 人）

电子信息工程学院（19 人）

交通信息工程及控制（5 人）

刘　冬　吴波前　霍继伟　张永男　梁晓明

控制科学与工程（1 人）

于寒松

通信与信息系统（13人）

张瑞齐　张宇明　韩柏涛　芈月安　李雪靖　田文龙　白卓娅　汤　敏　丁志超
何国彪　张维庭　赵　宁　孙笑科

计算机与信息技术学院（15人）

计算机科学与技术（5人）

马子健　郝　伟　李　尊　郭景涛　王馨月

软件工程（2人）

陈　栋　杨宇翔

信号与信息处理（6人）

冯　栋　宋邵乐　邱　爽　牛亚坤　廖理心　许　柯

信息与通信工程　信息安全（2人）

王嘉骥　苏　丹

经济管理学院（25人）

管理科学与工程　管理科学（6人）

韩富强　李根柱　陈德忠　周　彪　聂竹青　魏　军

管理科学与工程　物流管理与工程（4人）

韩　璐　黄纪凯　闫　可　方嘉奇

管理科学与工程　信息管理（3人）

宋容嘉　张云秋　赵红梅

会计学（3人）

李高波　郑雅君　李晓月

产业经济学（1人）

陈　珊

企业管理（5人）

孙长索　杨春林　周晓雪　杨茂盛　郭　茹

应用经济学（3 人）

滕梓源　郭向东　高翰林

交通运输学院（17 人）

安全科学与工程（1 人）

尹贤贤

交通运输规划与管理（10 人）

廖正文　兰泽康　洪　鑫　李斌斌　郑康宁　王立威　龙思慧　冯　骁　王瑜琼
陈德启

控制科学与工程（1 人）

刘步实

系统科学（5 人）

王　栋　于　云　余森彬　刘　正　孟凡婷

土木建筑工程学院（26 人）

道路与铁道工程（1 人）

令　行

力学（5 人）

李晓阳　郭　瑾　王兴宇　朱　想　侯晓伟

土木工程（20 人）

郭　敏　郭　琨　罗　玮　张　戈　解廷伟　冯建祥　周　爽　白雪峰　王　林
朱赛男　于仲洋　孟令凯　杨公标　米　博　闵　博　毛家骅　王　将　王　滕
张鹏远　李明航

机械与电子控制工程学院（17 人）

机械工程（12 人）

孙晶晶　刘　沁　杨祥鹏　张亚禹　冯利军　范童柏　贺志洋　房善想　赵福群
苏良彬　张永欣　刘东东

载运工具运用工程（5 人）

李兴鑫　周　挺　胡树郡　王占花　高　远

电气工程学院（7人）

电气工程（7人）

黄威博　杨才伟　苟立峰　薛亚茹　黄小光　刘晓宇　钟志宏

理学院（14人）

电子科学与技术（1人）

宁可庆

光学（2人）

王海洋　管中源

光学工程（9人）

韩　强　郭兰英　高晨家　秦梓伦　郑伟业　杨汉珺　高　润　王　煦　胡拯豪

凝聚态物理（1人）

郁　婷

运筹学与控制论（1人）

李向前

马克思主义学院（1人）

马克思主义理论（1人）

庞坤缺

学术性硕士（30人）

电子信息工程学院（6人）

交通信息工程及控制（2人）

丁润成　邵颖霞

通信与信息系统（4人）

龚雅凡　李昊聪　李凌霄　于　洋

计算机与信息技术学院（3人）

计算机科学与技术（2人）

迟百峰　王晓闽

软件工程（1人）

王坤琦

经济管理学院（6人）

管理科学与工程　管理科学（1人）

房俊茹

管理科学与工程　物流管理与工程（1人）

郝梦琦

国际贸易学（1人）

ULZETUEVA AILANA

金融学（1人）

TCHEDE HADIATOU

企业管理（2人）

周　瑶　BALLAKOV SOHBET

交通运输学院（3人）

交通运输规划与管理（3人）

ELBEG NASANJARGAL　盛冬冬　苏　明

土木建筑工程学院（4人）

土木工程（4人）

蒋京慧　林纯贤　GUPTA AMAR　SOULIYAVED SOUBANH

机械与电子控制工程学院（1人）

机械制造及其自动化（1人）

沈小艺

电气工程学院（2人）

电气工程（2人）

李泽庶　MAQSOOD MUHAMMAD AWAIS

语言与传播学院（1人）

新闻传播学（1人）

杨金凤

建筑与艺术学院（4人）

城乡规划学（4人）

张凯琦　BADJIE ALIEU　SMADI QAIS RIAD SALIM　JOSE RODNEY STEFAN

全日制专业硕士（35人）

电子信息工程学院（3人）

电子与通信工程（3人）

李　乐　李明哲　张　莹

计算机与信息技术学院（6人）

计算机技术（6人）

陈　晗　万良易　刘　朴　邱斯晨　商　骞　KARIMUNDA KALIMU

经济管理学院（1人）

物流工程（1人）

李亚楠

交通运输学院（6人）

交通运输工程（6人）

陈　仪　黄麒儒　施风东　ELLINGTON SAMANTHA MARIA
HAIDARI MOHAMMAD MIRWAIS　MAGDELINE TSHAMBANE

土木建筑工程学院（6人）

建筑与土木工程（3人）

尚雯婷　武奥军　张亚帅

交通运输工程（3人）

程　璇　刘展铄　王　云

机械与电子控制工程学院（2人）

工业工程（1人）

丁　璐

机械工程（1人）

于文泽

电气工程学院（3人）

电气工程（3人）

洪志康　史广宇　张瑞明

理学院（1人）

光学工程（1人）

李昕宸

语言与传播学院（1人）

新闻与传播（1人）

高　琪

软件学院（5人）

软件工程（5人）

葛俊言　张瑞丰　LKHAGVASUREN NARANGEREL
MUGISHO TABARO CHRISTIAN　CANILLAS CYRIL DANIEL

建筑与艺术学院（1人）

艺术设计（1人）

席玉茹

非全日制专业硕士（23人）

电子信息工程学院（1人）

电子与通信工程领域工程硕士（1人）

吴伟淋

计算机与信息技术学院（8人）

计算机技术领域工程硕士（1人）

李　奇

软件工程领域工程硕士（7人）

李晓逸　杨宇馨　封　啸　郭富海　郭赵亮　谢朋廷　杨　巍

经济管理学院（6人）

审计硕士（1人）

宋星霖

工程管理硕士（5人）

陈雍培　高红亮　寇君正　汪　芮　张志祥

交通运输学院（5人）

交通运输工程领域工程硕士（5人）

张　滢　曹智恒　孙　越　吴磊磊　徐勇烈

建筑与艺术学院（2人）

建筑学硕士（1人）

闫　鹏

工业设计工程领域工程硕士（1人）

刘　洋

软件学院（1人）

软件工程领域工程硕士（1人）

张　帅

在职攻读硕士学位（1人）

经济管理学院（1人）

工商管理（1人）

卢志勇

（研究生院提供）

2021 年学校博士后科研流动站设站情况表

序号	流动站	牵头学院
1	交通运输工程	交通运输学院
2	信息与通信工程	电子信息工程学院
3	机械工程	机械与电子控制工程学院
4	土木工程	土木建筑工程学院
5	控制科学与工程	交通运输学院
6	应用经济学	经济管理学院
7	力学	土木建筑工程学院
8	电气工程	电气工程学院
9	计算机科学与技术	计算机与信息技术学院
10	系统科学	交通运输学院
11	工商管理	经济管理学院
12	数学	理学院
13	管理科学与工程	经济管理学院
14	光学工程	理学院
15	马克思主义理论	马克思主义学院
16	软件工程	软件学院
17	网络空间安全	国家保密学院

（人事处提供）

2021 年学校二级党组织设置情况表

二级党委（17 个）	党总支（3 个）	直属党支部（3 个）
电信学院党委	远程学院党总支	体育部直属党支部
计算机学院党委	资产公司党总支	图书馆直属党支部
经管学院党委	国重党总支	校医院直属党支部
运输学院党委		
土建学院党委		
机电学院党委		
电气学院党委		
理学院党委		
马克思主义学院党委		
语言学院党委		
软件学院党委		
建艺学院党委		

续表

二级党委（17 个）	党总支（3 个）	直属党支部（3 个）
法学院党委		
直属单位与机关党委		
离退休党委		
后勤集团党委		
威海校区党委		

（组织部提供）

2021 年学院党组织和党员情况统计表

学院党委名称	党支部数量		党员人数		新发展党员人数	
电信学院党委	57	教工 10	1 094	教工 160	324	教工 2
		学生 47		学生 897		学生 322
计算机学院党委	44	教工 8	954	教工 147	237	教工 0
		学生 36		学生 755		学生 237
经管学院党委	77	教工 10	1 346	教工 227	282	教工 3
		学生 67		学生 1 095		学生 279
运输学院党委	48	教工 8	1 062	教工 159	210	教工 0
		学生 40		学生 867		学生 210
土建学院党委	44	教工 10	1 163	教工 186	270	教工 1
		学生 34		学生 976		学生 269
机电学院党委	45	教工 8	878	教工 168	240	教工 0
		学生 37		学生 710		学生 240
电气学院党委	24	教工 7	773	教工 114	250	教工 1
		学生 17		学生 618		学生 249
理学院党委	23	教工 7	702	教工 153	193	教工 0
		学生 16		学生 479		学生 193
马克思主义学院党委	13	教工 6	193	教工 57	41	教工 1
		学生 7		学生 136		学生 40
语言学院党委	15	教工 6	301	教工 101	102	教工 0
		学生 9		学生 162		学生 102
软件学院党委	9	教工 2	197	教工 32	75	教工 0
		学生 7		学生 160		学生 75
建艺学院党委	11	教工 4	259	教工 55	70	教工 2
		学生 7		学生 177		学生 68
法学院党委	11	教工 3	179	教工 44	70	教工 0
		学生 8		学生 134		学生 70
威海校区党委	8	教工 3	376	教工 95	70	教工 12
		学生 5		学生 246		学生 58

备注：教工党员+学生党员小于等于党员总数，包括组织关系暂存等人员。

（组织部提供）

离退休人员按行政级别分类一览表

单位：人

类别	正局	副局	正处	副处	正科	其他	小计
离休	2	4	3	21	0	15	45
退休	5	9	65	76	110	1 658	1 923
合计	7	13	68	97	110	1 673	1 968

（离退休处提供）

离退休人员按技术职称分类一览表

单位：人

类别	正高	副高/高级	中级	初级	其他	小计
离休	6	14	11	5	9	45
退休	243	579	419	77	605	1 923
合计	249	593	430	82	614	1 968
百分比/%	12.7	30.1	21.8	4.2	31.2	100.0

（离退休处提供）

离退休人员按年龄段分类一览表

单位：人

类别	90 岁及以上	89～80 岁	79～70 岁	69～60 岁	60 岁以下	小计
全部人员	83	517	443	765	160	1 968
百分比/%	4.2	26.3	22.5	38.9	8.1	100.0
其中党员	50	298	222	295	54	919
百分比/%	5.4	32.4	24.2	32.1	5.9	100.0

（离退休处提供）

2021 年北京交通大学资产统计表

单位：元

资产类型		金额
流动资产		3 129 252 801.88
固定资产	土地、房屋及构筑物	3 196 860 765.60
	仪器设备	1 860 380 766.22
	图书	152 507 118.66
	文物和陈列品	3 123 985.08
	家具、用具、装具	112 702 352.79
	总计	5 325 574 988.36

续表

资产类型	金额
长期投资	171 533 464.56
在建工程	245 065 774.33
待处置资产损益	0.00
无形资产	271 714 160.46
总计	9 143 141 189.59

（国资处提供）

2021 年北京交通大学房产统计表

单位：m^2

房产类型		建筑面积
教学及辅助用房	教室	55 200.11
	图书馆	16 357.10
	实验室、实习场所	136 067.69
	专用科研用房	23 247.50
	体育馆	6 390.20
	会堂	10 935.00
	师生活动用房	7 648.74
	继续教育用房	5 859.89
	总计	261 706.23
行政办公用房		32 651.86
生活用房	学生宿舍	191 149.88
	学生食堂	18 542.43
	教工单身宿舍	125 244.67
	教工食堂	326.90
	生活福利及其他	90 254.01
	总计	425 517.89
教工住宅		195 079.54
其他用房		104 960.59
总计		1 019 916.11

（国资处提供）

北京交通大学 2021 年度二级单位考核获奖名单

学院“思源杯”获奖单位

土木建筑工程学院、经济管理学院

学院“特色奖”获奖单位

电子信息工程学院、机械与电子控制工程学院、交通运输学院、建筑与艺术学院

机关部处和直属单位“优秀奖”获奖单位

科学技术研究院、本科生院、宣传部、人文社会科学处、研究生工作部、对外联络合作处

机关部处和直属单位“单项奖”获奖单位

人事处（教师工作部）、研究生院、团委、重大项目管理办公室、校医院、基建与规划处、就业与创业指导中心、后勤服务产业集团

（学校办提供）

北京交通大学 2020—2021 年度获奖奖项及名单

一、综合类

2021 年度国家杰出青年科学基金获得者

徐龙河

2019—2021 年度国家青年人才计划项目入选者

董春娇　房　倩　蔡小培　李浥东　魏云超　曹　源　孟令云　陈　为　李树凯

2020 年享受国务院政府特殊津贴人员

张星臣　和敬涵　刘志明

2020 年宝钢优秀教师特等提名奖

聂　磊

2020 年宝钢优秀教师奖

史红梅　张润彤

2021 年最美铁道科技工作者

聂　磊

2020 年北京市杰出青年科学基金获得者

张淳杰　桑基韬

2020 年度交通运输部交通运输行业科技创新人才推进计划中青年科技创新领军人才

宋国华

2020 年度交通运输部交通运输青年科技英才

上官伟　康柳江

第五届中国科协青年人才托举工程入选者

文　韬　阴佳腾　张　放

2020 年度北京市科技新星计划入选者

熊　菲　丛润民

2021 年首都劳动奖章获得者

刘志明

2020 年度中国智能交通协会中青年科技创新领军人才

董宏辉

2021年度博士后创新人才支持计划入选者

陆　杨

2020年全国科普工作先进工作者

魏庆朝

2021年北京交通大学优秀教师

韦世奎　毕　颖　杨　娜　张　欣　张彩萍　郑神州　郜　帅

2021年北京交通大学优秀教育工作者

林友芳　姚恩建　薛　刚

2021年北京交通大学智瑾奖教金（优秀青年教师奖）

万怀宇　王琛琛　吕　兴　安　娜　李　旭　曹志刚　章嘉懿　宿　帅　谭宇燕
樊文刚

2021年北京交通大学智瑾奖教金（优秀青年教育工作者）

刘　萍　晏　曦

2021年北京交通大学“三育人”先进集体

后勤集团幼儿教育中心　研究生工作部　校医院保健科
土建学院建工系　机电学院工业工程专业教师团队

2021年北京交通大学“三育人”先进个人（教书育人）

赵文山　吴　惠　杨广雪　沈宇鹏　吕　莹　赵　宏　张笑寒　郝瑞祥　方维维
戴春爱　卜　伟　陈力铭　鲍英华　朱晓菊　晏　琼　刘卫丰　岑翼刚　许西宁
姚秀明　傅少川

2021年北京交通大学“三育人”先进个人（管理服务育人）

宋　阳　常　欢　沈燕平　王　颖　李　蓉　迟　文　赵宏伟　洪丽平　朱　珊
张守一　吴成祥　安　薇　石　月　夏　杨　刘晓锐

二、人才培养类

2021年国家级课程思政示范课程、教学团队2个

城市轨道交通运营管理　负责人：张星臣
信号与系统　负责人：陈后金

2020年度国家级一流本科专业建设点17个

金融学	法学	英语	传播学	统计学
机械工程	纳米材料与技术	电子科学与技术	自动化	信息安全
物联网工程	铁道工程	建筑学	工程管理	工商管理
物流工程	工业工程			

2020年国家级一流本科课程24个

电磁场与电磁波　算法设计与问题求解　企业资源计划
城市轨道交通运营管理　集装箱运输与多式联运　混凝土结构设计原理
传感器原理及应用　电力系统分析　离散数学
数据结构（A）　会计学原理　供应链管理
结构力学Ⅰ　机械原理　轨道车辆装备

数据库系统　电机学　大学物理（A）Ⅰ、Ⅱ
电子商务系统的分析与设计　工作室制实训创新Ⅱ
轨道交通列车运行控制虚拟仿真实验项目
高速铁路网行车组织全过程管控一体化虚拟仿真实验
高速动车组检修工艺虚拟仿真实验
隧道典型施工工法虚拟仿真

2020 年度北京市级一流本科专业建设点 5 个

数学与应用数学　能源与动力工程　保密技术　城乡规划　财务管理

2020 年北京高校优秀本科育人团队

铁路运输组织本科育人团队
负责人：何世伟

2020 年度全国榜样高校教务处长

房海蓉

2020 年北京高校优质本科教材重点项目

项目名称：数字信号处理
负 责 人：陈后金

2020 年北京高校优质本科教材一般项目 3 项

项目名称：单片机原理与应用
负 责 人：戴胜华
项目名称：动车组装备
负 责 人：刘志明　史红梅
项目名称：商务英语教程
负 责 人：邵钦瑜

2020 年北京高校优质本科课程重点项目

项目名称：管理运筹学（A）
负 责 人：张星臣

2020 年北京高校优质本科课程一般项目 3 项

项目名称：运输经济学
负 责 人：欧国立
项目名称：大学物理
负 责 人：郑　凯
项目名称：操作系统（A）
负 责 人：翟高寿

第十六届北京市高等学校教学名师奖

史红梅

第四届北京市高等学校青年教学名师奖

李清勇　张兴华

北京高校第十二届青年教师教学基本功比赛

文科 A 组二等奖：王俣璇

理科 A 组二等奖：罗自炎
工科 A 组二等奖：李雨键　李　凯
文科 A 组三等奖：刘玉洁
工科 A 组三等奖：李　琦

2020 年北京高校优秀教学管理人员

刘玉婷

2020 年第十三届全国大学生节能减排社会实践与科技竞赛优秀组织奖

电气工程学院

2020 年第十四届 CIMC“西门子杯”中国智能制造挑战赛优秀组织奖

电气工程学院

2020 年第八届全国大学生自动化系统应用大赛优秀组织奖

电气工程学院

2020 年第六届全国大学生物理实验竞赛优秀组织奖

理学院

2020 年第 6 届中国人居环境设计学年奖最佳组织奖

建筑与艺术学院

2020 年第十四届 CIMC“西门子杯”中国智能制造挑战赛优秀指导教师奖

霍静怡　王　强　马　靖

2020 年第八届全国大学生自动化系统应用大赛优秀指导教师奖

徐建军　霍静怡

2020 年第六届全国大学生物理实验竞赛优秀指导教师奖

赵宇琼　牛英利　赵红敏　王　智

2020 年第 6 届中国人居环境设计学年奖优秀指导教师奖

高　巍

2020 年全国大学生交通科技大赛

一等奖指导教师：商　攀　陈军华　秦　璐
二等奖指导教师：王　力　谢征宇　姚恩建

2020 年中国智能制造挑战赛总决赛

特等奖指导教师：霍静怡
一等奖指导教师：马　靖　王　强

2020 年 ACM 国际大学生程序设计竞赛区域预赛

金奖指导教师：黄　华　许华婷
银奖指导教师：黄　华　许华婷　高　勃

第九届全国大学生机械创新设计大赛一等奖指导教师

杜秀霞

2020 年全国大学生创新创业年会入选论文指导教师

桂文豪　吕　兴　章嘉懿

2020 年全国大学生数学建模竞赛

一等奖指导教师：王兵团　马艳萍

二等奖指导教师：王兵团　辛　格

2021 年美国大学生数学建模竞赛

特等奖指导教师：刘国忠

特等提名奖指导教师：闻国光　王兵团　马艳萍　辛　格

2020 年全国大学生自动化系统应用大赛

特等奖指导教师：徐建军

一等奖指导教师：徐建军

2020 年全国移动互联创新大赛一等奖指导教师

徐建军　刘海鑫

2021 年全国大学生软件创新大赛一等奖指导教师

魏　翔

2020 年清华 IE 亮剑全国工业工程应用案例大赛特等奖指导教师

马　靖　王　强

第八届全国高校电工电子基础课程实验教学案例设计竞赛（鼎阳杯）一等奖

王　睿　马庆龙　赵　翔

第八届全国高校电工电子基础课程实验教学案例设计竞赛（鼎阳杯）三等奖

赵　翔　王　睿　郭薇薇

2020 年“尖烽时刻”全国商业模拟大赛一等奖指导教师

张　磊

2020 年中国人居环境设计学年奖金奖指导教师

高　巍

“兆易创新杯”第十五届中国研究生电子设计竞赛全国总决赛技术类竞赛全国一等奖指导教师

艾　渤

“兆易创新杯”第十五届中国研究生电子设计竞赛全国总决赛技术类竞赛全国二等奖指导教师

陈　为　陈光荣

“兆易创新杯”第十五届中国研究生电子设计竞赛全国总决赛商业计划书赛全国二等奖指导教师

章嘉懿

2020 年全国大学生机器人大赛二等奖指导教师

高　波　陈　羽　王纪武

2020 年全国大学生计算机设计大赛二等奖指导教师

赵　宏

2020 年中国大学生服务外包创新创业大赛二等奖指导教师

车啸平

2020 年中国大学生“壳牌汽车环保马拉松”挑战赛二等奖指导教师

何　涛

2020 Model Apec 大会优秀指导教师奖

马　莉

2020 年 MODEL APEC 大会全国总决赛二等奖指导教师

陈　平

2020 年全国大学生物理实验竞赛（创新）二等奖指导教师

赵宇琼　牛英利　王　智　赵红敏

第二届中国研究生机器人创新设计大赛全国二等奖指导教师

姚燕安

“华为杯”第四届中国研究生创“芯”大赛全国二等奖指导教师

邓　涛

2020 年 VELUX（威卢克斯）建筑与光国际学生建筑设计大赛三等奖指导教师

周艺南

第六届中国国际“互联网+”大学生创新创业大赛北京赛区优秀组织奖

招生与就业工作处

2020 年第十届北京市大学生交通科技大赛优秀组织奖

交通运输学院

2020 年北京市第十三届大学生物理实验竞赛最佳组织奖

理学院

2020 年第十二届全国大学生广告艺术大赛（北京赛区）优秀组织奖

建筑与艺术学院

2020 年移动互联创新大赛（北京赛区）优秀组织奖

电气工程学院

第九届高校科技创新成果展示推介会优秀组织奖

电子信息工程学院

2020 年北京市第三十一届大学生数学竞赛优秀组织奖

理学院

2020 年北京市 ERP 管理会计应用决策大赛优秀组织奖

经济管理学院

2020 年第三十七届全国部分地区大学生物理竞赛团体奖

理学院

第九届全国大学生机械创新设计大赛慧鱼组（2020）竞赛第十一届全国慧鱼工程技术创新大赛优秀指导教师奖

杜秀霞

2020 年第十届北京市大学生交通科技大赛优秀指导教师奖

康柳江　唐源洁

2020 年北京市大学生集成电路设计竞赛优秀指导教师奖

李金城

2021 年北京市大学生集成电路设计竞赛优秀指导教师奖

李力南

2020 年第十二届全国大学生广告艺术大赛北京赛区优秀指导教师奖

张　野　耿　涵

2020 年北京市第三十一届大学生数学竞赛优秀指导教师奖

何卫力

2020 年北京市大学生工程设计表达竞赛优秀指导教师奖

窦　超　李雪梅

2020 年第三届外教社杯北京高校学生跨文化能力大赛优秀指导教师奖

唱　宇　李京平

2020 年北京市 ERP 管理会计应用决策大赛优秀指导教师奖

邢　颖

2020 年春季中国大学生广告艺术节学院奖优秀指导教师奖

陈风明

2021 年全国大学生英语竞赛优秀组织奖

聂　侨

2020 年第五届日日顺物流创客训练营优秀组织奖

翟　月　员丽芬

首都高校第三届体育教师教学基本功大赛三等奖

王利利

2018—2020 年度首都高等学校乒乓球优秀教练员

王利利

2020 年北京高校优秀本科毕业设计（论文）指导教师

王海峰　马庆龙　王　俊　邓　涛　熊　菲　张　英　于十佳　史红梅　姜兰潮
刘智敏　曹艳梅　张　野　李珺杰　周耀东　叶蜀君　李玉菊　张菊亮　赵建东
郎茂祥　沈孟如　黄爱玲　张保华　李　冰　吕　兴　刘　斌　吴松梅　熊　轲
张英俊　景丽萍　车啸平　张顺利　王保华　周明磊　李　静　程铁平　徐金安

2020 年“挑战杯”首都大学生创业大赛金奖指导教师

严伟恒

第九届全国大学生机械创新设计大赛慧鱼组（2020）竞赛一等奖指导教师

杜秀霞

2020 年北京市大学生节能节水低碳减排社会实践与科技竞赛特等奖指导教师

邢　薇

2020 年中国大学生程序设计竞赛金奖指导教师

黄　华　许华婷

2020 年北京市大学生计算机设计大赛一等奖指导教师

赵　宏　许华婷

2020 年北京市大学生建筑结构设计竞赛一等奖指导教师

王　萌　卢文良　陈启刚

2020 年北京市大学生数学建模与计算机应用竞赛一等奖指导教师

王兵团　马艳萍　薛晓峰

2020 年北京市大学生交通科技竞赛一等奖指导教师

康柳江

2019 年北京市大学生文创设计大赛一等奖指导教师

张　野

2020 年北京市大学生广告艺术大赛一等奖指导教师

张　野　耿　涵

2020 年北京市大学生物理实验竞赛一等奖指导教师

赵宇琼　陈　征　朱亚彬　李德才　谢　君

2020 年全国移动互联创新大赛北京赛区竞赛一等奖指导教师

徐建军

2020 年北京市大学生模拟法庭竞赛一等奖指导教师

郭　烁　郑　飞

2020 年北京市大学生数学竞赛一等奖指导教师

何卫力　刘迎东　邵吉光

2020 年北京市大学生工程设计表达大赛一等奖指导教师

李雪梅　窦　超

2020 年中国大学生广告艺术节学院奖金奖指导教师

江　扬

2020 年日日顺物流创客训练营金奖指导教师

员丽芬　翟　月

第四届全国高等学校青年教师电工学课程教学竞赛二等奖

黄先进

第四届全国数字创意教学技能大赛三等奖

刘　晴

第一届北京高校教师教学创新大赛一等奖

杨　娜　王　萌　姜兰潮

第一届北京高校教师教学创新大赛三等奖

陶　丹　李艳凤　陈后金　杨梦婉　张　澎　曲丹儿

第八届华北赛区高校电工电子基础课程实验教学案例设计竞赛（鼎阳杯）一等奖

王　睿　马庆龙　赵　翔　郭薇薇

“兆易创新杯”第十五届中国研究生电子设计竞赛华北赛区优秀指导教师

上官伟

“兆易创新杯”第十五届中国研究生电子设计竞赛技术类竞赛华北赛区一等奖指导教师

上官伟　张秀丽　姜　维　刁利军　郭保青　步　兵　王洪伟　李艳凤　王　磊
刘　泽

2020 年第一届火箭军“智箭火眼”人工智能挑战赛二等奖

白　双　申　艳

“华为杯”第 16 届、17 届中国研究生数学建模竞赛先进个人

王兵团

三、科学研究类

（注：标注“★”的科研项目主持单位为北京交通大学）

（一）自然科学类

2020 年国家重点研发计划物联网与智慧城市关键技术及示范重点专项项目

项目名称：城市智能系统可信任机理与关键技术 ★

负 责 人：刘吉强

2020 年基础加强计划项目（原国防 973 项目）

项目名称：基于××××基础理论与关键技术研究 ★

负 责 人：李 旭

2020 年教育部高等学校科学研究优秀成果奖（科学技术）自然科学奖一等奖

项目名称：高速铁路基础结构动态性能演变及服役安全基础研究

获 奖 人：张 楠 夏 禾

2020 年教育部高等学校科学研究优秀成果奖（科学技术）技术发明奖二等奖

项目名称：高效电机轻量化与热控制关键技术及应用 ★

获 奖 人：李伟力 曹君慈 李 栋

2020 年教育部高等学校科学研究优秀成果奖（专用项目）技术发明奖二等奖

项目名称：面向××××解析技术 ★

获 奖 人：韦世奎 林春雨 朱振峰 胡绍海

2020 年教育部高等学校科学研究优秀成果奖（科学技术）自然科学奖二等奖

项目名称：高速列车主动安全控制的关键基础研究

获 奖 人：唐 涛 宋 琦

2020 年教育部高等学校科学研究优秀成果奖（科学技术）科学技术进步奖二等奖

项目名称：端管云一体化协同认知的工业物联网态势安全关键技术及应用

获 奖 人：王 伟

2020 年中共中央办公厅科学技术奖一等奖

项目名称：×××专用通信系统

获 奖 人：张宏科 董 平

2020 年广东省自然科学奖一等奖

项目名称：边坡内生裂隙形成与优势流孕灾滑坡机制

获 奖 人：李 旭

2020 年广东省科技进步奖一等奖

项目名称：曲线管幕+水平控制冻结法的浅埋超大断面暗挖隧道成套建设技术

获 奖 人：谭忠盛

2019 年福建省科技进步奖一等奖

项目名称：规模化电池储能系统运行控制关键技术及工程应用

获 奖 人：唐 芬

2019 年陕西省科学技术进步奖一等奖

项目名称：古建筑抗震及振动控制关键技术与应用

获 奖 人：马 蒙

2020 年四川省科学技术进步奖一等奖

项目名称：复杂环境下适应型天线与可重构滤波调控技术及产业应用

获 奖 人：王均宏 李雨键

2019 年北京市科学技术奖二等奖 7 项

项目名称：城市轨道交通能馈式牵引供电关键技术及应用 ★

获 奖 人：刘志刚 张 钢 陈 杰

项目名称：弹性适配多路传输理论与方法

获 奖 人：张宏科 郜 帅

项目名称：高速铁路行车调度动态预警和优化调整技术及应用

获 奖 人：董海荣 李浥东 乐逸祥 王洪伟

项目名称：轻型载货汽车节能及高可靠性关键技术研发及产业化

获 奖 人：李国岫 张 昕

项目名称：超大规模轨道交通路网运输组织协同关键技术及工程应用

获 奖 人：刘 军 李海鹰 许心越 孟令云 姚恩建

项目名称：大直径盾构隧道扩挖地铁车站成套关键技术研究与应用

获 奖 人：李兆平

项目名称：基于超级网络和移动互联的综合交通运行监测体系重构技术及应用

获 奖 人：高自友 闫学东 吴建军

2020 年河南省科学技术进步奖二等奖 2 项

项目名称：深长隧道突水灾害演化机理与预判方法及工程应用

获 奖 人：乔春生

项目名称：大规模储能接入交直流混合电网运行控制关键技术及应用

获 奖 人：谢 桦

2019 年黑龙江省科学技术奖二等奖

项目名称：制药废水处理全过程污染控制技术与示范

获 奖 人：姚 宏

2019 年陕西省科学技术进步奖二等奖 2 项

项目名称：轨道交通列车运行安全保障关键技术研究与应用

获 奖 人：曹 源

项目名称：预应力加固混凝土桥梁关键技术

获 奖 人：杜进生

2017 年山东省科学技术奖二等奖

项目名称：预应力混凝土梁桥典型病害防治及加固关键技术

获 奖 人：杜进生

2019 年山西省科学技术奖二等奖

项目名称：跨铁路大型货运站场转体连续梁施工智能控制关键技术

获 奖 人：姜兰潮

2020 年广西省科学技术奖二等奖
项目名称：城市轨道交通供电系统能效提升关键技术研究及应用
获 奖 人：张 钢 陈 杰
2020 年保密科学技术奖三等奖
项目名称：保密专业建设与人才培养体系创新及应用 ★
获 奖 人：黎妹红 杜 晔 李 静 张汉姝
2020 年中国铁道学会科学技术奖特等奖 2 项
项目名称：重载铁路道岔设计理论、关键技术及工程应用
获 奖 人：高 亮 侯博文
项目名称：高速列车产业化及技术创新管理与实践
获 奖 人：孙守光 贾利民
2020 年城市轨道交通科技进步奖特等奖
项目名称：面向网络化运营的互联互通 CBTC 关键技术及成套装备与示范应用
获 奖 人：黄友能 赵红礼
2020 年中国铁道学会科学技术奖一等奖 5 项
项目名称：铁路电务综合运维成套关键技术及应用 ★
获 奖 人：曹 源 蔡伯根 宿 帅 刘 江 王 剑
项目名称：高速列车车顶高压电气系统绝缘优化及运维技术应用研究 ★
获 奖 人：吴命利 孙继星 杨少兵 宋可荐 刘秋降 叶晶晶 李 腾 张洪和 何婷婷 肖 斐
项目名称：大直径铁路隧道盾构机关键技术研究及工程应用
获 奖 人：谭忠盛
项目名称：中国铁路总公司“十三五”发展规划研究
获 奖 人：郝生跃 李卫东 王 超
项目名称：轨道车辆整车疲劳与振动台系统开发与应用研究
获 奖 人：王 曦
2019 年中国计量测试学会科学技术进步奖一等奖
项目名称：轮对几何参数动态测量关键技术与系统 ★
获 奖 人：冯其波 高 瞻 张 斌 崔建英 杨 婧 陈士谦 黄晓鸣
2020 年中国电子学会科学技术奖一等奖
项目名称：高速移动复杂场景信道特征及传输理论 ★
获 奖 人：艾 渤 钟章队 何睿斯 章嘉懿
2019 年中国图象图形学学会科学技术奖一等奖
项目名称：弱监督条件下的图像语义分割的研究 ★
获 奖 人：赵 耀
2018 年中国汽车工业科学技术进步奖一等奖
项目名称：节能与新能源汽车能源系统测评关键技术及应用
获 奖 人：张琳静

2020 年中国交通运输协会科学技术奖一等奖
项目名称：公路配筋混凝土梁桥预防性养护关键技术研究
获 奖 人：解会兵
2020 年建华工程奖一等奖
项目名称：城市轨道交通装配式减振轨道系统成套技术
获 奖 人：高 亮 辛 涛 钟阳龙
2020 年中国公路学会科学技术奖一等奖 2 项
项目名称：我国城市轨道交通运营管理规制体系研究与设计
获 奖 人：柏 赟
项目名称：超大城市轨道交通网络运行优化与效能提升技术及应用
获 奖 人：吴建军 四兵锋 尹浩东 杨 欣 屈云超
2020 年华夏建设科学技术奖一等奖 2 项
项目名称：建筑水系统微循环重构技术研究与示范
获 奖 人：李久义
项目名称：黑臭水体仿生修复技术研究与示范
获 奖 人：李久义 王 锦
2020 年中国钢结构协会科学技术奖一等奖
项目名称：桥梁钢结构用高强度螺栓延迟断裂防控成套技术与工程应用
获 奖 人：张永健 姚 凯 惠卫军
2020 年中国铁道学会科学技术奖二等奖 9 项
项目名称：基于高速铁路换乘节点布局规划的列车接续方案与旅客中转服务优化研究 ★
获 奖 人：聂 磊 付慧伶 谭宇燕 佟 璐 贺振欢 乐逸祥 李得伟
项目名称：机车智慧结构健康监测与故障诊断关键技术及应用 ★
获 奖 人：蔡国强 梁柯欣 尹逊和
项目名称：轨道表观伤损智能识别关键技术及应用 ★
获 奖 人：李清勇 方维维 刘 铭 王浩业 熊 轲 高 博
项目名称：光传输网互联互通及铁路承载网应用策略 ★
获 奖 人：孙 强 周晓波 林思雨 李纯喜 赵永祥 张立军
项目名称：铁路物流中心运营仿真关键技术研究 ★
获 奖 人：何世伟 宋 瑞 李笑红 景 云 黎浩东 蒋 健 鲁 放 冀振燕
项目名称：GSM－R 全网运维支撑系统及车载设备在线监测技术研究
获 奖 人：蒋文怡 丁建文
项目名称：高速铁路行车调度综合仿真关键技术及工程化应用
获 奖 人：王洪伟 乐逸祥
项目名称：煤系地层长大铁路隧道稳定性控制及瓦斯防渗技术
获 奖 人：谭忠盛 黄明利
项目名称：轨道交通车载储能与传动关键技术研究
获 奖 人：张维戈 张言茹 张琳静 黄 彧 鲍 谚

2020 年中国智能交通协会科学技术奖二等奖 2 项
项目名称：跨座式单轨交通轨道梁的智能设计和应用 ★
获 奖 人：朱尔玉　刘　磊　文永奎　张作泉　江　辉　姜兰潮
项目名称：轨道交通车载储能与传动关键技术研究
获 奖 人：张维戈　张言茹　黄　彧
2020 年中国机械工业科学技术奖二等奖 2 项
项目名称：高可靠空冷发电机电磁与热交换结构设计的关键技术与应用★
获 奖 人：李伟力　李　栋　曹君慈
项目名称：磁敏智能材料减振关键技术及应用 ★
获 奖 人：张志力　王四棋
2020 年中国钢铁工业协会 中国金属学会冶金科学技术奖二等奖
项目名称：GB/T 3077—2015《合金结构钢》国家标准及英文版推广应用
获 奖 人：惠卫军
2020 年中国物流与采购联合会科学技术奖二等奖
项目名称：空地协同物流网络智能调度系统
获 奖 人：刘冬薇　张润彤　朱晓敏
2020 年华夏建设科学技术奖二等奖
项目名称：村镇宜居社区与小康住宅建设评价体系关键技术研究
获 奖 人：郛文兵　王树祥　张明玉
2020 年中国交通运输协会科技进步奖二等奖
项目名称：中条山隧道综合建造技术研究
获 奖 人：乔春生
2020 年中铁建科学技术奖二等奖
项目名称：京张高铁强富水长大明挖隧道关键施工技术
获 奖 人：骆建军
2020 年中国铁道学会科学技术奖三等奖 7 项
项目名称：铁路污水高效集约型物化和生化处理技术及应用 ★
获 奖 人：王　锦　丁国玉　黄　雪　田秀君　石　磊
项目名称：京张高铁强富水长大明挖隧道关键施工技术
获 奖 人：骆建军
项目名称：CTCS－3 级列控系统无线超时智能分析系统
获 奖 人：蒋文怡
项目名称：高速铁路牵引供电运行仿真及培训系统
获 奖 人：郎　兵
项目名称：新时期铁路节能发展规划与指标体系研究及应用
获 奖 人：张和生
项目名称：高速动车组转向架数字化装配生产线
获 奖 人：蒋增强
项目名称：重载铁路小断面特长隧道快速施工关键技术

获 奖 人：黄明利

2020 年中国电力科学技术奖三等奖

项目名称：基于多场景应用的空冷发电机高可靠参数设计的关键技术与应用 ★

获 奖 人：李伟力　李　栋　曹君慈

2020 年中国公路学会运输与物流创新奖

项目名称：石化产业智慧物流大数据服务平台建设 ★

获 奖 人：沈孟如　王喜富　姚恩建

2020 年国家铁路局铁路行业重点实验室 3 个

宽带移动信息通信铁路行业重点实验室

负 责 人：钟章队

列车自主运行控制铁路行业重点实验室

负 责 人：唐　涛

运营主动安全保障与风险防控铁路行业重点实验室

负 责 人：秦　勇

第二十三届茅以升北京青年科技奖

蔡国庆　王文静

第十五届茅以升铁道科技奖

蔡小培　何世伟　秦　勇

第十五届詹天佑铁道科学技术奖大奖

高　亮

第十五届詹天佑铁道科学技术奖成就奖

闻映红 任尊松 何世伟

第十五届詹天佑铁道科学技术奖贡献奖

曹　源　肖　宏

第十五届詹天佑铁道科学技术奖青年奖

辛　涛　刁利军

2020 年度詹天佑北京交通大学专项奖——科技奖

张润彤　张淳杰　燕　飞　王斌杰　辛　格　许心越　张　纯　张立伟

2020 年度詹天佑北京交通大学专项奖——教学奖

林友芳　张　英

2020 年度詹天佑北京交通大学专项奖——管理奖

荆　涛　刘吉强

第八届中国电子学会优秀科技工作者

何睿斯

第十五届中国公路青年科技奖

秦晓春

2020 年度交通运输行业重点科研平台创新人物

王艳辉

2020 年国际无线电科学联盟古贺逸策金牌奖章

何睿斯

（二）人文社科类

第八届高等学校科学研究优秀成果奖（人文社会科学）二等奖

项目名称：城市文化与国家治理：当代中国城市建设理论内涵与发展模式建构 ★

负 责 人：皇甫晓涛

第八届高等学校科学研究优秀成果奖（人文社会科学）三等奖 2 项

项目名称：科技服务业发展研究 ★

负 责 人：冯　华　张明玉　卜　伟　邬文兵

项目名称：保障性住房建设项目管理业务规范 ★

负 责 人：任　旭

北京市第十六届哲学社会科学优秀成果奖二等奖 6 项

项目名称：以轨道交通 TOD 推动北京土地集约化利用 ★

负 责 人：荣朝和　王　超　武剑红

项目名称：生态文化论 ★

负 责 人：路日亮

项目名称：北京市地面公交发展保障机制与政策 ★

负 责 人：欧国立　卜　伟

项目名称：新型城镇化下农产品物流发展的路径演进、体系创新与对策建议 ★

负 责 人：张明玉　武　文　王树祥　邬文兵

项目名称：国家产业安全理论与预警机制（八卷本）★

负 责 人：李孟刚

项目名称：先秦儒墨关系研究 ★

负 责 人：孔德立

北京市第十四届优秀调查研究成果奖一等奖

项目名称：北京市快线（市郊铁路）发展思路研究 ★

负 责 人：荣朝和

四、党建及思想政治工作类

我校入选首批高校思政类公众号重点建设名单

我校土建学院建工系教师党支部获得 2021 年北京市先进基层党组织

我校组织部获得 2019 年北京市党统全优单位

2021 年北京市优秀共产党员：张宏科

2020 年度致公党北京市委优秀党员：张菊亮

“共抗疫情、爱国力行”主题宣传教育和网络文化成果征集展示活动短视频类三等奖：安　薇　高默咛　张博宇

2021 年“学习强国”北京学习平台“爱国心·报国情·强国志”主题征文活动优秀征

文奖：李兴华

五、其他奖励

集体奖：

我校获得2019年征兵工作先进单位

我校获得2020教育政务新媒体高校新闻传播力TOP20

我校获得2020年度全国百强高校媒体

我校获得北京号2020年度最具成长力奖

我校获得2020年校园新媒体互动百强高校

我校获得2021年“四季旅行”春天摄影大赛特别活动“春日最美校园”特别奖项

我校获得重点节能技术应用典型案例（2019）技术应用单位

我校获得“华为杯”第十七届中国研究生数学建模竞赛优秀组织奖

我校获得“兆易创新杯”第十五届中国研究生电子设计竞赛总决赛优秀组织奖

我校获得“华为杯”第二届中国研究生人工智能创新大赛优秀组织奖

我校获得第二届中国研究生机器人创新设计大赛优秀组织奖

我校的《校园安全供水模式与新技术应用研究》获得2020年“校园安全供水”样板示范项目

我校的《学业及职业生涯规划与设计》课程被评为2021年北京高校就业创业金课

我校建筑与艺术学院、土木建筑工程学院道铁系教师党支部、校医院获得2017—2021年度北京高校德育工作先进集体

我校人文社会科学处获得2020年度北京市社会科学基金项目优秀二级管理单位

我校出版社有限责任公司的《中国隧道及地下工程技术史》被评为2021年度国家出版基金资助项目

我校后勤服务产业集团获得《第三届“讲好节能故事”微视频、摄影及征文大赛》“微视频类”三等奖

我校图书馆获得2020年BALIS原文传递先进集体奖

我校图书馆获得2020年BALIS原文传递学科服务一等奖

我校图书馆获得2020年BALIS联合信息咨询服务先进集体奖

我校长三角研究院获得2020年江苏省中小企业创新创业大赛创客组优胜奖

我校长三角研究院获得2015年、2017年、2019年中国产学研合作创新与促进奖

我校红十字会获得2020年全国红十字模范单位

我校红十字会获得2020年“首善北京，共筑博爱”首都高校红十字知识竞赛团队先锋称号

我校红十字会获得2020年北京高校大学生世界避孕日知识竞赛团队先锋奖

我校红十字会获得2020年首都成分献血工作特别贡献奖

我校红十字会举办的与生命的奔跑活动获得2020年度红十字会青少年活动组织奖

个人奖：

全国教育后勤系统“2020年度感动人物”：翟　儒

2019年度征兵工作先进个人：王　皓

2020 年度北京高校学生心理素质教育工作先进个人：鲁小华　胡心怡

自 2012 年我校定点扶贫内蒙古自治区通辽市科尔沁左翼后旗以来，学校派出到扶贫地区工作的挂职干部克服各种困难，扎根基层，无私奉献，为科尔沁左翼后旗脱贫攻坚战取得全面胜利作出了重要贡献。他们是：周俞波　赵　兴　侯晓辉　林万梁　徐　民　王　芳

2020 年全国铁路青年岗位能手：王新羿

2021 年北京市优秀德育工作者：刘宾生

2020 年中国教育后勤协会高校校园商业服务新冠肺炎疫情防控先进个人：

吴雪青

2020 年度北京市社会科学基金项目管理工作先进个人：叶　龙

2021 年北京高校就业指导课程教学大赛一等奖：梁妍娇

2017—2021 年度北京高校优秀德育工作者：

许华婷　张欣颖　贾俊芳　徐春玲　郭　锴　闫长丽　高永峰　刘宾生　胡祥萍　郭祎华　任一豪

2017—2021 年度北京高校优秀辅导员：

冯麟淞　黄　津　卢　强　马　晓　图尔贡·麦提萨比尔

全科医学病例诊疗思维培训项目——红叶计划（第 2 季）全科医学病例诊疗思维评比一等奖：卢云涛

北京医学会糖尿病学分会“2020 年社区小天地 抗疫大作战主题展示大赛”三等奖：卢云涛

2020 年“健康北京”科普作品征集大赛演讲类优秀奖：卢云涛

2020 年 BALIS 原文传递服务先进个人：罗　平　刘　欣

2020 年 BALIS 联合信息咨询服务先进个人：邓要武　李德娟　方翔宇

2020 年度优秀校园新闻作品：龚家琦

2020 年校园新媒体优秀指导教师：张博宇

六、从事教育工作三十年表彰人员名单

（按姓氏笔画排序）

于桂兰　王大勇　王友江　王　伟　王　虹　毛　军　甘国和　田玉江　付文秀
司银涛　朱晓宁　刘晓晖　孙英黎　李一玫　李利平　李　彤　宋庆会　张沛君
张　英　张培军　陈东军　陈秀平　陈　梅　邵小桃　郑琼林　赵体贵　郝建英
郝荣霞　胡　琳　娄志东　宫小全　宫玉波　秦雅娟　袁振洲　钱卫红　徐建涛
殷小彤　高　岩　高翠香　唐　涛　黄琳琳　常宏达　崔迎春　彭名书　蒋大明
曾国宏　谢　楠　戴丽萍　戴胜华

（来源：《北京交通大学 2021 年教师节光荣册》，人事处提供）

北京交通大学“光荣在党 50 年”党员名单

（共 268 人，按姓氏笔画为序排列）

丁殿玉　丁嘉种　于兆盛　马又波　马元明　马立忠　马有昭　马桂贞　马根健

马章林　王凤英　王玉芝　王占元　王立文　王永康　王　臣　王成斌　王玘娥
王运秀　王克路　王连子　王秉文　王　录　王春友　王品志　王　莉　王能豪
王雪绮　王鸿琳　王维福　王瑞英　王　路　王慈庆　王福堂　王蕴庄　韦清兰
尤金改　卞恒庆　方　满　叶达荣　田化春　田翠云　白彦清　白振琴　冯玉珉
母树和　邢希进　吕乔青　吕慎有　朱庆琦　朱秋萍　朱雪清　朱瑞英　任永成
任秉良　刘小海　刘月华　刘文霞　刘永复　刘庆东　刘兴北　刘连珍　刘秀娟
刘宝义　刘宝兰　刘宝奇　刘宝珍　刘美芹　刘洪喜　刘淑义　刘瑞林　刘颖孙
刘鑑玲　闫宝珍　安维蓉　安鹤丽　许汝芳　许春林　孙以惠　孙永春　孙雨田
孙绍明　孙桂初　孙淑俊　孙　续　孙瑞芳　孙锦华　苏挺进　杜国信　李士群
李子业　李元章　李凤祥　李文才　李玉昆　李华荣　李丽蓉　李国朝　李明仪
李宝泉　李承恕　李柯华　李贵华　李洛脏　李　振　李振玉　李根成　李培煊
李淑珍　李韵华　李德旺　杨士娥　杨大华　杨广里　杨挹翔　杨爱芬　肖幼萍
肖其林　肖　禹　吴子成　吴玉敏　吴育俭　吴春山　吴春华　吴章湘　吴绵先
吴惠如　何可泰　何先明　何其栋　余双军　狄玉来　宋士宁　宋兰芳　宋光第
宋丽英　宋来民　宋敬一　宋翠华　张乃惠　张　凡　张文杰　张双斋　张玉生
张玉兰　张正禄　张永苍　张红薇　张志波　张克恭　张秀英　张英飞　张林昌
张星平　张起家　张　清　张葆宗　张智罗　张福喜　陆迺震　陆祖椿　陈立成
陈秀祥　陈建华　陈照华　陈籙生　苗玉海　范俊杰　范清禄　范衢珍　林飞鸿
尚德馥　国殿营　明宝岩　罗秋忠　罗鸿逵　周启明　周宝珀　周锡九　郑光信
承仁义　项国政　赵凤云　赵文治　赵玉斌　赵永敏　赵同江　赵如骝　赵　玖
赵昌桂　赵学义　赵洪义　赵淑蓴　赵惠民　赵锦清　赵德中　赵德斌　郝玉藏
郝庆云　郝秀英　郝荣泰　胡振声　胡　鹏　饶松森　闻成禄　姜淑媛　姚光圻
贺代平　袁保宗　莫安民　栗从学　贾怀义　贾萍稳　夏兴林　柴培源　柴淑容
晏淑陶　徐小平　徐永泰　徐任祥　徐寿波　徐启明　徐叙瑢　徐爱荣　凌德筠
高玉传　高艳荣　高振川　高恩杰　郭之政　郭爱香　郭淑芬　郭维鸿　唐业清
唐　珸　黄克毅　曹义仁　曹习涛　曹丽芝　曹秀福　龚惠芳　崔立言　崔静轩
康敬东　梁东海　梁荣章　彭庆友　葛九如　葛迺康　董世林　韩国荣　韩满怀
程凤全　程桂华　游德茂　靳永宽　甄长珠　詹荷生　鲍忠海　满淑珍　蔡进山
廖贤明　缪龙秀　樊国樑　颜秉善　魏文华　魏世隆　魏志芳

（离退休处提供）

2021 年度宣传思想工作表彰情况

北京市思想政治工作优秀单位：

北京交通大学电子信息工程学院

入选中宣部、网信办、教育部、共青团中央 2021 年首批高校思政类公众号重点建设名单：

北京交通大学官方微信

中国青年报 2021 年中国大学官微 50 强：

北京交通大学官方微信

2020 年北京高校师生服务首都“四个中心”功能建设“双百行动计划”优秀示范项目：

教师组

运输学院：董春娇《推动张家湾设计小镇、台湖演艺小镇规划建设研究》

建艺学院：鲍英华《设计引领城市更新——北京老城 13 片文化精华区保护更新调研》

建艺学院：高洁《后疫情时代新发地地区综合治理研究》

经管学院：肖玲玲《后疫情时代城市交通系统韧性提升与管理》

学生组

土建学院：王春宇《依托新技术传承、保护、利用历史文化遗产》

电信学院：王耀剑《高校人才到农村创新创业研究》

2021 年中共北京市委教育工作委员会、北京市教育委员会：“穿越时空的对话”——写给革命先烈的一封信征集活动

高校组

二等奖：

运输学院：程雅婷《这盛世，如您所愿——致赵一曼前辈的一封信》

三等奖：

电信学院：张一品《复兴之路，与您同行——致李大钊先生的一封信》

2020 年中共北京市委教育工作委员会：“爱国心、报国情、强国志”主题征文活动（大学组）优秀奖：

马克思主义学院：许晓楠《家乡决胜脱贫有我青春力量》；高瑞泽《不失青年志，常怀爱国情》；蒋涵钰《以青春之我，创青春之国》

运输学院：夏天《老师，这袋牛奶给你喝》《心有阳光，丹风朝阳》；常乃心《明天见》

学生工作部：李兴华《向着东方，奔跑！》

2020 年北京高校思想理论网络征文三等奖：

语言学院：纪晓楠

《基于“马克思交往理论”的政治教育研究新视角》

北京市成人教育学会 2020 年（第十六届）全民终身学习活动周先进单位–鼓励奖：

北京交通大学

北京高等学校新闻与文化传播研究会 2019—2020 年好新闻作品交流活动通讯类一等奖：

宣传部：袁芳《为轨道交通换“脑”》

北京新闻学会 2021 年度优秀校园新闻作品（文字类作品）北京市专业报刊好新闻三等奖：

郑一铭《徐寿波：一生勇做拓荒牛》

北京交通大学 2021 年度宣传思想工作先进集体和优秀个人名单：

2021 年度宣传思想工作先进集体（17 个）

运输学院　土建学院　机电学院　马克思主义学院　软件学院　体育部　后勤集团

学校办　组织部　团委　工会　本科生院　科研院　研工部

人事处（教工部）　外联处　国际处

2021 年度宣传思想工作优秀宣传员（17 人）

高正礼　韩振峰　郑士鹏　闫长丽　李艳涛　赵守强　刘人元　徐若岚　王小雪

刘冬薇　于明飞　赵岚鹏　张　京（语传学院）　白慧军　张　京（建艺学院）

刘一瑾　冯　杰

2021 年度宣传思想工作优秀通讯员（18 人）

王　章　果志伟　田孝程　冉　洁　姚俊义　王顺淞　马黎灿　尚　玥　李洋颀
刘　驰　张　欣　赵　健　李文一　李歆鑫　李铸灿　刘　佳　丁金凤　高　杰

2021 年度宣传思想工作优秀学生记者（21 人）

汪　意　靳典哲　秦岸荔　罗雯娟　牟一帆　梁欣宇　谢岐尧　尹浩然　夏梦涓
王俊杰　甘振良　孙雪兵　柳佳音　唐莉雅　辛天佐　郭士鼎　李　洵　葛鑫磊
郭颖倩　李　萌　王毓乾

（宣传部提供）

2021 年度学校工会系统表彰名单

2021 年首都劳动奖章获得者：

机电学院　刘志明

2021 年北京市总工会优秀工会工作者：

校工会　王雪松

2021 年校“三育人”表彰名单：

教书育人先进个人（20 人）

郝瑞祥　姚秀明　赵文山　陈力铭　许西宁　杨广雪　岑翼刚　方维维　鲍英华
卜　伟　傅少川　戴春爱　晏　琼　朱晓菊　赵　宏　吴　惠　刘卫丰　沈宇鹏
张笑寒　吕　莹

管理服务育人先进个人（15 人）

常　欢　沈燕平　洪丽平　吴成祥　赵宏伟　王　颖　朱　珊　李　蓉　张守一
宋　阳　安　薇　迟　文　夏　杨　石　月　刘晓锐

“三育人”先进集体（5 个）

后勤集团幼儿教育中心
机电学院工业工程专业教师团队
土建学院建工系
研究生工作部
校医院保健科

北京市第十二届青年教师教学基本功比赛获奖名单：

二等奖：王俣璇　法学院　　文史 A 组
　　　　罗自炎　理学院　　理科 A 组
　　　　李雨键　电信学院　工科 A 组
　　　　李　凯　电气学院　工科 A 组
三等奖：刘玉洁　语传学院　文史 A 组
　　　　李　琦　机电学院　工科 A 组

北京市教育工会先进职工小家：

土建学院工会　建艺学院工会

北京市总工会暖心驿站：

马克思主义学院工会

（校工会提供）

2021 年高考招生工作先进集体和先进个人表彰名单

高招工作先进集体（7 个）

宣传部　外联处　团委　电信学院　土建学院　机电学院　威海校区

高招工作先进个人（15 名）

陶　丹（电信学院）　樊崇艺（计算机学院）　商立媛（经管学院）

任国睿（运输学院）　李易宸（土建学院）　吴成祥（机电学院）

洪春梅（电气学院）　常笑薇（理学院）　董乐贤（语传学院）

王浩业（软件学院）　彭　烜（建艺学院）　刘一瑾（法学院）

刘　敏（詹天佑学院）　李香山（威海校区）　马　晓（威海校区）

（本科生院提供）

2021 年就业创业工作表彰名单

北京高校就业指导名师工作室

北京交通大学职点工作室，负责人：梁　英

北京高校就业创业金课

学业及职业生涯规划与设计，负责人：梁　英

第七届中国国际“互联网+”大学生创新创业大赛北京赛区

优秀组织奖

北京高校就业指导课程教学大赛一等奖

梁妍娇《研究生职业发展与能力拓展》

2021 年北京高校毕业生就业工作先进个人

冯麟淞　张雯溥　周　艺　赵　健

北京交通大学 2021 年度就业与创业工作表彰名单

一、综合奖

电子信息工程学院　机械与电子控制工程学院　软件学院

二、特色奖

（一）就业市场建设特色奖

土木建筑工程学院　电气工程学院　建筑与艺术学院

（二）精准指导服务特色奖

电子信息工程学院（本科）　计算机与信息技术学院（研究生）　软件学院（本科）

威海国际学院（本科）

（三）重点领域就业引导特色奖

计算机与信息技术学院（本科）　交通运输学院（研究生）　电气工程学院（本科）

（四）生涯辅导特色奖

经济管理学院（本科）　土木建筑工程学院（本科）　理学院（研究生）

（五）创业指导特色奖

机械与电子控制工程学院

（六）就业创业工作突破奖

语言与传播学院（研究生）

（七）就业创业先进工作者

冯麟淞　周　艺　沈　梅　张　旭　秦　莹　张雯溥　王　鹏　周彦君　刘慧敏
卢　强　刘东睿　张　京　赵积斌　孙俊伟

（八）就业创业贡献奖

任一豪　沈燕平　刘　钊　余砚琭　刘颖琦　商立媛　王立娟　张晓东　沈宇鹏
苏　洁　樊文刚　刘冬薇　崔秋红　张丽姝　张　杰　张笑寒　王新羿　王毅纯
高　康　原继东　郑东耀　方维维　姚　宏　李新洋　卫振林

（就业与创业指导中心提供）

2020年度学校保密工作先进集体和先进个人表彰名单

保密工作先进集体（5个）

人事处

网信办（信息中心）

电信学院军工通信与导航项目组

计算机学院信息科学研究所多媒体信息计算课题组

机电学院

保密工作先进个人（11名）

徐　梁（保密办）

杨　玲（纪委办 监察处）

荆　涛（科技处 军工处）

郭　栋（人事处）

夏明超（国际处）

李歆丽（网信办 信息中心）

张燕宁（电信学院）

韩　升（计算机学院）

何文华（保密学院）

任　俊（土建学院）

沈海阔（机电学院）

（保密办提供）

2021年共青团、学生工作系统部分重要表彰名单

1. 市级及以上荣誉表彰

全国铁路五四红旗团委

机械与电子控制工程学院团委

全国铁路五四红旗团支部
电子信息工程学院电信研 2009 团支部
全国铁路优秀共青团干部
土木建筑工程学院团委书记　孙加宇
全国铁路优秀共青团员
语言与传播学院本科生　吴　迪
2020 年度“中国大学生自强之星”
计算机与信息技术学院本科生　王梓博
第二批全国高校“百个研究生样板党支部”
计算机学院 18 博士党支部
第二批全国高校“百名研究生党员标兵”
土建学院 2017 级博士研究生谢行思
首都大学生暑期社会实践优秀团队
交通运输学院　　行百年交通强国路，振万里中华铁路魂
建筑与艺术学院　基于可持续发展理念的资源枯竭型城市转型策略研究
首都大学生暑期社会实践先进个人
交通运输学院　　夏　天（博）
建筑与艺术学院　张博珺（硕）
首都大学生暑期社会实践先进工作者
研究生工作部　　秦乐乐
北京市五四红旗团委
机械与电子控制工程学院团委
北京市五四红旗团支部
经济管理学院经管 1914 团支部
北京市优秀共青团干部
詹天佑学院学工办主任　王新羿
北京市青年文明号
北京交通大学学生艺术团
北京大学生艺术系列活动优秀组织奖
北京交通大学
2020 年度北京市征兵工作先进个人
人民武装部干事　毕全记
北京高校“我听亲人讲‘四史’”主题征文活动最佳组织奖
北京交通大学
“北京市学生‘四史’学习知识竞赛”优秀组织奖
北京交通大学
2020 年度北京市征兵工作先进单位
北京交通大学
2021 年北京高校优秀学生基层组织
交通运输学院运输学 1807 班

理学院思源 1801 班
电子信息工程学院通信 1809 班
经济管理学院 Z19－269 宿舍
法学院 Z12－419 宿舍

2020—2021 年度北京市先进班集体
电子信息工程学院通信 1905 班
计算机与信息技术学院计算机 1906 班
经济管理学院经管 1914 班
交通运输学院运输学 1901 班
土木建筑工程学院土木 1905 班
机械与电子控制工程学院机械电子 1902 班
电气工程学院电气 1907 班
理学院思源 1901 班
语言与传播学院英语 1901 班
软件学院软件 1903 班
建筑与艺术学院建筑 1902 班
法学院法学 1901 班
计算机与信息技术学院 18 级博士班
交通运输学院博 1902 班

2020—2021 年度北京市三好学生
电子信息工程学院（共 5 人）
丁新河　王诗漪　王奕润　张恒瑜　王　蕾（博）
计算机与信息技术学院（共 5 人）
冼俊宇　包雪伶　关雨晨　沈香港（硕）　栾　宁（硕）
经济管理学院（共 4 人）
范鹏祥　彭　奕　王毓嵘　卜　涛（博）
交通运输学院（共 4 人）
王振珩　姜　宸　高睿洁　龙宇轩（博）
土木建筑工程学院（共 3 人）
胡啸川　王春宇　郭志远（硕）
机械与电子控制工程学院（共 4 人）
吴建瓴　高泽庆　李　昊（博）　吴松泽（博）
电气工程学院（共 3 人）
徐雨菲　邵　葳　王　宇（硕）
理学院（共 3 人）
赵燕燕　蔡雨馨　段平涛（博）

马克思主义学院（共 1 人）
练宸希（博）
语言与传播学院（共 1 人）
刘　鑫（硕）
软件学院（共 2 人）
余健龙　吴梦丹（硕）
建筑与艺术学院（共 2 人）
张千千　华建嘉（硕）
法学院（共 2 人）
贺　言　储一农（硕）
詹天佑学院（共 1 人）
樊世豪

2020—2021 年度北京市优秀学生干部（共 14 人）
电子信息工程学院（共 1 人）
丁新河
计算机与信息技术学院（共 1 人）
吴春雷
经济管理学院（共 2 人）
孙赫阳　张　伟（研）
交通运输学院（共 2 人）
李天琦（博）　李　晨（博）
土木建筑工程学院（共 2 人）
覃闻达　周栋文
机械与电子控制工程学院（共 1 人）
张爱兵
电气工程学院（共 1 人）
靳宇航
理学院（共 1 人）
闫　震
语言与传播学院（共 1 人）
余　健
软件学院（共 1 人）
张仲为
建筑与艺术学院（共 1 人）
魏朋汝

2020—2021 学年国家奖学金（共 137 人）

电子信息工程学院（16 人）

王诗漪　张逸康　陈　骋　孙玉丽　周姿能　曹惠云　张恒瑜　儒　曼　叶子琦
杨溟豪　梁　曼　程云昊　王楚涵　熊楚颜　张鹏伟　廖牧山

计算机与信息技术学院（11 人）

洪芷晴　冼俊宇　贺　桢　蒋楷文　党浩然　宋思清　李浩宇　李润泽　李雨欣
蔡子祺　方晨芳

经济管理学院（11 人）

张齐林　吴宇勇　李　响　邹欣然　白凯玲　徐可瑶　程　月　王毓嵘　夏心雨
罗辰悦　丰天瑞

交通运输学院（11 人）

崔怡欣　李　佩　施子逸　戚子玥　张　巧　蒋勇智　邹恺杰　倪心睿　史佳柠
邹雅竹　刘雅婷

土木建筑工程学院（8 人）

杨绮卓　柯明亮　胡啸川　张子杰　诸葛弢　袁逸舟　李欣玥　庞元恩

机械与电子控制工程学院（11 人）

郭砚昭　蒋汉锟　胡晋涛　徐梓焜　邱小航　高泽庆　袁浩宇　王若兮　王均宇
兰文锴　许梓塬

电气工程学院（10 人）

张洪宇　刘雪琪　武阿涛　邵　葳　冉子艺　徐雨菲　解晓爽　单泊洋　余　萧
张力书

理学院（13 人）

高逸谦　黄北辰　赵燕燕　蔡雨馨　曾心怡　苏学睿　张婧慧　熊子瑜　任丁聪
邱烨卿　胡超恩　范冰冰　谢玉婷

语言与传播学院（5 人）

蓝陈泓　谭添慧　陈芊卉　张晓静　陈朝露

软件学院（6 人）

汪雨雯　王　迪　杨睿孜　洪纲忆　陈永涛　李雪奇

建筑与艺术学院（5 人）

罗懿鹭　丘容千　李皓妍　何疏影　刘一卉

法学院（4 人）

宋翘楚　苗新苑　贺　言　蒋雨彤

詹天佑学院（8 人）

樊世豪　曾语若　邵天语　王纪元　付晋吉　郁　聪　齐　睿　张开元

经管学院（威海）（8 人）

张　珊　王　鑫　叶子萌　黄楚琪　沈思现　陈健龙　陈润楠　唐　镏

电信学院（威海）（3 人）

刘孟宇　张金岩　江张彰

土建学院（威海）（4 人）

陈凯颖　周煜杰　文玥孋　郑效姗

计算机学院（威海）（3 人）

袁　超　张自强　王　锦

2. 校级部分重要表彰

北京交通大学五四奖章

孙玉丽　　电子信息工程学院本科生
吴春雷　　计算机与信息技术学院本科生
郭　名　　经济管理学院教授
房　倩　　土木建筑工程学院教授
吴松泽　　机械与电子控制工程学院研究生
黄北辰　　物理科学与工程学院本科生
蔡　贺　　法学院学工办主任
华建嘉　　建筑与艺术学院研究生
袁　芳　　学校办公室七级职员
黄　晨　　对外联络合作处科长（教育基金会副秘书长）

北京交通大学知行奖学金（本科生）（共 10 人）

电子信息工程学院（共 1 人）

孙玉丽

经济管理学院（共 1 人）

张齐林

交通运输学院（共 1 人）

施子逸

机械与电子控制工程学院（共 1 人）

郭砚昭

电气工程学院（共 1 人）

张洪宇

理学院（共 2 人）

黄北辰　熊子瑜

语言与传播学院（共 1 人）

谭添慧

建筑与艺术学院（共 1 人）

罗懿鹭

法学院（共 1 人）

宋翘楚

知行奖学金（本科生单项）（共 10 人）

电子信息工程学院（共 2 人）

刘锐哲　张恒瑜

经济管理学院（共 2 人）
刘一昂　高　远
交通运输学院（共 2 人）
崔怡欣　邹恺杰
机械与电子控制工程学院（共 1 人）
罗科炼
语言与传播学院（共 2 人）
赵文宇　相　艺
法学院（共 1 人）
蒋雨彤

北京交通大学知行奖学金（研究生）（共 10 人）
电子信息工程学院（共 1 人）
杨　汨（博）
计算机与信息技术学院（共 2 人）
廖　康（博）　吕庚育（博）
交通运输学院（共 2 人）
郇　宁（博）　刘晓冰（博）
土木建筑工程学院（共 1 人）
张　博（博）
电气工程学院（共 2 人）
刘　博（硕）　张文俊（硕）
理学院（共 2 人）
高进华（博）　毛学耕（博）

北京交通大学知行奖学金（研究生提名奖）（共 10 人）
电子信息工程学院（共 3 人）
马宇辰（博）　王　伟（博）　王　蕾（硕）
交通运输学院（共 1 人）
王晓全（博）
土木建筑工程学院（共 2 人）
张金雷（博）　李鹏扬（博）
机械与电子控制工程学院（共 1 人）
凌　松（博）
电气工程学院（共 1 人）
田　甲（博）
理学院（共 1 人）
王　斌（硕）

建筑与艺术学院（共 1 人）

张永超（硕）

北京交通大学第二十二届周恩来班（共 1 个）

交通运输学院（共 1 个）

运输学 1807 班

詹天佑班优秀班集体（由詹天佑科学技术发展基金会授予）（共 1 个）

电子信息工程学院（共 1 个）

信号 1804 班

（学工部　校团委　研工部提供）

2020 年北京交通大学教学成果特等奖获奖名单

（分学院以成果名称音序排序）

序号	单位	类型	成果名称	成果完成人
1	电信	本科	内涵为要 思政为魂 共享为径，信号处理系列课程教学改革与实践	陈后金　李艳凤　胡　健　陶　丹　薛　健　彭亚辉　李居朋　黄琳琳　郝晓莉　申　艳　魏　杰　侯亚丽　周　航　钱满义　陈紫微　陈　新　高海林
2	计算机	本科	“一体双核四维驱动”的计算机类人才培养体系构建与实践	李清勇　黄雅平　刘　真　刘　铭　王浩业　李浥东　熊　轲　张英俊　王志海　周雪忠　余陇琭　王　健　黄　华　彭文娟　樊崇艺
3	计算机	研究生	多重支撑，双路反馈，构建闭环式信息技术研究生人才培养体系	林友芳　蔡伯根　万怀宇　赵宏伟　景丽萍　于　剑　尹　辉　周　亮　袁中兰　黎　琳　郭袆华　董敬祝　董晓娜
4	经管	研究生	使命引领 内在驱动 研究生创新创业“知行合一”教学体系构建与实践	刘颖琦　郭　名　张　力　裘晓东　陈秀平　邱　奇　李　娜　梁　英　曾德麟　顾元勋　魏　炜　张欣颖
5	经管	本科	四维驱动，守正创新，数字经济时代经济管理人才培养模式改革探索与实践	张　力　周耀东　柴　莹　刘海鑫　张姗姗　马　忠　张耀月　商立媛　荀娟琼　刘伊生　兰洪杰　刘颖琦　彭兆祺　叶蜀君
6	运输	研究生	“一带一路”倡议下的交通运输特色学科研究生国际化人才培养的探索与实践	姚恩建　朱晓宁　刘彦青　刘世峰　柏　赟　聂　磊　邵春福　孟令云　刘志勇　李森荟　杨　扬　张永生　孙　迅　刘　琪
7	运输	本科	新工科背景下交通运输专业人才“分类培养”体系建设改革与实践	张星臣　聂　磊　何世伟　陈军华　朱晓宁　景　云　赵　鹏　谭宇燕　王　力　王志美　黎浩东　姚向明　孟令云　魏玉光　董宏辉　任国睿

续表

序号	单位	类型	成果名称	成果完成人
8	土建	本科	“厚德强基为先 实践创新并举”土木工程专业学产研融通育人模式构建与实施	杨　娜　卢文良　姜兰潮　曹艳梅　张成平　刘智敏　杨丽辉　窦　超　向宏军　王　萌　文永奎　常　鹏　刘东平　陈　博
9	土建	研究生	面向高速铁路自主创新重大需求，培养基础设施领域高素质创新人才	高　亮　肖　宏　刘世峰　白　雁　蔡小培　林　葵　蔡国庆　辛　涛　彭　华　侯博文　张艳荣　钟阳龙
10	机电	研究生	面向制造强国战略的“智造”人才培养体系探索与实践	郭　盛　房海蓉　蒋增强　李建勇　方跃法　李　强　李国岫　田龙梅　史红梅　任尊松　蔡永林　程卫东　常秋英　朱晓敏　王公臻　胡娟娟
11	机电	本科	新工科背景下“五位一体、协同推进”机械大类专业内涵建设与实践	史红梅　刘志明　张　英　郭保青　鄂明成　蒋增强　耿　聪　吴成祥　赵会美
12	电气	本科	深度科教融合，面向能源交通的电气工程本科生创新能力培养体系构建与实践	王喜莲　吴命利　曹君慈　唐　芬　聂晓波　陈　杰　许　寅　杨少兵　刘志刚　郝瑞祥　张　威　张和生　张大海　杨晓峰　李　腾
13	马克思主义学院	本科	大思政格局下思想政治理论课社会实践教学模式创新	韩振峰　田永静　闫长丽　王宁西　魏　炜　王德瑜　秦思阳　高正礼　高永峰　任一豪　吕亚鑫　曲立忠　李　瑞　杨雨明　陶蕾韬　吴　琼　何玉芳　钟向阳　王永凤
14	语传	研究生	理工类大学研究生英语“双能·三联”教学模式创新与实践	杨若东　郝运慧　王建荣　周红红　王云彤　闫学东　耿纪永　都　平　田永丰　姜玉珍　张　宏
15	学校综合	本科	“四化”协同、“四优”并举的智慧教育教学创新改革与实践	房海蓉　闫学东　陈后金　王佳琦　竺超今　史红梅　杨　娜　王喜莲　周耀东　刘玉婷　卢　苇　张　野　陈军华　陶　丹　熊　轲　林友芳　董　雪
16	学校综合	本科	服务交通强国，构建“四通”人才培养新模式的研究与实践	闫学东　张星臣　房海蓉　朱晓宁　张　华　刘世峰　李清勇　高　亮　郭　盛　唐　涛　于永光　蔡伯根　张　力　吴命利　邓　涛
17	学校综合	本科	三全覆盖 四级联动 五位一体 构建多维协同的课程思政育人模式	景　云　李巍涛　柴　莹　田永静　张　野　郝运慧　赵　旸　冯国臣　岳　昊　张　英　高晓莹　姜兰潮　秦彦平
18	学校综合	本科	新时代大学生综合素质培养模式探索与实践	许安国　姚念龙　王德瑜　刘　燕　王　烜　高永峰　郭祎华　胡祥萍　常扬帆　张云鹏　胡　滢　杨雨明
19	学校综合	研究生	支撑高铁名片 构建“三高四方五环节”行业特色型高校研究生培养质量保障体系	余祖俊　李国岫　朱晓宁　刘世峰　林　葵　冯海燕　荆　涛　绳丽惠　刘吉强　唐　涛　郭　盛　林友芳　吴命利　韩　冰　刘　畅

续表

序号	单位	类型	成果名称	成果完成人
20	校际	本科	安全专业认证标准与注册安全工程师任职资格标准衔接体系研究与实践	宋守信（北京交通大学） 张来斌（中国石油大学） 傅　贵（中国矿业大学（北京）） 陈明利（北京交通大学） 翟怀远（北京交通大学） 钱新明（北京理工大学） 钮英建（首都经济贸易大学） 刘　剑（辽宁工程技术大学） 杨书宏（中国安全生产科学研究院） 沈　勇（中国特种设备检测研究院） 许开立（东北大学） 吴　超（中南大学） 张　驎（应急管理部） 杨振宏（西安建筑科技大学） 崔慕晶（中国职业安全健康协会） 张　华（安东石油集团公司） 刘景凯（中国石油天然气集团有限公司） 司　鹄（重庆大学） 耿晓伟（辽宁工程技术大学） 佟瑞鹏（中国矿业大学（北京）） 陈文涛（中国职业安全健康协会） 高　旭（中国职业安全健康协会）
21	校际	本科	创新－引领－协作－提升，全国轨道交通信号与控制专业虚拟教研室探索与实践	戴胜华　唐　涛　杨世武　李正交　王　剑 陶　丹　周　兴　李绍斌　黄赞武　刘　江 （北京交通大学） 翁剑成（北京工业大学） 郭　进（西南交通大学） 林俊亭（兰州交通大学） 冯庆胜（大连交通大学） 李　晓（中北大学） 方建军（北京联合大学） 阮久宏（山东交通学院） 张红涛（华北水利水电大学） 张宏伟（河南理工大学） 曹李竹（滇西科技师范学院）
22	校际	本科	新理念 新模式 新途径——支撑和引领产业发展的高层次软件人才培养体系改革与实践	卢　苇　邢薇薇（北京交通大学） 吴中海（北京大学） 王建民（清华大学） 臧斌宇（上海交通大学） 张　莉（北京航空航天大学） 丁刚毅（北京理工大学） 邝　坚（北京邮电大学） 朱　青（北京工业大学） 骆　斌（南京大学） 朱志良（东北大学） 罗钟铉（大连理工大学） 毛晓光（国防科技大学） 陈志刚（中南大学） 郑江滨（西北工业大学） 周世杰（电子科技大学） 张玉志（南开大学） 陶文源（天津大学） 王忠杰（哈尔滨工业大学） 赵一鸣（复旦大学） 尹建伟（浙江大学） 陈华平（中国科学技术大学）

续表

序号	单位	类型	成果名称	成果完成人
22	校际	本科	新理念 新模式 新途径——支撑和引领产业发展的高层次软件人才培养体系改革与实践	李肯立（湖南大学） 廖明宏（厦门大学） 肖　侬（中山大学） 李国徽（华中科技大学） 王振宇（华南理工大学） 崔立真（山东大学） 耿　新（东南大学） 洪　玫（四川大学） 龚怡宏（西安交通大学） 陈铭松（华东师范大学） 杨　博（吉林大学） 李　兵（武汉大学） 文俊浩（重庆大学） 宋庆国（同济大学） 李青山（西安电子科技大学） 姚绍文（云南大学）

（本科生院提供）

2020年北京交通大学教学成果一等奖获奖名单

（分学院以成果名称音序排序）

序号	单位	类型	成果名称	成果完成人
1	电信	研究生	“人工智能+新工科”时代下信息处理方向研究生教育教学改革	李艳凤　陈后金　彭亚辉　陶　丹　黄琳琳 李居朋
2	电信	本科	“协同进取，开放共享”全国轨道交通信号与控制专业虚拟教研室建设与实践	戴胜华　王　剑　杨世武　李正交　周　兴 李绍斌　黄赞武　蒋大明　付文秀　苗　宇 张三同　孙绪彬　崔　勇　姚秀明　于振宇 陈拥军　周永华　徐洪泽　魏学业　袁　雪 陈福恩　岳　强　张文静　杨　光　仲维锋
3	电信	本科	产教融合，虚实结合，考评综合，打造支撑一流信号专业的实习体系	杨世武　黄赞武　李正交　孙绪彬　陶　丹 刘　颖　张三同　李绍斌　崔　勇　周　兴 周永华　苗　宇　于振宇　仲维锋　张　芸
4	电信	本科	创新课程建设内涵与建设路径创建一流的信号处理系列课程	陈后金　李艳凤　胡　健　陶　丹　薛　健 彭亚辉　李居朋　黄琳琳　侯亚丽　陈　新
5	电信	本科	打造虚拟仿真一流课程，促进虚仿中心内涵发展	李正交　戴胜华　周　兴　黄赞武　李绍斌 杨世武　刘　江　苗　宇　姚秀明　孙绪彬 崔　勇　于振宇　张三同　周永华　陆德彪
6	电信	本科	聚合一流资源，培养轨道交通信号与控制专业“四通”模式一流人才	唐　涛　杨世武　张　勇　陶　丹　王　剑 马连川　李正交　刘　颖　刘　江　韩柏涛 崔　勇　黄赞武　孙绪彬　岳　强　常　卓
7	电信	研究生	全员全过程全方位研究生培养质量监控体系建立探索与实践	周华春　高万英　王　琼　沈燕平　陈　晨 孟　徐　菁　华
8	计算机	本科	“四通四合、多维立体”的计算机系统能力培养探索与实践	黄雅平　艾丽华　翟高寿　王志海　徐　薇 孙永奇　李向前　原继东　何永忠　黄　华 杨武杰　金　一　田　艺　董　岚　吴为民
9	计算机	本科	“一体两翼四轮驱动”的信息技术新工科建设与实践	李清勇　黄雅平　刘　真　周雪忠　王志海 王浩业　李浥东　樊崇艺

续表

序号	单位	类型	成果名称	成果完成人
10	计算机	本科	“重思政、强实践、多学科交叉”的保密人才培养模式探索与实践	韩　臻　黎　琳　黎妹红　张汉姝　王　健　刘吉强　杜　晔　何永忠　王　伟　常晓林　张大伟　赵　佳　彭双和　杨武杰　李　静
11	计算机	研究生	公理化体系驱动的创新型机器学习教学模式探索与实践	景丽萍　于　剑　林友芳　王　晶　田丽霞　万怀宇　黄惠芳　吴　丹　李晓龙　桑基韬
12	计算机	研究生	基于“激发式”的个性化培养方法及其在移动与互联网络方向高层次研究生人才培养中的实践	熊　轲　钟章队　王公仆　李清勇　何睿斯　陆　杨　耿　阳　李　敖　刘　铭　方维维　高　博　李宗辉
13	计算机	研究生	立足多重支撑，强化评价反馈，构建新一代信息技术高层次人才系统化培养体系	林友芳　蔡伯根　于　剑　万怀宇　赵宏伟　袁中兰　周　亮　郭祎华　景丽萍　黎　琳　尹　辉　李红辉　孙永奇　董敬祝
14	计算机	本科	新时代大学计算机赋能教育教学探索与实践	王移芝　李清勇　周　围　金　一　熊　轲　许宏丽　张和平　靳小燕
15	经管	本科	安全工程专业认证标准与注册安全工程师任职标准衔接研究与实践	宋守信　傅　贵　刘　剑　钱新明　陈明利　钮英建　耿晓伟　许开立　吴　超　杨振宏　司　鹄　翟怀远
16	经管	研究生	产学共创、虚实融通：以案例沙盒为核心的经管类实践教学体系构建	崔永梅　张莉莉　苟娟琼　赵健梅　应文池　顾元勋　张　蕾　赵晓丽
17	经管	本科	管工融合、德才互倚：交叉学科中的专业课程建设与实践	尚小溥　张润彤　张真继　刘世峰　李　静　穆文歆　宫大庆　张　雄　朱明皓　栾　静
18	经管	研究生	基于“学习—行动—塑造”的高校全过程创新创业教育与实践	刘颖琦　李　娜　郭　名　王曦若　曾德麟
19	经管	研究生	基于 OBE 和 PDCA 理念的物流管理类学术研究生综合科研能力培养实践	华国伟　魏文超　张菊亮　施先亮　兰洪杰　黄安强
20	经管	本科	践行新文科发展理念，培养智慧物流创新人才	施先亮　卞文良　宋　光　黄安强　郑　凯　兰洪杰　李伊松　张菊亮　华国伟
21	经管	本科	交通运输特色一流经济学专业建设创新与实践	欧国立　佟　琼　卜　伟　李卫东　荣朝和　李红昌　李津京　张欣颖　商立媛
22	经管	本科	教育新时代背景下经济管理本科教学体系优化与创新	张　力　周耀东　柴　莹　刘海鑫　张姗姗　马　忠　张耀月
23	经管	本科	瞄准会计人才需求　重构分类教学模式　打造金课教学体系	郭雪萌　李远慧　孙　敏　于国红　范铁燕　李玉菊
24	经管	本科	全要素协同　全链条联动　全方位提升，高校全过程教育教学质量评价的探索与实践	蔡　芸　柴　莹　李巍巍　郭　名　彭兆祺　张　野　商立媛　郑　凯
25	经管	本科	数智驱动，业财融合，理工高校财务管理本科复合型人才培养模式创新与实践	马　忠　张姗姗　张霖琳　米春蕾　童丽静　肖　翔　周绍妮　何　琳　谢纪刚　胡杰武
26	经管	本科	思政引领　推广中国特色的会计教育理念　拓金造才　重构分类培养的一流教学体系	郭雪萌　李远慧　孙　敏　姚立杰　于国红　范铁燕　李玉菊
27	经管	研究生	学研践行、柔性创新——管理科学交叉学科方向的复合型博士生培养模式探索实践	张真继　尚小溥　宫大庆　黄安强　张润彤　刘世峰　施先亮　张菊亮　华国伟
28	运输	研究生	“轨道交通网络化运营组织理论与技术”研究生优质核心课程建设	毛保华　柏　赟　刘智丽　梁　肖　许　奇
29	运输	本科	“交通强国”战略下的交通工程国家一流专业新工科建设的创新与实践	姚恩建　邵春福　闫学东　王江锋　杨　扬　张永生　袁振洲　岳　昊　宋国华　魏丽英　吴先宇　王　颖　刘志勇　陈荣升　吴亦政

续表

序号	单位	类型	成果名称	成果完成人
30	运输	本科	聚焦国家需求，交通运输高水平特色人才培养探索与实践	聂　磊　景　云　谭宇燕　韩宝明　尹相勇　乐逸祥　孟令云　李艳华　陈军华　张晓东　任国睿　吴绫绛绯　贺振欢　付慧伶　佟　璐
31	运输	本科	面向全球视野、支撑国家战略——交通运输专业国际化教学能力建设与实践	马　路　闫学东　邵春福　卫　翀　董春娇　王　云　辛　格
32	运输	本科	面向现代交通需求的交通运输新工科复合人才培养模式创新与实践	张星臣　陈军华　赵　鹏　姚向明　王志美　任国睿
33	运输	研究生	面向新工科多维能力培养的交通运输贯通式课程建设模式创新与实践	何世伟　宋　瑞　蒋　健　景　云　黎浩东
34	运输	本科	面向新工科立体育人的交通运输一流专业多维融合创新改革与实践	何世伟　聂　磊　景　云　陈军华　宋　瑞　魏玉光　黎浩东　张进川　王　力　韩宝明　毛保华　贾利民　尹相勇　孟令云　任国睿
35	运输	本科	以北京学院为载体创新推进新时代城市交通人才培养探索与实践	邵春福　景　云　任国睿　张晓东　岳　昊
36	运输	研究生	中外兼顾、多措并举——交通运输工程领域研究生国际化人才培养的探索与实践	姚恩建　朱晓宁　刘彦青　刘世峰　孟令云
37	土建	本科	《结构力学I》在线课程建设及线上线下混合探究式教学的实践	曹艳梅　于桂兰　徐艳秋　向宏军　贾　影　石志飞　陈　安
38	土建	本科	传统与现代交融，以核心课为引领，构建铁道工程一流专业人才培养体系	蔡小培　王　斌　冯瑞玲　高　亮　时　瑾　梁青槐　王连俊　沈宇鹏　魏庆朝　王英杰
39	土建	研究生	德才璧合、国际联合、产研融合的“三合”土木工程创新人才培养模式探索与实践	杨　娜　王　娟　王晓峰　李　波　邢佶慧　向宏军　常　鹏　陈　安　白　凡　徐春玲
40	土建	本科	夯实基础、突出创新、强化实践——产学研融通的建筑工程创新人才培养模式构建与实践	姜兰潮　杨　娜　刘智敏　陈爱国　王　萌　邢佶慧　窦　超　刘　磊　张　建　白　凡
41	土建	研究生	交通土木工程国际硕士英语授课培养体系	项彦勇　张鑫超　郎　晶　刘林　井国庆　陈　曦　李　旭　赵　杰　杜进生　窦　超
42	土建	本科	理实结合、产学相通、线上线下融合的桥梁工程人才创新能力培养研究与实践	卢文良　杨丽辉　文永奎　陈启刚　解会兵
43	土建	研究生	面向高速铁路自主创新重大需求，培养基础设施领域高素质创新人才	高　亮　肖　宏　刘世峰　蔡小培　林　葵　白　雁　辛　涛　彭　华　侯博文　张艳荣　钟阳龙
44	土建	本科	以土力学核心课为引领，传统与现代交融，全面培养学生的创新能力	白　冰　刘　艳　陈　曦　李　旭　李　舰　李伟华　蔡国庆　李　涛　曾巧玲　刘　丽
45	机电	研究生	“四位一体、多元协同”导师团队制研究生培养模式改革和创新能力培养	史红梅　朱力强　郭保青　余祖俊　王耀东　许西宁　王　尧
46	机电	本科	多点联动，多维融合——机械原理系列课程建设	张　英　房海蓉　郭　盛　方跃法　姚燕安　曲海波
47	机电	研究生	高层次复合型工科创新人才培养体系改革探索与实践	郭　盛　田龙梅　王公臻　胡娟娟
48	机电	研究生	工程专业学位研究生校企联合培养模式实践探索	郭　盛　田龙梅　蔡永林　王公臻　胡娟娟

续表

序号	单位	类型	成果名称	成果完成人
49	机电	研究生	构建“五位一体”研究生创新实践竞赛培养体系，提高研究生创新实践能力	潘显钟 郭 盛 蒋增强 张雯溥 田龙梅 袁 月 刘 超 李洪萌 董立静 陈光荣 胡娟娟
50	机电	本科	机械工程专业改造升级路径与创新人才培养模式的探索和实践	张 英 郭 盛 温伟刚 房海蓉 姚燕安 鄂明成 方跃法 霍 凯 焦风川 李国正 刘月明 蔡永林 陈宇飞
51	机电	本科	基于专业认证，突出科教融合，一流测控专业人才培养体系研究与实践	郭保青 史红梅 董立静 万里冰 齐红元
52	机电	本科	学科交叉、产教融贯、多维递进的车辆工程新工科人才培养体系建设与实践	刘志明 王斌杰 宋雷鸣 王 曦 王文静 邹 骅 任尊松 李 强 彭俊彬 金新灿 杨广雪
53	机电	本科	学生中心成果导向，机械大类专业内涵建设	史红梅 刘志明 张 英 郭保青 鄂明成 蒋增强 耿 聪 吴成祥 赵会美
54	机电	本科	以大学生机械博物馆和创客空间为平台，构建“机械+”创新创业教育新模式	潘显钟 李建勇 史红梅 杨舒怡 许西宁 郭 锴 蔡 贺 黄 津 杨新伟 袁 月 李 直 吴成祥
55	机电	本科	以学生为中心分类培养的工业工程专业渐进式实践体系设计与实践	蒋增强 马 靖 鄂明成 李 琦 朱晓敏 陆一平 刘阶萍 方卫宁 王 强 巩思茜
56	电气	本科	基于 OBE 理念的电机学优质本科课程建设	刘慧娟 刘瑞芳 曹君慈 郭 芳 桂峻峰
57	电气	本科	具备国际竞争力的创新型电气工程人才培养体系构建与实践	和敬涵 许 寅 王喜莲 夏明超 王 颖 王琛琛
58	电气	本科	面向轨道交通行业新需求的电气工程特色专业建设与实践	吴命利 杨少兵 王喜莲 宋可荐 孙继星 李 腾 徐建军 叶晶晶 刘秋降 张 钢 何婷婷 周明磊 方晓春 肖 斐 吴振升
59	电气	研究生	求实创新，明知笃行，电气工程专业学位工程硕士培养体系建设与实践	吴命利 王小君 叶晶晶 聂晓波 牛利勇 王 剑 于 冰 曹君慈 张大海 林 飞 张和生 黄 辉 张维戈 田付强 刘秋降
60	电气	研究生	需求导向、创新驱动、电气学科国际化人才培养的探索与实践	和敬涵 关忠良 许 寅 王小君 王琛琛 王 颖 张 放 夏明超 段汝佳 陈 源 唐 芬 刘 曌 张大海 罗国敏 刘 扬
61	电气	本科	学科前沿进课堂，电气类专业本科生实践教育体系构建	王喜莲 吴命利 刘志刚 许 寅 徐建军 陈 杰 杨少兵 王 伟 叶晶晶 霍静怡
62	电气	本科	寓“教”于“练”，强“基”创“新”——口袋式实验系统研发及《微机原理与接口技术》课程实践	牛利勇 张维戈 王健强 杨少兵 童亦斌 徐建军 吴学智 唐 芬
63	理学院	本科	“共商共建，共育共享；轮转培养，多方协同”的纳米材料与技术专业中外合作办学项目新型人才培养模式与实践	丁克俭 冯其波 潘海莲 何志群 赵 颖 由芳田 余 宇 杨春和 吕燕武 吴松梅 胡红刚 崔秋红 武 清 朱亚彬
64	理学院	本科	“强科学实践，重信息技术”虚实相济的一流大学物理课程探索与实践	郑 凯 陈 征 牛英利 张兴华 王波波 刘 斌 王 智 蔡天芳 张丽梅 范 玲 牛 原 赵红娥 赵红敏 孟令川 周晓亮
65	理学院	研究生	高水平博士生培养模式的构建与实践——荣获全国优博学位论文、博士后人才计划	张福俊 唐爱伟 王 智 马晓玲
66	理学院	本科	基础与个性并重，能力与潜力共强，全力打造信息与计算科学一流专业	常彦勋 于永光 廉巧芳 冯国臣 吕 兴 梁熠宇 郝荣霞 冯 弢 倪旭敏

续表

序号	单位	类型	成果名称	成果完成人
67	理学院	本科	激发兴趣 强化创新 虚实结合——大学数学演示实验教学平台建设与实践	范秉理 刘玉婷 孔令臣 刘迎东 高 勃 马艳萍 钟 波 吕 兴 何卫力 刘国忠
68	理学院	本科	线上线下结合、教学科普相济的演示实验教学与可持续发展模式	陈 征 孟令川 周晓亮 张兴华 齐敬强 王春雷
69	理学院	研究生	学科交叉，本研一体，统计优化创新人才培养模式的探索与实践	孔令臣 修乃华 王周宏 冯 弢 罗自炎 桂文豪 张 超 王立春
70	理学院	本科	铸师魂、强基础、修能力——大学数学青年教师快速成长的培养机制与实践	孔令臣 刘迎东 付 俐 冯国臣 钟 波 王晓霞 吴灵敏 何卫力 赵 平 江中豪
71	马克思主义学院	本科	基于第一课堂和第二课堂联结的思想政治理论课实践教学模式	田永静 秦思阳 曲立忠 任一豪
72	马克思主义学院	研究生	新时代思想政治理论课“立德树人”教学模式探索	韩振峰 郑士鹏 闫长丽
73	马克思主义学院	本科	优秀历史文化资源融入中国近现代史纲要课程的教学研究与改革成果	闫长丽 朱晓菊 白 夜 王玉萍 张瑞霖 郑士鹏 王 楠
74	语传	本科	多元测评体系建设赋能公共英语教学改革的探索与实践	邵钦瑜 冯 蕾 左映娟 李京平 丁 研 陈 娴 姜玉珍 董乐贤 付天英 李 岩 刘 岚 刘路薇 艾 薇 朱 静 李巍巍
75	语传	研究生	研究生英语教学“三通三新”创新模式的探索与实践	郝运慧 王建荣 周红红 孔 飞 张 宏 戴丽萍 陈 平
76	语传	本科	以学科竞赛为导向，以“三研三实”为抓手，探索提升学生国际竞争力和领导力的新模式	杨若东 王云彤 田永丰 都 平 郭贝思
77	软件	本科	“全过程 递进式”软件人才培养实践教学体系	邢薇薇 赵 宏 冯凤娟 魏小涛 鲍 鹏 高睿鹏 张顺利 张 迪 车啸平 魏 翔 张 健
78	软件	研究生	基于能力的“1+1”软件工程专业硕士培养体系	邢薇薇 卢 苇 张顺利 鲍 鹏 高睿鹏 张 迪 车啸平 魏 翔 张 健
79	软件	本科	软件工程专业国际化人才培养模式的改革与实践	卢 苇 邢薇薇 王建民 吴中海 张 莉 朱 青
80	建艺	本科	创意设计类学科群特色竞赛体系构建与实践	孙 伟 张 野 盛 强 夏海山 余高红 李珺杰 万 博 张 澎 王 鑫 周艺南 魏泽崧 高 巍 王 征 赵湘伟 耿 涵 江 扬 彭 烜
81	建艺	本科	工科背景下创意设计类专业实践育人体系建设与实践	张 野 胡映东 郭华瞻 魏昀赟 李珺杰 夏海山 余高红 薛林平 孙 伟 张育南 郭 海 魏泽崧 高 巍 王 征 曾忠忠 刘双花 卢 源 孙淑媛 张 纯 薛彦波 王 鑫
82	建艺	研究生	基于“三维融通”的建筑城规类研究生培养模式创新与实践	夏海山 张 纯 盛 强 余高红 杜晓辉 张 曼 孙 伟 曾忠忠 潘 曦 张 野 胡映东 李珺杰
83	法学院	本科	行业特色高校卓越法治人才“一体两翼”分类培养的探索与实践	毕 颖 李巍涛 郑 飞 朱本欣 王毅纯 王 霞 夏晓红 吕宁宁 赵栩冉 王俣璇
84	体育部	本科	立德树人视域下大学体育在高校实现人才培养思政教育过程中的作用及实施方式	赵 旸 崔迎春 郑 超 陈健文 王金连 周兴伟 吴 惠 王 虹 刘 娣 陈永发

续表

序号	单位	类型	成果名称	成果完成人
85	国际教育学院	本科	“开创新局面、形成新骨架、聚焦新发展”——轨道交通领域来华留学生培养研究与实践	关忠良　刘彦青　刘志明　王　刚　刘晓芳　李璐琳　张　放
86	校医院	本科	以课程为依托，全面提高大学生健康素养	孙亚慧　孔令伟　聂　颖　白　雪　卢云涛　康　俊　刘　延　夏蓉晖　谢兴伟　李素英　栗晓东　丁金凤　郎婉婷
87	本科生院	本科	打造凝心聚力协同创新教学促进师队伍，推进教师发展工作	董　俊　刘亚蕾　王　涵
88	本科生院	本科	集群化在线开放课程建设及智慧教学质量研究实践	房海蓉　柴　莹　竺超今　王　伟　秦彦平
89	本科生院	本科	智慧教学平台建设与实践	景　云　竺超今　路　勇　常　欢　董　雪　孙　鹏　张　瑜
90	研究生院	研究生	聚焦五大环节，注重三大要素，构建研究生培养过程质量监控与保障体系	李国岫　刘世峰　林　葵　刘　畅　姜晓华　张培军　劳群芳　肖　艳
91	研究生院	研究生	“双一流”建设背景下研究生教育改革路径研究	孙　强　李国岫　朱晓宁　林　葵　彭　杉
92	研究生院	研究生	依托优势学科，构建需求驱动的多类型、多层次、全方位专业学位实践教育体系	李俊阳　孙　强　郭雪萌　林　葵　蓝　宏　侯巧云　金丽娜
93	学校综合	本科	轨道交通行业特色引领，深入开展“四通”人才培养模式改革与实践	闫学东　张星臣　房海蓉　朱晓宁　张　华　岳　冶
94	学校综合	本科	示范引领，三全覆盖，本科课程思政育人体系建设与实践	房海蓉　闫学东　张星臣　景　云　柴　莹
95	学校综合	本科	信息赋能下的智慧教学建设与教学质量研究实践	房海蓉　闫学东　王佳琦　景　云　竺超今　李玮洁
96	远程与继续教育学院	继续教育	面向行业需求，强化办学主体责任，助力交通强国战略	吴　萱　司银涛　李绍斌　董　俊　郝建英　高翠香　徐　琤　蒋广军　王延超　王利平　温俊英

（本科生院提供）

2020 年北京交通大学教学成果二等奖获奖名单

（分学院以成果名称音序排序）

序号	单位	类型	成果名称	成果完成人
1	电信	本科	“无线通信基础”线上线下混合式教学的探索与实践	熊　磊　姚冬萍　林思雨　陈　为　陈　霞　徐少毅
2	电信	本科	从零开始，打磨好学生的第一门实验课——“电类工程素质训练”课程实践与改革	王　睿　马庆龙　马英新　郭薇薇　张宇威　高海林　李维敏　朱明强　陈　新
3	电信	本科	单片机原理与应用线上“金课”建设	李润梅　戴胜华　黄赞武　杨世武　马连川　付文秀　周永华　金尚泰　于振宇　张文静　杨　焱　蔡文川　周　兴　李正交
4	电信	本科	德育为先　能力为重——多元协同机制下电路课程建设的探索与实践	赵文山　高　岩　余晶晶　闻　跃

续表

序号	单位	类型	成果名称	成果完成人
5	电信	本科	建设“电磁场与电磁波”精品在线开放课程实现线上线下教学的有效融合	邵小桃 郭 勇 李一玫 张 波 王国栋 卫 延 崔 勇 王 鑫
6	电信	研究生	研究生工程素质培育课程实践及应用	上官伟 熊 磊 周华春 张 勇 官 科 杨世武 林思雨 姜 维 何丹萍
7	电信	本科	移动式电磁兼容自主研究实验系列辅助教学方法	闻映红 张金宝 王国栋 邵小桃 张 丹 任 杰 朱 云
8	电信	研究生	以行业需求为导向的“团队化、递进式”研究生培养模式的构建与实践	闻映红 张 丹 朱 云 陈 嵩
9	电信	本科	抓过程重持续的创新训练项目管理新体系探索与实践	周 兴 戴胜华 李正交 杨世武 付文秀
10	电信	本科	专业基础核心课“微机原理与接口技术”金课建设	付文秀 戴胜华 于振宇 崔 勇 孙绪彬 黄赞武 周永华 李丹勇 李 鹏 董 平 徐田华 杨 淼 蔡文川 李正交 周 兴
11	计算机	本科	基于“企业班”的“校企合作、协同育人”模式探索与实践	王浩业 任 爽 童 雪 李 瑞 李清勇 杨新伟
12	计算机	研究生	基于平台思维的研究生产学研用联合培养基地建设模式探索与实践	赵宏伟 郧 俊 黄雅平 许华婷 周 艺 刘新奇 李滘东 林友芳 董敬祝 尹 辉 董晓娜
13	计算机	本科	教务管理信息系统的构建与实践	高 勃 霍 炎 朱明皓 王光宇
14	计算机	本科	面向大创项目的大学生创新及实践能力培养	林春雨 赵 耀
15	计算机	本科	面向一流计算机专业建设的程序设计类教学支撑体系实践	黄 华 李清勇 樊崇艺 田 媚 许宏丽
16	计算机	研究生	深化引领、精准指导，IT 类研究生高质量就业的路径探索	董敬祝 周 艺 刘新奇 林友芳 郭祎华 赵宏伟
17	计算机	研究生	问题导向、学科交融、特色突出的网络空间安全人才培养模式的研究与实践	何永忠 韩 臻 刘吉强 杜 晔 王 伟 黎 琳
18	计算机	本科	新工科背景下计算机科学与技术专业系统设计能力培养的探索与实践	赵宏智 刘 铭 诸 强 吴为民 路红英
19	计算机	本科	新工科导向下的计算机学科大学生创新能力培养模式探索	刘 铭 方维维 林春雨 任 爽 原晓敏 娄 群
20	计算机	本科	以思维能力和系统能力培养为引导的“编译原理”教学研究与实践	于双元 丁 丁 徐金安 陈钰枫
21	计算机	本科	智能·赋能——计算机基础实验教学践行研究	周 围 许宏丽 王 冰 许华婷 彭文娟
22	经管	本科	“工程管理专业方法论与创新教育”课程线上线下混合教学改革与实践	任 旭 刘伊生 双 晴
23	经管	研究生	“融入课程思政、贯穿案例教学”——“经济责任审计”教学内容设计与实施	李远慧 崔永梅 高 莹 肖 翔 张立民
24	经管	本科	“融入课程思政、聚焦内涵发展”——中级财务会计课程体系建设	李远慧 孙 敏 于国红 郭雪萌 李玉菊
25	经管	研究生	“三整合+三赋能”MBA 实践创新能力培养平台构建	邱 奇 崔永梅 左 莉 郭 名 李 娜

续表

序号	单位	类型	成果名称	成果完成人
26	经管	研究生	“体系建构，项目导向，实战驱动，能力提升”：工程管理实训课程案例教学模式探索与实践	郭婧娟　崔永梅　傅少川　李淑沂　邢凯旋
27	经管	本科	“企业文化”课程科教融合、三位一体的教学模式探索	王　莉　黎　群　穆文歆　任　英　兰　哲　王红梅
28	经管	研究生	搭建软环境、助力产学研——信息管理类专业人才培养创新与实践	尚小溥　张真继　张润彤　常　丹　宫大庆
29	经管	研究生	多元统计分析课程建设创新与探索	李卫东　李雪梅　刘似臣　陈佩虹　赵晓军　肖玲玲
30	经管	本科	基于“在线开放课程与智慧辅助工具”的教学模式改革与实践	常　丹　尚小溥　吕希艳　刘会齐
31	经管	本科	基于 OBE 导向的沟通课程混合教学创新研究与实践	陈秀平　王　莉
32	经管	研究生	基于案例教学法的全英文“商业伦理与企业社会责任”课程建设	王　莉　穆文歆
33	经管	本科	基于大创的本科会计学一流专业高端人才培养模式创新与实践	李玉菊　马　忠　于国红　李远慧　郭雪萌
34	经管	本科	基于高水平科研项目和多模态国际交流的一流本科专业建设探索与实践	张润彤　尚小溥　张真继　刘世峰　黄　磊　荀娟琼　李　静　秦秋莉
35	经管	本科	基于校企融合的市场营销专业创新性人才培养建设方案研究	裘晓东　刘颖琦　万　晓　左　莉　赵颖斯　陈秀平
36	经管	本科	基于智能化会计转型的会计学一流本科专业培养模式创新	马　忠　张姗姗　郭雪萌　李远慧　程小可
37	经管	研究生	经济学本土化背景下行业特色型研究生人才培养模式集成创新	王雅璨　林晓言　胡雅梅　曹志刚　李红昌　赵晓军　肖玲玲
38	经管	本科	具有“中国气派”的“物流学”课程思政教学模式	傅少川　田　源　郑　凯　翟　月
39	经管	研究生	科教融合　学术育人——以科学研究支持硕士课程“冷链物流管理”建设	兰洪杰　穆　东　徐杰　杨叶飞　宋光
40	经管	本科	立德树人，工程管理专业核心课“施工技术与组织学”“课程思政”建设	双　晴　刘伊生　刘　菁　翟怀远　王朝静
41	经管	研究生	融思政元素、量化指标的案例分析在“商业伦理与会计职业道德”翻转课堂实践	于国红　肖　翔　李远慧　李玉菊　郭雪萌
42	经管	研究生	协同校内外资源，提升会计专硕学位论文质量	周绍妮　崔永梅　李艳梅　陈　佳　邢　敏
43	经管	研究生	研究生“高级管理学”课程改革创新——形散神不散·差异化·实战性	邬文兵　张明玉　王树祥　高红岩　裘晓东　吕海军　杨湘玉　荆竹翠　马　征
44	经管	研究生	一带一路下 MEM 复合型人才培养模式	傅少川　崔永梅　魏文超　张　蕾　李淑沂
45	经管	本科	以能力为中心的证券投资学教材编写与实践（教材）	刘德红
46	经管	本科	引入 CDIO 理念的物流管理专业实习课程教学新模式的创建与实践	卞文良　唐孝飞　宋　光　翟　月　章　竞　杨叶飞
47	经管	本科	应用统计学课程建设的创新与实践	李卫东　周耀东　李雪梅　龚玉荣　高宏伟　刘似臣　陈佩虹　周辉宇　肖玲玲　赵晓军

续表

序号	单位	类型	成果名称	成果完成人
48	经管	本科	原创案例、实训平台、学科竞赛：数智时代创新型特色会计人才培养体系	崔永梅　赵健梅　邢　颖　高升好　应文池
49	运输	本科	“交通运输+智能”——科教融合的智能运输本科专业创新实践教学	贾利民　董宏辉　秦　勇　王　莉　郭建媛　李晓峰　徐　杰　辛　格　王志鹏
50	运输	研究生	“路网运行监测与应急处置”研究生联合培养基地建设	沈孟如　姚恩建　岳　昊　王江锋　刘仍奎
51	运输	本科	“铁路行车组织”线上线下教学改革与实践	何世伟　聂　磊　魏玉光　周磊山　景　云　陈军华　黎浩东　韩学雷　乐逸祥　张进川　谭宇燕　佟　璐　唐金金
52	运输	本科	“城市轨道交通规划与设计”富媒体教材	毛保华　陈绍宽　柏　赟　丁　勇　梁　肖　刘　爽
53	运输	研究生	高铁运输领域高水平研究生培养模式探索与实践	聂　磊　贺振欢　付慧伶　佟　璐　谭宇燕
54	运输	本科	基于 OBE 的“管理运筹学”的分类培养教学实践	陈军华　赵　鹏　张星臣　姚向明　王志美
55	运输	本科	基于 OBE 的“物流节点设计”研究型循环翻转课程教学改革	张晓东　王　力　朱晓宁　王　沛
56	运输	本科	基于 OBE 的线上线下立体化铁路运输生产实习	魏玉光　聂　磊　何世伟　张红亮　黎浩东　张进川　张　琦（大）　陈军华　王　力　佟　璐　谭宇燕　韩学雷　蒋　健
57	运输	本科	基于线上线下融合的“电子商务系统的分析与设计”课程教学改革	马敏书　刘　军　李春艳　贺振欢
58	运输	本科	交通强国战略背景下交通工程专业素养课程思政建设	岳　昊　邵春福　熊志华　董春娇　李　娟
59	运输	本科	利用现代技术手段，支持毕业要求达成的课程建设研究与实践	朱晓宁　王　力　李笑红　康柳江　任国春
60	运输	本科	面向新工科建设的“铁路站场与枢纽”课程系列改革与实践	李海鹰　苗建瑞　王　莹　张　超　李得伟　孟令云　夏胜利　张红亮　陈　超　商　攀
61	运输	研究生	面向新工科研究生专业基础能力提升的课程内容改革与平台建设	陈军华　张星臣　王志美　徐　彬　李森荟
62	运输	本科	融合思政教育，用活线上平台，“交通运输设备”课程教学实践综合一体化建设	宋　瑞　蒋　健　谢东繁　王海星　许　红
63	土建	本科	“桥梁文化与美学”课程建设和创新（教材）	朱尔玉　刘　磊　卢文良　文永奎　朱　力
64	土建	本科	多层次多形式的体系化环境类在线开放课程群的构建与实践	陈　蕊　任福民　于海琴　王　锦　周岩梅　丁国玉
65	土建	本科	多门类课程设计整合的探索与实践	吕晓寅　姜兰潮　赵　杰　孙　静　常鹏
66	土建	本科	纲维有序、寓理于例、如春在花的专业课程思政建设	邢佶慧　杨　娜　姜兰潮　陈爱国　王　萌　窦　超　刘智敏　刘　磊　张　建
67	土建	研究生	夯实理论基础，突出创新引导，基础与前沿深度结合的高等钢结构课程建设实践	杨　娜　王晓峰　窦　超
68	土建	研究生	结构工程“一体两轨多轮”研究生培养模式改革与实践	向宏军　杨　娜　石志飞　周长东　卢　啸
69	土建	研究生	科研创新能力培养导向的研究生专业核心课教学改革与实践	韩　冰　刘　林　向宏军　张　楠　文永奎

续表

序号	单位	类型	成果名称	成果完成人
70	土建	研究生	力学研究生课程改革探索——始于课堂上的研究	徐　丰　聂冰川
71	土建	本科	立足交通特色的国际化科教融合创新型环境专业拔尖人才培养模式	姚　宏　李新洋　陈　蕊　任福民　于海琴　田秀君　蔡伟伟　丁国玉
72	土建	研究生	土木工程硕士研究生创新实践能力培养模式的构建与实施	余自若　卢文良　韩　冰　安明喆　季文玉　温　泉
73	土建	本科	虚实结合的土木工程新工科人才培养模式	陈　曦　白　冰　李　旭　刘　丽　周　倩
74	土建	本科	依托轨道交通特色学科，构建铁路轨道方向创新人才培养体系	肖　宏　蔡小培　高　亮　辛　涛　侯博文　彭　华　井国庆　赵　影　钟阳龙　张艳荣
75	土建	研究生	以高层次创新实践人才培养为核心的环境科学与工程研究生联合培养基地建设	王　锦　周岩梅　陈　蕊　任福民　丁国玉
76	机电	本科	“以赛促学，以赛促教”教学模式改革与课程建设	许西宁　史红梅　郭保青　霍　凯　刘玉琳
77	机电	研究生	“高等机构学”研究性教学模式与研究生科研能力的培养	张　英　房海蓉
78	机电	本科	“计算机辅助设计与制造技术”课程编程与仿真教学系统	蔡永林
79	机电	研究生	车辆工程研究生联合培养基地建设和实践	王　曦　王斌杰　杨广雪　王文静　殷　怡
80	机电	本科	车辆工程专业国际人才培养研究与实践	刘志明　王文静　任尊松　刘小龙　杨　超
81	机电	本科	工科大类基础课程师资队伍建设和教学质量提升研究与实践	刘　伟　李翠伟　何新智　李志刚　刘　超　杨智勇　虞育松　孙作宇　鲍培玮　李学政　王四棋　李荣华　刘元富　苏树强　郝燕玲　曹建国　崔红超　严林博　王俊超　银了飞　宋志坤　郭北苑
82	机电	本科	工业工程专业核心课程线上线下混合式教学模式设计与实践	鄂明成　李　琦　蒋增强　刘阶萍　马　靖
83	机电	研究生	构建“3+3”模式，加强优质核心课程建设	任尊松　徐　宁　杨　超　金新灿
84	机电	本科	轨道车辆系列教材及 MOOC 建设	宋雷鸣　刘志明　彭俊彬　金新灿　邹　骅
85	机电	本科	轨道车辆虚拟仿真项目建设与实践	王斌杰　杨广雪　焦风川　高　波　陈　羽
86	机电	本科	机械电子工程专业国际化人才培养模式的探索与实践	方跃法　孙娟娟　史红梅　林　晔　郭　盛
87	机电	本科	机械设计在线开放课程建设和实践	杜永平　王青温　兰惠清　常秋英
88	机电	研究生	基于“中德短期讲习班品牌交流项目”的国际化创新型研究生培养模式实践	张乐乐　陈　耕　徐　然　郭　盛　林　葵　吴　斌
89	机电	本科	基于 OBE 理念的“计算机控制技术”优质课及线上线下混合教学建设	王爽心　齐红元　陈广华　白晓旭　刘如九
90	机电	本科	基于 OBE 理念的本科生综合素质培养体系构建及实践	潘显钟　郭　锴　罗　予　蔡　贺　袁　月　李文洁
91	机电	本科	面向复杂工程问题的机械类课程案例资源建设及应用实践	张　英　温伟刚　常秋英　张秀丽　刘月明　蔡永林　张冬泉
92	机电	本科	以提升学生综合素质为导向的“自动控制原理”多维度课程建设	程卫东　李建勇　沈海阔　谭南林　吴　斌　延　皓　白晓旭　董立静

续表

序号	单位	类型	成果名称	成果完成人
93	电气	研究生	“嵌入式系统及应用”课程实践教学	聂晓波　王保华　王　磊　刘　彪
94	电气	本科	工科大类培养模式下电工基础课程的建设	宁　涛　吕江虹　卢艳霞　马晓春　焦超群
95	电气	本科	工科专业课堂中课程思政探索与实践	刘　彪　王保华　聂晓波
96	电气	本科	基于动模仿真的自动控制理论实验教学方法创新	林　飞　邱瑞昌　王喜莲　徐春梅　杜　欣　董　春
97	电气	研究生	基于项目协作的研究生科研创新能力培养与实践	刘慧娟
98	电气	本科	集约化继电保护教学实验装置	倪平浩　和敬涵　张大海　李继红　张　威
99	电气	本科	面向电气类科教融合实践教学模式的探索	杨晓峰　方晓春　王喜莲
100	电气	研究生	信息化背景下的“电磁场理论”教学改革与课程建设	刘瑞芳　孙继星　焦超群　曹君慈
101	电气	本科	以创新思维和创新能力培养为目标的实践教学探索	徐建军　霍静怡　王　伟　张　瑜　王　强　张　威　倪平浩　佟庆彬
102	电气	本科	专业实习平台建设	张　威　徐建军　霍静怡　倪平浩
103	理学院	本科	“复变函数与积分变换”课程建设系列成果	郑神州　黄晓鸣　曹鸿钧　刘迎东　任丽伟
104	理学院	研究生	“数学物理方程”研究生课程建设	郑神州　黄晓鸣　刘迎东
105	理学院	本科	大学物理学的虚拟仿真实验项目建设与教学实践	张兴华　王　智　牛英利　梁　生　张进宏
106	理学院	研究生	多措并举全面提高生物学硕士研究生创新人才的培养质量	何金生　田　甜　张丽姝　张　莹　晏　琼　胡红刚　侯玲玲　成喜雨　徐　青　江　红
107	理学院	本科	概率论与数理统计全英文教材（教材）	桂文豪　王立春　孔令臣
108	理学院	本科	国际数学建模竞赛的组织与实践	王兵团　俞　勤　钟　波　薛晓峰
109	理学院	本科	基于 MOODLE 技术的大学物理自主学习与教学管理网络平台	牛英利　张兴华　梁　生　郑　凯　张进宏
110	理学院	研究生	基于 OBE 教育理念的工科研究生统计学的教学与实践	王立春　马艳萍　张作泉　薛晓峰
111	理学院	研究生	抓基础、重过程、增兴趣，完善在职研究生数学公共课程教学体系	冯国臣　唐爱伟　孙　强　冯　弢　王立春　李俊阳　常笑薇　由凤玲　孔令臣
112	马克思主义学院	本科	“思想道德修养与法律基础”课程专题教学模式探索	吴　琼　何玉芳　郝潞霞　杨月霞　安　娜
113	马克思主义学院	本科	“大班授课、小班讨论、全员实践”教学模式在“毛泽东思想与中国特色社会主义理论体系概论”课程中的运用	王宁西　王晓青　王珊珊　杨　蔚　王永凤　胡育娟
114	马克思主义学院	研究生	马克思主义经典著作选读	刘秀萍　田永静
115	马克思主义学院	研究生	思想政治理论课供给侧结构性改革	李效东　王晓青
116	马克思主义学院	研究生	研究生思想政治理论课教学案例开发	杨　蔚　刘宽红　邬晓燕　刘建生　孙夕龙
117	马克思主义学院	本科	以“四个融合”为路径推进思想道德修养与法律基础课社会实践	何玉芳　田永静　吴　琼　张艳红
118	语传	本科	“基于混合式教学，注入文化价值”的商务英语课程建设	陈　娴　姜玉珍　朱　静　王小娟　任　苒

续表

序号	单位	类型	成果名称	成果完成人
119	语传	本科	OMO（online-merge-offline）线上线下深度融合的大学英语教学模式	左映娟　丁　研　付天英　乔澄澈　唐学华
120	语传	研究生	产学联动、精准指导、协同育人——翻译专业研究生培养创新与实践	束光辉　郝运慧　卢　强　都　平　尹　静
121	语传	本科	建设五“新”文科体系培养卓越新传人才	黄彪文　李　冰　苏林森　陈　杰　刘　凯　张　梓　轩闻学　文卫华　张　杰　皇甫晓涛　赵艳明　董媛媛　陈静茜　刘晓燕　王　田　凌　绮　王靖雨　晏齐宏　王晓培
122	语传	研究生	立德树人、产学相通：新闻传播学硕士研究生社会实践教学模式	文卫华　苏林森　赵艳明　闻　学　董媛媛　陈静茜　黄彪文　刘晓燕　王靖雨
123	语传	本科	实践问道、知行合一：第一课堂第二课堂——贯通的卓越新闻传播人才培养模式	李　冰　文卫华　张梓轩　赵艳明　王　田　董媛媛　耿梅芳　范书成
124	语传	研究生	新闻传播学研究生四通模式人才培养体系与机制建设	苏林森　文卫华　闻　学　张梓轩　李　冰　赵艳明　张　杰　董媛媛　皇甫晓涛　刘晓燕　王　田　王靖雨
125	语传	本科	以“三全育人”为导向、以培养 3C 能力为目标的大学英语教育体系构建	李京平　左映娟　冯　蕾　姜玉珍　邵钦瑜
126	语传	本科	中国情怀，国际视野：基于 OBE 理念的英语口语班国际组织人才培养与教学实践	姚亚芝　孙　贺　聂　侨　田永丰
127	软件	研究生	“数据科学与知识发现”优质课程建设	鲍　鹏　邢薇薇　刘　杰　李翔宇
128	软件	本科	坚守育人根本、践行“课堂革命”——“三纵三横”教学模式培养高端软件人才	鲁凌云　赵　宏　冯凤娟　郑士鹏　邸晓飞
129	软件	本科	软件工程实践教学质量监控与多维评价和保障机制的探索与实践	冯凤娟　魏小涛　陈旭东　赵　宏　马迪芳
130	软件	本科	软件工程专业实践课程体系设计与实践	魏小涛　陈旭东　冯凤娟　赵　宏　王方石　邢薇薇　鲁凌云　鲍　鹏　高睿鹏　张顺利　孔令波　马迪芳　袁　岗　魏　翔　张　迪　张　健
131	软件	研究生	信息法律学科交叉融通，以研究生培养基地为依托，推进智慧司法交叉学科建设	张振江　李巍涛　沈　波　穆海冰　刘　云　李　蕾
132	建艺	本科	“建筑构造技术”教学体系改革	陈　岚　张　野　鲍英华　董庆峰　罗　奇　彭　烜
133	建艺	本科	“思政+专业”双育人：建筑学“建筑设计Ⅲ、Ⅳ”专业核心课程群十年教学创新实践	胡映东　吕芳青　石克辉　张红红　张开宇　张育南　苏光子
134	建艺	研究生	“新工科”复合型艺术人才新质量观的认识与实践——“色彩学”课程建设五年探索	杨梦婉　余高红　张　澎
135	建艺	本科	基于创新思维培养的建筑设计基础课程教学实践	蒙小英　鲍英华　罗　奇　杨　涵
136	建艺	本科	建筑与抽象绘画（教材）	韩林飞
137	建艺	研究生	建筑与文化人类学课程建设	潘　曦　刘　捷
138	建艺	本科	通达古今，重在传承的“中国建筑史”课程建设	郭华瞻　刘　捷
139	建艺	研究生	新工科理念下建筑学专业硕士教学模式探索与设计类课程群建设实践	曾忠忠　孙　伟　盛　强　郭华瞻　陈泳全　张　波

续表

序号	单位	类型	成果名称	成果完成人
140	建艺	本科	虚拟现实融合·线上线下配合：信息采集课程增强化改革实践	魏昀赟　张　野　胡映东
141	建艺	本科	以"新工科"人才培养为导向的美育通识课程实验与改革	曲丹儿　杨梦婉　张　澎
142	建艺	研究生	中小城镇特色与风貌（教材）	韩林飞
143	法学院	研究生	"交通运输法专题"教学改革与创新	孙向齐
144	法学院	本科	"债权法"课程线上线下融合互补的创新教学体系的构建与运用	吴文嫔　张长青　王世海　王俣璇
145	法学院	本科	法学本科生论文写作的入门路径与导师指导的过程控制	郑　飞
146	法学院	本科	以学科竞赛引领创新型法学人才培养	陶　杨　朱本欣　王世海　蔡曦蕾　夏晓红
147	体育部	本科	"分段量化评价"在大学游泳教学中的创新与实践	陈星飚
148	本科生院	本科	本研贯通人才培养模式下的教务管理信息化探索与实践	王佳琦　常　欢　董　雪　孙　鹏　王建峰　张钰惠
149	本科生院	本科	创新模式、强化分析、提升质量，国家数据平台填报工作模式与机制探索与实践	张　华　岳　冶　李玮洁
150	本科生院	本科	建设校院两级督导队伍，完善教学质量监控与评价体系	李巍巍　宋　瑞　宋芊澍

（本科生院提供）

2021 年本科生学科竞赛获奖统计表（国家级奖项）

序号	学院	竞赛级别	竞赛名称	指导教师	获奖统计
1	理学院	国家级	美国大学生数学建模竞赛	刘国忠	一等奖 1 项
2	计算机学院	国家级	蓝桥杯全国软件和信息技术专业人才大赛	黄　华　许华婷	一等奖 6 项
3	计算机学院	国家级	中国大学生计算机设计大赛	王　晶　赵宏伟　许华婷	一等奖 2 项
4	电气学院	国家级	中国工业智能挑战赛	徐建军　刘亚静	一等奖 1 项
5	软件学院	国家级	中国大学生服务外包创新创业大赛	车啸平	一等奖 1 项
6	机电学院	国家级	清华 IE 亮剑全国工业工程应用案例大赛	马　靖　鄂明成　蒋增强	一等奖 1 项
7	建艺学院	国家级	WUPENiCity 可持续调研报告国际竞赛	高　洁	一等奖 1 项
8	理学院	国家级	全国大学生物理实验竞赛（创新）	牛英利　张进宏　赵宇琼　王　智	一等奖 3 项
9	运输学院	国家级	全国大学生交通科技大赛	马小平　张文义　奇格奇	一等奖 2 项
10	运输学院	国家级	全国大学生交通科技大赛	康柳江	二等奖 2 项
11	计算机学院	国家级	ACM 国际大学生程序设计竞赛区域预赛	黄　华　许华婷　李清勇	二等奖 5 项
12	理学院	国家级	美国大学生数学建模竞赛	闻国光　王兵团　马艳萍　辛　格	二等奖 5 项

续表

序号	学院	竞赛级别	竞赛名称	指导教师	获奖统计
13	软件学院	国家级	全国大学生软件创新大赛	魏　翔	二等奖 1 项
14	理学院	国家级	全国大学生物理实验竞赛（创新）	赵宇琼　牛英利　王　智 赵红敏　张永欣　张进宏	二等奖 5 项
15	语传学院	国家级	“外研社杯”全国英语辩论赛	聂　侨	二等奖 1 项
16	计算机学院	国家级	蓝桥杯全国软件和信息技术专业人才大赛	黄　华　许华婷	二等奖 7 项
17	计算机学院	国家级	中国大学生计算机设计大赛	李清勇　李　宇　郎丛妍	二等奖 3 项
18	电信学院	国家级	全国大学生智能汽车竞赛	马庆龙　王　睿	二等奖 1 项
19	机电学院	国家级	中国机械行业卓越工程师教育联盟毕业设计大赛	张秀丽	二等奖 1 项
20	机电学院	国家级	全国大学生集成电路创新创业大赛	史红梅	二等奖 2 项
21	语传学院	国家级	MODEL APEC 大会全国总决赛	马　莉　郝运慧	二等奖 1 项
22	电气学院	国家级	中国智能制造挑战赛总决赛	霍静怡　徐建军	二等奖 1 项
23	本科生院	国家级	全国大学生创新创业年会	赵　翔　宋志坤　吕　兴	二等奖 3 项
24	建艺学院	国家级	亚洲设计学年奖	张育南　胡映东　郭华瞻 杨梦婉	二等奖 2 项
25	经管学院	国家级	全国大学生物流设计大赛	黄安强　周建勤	二等奖 2 项
26	计算机学院	国家级	ACM 国际大学生程序设计竞赛区域预赛	黄　华　许华婷　熊　轲 李清勇	三等奖 7 项
27	理学院	国家级	美国大学生数学建模竞赛	闻国光　王兵团　孟祥云	三等奖 15 项
28	软件学院	国家级	全国大学生软件创新大赛	魏　翔　高睿鹏	三等奖 2 项
29	理学院	国家级	全国大学生物理实验竞赛（创新）	赵宇琼　范　玲　赵红敏	三等奖 2 项
30	经管学院	国家级	全国大学生市场调查与分析大赛	刘似臣　周辉宇　高宏伟	三等奖 3 项
31	语传学院	国家级	“外研社杯”全国英语辩论赛	潘　悦	三等奖 1 项
32	计算机学院	国家级	蓝桥杯全国软件和信息技术专业人才大赛	许华婷　黄　华	三等奖 6 项
33	计算机学院	国家级	中国大学生计算机设计大赛	任　爽　李　宇　周雪忠 夏佳楠	三等奖 3 项
34	理学院	国家级	全国大学生物理实验竞赛		三等奖 1 项
35	电气学院	国家级	全国大学生电气与自动化大赛	徐建军	三等奖 1 项
36	机电学院	国家级	中国机械行业卓越工程师教育联盟毕业设计大赛	张乐乐	三等奖 1 项
37	软件学院	国家级	中国大学生服务外包创新创业大赛	车啸平	三等奖 1 项
38	理学院	国家级	中国大学生物理学术竞赛	牛英利　周晓亮　孟令川 张永欣　秦　亮	三等奖 1 项
39	电气学院	国家级	中国智能制造挑战赛总决赛	徐建军	三等奖 1 项
40	机电学院	国家级	中国大学生“壳牌汽车环保马拉松”挑战赛	何　涛	三等奖 2 项
41	计算机学院	国家级	全国大学生信息安全竞赛	王　伟	三等奖 1 项

续表

序号	学院	竞赛级别	竞赛名称	指导教师	获奖统计
42	运输学院	国家级	全国大学生交通科技大赛	谢征宇	三等奖 1 项
43	机电学院	国家级	中国大学生工程实践与创新能力大赛	宋志坤　许西宁	三等奖 3 项

（本科生院提供）

2021 年本科生学科竞赛获奖统计表（省部级奖项）

序号	学院	竞赛级别	竞赛名称	指导教师	获奖统计
1	电信学院	省部级	“电脑鼠走迷宫”竞赛（赛区赛）		一等奖 1 项
2	校团委	省部级	“挑战杯”首都大学生课外学术科技作品竞赛	张欣颖　刘颖琦　陈　曦	一等奖 2 项
3	电信学院	省部级	北京市大学生电子设计竞赛	赵　翔　马庆龙　王　睿	一等奖 1 项
4	土建学院	省部级	北京市大学生工程设计表达大赛	李雪梅　窦　超	一等奖 1 项
5	机电学院	省部级	北京市大学生工程实践与创新能力大赛	高　波　宋志坤	一等奖 1 项
6	建艺学院	省部级	北京市大学生广告艺术大赛	耿　涵	一等奖 1 项
7	计算机学院	省部级	北京市大学生计算机设计大赛	李　宇　赵宏伟　许华婷 郎丛妍　王　晶	一等奖 4 项
8	土建学院	省部级	北京市大学生建筑结构设计竞赛	姜兰潮　卢文良　文永奎	一等奖 2 项
9	运输学院	省部级	北京市大学生交通科技竞赛	徐　鹏　陈军华	一等奖 2 项
10	电气学院	省部级	北京市大学生节能节水低碳减排社会实践与科技竞赛	李新洋	一等奖 1 项
11	数统学院	省部级	北京市大学生数学建模与计算机应用竞赛	王兵团　辛　格　臧　鑫 俞　勤	一等奖 12 项
12	数统学院	省部级	北京市大学生数学竞赛	何卫力　刘迎东　邵吉光	一等奖 40 项
13	经管学院	省部级	北京市大学生物流设计大赛	黄安强　周建勤	一等奖 1 项
14	机电学院	省部级	华北五省（市、自治区）大学生机器人大赛	宋志坤　许西宁　陈　羽 王纪武　高　波	一等奖 4 项
15	计算机学院	省部级	蓝桥杯全国软件和信息技术专业人才大赛（北京赛区）	黄　华　许华婷	一等奖 24 项
16	经管学院	省部级	全国大学生市场调查与分析大赛分区赛	周辉宇　刘似臣　高宏伟	一等奖 12 项
17	语传学院	省部级	全国大学生英语竞赛		一等奖 2 项
18	运输学院	省部级	日日顺物流创客训练营	员丽芬	一等奖 1 项
19	就创中心	省部级	中国“互联网+”大学生创新创业大赛北京赛区比赛	李新洋	一等奖 1 项
20	物理学院	省部级	中国大学生物理学术竞赛（华北赛区）	牛英利　周晓亮　孟令川 张永欣　秦　亮	一等奖 1 项
21	电气学院	省部级	中国智能制造挑战赛华北赛区竞赛	霍静怡　徐建军	一等奖 2 项
22	电信学院	省部级	“电脑鼠走迷宫”竞赛（赛区赛）	李正交	二等奖 2 项

续表

序号	学院	竞赛级别	竞赛名称	指导教师	获奖统计
23	校团委	省部级	“挑战杯”首都大学生课外学术科技作品竞赛	康柳江　刘　超　毛　啸 唐　涛　侯涛刚　王　晶 许西宁　章嘉懿　赵宇琼	二等奖 9 项
24	电信学院	省部级	北京市大学生电子设计竞赛	赵　翔　马庆龙　王　睿	二等奖 2 项
25	土建学院	省部级	北京市大学生工程设计表达大赛	李雪梅　窦　超	二等奖 6 项
26	机电学院	省部级	北京市大学生工程实践与创新能力大赛	侯涛刚　刘　超　宋志坤 许西宁	二等奖 2 项
27	建艺学院	省部级	北京市大学生广告艺术大赛	耿　涵　易　晓	二等奖 4 项
28	计算机学院	省部级	北京市大学生计算机设计大赛	任　爽　李清勇　李　宇 彭文娟　周　围	二等奖 4 项
29	土建学院	省部级	北京市大学生建筑结构设计竞赛	朱　力	二等奖 1 项
30	运输学院	省部级	北京市大学生交通科技竞赛	王江锋　谢征宇　蔡国强	二等奖 3 项
31	电气学院	省部级	北京市大学生节能节水低碳减排社会实践与科技竞赛	徐建军	二等奖 1 项
32	数统学院	省部级	北京市大学生数学建模与计算机应用竞赛	王兵团　臧　鑫　辛　格 孟祥云	二等奖 23 项
33	数统学院	省部级	北京市大学生数学竞赛	何卫力　刘迎东　邵吉光	二等奖 53 项
34	经管学院	省部级	北京市大学生物流设计大赛	黄安强　建　勤	二等奖 1 项
35	计算机学院	省部级	蓝桥杯全国软件和信息技术专业人才大赛（北京赛区）	许华婷	二等奖 2 项
36	经管学院	省部级	全国大学生市场调查与分析大赛分区赛	李卫东　刘似臣	二等奖 2 项
37	语传学院	省部级	全国大学生英语竞赛	聂　侨	二等奖 3 项
38	运输学院	省部级	日日顺物流创客训练营	员丽芬　彭子烜　魏文超 翟　月	二等奖 3 项
39	就创中心	省部级	中国“互联网+”大学生创新创业大赛北京赛区比赛	董　瑞　马　征　权　伟 李新洋　金　一　高睿鹏 唐　涛　侯涛刚　阴佳腾	二等奖 7 项
40	电气学院	省部级	中国智能制造挑战赛华北赛区竞赛	霍静怡　徐建军　张欣欣	二等奖 3 项
41	经管学院	省部级	“学创杯”全国大学生创业综合模拟大赛（北京赛区）	邵丽萍	二等奖 1 项
42	电信学院	省部级	北京市大学生集成电路设计大赛	李金城　李力南　周晓波	二等奖 4 项
43	马克思主义学院	省部级	北京市大学生人文知识竞赛		二等奖 1 项
44	建艺学院	省部级	北京市大学生书法大赛		二等奖 1 项
45	本科生院	省部级	大学生科技创新作品与专利成果展示推介会	郑　涛	二等奖 1 项
46	物理学院	省部级	全国部分地区大学生物理竞赛	郑　凯　张丽梅　吴　柳	二等奖 6 项
47	机电学院	省部级	全国大学生集成电路创新创业大赛（华北赛区）	史红梅	二等奖 2 项
48	电信学院	省部级	全国大学生智能汽车竞赛（华北赛区）	马庆龙　王　睿	二等奖 2 项

续表

序号	学院	竞赛级别	竞赛名称	指导教师	获奖统计
49	计算机学院	省部级	中国大学生程序设计竞赛	黄　华	二等奖 2 项
50	机电学院	省部级	中美青年创客大赛（北京赛区）	杜秀霞	二等奖 1 项
51	电信学院	省部级	“电脑鼠走迷宫”竞赛（赛区赛）	李正交	三等奖 6 项
52	校团委	省部级	“挑战杯”首都大学生课外学术科技作品竞赛	卜　伟　张秋生　常彦勋 高　洁　华国伟　李旭冉 刘贵彤　马　晓　林春雨 刘洪枫　张　旭　罗　予 苗永清　张欣颖　罗文洋 任　爽　邵春福　王　晶 卫　翀　吴先宇　徐建军 阴佳腾　周明磊	三等奖 17 项
53	机电学院	省部级	北京市大学生工程实践与创新能力大赛	史红梅　宋志坤　刘元富 许西宁　田　颖	三等奖 5 项
54	建艺学院	省部级	北京市大学生广告艺术大赛	刘　晴　易　晓　石　彭 张　野	三等奖 7 项
55	计算机学院	省部级	北京市大学生计算机设计大赛	高睿鹏　王　健　许华婷 张宏勋　赵　翔	三等奖 8 项
56	电气学院	省部级	北京市大学生节能节水低碳减排社会实践与科技竞赛	霍静怡　徐建军	三等奖 2 项
57	数统学院	省部级	北京市大学生数学竞赛	周　兴　何卫力　刘迎东 邵吉光　赵　峥	三等奖 66 项
58	经管学院	省部级	北京市大学生物流设计大赛	黄安强	三等奖 1 项
59	计算机学院	省部级	蓝桥杯全国软件和信息技术专业人才大赛（北京赛区）	黄　华　许华婷	三等奖 3 项
60	经管学院	省部级	全国大学生市场调查与分析大赛分区赛	肖玲玲	三等奖 2 项
61	语传学院	省部级	全国大学生英语竞赛	李京平　聂　侨	三等奖 27 项
62	运输学院	省部级	日日顺物流创客训练营	宋　光　魏文超	三等奖 1 项
63	计算机学院	省部级	中国“互联网+”大学生创新创业大赛北京赛区比赛	车啸平　董晓峰　范书成 高　波　高　璐　耿梅芳 何　涛　罗　昊　陈军华 景　云　马小平　彭双和 宋志坤　许西宁　王　超 王福田　王　力　张　钢	三等奖 24 项
64	电气学院	省部级	中国智能制造挑战赛华北赛区竞赛	霍静怡　徐建军　宋志坤 马　靖　蒋增强	三等奖 9 项
65	电信学院	省部级	北京市大学生集成电路设计大赛	李金城　李力南	三等奖 4 项
66	建艺学院	省部级	北京市大学生书法大赛	张　澎	三等奖 1 项
67	电信学院	省部级	大学生科技创新作品与专利成果展示推介会	王　睿　郑　涛　陈　新 李珺杰　马庆龙　彭亚辉	三等奖 6 项
68	物理学院	省部级	全国部分地区大学生物理竞赛	刘　斌　刘岚岚　牛英利 牛　原　秦　亮　滕　枫 王波波　吴　迪　吴　柳 张福俊　张丽梅　赵红娥 郑　凯	三等奖 32 项

续表

序号	学院	竞赛级别	竞赛名称	指导教师	获奖统计
69	电信学院	省部级	全国大学生智能汽车竞赛（华北赛区）	马庆龙　王　睿	三等奖 1 项
70	计算机学院	省部级	中国大学生程序设计竞赛	黄　华　许华婷	三等奖 2 项
71	语传学院	省部级	“外教社杯”北京高校学生跨文化能力大赛	唱　宇　周志杰	三等奖 1 项
72	语传学院	省部级	“外研社杯”全国大学生英语辩论赛（华北地区）	聂　侨	三等奖 1 项
73	语传学院	省部级	“外研社杯”全国英语写作大赛（北京赛区）	王建荣　朱岩岩	三等奖 2 项
74	语传学院	省部级	“外研社杯”全国英语演讲大赛（北京赛区）	朱　静	三等奖 1 项
75	语传学院	省部级	“外研社–国才杯”全国英语阅读大赛（北京赛区）	戴江雯　刘　岚	三等奖 2 项
76	经管学院	省部级	北京市大学生 ERP 管理会计应用大赛	邢　颖　赵健梅	三等奖 1 项
77	物理学院	省部级	北京市大学生化学实验竞赛	闾　哲　王　达	三等奖 2 项
78	机电学院	省部级	华北地区大学生制冷空调科技竞赛（北京赛区）	李学政	三等奖 1 项

（本科生院提供）

索　　引

主题索引

使用说明

一、本索引采用主题分析索引法编制。除“大事记”外，有检索意义的重点内容均予以标引，以供检索使用。

二、本索引主体采取主题词分析索引方法，按主题词首字汉语拼音字母顺序排列；文中表格及附录数据信息按其标题首字汉语拼音字母顺序排列。以数字开头的标目排在最前面。

三、索引标目后的数字，表示索引内容所在的年鉴正文页码。表格标题标引页码后括注“表”字，以区别于文字标目。

0～9

A

B

C

D

H

J

K

L

M

N

P

Q

R

S

T

W

X

Y

Z